시사 JLPT

일본어능력시험

합격 시그널

저자 青山ゆたか, 青山美佳, 大阪 YMCA

문제편

모의고사 2회분
교재 1회 • 온라인 1회

모의고사 무료 동영상

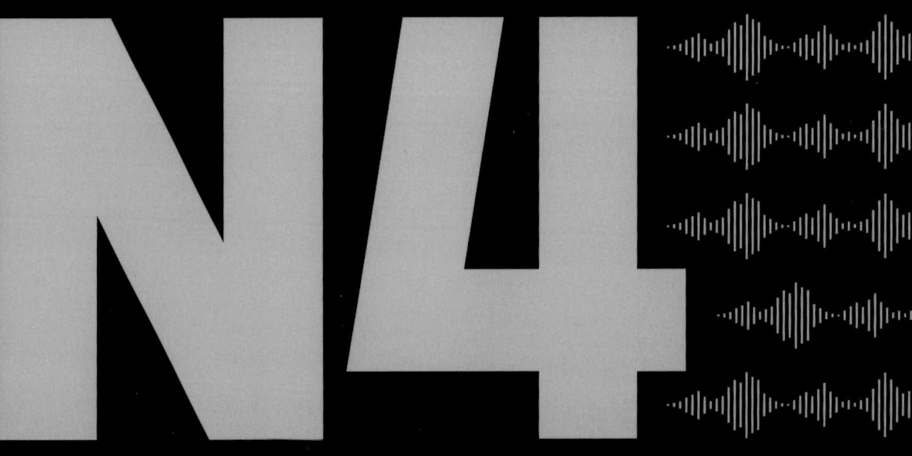

무료 MP3

음성 QR

시험직전 막판 뒤집기

문법 • 단어 퀴즈

시사일본어사

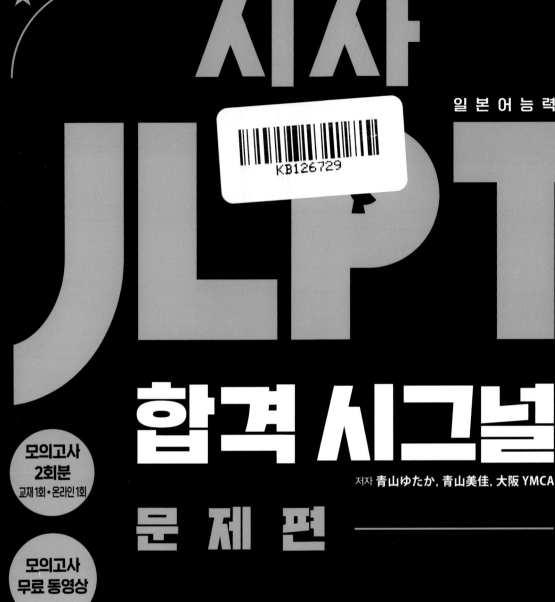

집필진

아오야마 유타카(青山ゆたか)

- 오사카외국어대학(현 오사카대학외국어학부) 영어학과 졸업

저서

일본어능력시험 예상문제집 시리즈(공저), 국서간행회
일본유학시험대책 기술문제 테마 100(범인사)

아오야마 미카(青山美佳)

- 세이조대학문예학부 매스커뮤니케이션학과 졸업

저서

일본어능력시험 예상문제집 시리즈(공저), 국서간행회
한자 퍼즐 & 퀴즈(The Japan Times)

오사카 YMCA(大阪 YMCA)

- 1969년 설립된 일본 오사카 소재의 명문 일본어 교육 학교
  실용일본어 코스, 전문학교 진학 코스, 국제 비즈니스 학과 등
  다양한 일본어 전문 커리큘럼 운영 중

집필 협력

- **정효선** 시사일본어학원 강사
- **최민경** 시사일본어학원 강사

모의고사 무료 학습 자료

모의고사
음성 듣기

모의고사
영상 보기

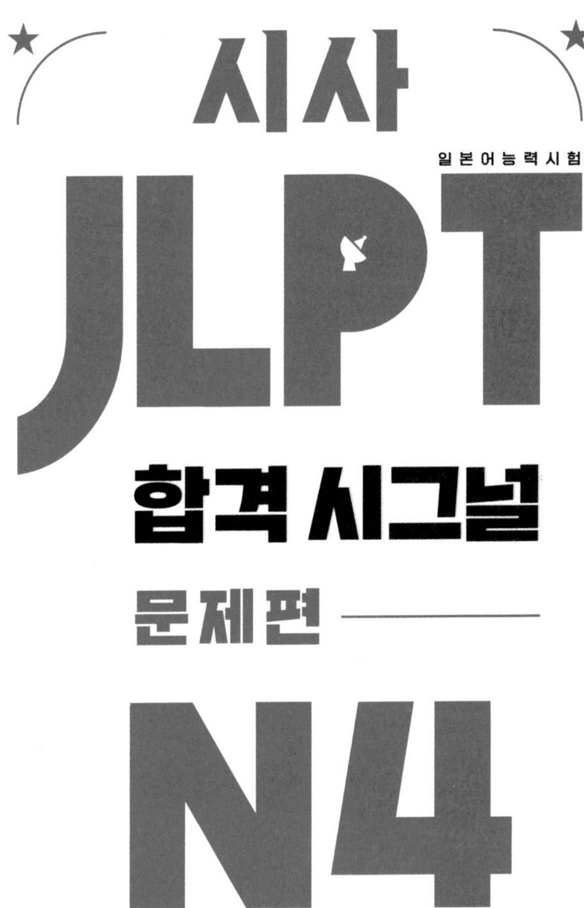

저자 青山ゆたか, 青山美佳, 大阪YMCA

일본어능력시험
시사 JLPT 합격 시그널 문제편 N4

초판발행	2023년 3월 20일
1판 2쇄	2024년 8월 15일

저자	青山ゆたか(아오야마 유타카), 青山美佳(아오야마 미카), 大阪YMCA(오사카YMCA)
편집	김성은, 조은형, 오은정, 무라야마 토시오
펴낸이	엄태상
디자인	권진희, 이건화
조판	김성은
콘텐츠 제작	김선웅, 장형진
마케팅	이승욱, 왕성석, 노원준, 조성민, 이선민
경영기획	조성근, 최성훈, 김다미, 최수진, 오희연
물류	정종진, 윤덕현, 신승진, 구윤주

펴낸곳	시사일본어사(시사북스)
주소	서울시 종로구 자하문로 300 시사빌딩
주문 및 교재 문의	1588–1582
팩스	0502–989–9592
홈페이지	www.sisabooks.com
이메일	book_japanese@sisadream.com
등록일자	1977년 12월 24일
등록번호	제 300–2014–92호

ISBN 978-89-402-9353-9 (14730)
978-89-402-9341-6 (set)

머리말

일본어능력시험(JLPT)을 공부하는 목적은 학습자마다 다르지만, 최종 목표는 모두 '합격'일 것입니다. '시사 JLPT 합격 시그널' 시리즈는 JLPT 시험에 합격하고자 하는 학습자를 위한 독학용 종합 수험서입니다. 머리말을 읽으면서 '독학용 수험서가 따로 있나?'라고 생각하시는 분도 계실 것입니다.

'시사 JLPT 합격 시그널'은 혼자 공부하는 수험생을 위해 다음과 같이 교재를 구성했습니다.

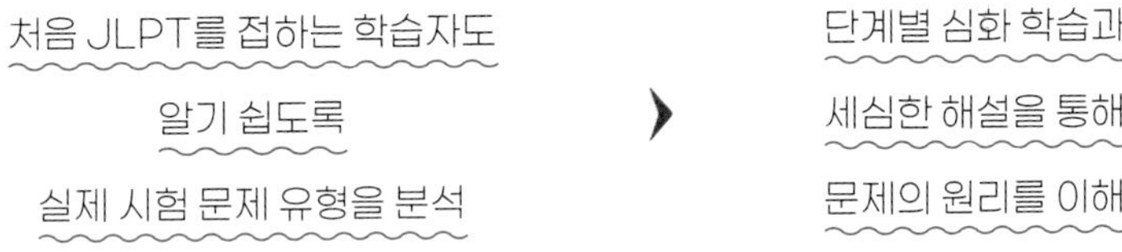

일본어의 '어휘력'과 '문법' 이해도를 측정하는 언어지식(문자·어휘·문법) 파트와 현지에서 출간된 인문·실용서 등의 지문을 사용하는 독해 파트, 일상생활에서 사용하는 회화력을 묻는 청해 파트까지, JLPT 시험은 결코 쉽지만은 않습니다. 따라서 대부분의 학습자는 JLPT 시험을 준비하는데 있어 무엇을, 어떻게 공부해야 할지 막연함을 느낄 것입니다.

'시사 JLPT 합격 시그널'을 통해 JLPT란 무엇인가를 이해하고, 어떻게 하면 시험을 공략할 수 있는지에 대한 해법을 찾고 자신감을 기를 수 있기를 바랍니다. 문제를 풀고 해설을 읽으며, 일본어 어휘가 어떻게 활용되는지와 일본어 문법의 활용 원리에 대해 이해하고, 시험 문제에서 학습자에게 요구하는 바가 무엇인지를 정확하게 답할 수 있게 되기를 바랍니다.

마지막 책장을 덮는 순간, 이 책과 함께 해 주신 모든 분들께 '합격의 시그널'이 감지되기를 진심으로 기원합니다.

저자 일동

이 책의 구성과 학습 방법

문자 · 어휘

- もんだい 1 한자 읽기
- もんだい 2 표기
- もんだい 3 문맥 규정
- もんだい 4 유의 표현
- もんだい 5 용법

학습 순서

문제 유형 → 출제 예상 어휘 → 연습문제 → 실전문제

문제의 유형별로 문제 풀이 포인트를 정리하고 출제 예상 어휘 및 기출 어휘를 학습한 후, 연습문제와 실전문제를 통해 시험에 대비합니다.

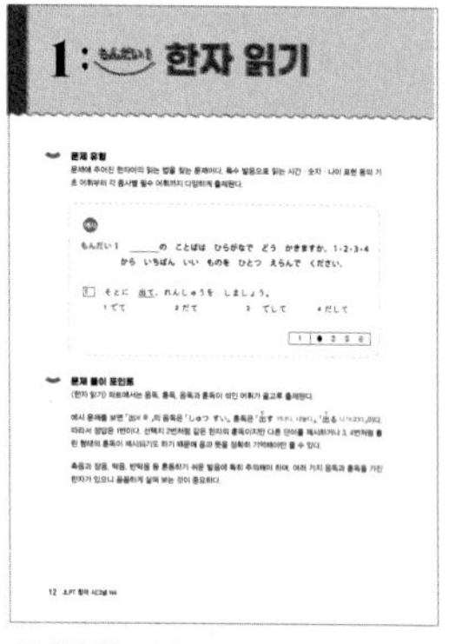

문제 유형 포인트

출제 예상 어휘

연습문제/실전문제

문법

- もんだい 1 문법형식 판단
- もんだい 2 문장 만들기
- もんだい 3 글의 문법

학습 순서

문법 기본기 갖추기 → 문제 유형 → 연습문제 → 실전문제

N4에서 알아야 할 필수 문법과 문제를 풀 때 반드시 필요한 기초 문법, 경어 표현 및 유형별 문제 풀이 포인트를 학습한 후 연습문제와 실전문제를 통해 시험에 대비합니다.

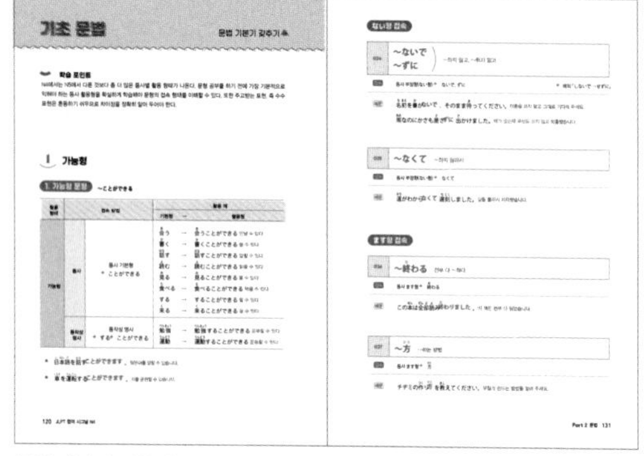

문법 기본기 갖추기

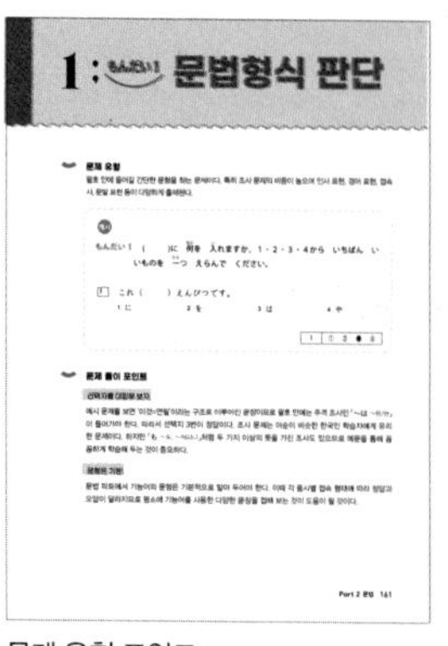

문제 유형 포인트

연습문제/실전문제

독해

• もんだい 4 내용 이해(단문) • もんだい 5 내용 이해(중문) • もんだい 6 정보 검색

학습 순서

문제 유형 → 연습문제 → 실전문제

문제의 유형별 출제 빈도가 높은 질문 형태와 문제 풀이 포인트를 학습한 후 연습문제와 실전문제를 통해 시험에 대비합니다.

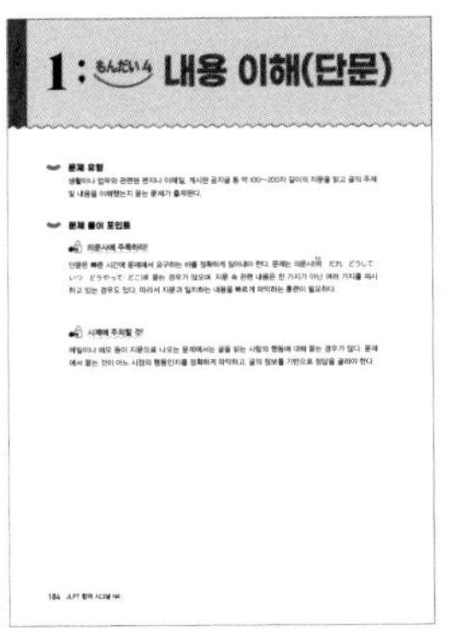

문제 유형 포인트

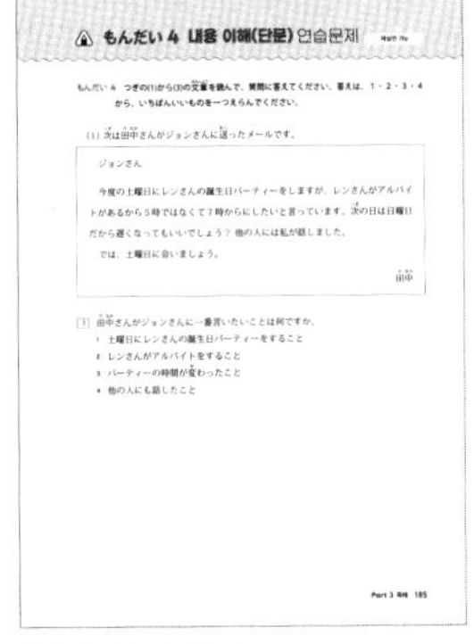

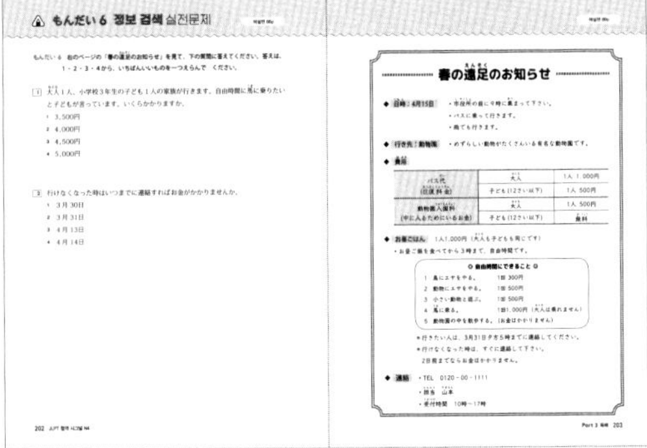

연습문제/실전문제

청해

• もんだい 1 과제 이해 • もんだい 2 포인트 이해
• もんだい 3 발화 표현 • もんだい 4 즉시 응답

학습 순서

청해 기본기 갖추기 → 문제 유형 → 연습문제 → 실전문제

기본적인 발음 연습부터 청해 문제에 자주 나오는 축약 표현과 경어 표현을 정리하고, 각 유형별 문제 풀이 포인트를 학습한 후 연습문제와 실전문제를 통해 시험에 대비합니다.

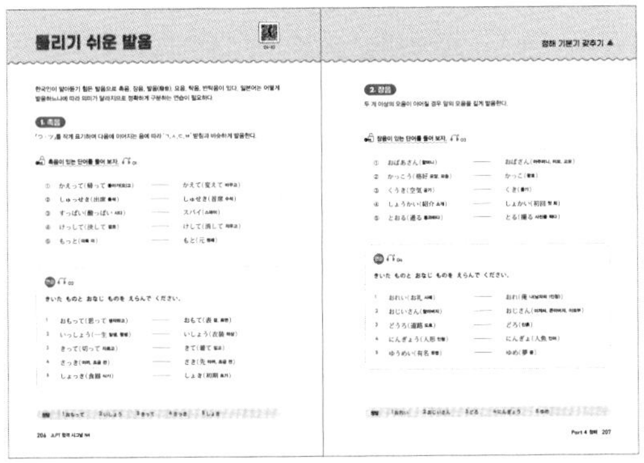

청해 기본기 갖추기

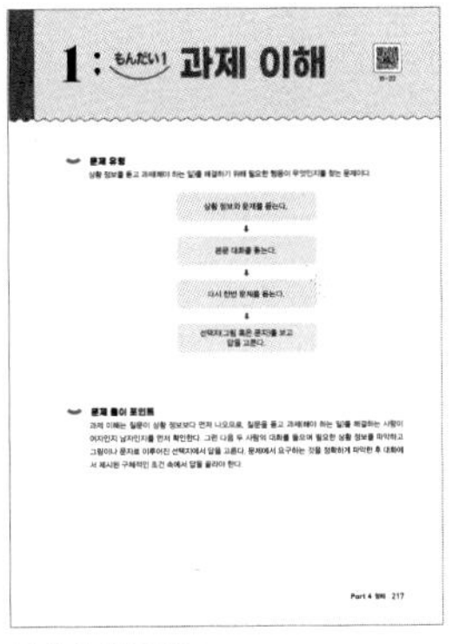

문제 유형 포인트

연습문제/실전문제

모의고사

최신 이슈와 출제 경향에 맞춘 실전 모의고사

최근 몇 년간의 기출 문제를 분석하여 난이도를 조정하고, 실제 신문 기사나 이슈를 반영한 최신 출제 경향의 모의고사를 통해 실전에 완벽하게 대비합니다.

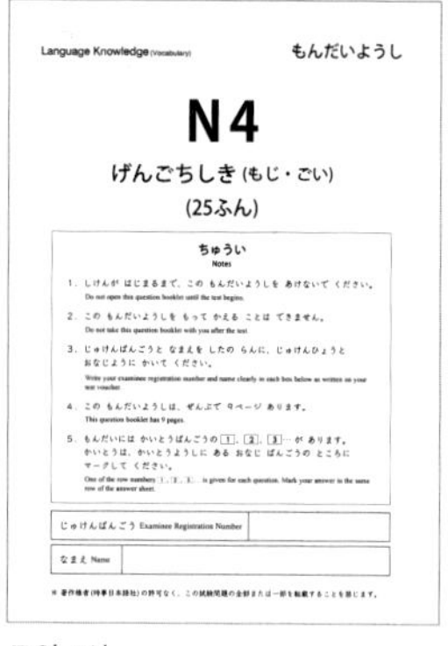
Language Knowledge (Vocabulary) もんだいようし

N4

げんごちしき (もじ・ごい)

(25ふん)

ちゅうい

Notes

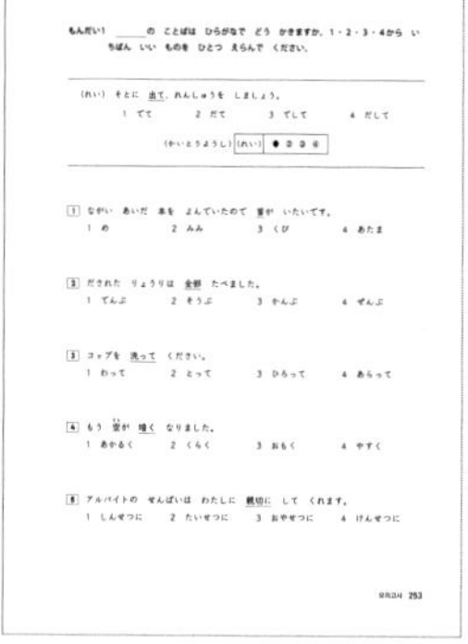

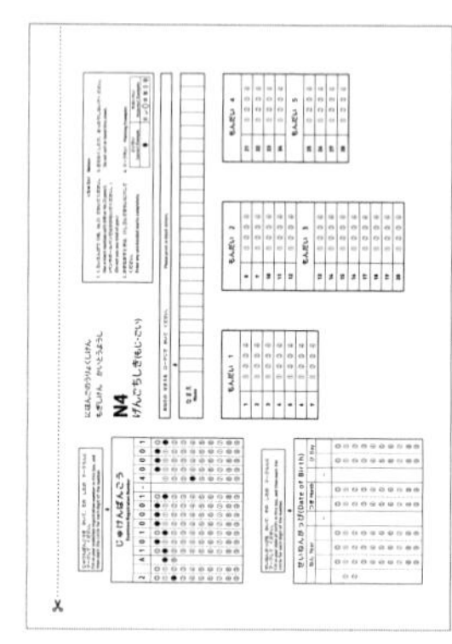

모의고사

무료 동영상 강의

QR코드로 언제 어디서나!
JLPT 전문 강사의 모의고사 해설 강의

시사일본어학원의 JLPT 전문 강사의 해설을 통해 유형별 문제 풀이 요령을 익힐 수 있습니다.

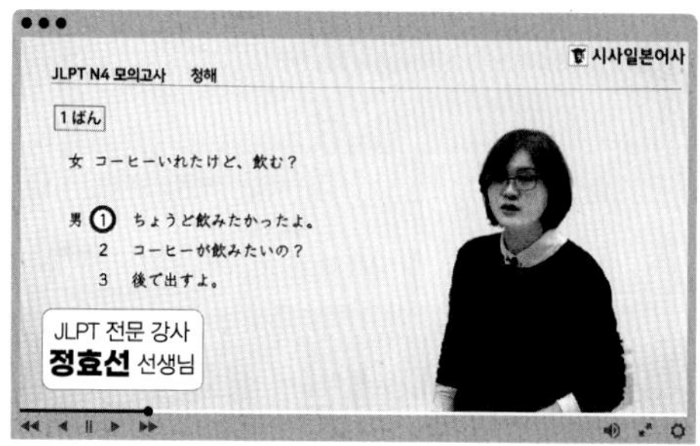

무료 해설 강의는 유튜브 시사북스 채널에서 확인할 수 있습니다.

영상 바로보기

데일리 퀴즈·막판 뒤집기

데일리 퀴즈로 학습 체크하고 막판 뒤집기로 시험 직전 최종 복습까지!

책에서 다룬 단어와 문법을 확인할 수 있는 데일리 퀴즈로 학습 상태를 체크하여 부족한 점을 보완합니다.

단어퀴즈 바로가기

문법퀴즈 바로가기

데일리 퀴즈 PDF

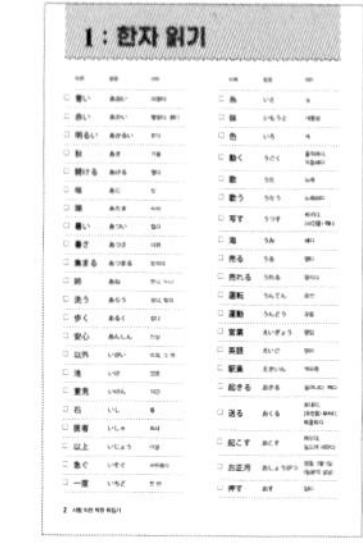

시험 직전 막판 뒤집기

출제 빈도가 높은 중요 단어만을 정리한 막판 뒤집기로 시험장에서 문제를 풀기 직전에 최종 복습합니다.

목차

이 책의 구성과 학습 방법 4

일본어능력시험 개요 8

Part 1
문자·어휘

Ⅰ **문제 유형 파악하기** 11
1 もんだい 1 한자 읽기 12
2 もんだい 2 표기 13
3 もんだい 3 문맥 규정 44
4 もんだい 4 유의 표현 80
5 もんだい 5 용법 94

Ⅱ **실전문제 익히기** 107

Part 2
문법

Ⅰ **문제 유형 파악하기** 119
• 문법 기본기 갖추기 120
1 もんだい 1 문법형식 판단 161
2 もんだい 2 문장 만들기 164
3 もんだい 3 글의 문법 167

Ⅱ **실전문제 익히기** 173

Part 3
독해

Ⅰ **문제 유형 파악하기** 183
1 もんだい 4 내용 이해(단문) 184
2 もんだい 5 내용 이해(중문) 188
3 もんだい 6 정보 검색 191

Ⅱ **실전문제 익히기** 195

Part 4
청해

Ⅰ **문제 유형 파악하기** 205
• 청해 기본기 갖추기 206
1 もんだい 1 과제 이해 217
2 もんだい 2 포인트 이해 223
3 もんだい 3 발화 표현 227
4 もんだい 4 즉시 응답 231

Ⅱ **실전문제 익히기** 233

모의고사
249

별책부록
시험 직전 막판 뒤집기

일본어능력시험 개요

1 : 시험 과목 및 시험 시간

레벨	시험 과목 (시험 시간)		
N1	언어지식 (문자・어휘・문법)・독해 (110분)		청해 (60분)
N2	언어지식 (문자・어휘・문법)・독해 (105분)		청해 (55분)
N3	언어지식 (문자・어휘) (30분)	언어지식 (문법)・독해 (70분)	청해 (45분)
N4	**언어지식 (문자・어휘) (25분)**	**언어지식 (문법)・독해 (55분)**	**청해 (40분)**
N5	언어지식 (문자・어휘) (20분)	언어지식 (문법)・독해 (40분)	청해 (35분)

2 : 시험 점수

레벨	배점 구분	득점 범위
N1	언어지식(문자・어휘・문법)	0~60
	독해	0~60
	청해	0~60
	종합 배점	0~180
N2	언어지식(문자・어휘・문법)	0~60
	독해	0~60
	청해	0~60
	종합 배점	0~180
N3	언어지식(문자・어휘・문법)	0~60
	독해	0~60
	청해	0~60
	종합 배점	0~180
N4	**언어지식(문자・어휘・문법)・독해**	**0~120**
	청해	**0~60**
	종합 배점	**0~180**
N5	언어지식(문자・어휘・문법)・독해	0~120
	청해	0~60
	종합 배점	0~180

3 : 합격점과 합격 기준점

레벨별 합격점은 N1 100점, N2 90점, N3 95점, N4 90점, N5 80점이며, 과목별 합격 기준점은 각 19점(N4, N5는 언어지식·독해 합해서 38짐, 청해 19점)입니다.

4 : N4 문제 유형

<table>
<tr><th colspan="2">시험 과목</th><th>문제</th><th>예상
문항 수</th><th>문제 내용</th><th>적정 예상
풀이 시간</th><th>파트별
소요 예상 시간</th><th>대책</th></tr>
<tr><td rowspan="5">언어
지식
(25분)</td><td rowspan="5">문자
·
어휘</td><td>문제 1</td><td>7</td><td>한자 읽기 문제</td><td>3분</td><td rowspan="5">문자 · 어휘
20분</td><td rowspan="5">문자 · 어휘 파트의 시험 시간은 25분으로 문제 푸는 시간을 20분 정도로 생각하면 시간은 충분하다. 나머지 5분 동안 마킹과 점검을 하면 된다.</td></tr>
<tr><td>문제 2</td><td>5</td><td>한자 표기 문제</td><td>2분</td></tr>
<tr><td>문제 3</td><td>8</td><td>문맥에 맞는 적절한 어휘를 고르는 문제</td><td>6분</td></tr>
<tr><td>문제 4</td><td>4</td><td>주어진 어휘와 비슷한 의미의 어휘를 찾는 문제</td><td>4분</td></tr>
<tr><td>문제 5</td><td>4</td><td>제시된 어휘의 의미가 올바르게 쓰인 문장을 찾는 문제</td><td>5분</td></tr>
<tr><td rowspan="6">언어
지식
(문법)
·
독해
(55분)</td><td rowspan="3">문법</td><td>문제 1</td><td>13</td><td>문장의 내용에 맞는 문형 표현 즉 기능어를 찾아서 넣는 문제</td><td>7분</td><td rowspan="3">문법
17분</td><td rowspan="6">총 55분 중 문법은 약 20분, 독해는 약 30분 정도가 소요될 것으로 예상되며, 문법을 먼저 본 후 해당 답안지를 회수하고 이어서 독해 시험을 실시하므로 중간에 쉬는 시간이 없이 두 영역을 한 번에 본다고 생각해야 한다.
문법은 예시 문제로 문제 유형을 확인한 후 문제 풀이로 들어갈 수 있으니 침착하게 문제를 풀도록 하자.</td></tr>
<tr><td>문제 2</td><td>4</td><td>나열된 단어를 의미에 맞게 조합하는 문제</td><td>4분</td></tr>
<tr><td>문제 3</td><td>4</td><td>글의 흐름에 맞는 문법을 찾는 문제</td><td>6분</td></tr>
<tr><td rowspan="3">독해</td><td>문제 4</td><td>3</td><td>단문(100~200자 정도) 이해</td><td>12분</td><td rowspan="3">독해
27분</td></tr>
<tr><td>문제 5</td><td>3</td><td>중문(250~400자 정도) 이해</td><td>7분</td></tr>
<tr><td>문제 6</td><td>2</td><td>200~300자 정도의 글을 읽고 필요한 정보 찾기</td><td>8분</td></tr>
<tr><td colspan="2" rowspan="4">청해
(40분)</td><td>문제 1</td><td>8</td><td>과제 해결에 필요한 정보를 듣고 나서 무엇을 해야 하는지 찾아내기</td><td>약 9분
(한 문항당
약 1분)</td><td colspan="2" rowspan="4">총 40분 중에서 문제 푸는 시간은 대략 30~32분 정도가 될 것으로 예상한다. 나머지 시간은 질문을 읽는 시간과 문제 설명이 될 것이다.
음성이 끝난 후 마킹 시간이 따로 주어지지 않으므로 문제가 끝날 때마다 정확하게 마킹해야 한다.</td></tr>
<tr><td>문제 2</td><td>7</td><td>대화나 혼자 말하는 내용을 듣고 포인트 파악하기</td><td>약 12분
(한 문항당
약 1분 30초)</td></tr>
<tr><td>문제 3</td><td>5</td><td>그림을 보면서 상황 설명을 듣고 화살표가 가리키는 인물이 할 말 찾기</td><td>약 4분
(한 문항당
약 40초)</td></tr>
<tr><td>문제 4</td><td>8</td><td>짧은 문장을 듣고 그에 맞는 적절한 응답 찾기</td><td>약 4분 30초
(한 문항당
약 30초)</td></tr>
</table>

* 문제 수는 매회 시험에서 출제되는 대략적인 기준으로 실제 문제 수는 다소 달라질 수 있습니다.

Part 1

JLPT N4

Part 1

문자 · 어휘

I 문제 유형 파악하기

1 もんだい 1 한자 읽기
2 もんだい 2 표기
3 もんだい 3 문맥 규정
4 もんだい 4 유의 표현
5 もんだい 5 용법

1 : もんだい 1 한자 읽기

문제 유형

문제에 주어진 한자어의 읽는 법을 찾는 문제이다. 특수 발음으로 읽는 시간 · 숫자 · 나이 표현 등의 기초 어휘부터 각 품사별 필수 어휘까지 다양하게 출제된다.

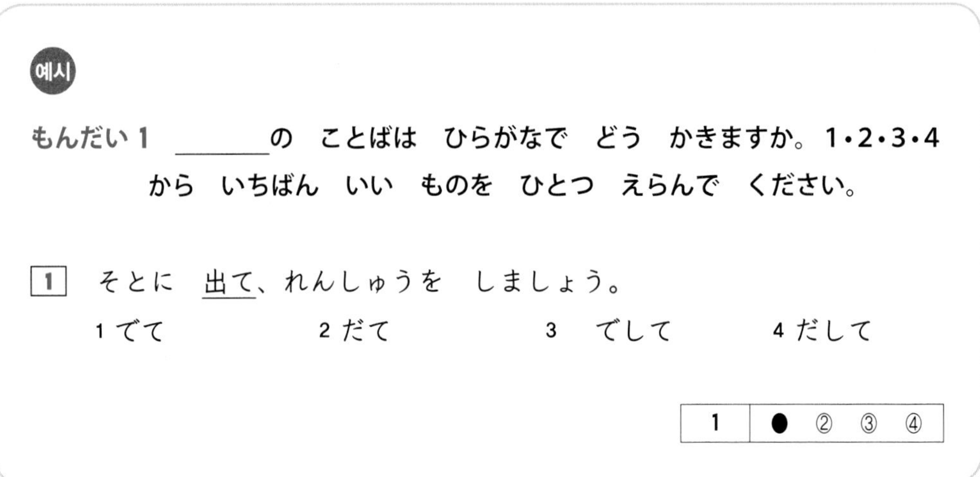

예시

もんだい 1 ＿＿＿＿の　ことばは　ひらがなで　どう　かきますか。1・2・3・4 から　いちばん　いい　ものを　ひとつ　えらんで　ください。

1　そとに　<u>出て</u>、れんしゅうを　しましょう。

1 でて　　2 だて　　3 でして　　4 だして

1	● ② ③ ④

문제 풀이 포인트

〈한자 읽기〉 파트에서는 음독, 훈독, 음독과 훈독이 섞인 어휘가 골고루 출제된다.

예시 문제를 보면 「出 날 출」의 음독은 「しゅつ·すい」, 훈독은 「出す 꺼내다, 내놓다」, 「出る 나가(오)다」이다. 따라서 정답은 1번이다. 선택지 2번처럼 같은 한자의 훈독이지만 다른 단어를 제시하거나 3, 4번처럼 틀린 형태의 훈독이 제시되기도 하기 때문에 음과 뜻을 정확히 기억해야만 풀 수 있다.

촉음과 장음, 탁음, 반탁음 등 혼동하기 쉬운 발음에 특히 주의해야 하며, 여러 가지 음독과 훈독을 가진 한자가 있으니 꼼꼼하게 살펴 보는 것이 중요하다.

2: もんだい 2 표기

문제 유형

히라가나로 주어진 단어를 한자로 바르게 표기한 것을 찾는 문제이다. 형태가 비슷한 한자 중에서 정답을 찾는 문제나 품사별로 뜻이 다르지만 구조가 비슷한 어휘 중에서 정답을 고르는 문제가 출제된다.

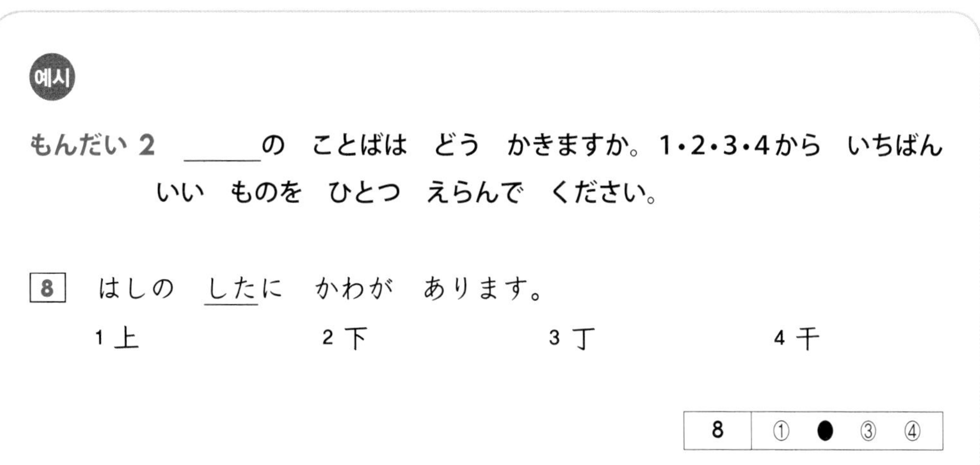

예시

もんだい 2 ＿＿＿の　ことばは　どう　かきますか。1・2・3・4から　いちばん　いい　ものを　ひとつ　えらんで　ください。

8　はしの　<u>したに</u>　かわが　あります。

1 上　　2 下　　3 丁　　4 千

8	① ● ③ ④

문제 풀이 포인트

비슷한 형태의 한자에 주의!

선택지에는 형태가 비슷한 한자나 발음이 같은 한자 및 혼동하기 쉬운 유의어 및 반의어의 한자가 나오기도 하니 주의해야 한다.

예시 문제를 보면, 「した」라고 읽는 한자는 선택지 2번의 「下(した) 아래」이다. 선택지 1번은 반의어인 「上(うえ) 위」이며, 3번과 4번은 형태가 비슷한 닮은꼴 한자로 「丁 고무래 정/장정 정」, 「干 줄기 간」이다.

〈한자 읽기〉와 〈표기〉 파트에서 다루는 어휘는 문자 · 어휘 영역 전체의 필수 어휘이므로 부수와 형태, 발음뿐만 아니라 의미까지 폭넓게 공부하는 것이 중요하다.

もんだい1·2 한자 읽기 · 표기 출제 예상 어휘

학습 포인트

N4의 〈한자 읽기〉 및 〈표기〉에서 알아야 하는 한자의 수는 약 300자 정도이다. 출제 예상 어휘를 품사별로 정리했다. 또한 숫자나 날짜의 특수 발음은 N4에서도 출제 빈도가 높으므로 반드시 복습해 두어야 한다.

1: 명사

(あ)

- ☐ 赤(あか)ちゃん 아기
- ☐ 味(あじ) 맛
- ☐ 明日(あした) 내일
- ☐ 汗(あせ) 땀
- ☐ 遊(あそ)び 놀이
- ☐ 飴(あめ) 사탕, 엿
- ☐ 安心(あんしん) 안심
- ☐ 案内(あんない) 안내
- ☐ 以下(いか) 이하
- ☐ 以外(いがい) 이외, 그 밖
- ☐ 医学(いがく) 의학
- ☐ 池(いけ) 연못
- ☐ 意見(いけん) 의견
- ☐ 石(いし) 돌
- ☐ 以上(いじょう) 이상
- ☐ 糸(いと) 실
- ☐ 以内(いない) 이내
- ☐ 田舎(いなか) 시골
- ☐ 命(いのち) 생명, 목숨
- ☐ 居間(いま) 거실
- ☐ 受付(うけつけ) 접수, 접수처
- ☐ 嘘(うそ) 거짓말
- ☐ 腕(うで) 팔
- ☐ 裏(うら) 뒤, 뒷면, 옷의 안감
- ☐ 売(う)り場(ば) 파는 곳, 매장
- ☐ 運(うん) 운, 운수
- ☐ 運転(うんてん) 운전
- ☐ 運転手(うんてんしゅ) 운전 기사
- ☐ 運動(うんどう) 운동
- ☐ 映画(えいが) 영화
- ☐ 営業(えいぎょう) 영업
- ☐ 枝(えだ) 가지
- ☐ 遠慮(えんりょ) 사양, 겸손
- ☐ 億(おく) 억(숫자)
- ☐ 屋上(おくじょう) 옥상
- ☐ 贈(おく)り物(もの) 선물
- ☐ 押(お)し入(い)れ 벽장
- ☐ お宅(たく) 댁(상대방 집의 높임말)
- ☐ 夫(おっと) 남편
- ☐ 音(おと) 소리
- ☐ 落(お)とし物(もの) 분실물, 유실물
- ☐ お年寄(としよ)り 노인, 어르신
- ☐ 踊(おど)り 춤, 무용
- ☐ お前(まえ) 너
- ☐ お祭(まつ)り 축제

□ 表(おもて) 겉, 앞면

□ お湯(ゆ) 뜨거운 물, 끓인 물

□ 俺(おれ) 나(남자의 1인칭)

□ 終(お)わり 끝, 마지막

(か)

□ 海岸(かいがん) 해안, 바닷가

□ 会議(かいぎ) 회의

□ 会場(かいじょう) 회장, 행사장

□ 外部(がいぶ) 외부

□ 会話(かいわ) 회화

□ 帰(かえ)り 귀가, 돌아감, 돌아가는 길

□ 科学(かがく) 과학

□ 鏡(かがみ) 거울

□ 飾(かざ)り 장식, 꾸밈

□ 火事(かじ) 화재

□ 歌手(かしゅ) 가수

□ 肩(かた) 어깨

□ 方(かた) 분(사람의 높임말)

□ 形(かたち) 모양, 형체

□ 格好(かっこう) 모습, 꼴

□ 家庭(かてい) 가정

□ 家内(かない) 아내, 집사람

□ 金持(かねも)ち 부자

□ 壁(かべ) 벽

□ 髪(かみ) 머리카락

□ 彼氏(かれし) 남자 친구

□ 代(か)わり 대신

□ 関係(かんけい) 관계

□ 観光(かんこう) 관광

□ 気(き) 기, 기운, 느낌

□ 機会(きかい) 기회

□ 機械(きかい) 기계

□ 期間(きかん) 기간

□ 聞(き)き取(と)り 듣기, 청취

□ 汽車(きしゃ) 기차

□ 記者(きしゃ) 기자

□ 技術(ぎじゅつ) 기술

□ 季節(きせつ) 계절

□ 規則(きそく) 규칙

□ 気分(きぶん) 기분

□ 君(きみ) 자네, 너

□ 気持(きも)ち 마음, 기분

□ 着物(きもの) 기모노(일본 전통 복장)

□ 客(きゃく) 손님

□ 急行(きゅうこう) 급행, 급행 열차

□ 教育(きょういく) 교육

□ 教会(きょうかい) 교회

□ 興味(きょうみ) 흥미, 관심

□ 近所(きんじょ) 근처, 이웃집

□ 具合(ぐあい) (몸) 상태, 컨디션, 형편

□ 空気(くうき) 공기

□ 空港(くうこう) 공항

□ 草(くさ) 풀

□ 首(くび) 목

□ 雲(くも) 구름

□ 曇(くも)り 흐림

□ 苦労(くろう) 고생, 노고

□ 毛(け) 털

□ 計画(けいかく) 계획

□ 経験(けいけん) 경험	□ 経済(けいざい) 경제	□ 警察(けいさつ) 경찰
□ 怪我(けが) 상처, 부상	□ 景色(けしき) 경치, 풍경	□ 消(け)しゴム 지우개
□ 下宿(げしゅく) 하숙	□ 欠席(けっせき) 결석	□ 原因(げんいん) 원인
□ 喧嘩(けんか) 다툼, 싸움	□ 玄関(げんかん) 현관	□ 研究(けんきゅう) 연구
□ 見物(けんぶつ) 구경	□ 子(こ) 아이, 자식	□ 郊外(こうがい) 교외
□ 講義(こうぎ) 강의	□ 工業(こうぎょう) 공업	□ 高校(こうこう) 고등학교
□ 交差点(こうさてん) 교차로, 사거리	□ 工事(こうじ) 공사	□ 工場(こうじょう) 공장
□ 校長(こうちょう) 교장	□ 交通(こうつう) 교통	□ 講堂(こうどう) 강당
□ 公務員(こうむいん) 공무원	□ 氷(こおり) 얼음	□ 国際(こくさい) 국제
□ 国産(こくさん) 국산	□ 国民(こくみん) 국민	□ 国立(こくりつ) 국립
□ 心(こころ) 마음, 느낌	□ 故障(こしょう) 고장	□ 個人(こじん) 개인
□ 答(こた)え 정답, 대답	□ 御馳走(ごちそう) 대접, 진수성찬	□ 事(こと) 일, 것, 사실
□ 言葉(ことば) 말, 언어	□ 小鳥(ことり) 작은 새	□ この間(あいだ) 일전(에), 지난번(에)
□ この頃(ごろ) 요즘	□ 米(こめ) 쌀	□ 今回(こんかい) 이번
□ 今度(こんど) 이번, 이다음	□ 今夜(こんや) 오늘 밤	

(さ)

□ 最近(さいきん) 최근, 요즘	□ 最後(さいご) 최후, 마지막	□ 最初(さいしょ) 최초, 처음
□ 坂(さか) 비탈길, 언덕	□ 作品(さくひん) 작품	□ 桜(さくら) 벚나무, 벚꽃
□ 産業(さんぎょう) 산업	□ 算数(さんすう) 산수	□ 賛成(さんせい) 찬성
□ 市(し) 시(행정 구역)	□ 字(じ) 글자, 글씨	□ 試合(しあい) 시합, 경기
□ 仕方(しかた) 하는 방법, 방식	□ 試験(しけん) 시험	□ 事故(じこ) 사고

□ 地震(じしん) 지진
□ 舌(した) 혀
□ 時代(じだい) 시대
□ 下着(したぎ) 속옷, 내의
□ 支度(したく) 준비, 채비
□ 失敗(しっぱい) 실패, 실수
□ 質問(しつもん) 질문
□ 失礼(しつれい) 실례
□ 辞典(じてん) 사전
□ 自転車(じてんしゃ) 자전거
□ 自動(じどう) 자동
□ 自動車(じどうしゃ) 자동차
□ 品物(しなもの) 물품, 상품
□ 支払い(しはらい) 지불, 지급
□ 自分(じぶん) 자기, 자신
□ 島(しま) 섬
□ 姉妹(しまい) 자매
□ 市民(しみん) 시민
□ 事務所(じむしょ) 사무소
□ 社会(しゃかい) 사회
□ 社長(しゃちょう) 사장, 사장님
□ 邪魔(じゃま) 방해, 장애, 훼방
□ 自由(じゆう) 자유
□ 習慣(しゅうかん) 습관
□ 週間(しゅうかん) 주간
□ 住所(じゅうしょ) 주소
□ 柔道(じゅうどう) 유도(스포츠)
□ 授業(じゅぎょう) 수업
□ 主人(しゅじん) 주인, 남편
□ 出席(しゅっせき) 출석
□ 出発(しゅっぱつ) 출발
□ 趣味(しゅみ) 취미
□ 準備(じゅんび) 준비
□ 紹介(しょうかい) 소개
□ 正月(しょうがつ) 정월, 1월 1일(일본의 설날)
□ 小学校(しょうがっこう) 초등학교
□ 小説(しょうせつ) 소설
□ 招待(しょうたい) 초대, 초청
□ 醤油(しょうゆ) 간장
□ 将来(しょうらい) 장래, 미래
□ 食事(しょくじ) 식사
□ 食料品(しょくりょうひん) 식료품
□ 女性(じょせい) 여성
□ 人口(じんこう) 인구
□ 神社(じんじゃ) 신사
□ 水泳(すいえい) 수영
□ 水道(すいどう) 수도
□ 数学(すうがく) 수학
□ 砂(すな) 모래
□ 生活(せいかつ) 생활
□ 生産(せいさん) 생산
□ 政治(せいじ) 정치
□ 世界(せかい) 세계
□ 世界中(せかいじゅう) 전 세계
□ 席(せき) 자리, 좌석
□ 説明(せつめい) 설명
□ 背中(せなか) 등(신체)
□ 背広(せびろ) 신사복, 정장
□ 世話(せわ) 보살핌, 신세
□ 線(せん) 선, 라인
□ 全国(ぜんこく) 전국
□ 選手(せんしゅ) 선수
□ 戦争(せんそう) 전쟁
□ 全体(ぜんたい) 전체
□ 洗濯(せんたく) 세탁, 빨래
□ 全部(ぜんぶ) 전부, 모두

もんだい1·2 한자 읽기·표기 출제 예상 어휘

- □ 専門(せんもん) 전문, 전공
- □ 掃除(そうじ) 청소
- □ 相談(そうだん) 상담, 상의, 의논
- □ 卒業(そつぎょう) 졸업
- □ 祖父(そふ) 조부, 할아버지
- □ 祖母(そぼ) 조모, 할머니

(た)

- □ 退院(たいいん) 퇴원
- □ 大使館(たいしかん) 대사관
- □ 台風(たいふう) 태풍
- □ 竹(たけ) 대나무
- □ 畳(たたみ) 다다미
- □ 縦(たて) 세로
- □ 棚(たな) 선반
- □ 楽(たの)しみ 즐거움, 기대, 낙
- □ 男性(だんせい) 남성
- □ 血(ち) 피
- □ 力(ちから) 힘, 기력
- □ 地図(ちず) 지도
- □ 父親(ちちおや) 부친, 아버지
- □ 茶色(ちゃいろ) 갈색
- □ 茶(ちゃ)わん 밥공기
- □ 注意(ちゅうい) 주의, 조심
- □ 中学校(ちゅうがっこう) 중학교
- □ 中止(ちゅうし) 중지, 취소
- □ 駐車(ちゅうしゃ) 주차
- □ 駐車場(ちゅうしゃじょう) 주차장
- □ 地理(ちり) 지리
- □ 月(つき) 달
- □ 都合(つごう) 형편
- □ 妻(つま) 아내
- □ 爪(つめ) 손톱, 발톱
- □ 梅雨(つゆ) 장마(「ばいう」라고도 읽음)
- □ 手袋(てぶくろ) 장갑
- □ 手元(てもと) 자기 주위, 바로 옆, 손이 미치는 범위
- □ 寺(てら) 절
- □ 点(てん) 점
- □ 店員(てんいん) 점원
- □ 天気予報(てんきよほう) 일기 예보
- □ 展覧会(てんらんかい) 전람회
- □ 道具(どうぐ) 도구
- □ 動物園(どうぶつえん) 동물원
- □ 遠(とお)く 먼 곳, 멀리
- □ 通(とお)り 큰길, 도로
- □ 床屋(とこや) 이발소, 이발사
- □ 都市(とし) 도시
- □ 途中(とちゅう) 도중
- □ 特急(とっきゅう) 특급, 특급 열차
- □ 泥棒(どろぼう) 도둑질, 도둑

(な)

- □ 内部(ないぶ) 내부
- □ 等(など) ~등, ~따위
- □ 匂(にお)い 냄새
- □ 日記(にっき) 일기
- □ 荷物(にもつ) 짐, 화물
- □ 入院(にゅういん) 입원

□ 入学(にゅうがく) 입학	□ 入社(にゅうしゃ) 입사	□ 人形(にんぎょう) 인형
□ 値段(ねだん) 값, 가격	□ 熱(ねつ) 열	□ 寝坊(ねぼう) 늦잠
□ 年代(ねんだい) 연대, 시대	□ 喉(のど) 목, 목구멍	□ 乗り換え(のりかえ) 갈아탐, 환승
□ 乗り物(のりもの) 탈것, 교통수단		

(は)

□ 歯(は) 이, 이빨, 치아	□ 葉(は) 잎, 이파리	□ 羽(はね) 날개, 깃털
□ 場合(ばあい) 경우	□ 歯医者(はいしゃ) 치과 의사, 치과	□ 箱(はこ) 상자
□ 橋(はし) 다리(시설물)	□ 始まり(はじまり) 시작, 시초, 기원	□ 場所(ばしょ) 장소, 곳
□ 発音(はつおん) 발음	□ 花見(はなみ) 꽃구경, 꽃놀이	□ 母親(ははおや) 모친, 어머니
□ 林(はやし) 수풀, 숲	□ 晴れ(はれ) 하늘이 갬, 날씨가 좋음	□ 晩(ばん) 밤(시간·때)
□ 番(ばん) 순번, 순서, 차례	□ 番組(ばんぐみ) 방송 프로그램	□ 反対(はんたい) 반대
□ 半分(はんぶん) 절반, 반	□ 火(ひ) 불	□ 日(ひ) 해, 태양, 햇빛, 날(날짜)
□ 光(ひかり) 빛	□ 引き出し(ひきだし) 서랍, 인출	□ 美術館(びじゅつかん) 미술관
□ 一月(ひとつき) 한 달, 1개월	□ 昼間(ひるま) 주간, 낮 동안	□ 昼休み(ひるやすみ) 점심시간
□ 広さ(ひろさ) 넓이	□ 封筒(ふうとう) 봉투	□ 復習(ふくしゅう) 복습
□ 普通(ふつう) 보통	□ 布団(ふとん) 이불, 이부자리	□ 船(ふね) 배
□ 文化(ぶんか) 문화	□ 文学(ぶんがく) 문학	□ 文書(ぶんしょ) 문서
□ 文章(ぶんしょう) 문장	□ 文法(ぶんぽう) 문법	□ 辺(へん) 근처, 부근, 정도
□ 返事(へんじ) 답장, 대답, 응답	□ 弁当(べんとう) 도시락	□ 貿易(ぼうえき) 무역
□ 放送(ほうそう) 방송	□ 法律(ほうりつ) 법률	□ 僕(ぼく) 나(남자의 1인칭)
□ 星(ほし) 별	□ 程(ほど) 정도, 만큼	□ 骨(ほね) 뼈
□ 本気(ほんき) 진심, 본심	□ 本棚(ほんだな) 책장	

もんだい1·2 한자 읽기 · 표기 출제 예상 어휘

(ま)

□ 孫(まご) 손자
□ 松(まつ) 소나무
□ 窓口(まどぐち) 창구
□ 漫画(まんが) 만화
□ 真ん中(まんなか) 한가운데, 정가운데
□ 港(みなと) 항구
□ 向かい(むかい) 맞은편
□ 昔(むかし) 옛날
□ 向こう(むこう) 건너편, 저편
□ 虫(むし) 벌레, 곤충
□ 息子(むすこ) 아들
□ 娘(むすめ) 딸, 아가씨
□ 村(むら) 마을
□ 森(もり) 수풀, 숲

(や)

□ 夜間(やかん) 야간
□ 約束(やくそく) 약속
□ 夕べ(ゆうべ) 어제 저녁, 어젯밤
□ 輸出(ゆしゅつ) 수출
□ 輸入(ゆにゅう) 수입
□ 指(ゆび) 손가락
□ 指輪(ゆびわ) 반지
□ 夢(ゆめ) 꿈
□ 酔い(よい) 취함, 취기, 멀미
□ 用意(ようい) 준비, 대비
□ 用事(ようじ) 볼일, 용무, 용건
□ 予習(よしゅう) 예습
□ 予約(よやく) 예약

(ら)

□ 理由(りゆう) 이유
□ 利用(りよう) 이용
□ 両方(りょうほう) 양쪽
□ 旅館(りょかん) 여관(일본 전통 숙박 시설)
□ 旅行(りょこう) 여행
□ 留守(るす) 부재, 부재중
□ 零(れい) 숫자 0, 제로
□ 冷蔵庫(れいぞうこ) 냉장고
□ 冷房(れいぼう) 냉방
□ 歴史(れきし) 역사
□ 列車(れっしゃ) 열차
□ 練習(れんしゅう) 연습
□ 連絡(れんらく) 연락
□ 廊下(ろうか) 복도
□ 老人(ろうじん) 노인

(わ)

□ 訳(わけ) 뜻, 까닭, 사정
□ 忘れ物(わすれもの) 물건을 깜박 잊음, 잊은 물건, 분실물

2 : 동사

(あ)

- □ 合(あ)う 맞다
- □ 空(あ)く 비다
- □ 上(あ)げる 주다, 올리다
- □ 集(あつ)まる 모이다
- □ 集(あつ)める 모으다, 걷다
- □ 謝(あやま)る 사과하다, 사죄하다
- □ 生(い)きる 살다
- □ 急(いそ)ぐ 서두르다
- □ 祈(いの)る 빌다, 기도하다
- □ 祝(いわ)う 축하하다, 축복하다
- □ 植(う)える 심다
- □ 伺(うかが)う 여쭙다, 찾아뵙다(「聞(き)く」, 「訪(たず)ねる」의 겸양어)
- □ 受(う)ける 받다, (시험을) 보다
- □ 動(うご)かす 움직이게 하다
- □ 動(うご)く 움직이다, 작동하다
- □ 打(う)つ 치다, 두드리다, 때리다
- □ 写(うつ)す 베끼다, 묘사하다, (사진을) 찍다
- □ 選(えら)ぶ 고르다, 선택하다
- □ 送(おく)る 보내다, 바래다주다, 배웅하다
- □ 遅(おく)れる 늦다, 늦어지다
- □ 起(お)こす 일으키다, 벌이다, 깨우다
- □ 怒(おこ)る 화내다
- □ 落(お)ちる 떨어지다
- □ 落(お)とす 떨어뜨리다
- □ 踊(おど)る 춤추다
- □ 驚(おどろ)く 놀라다
- □ 折(お)る 접다, 꺾다, 부러뜨리다
- □ 折(お)れる 접히다, 꺾이다, 부러지다

(か)

- □ 飼(か)う (동물을) 키우다, 기르다
- □ 変(か)える 바꾸다
- □ 掛(か)ける 걸다, 걸치다, (열쇠를) 잠그다
- □ 飾(かざ)る 꾸미다, 장식하다
- □ 片付(かたづ)ける 치우다, 정리하다
- □ 勝(か)つ 이기다, 승리하다

もんだい1·2 한자 읽기 · 표기 출제 예상 어휘

□ 通(かよ)う 다니다

□ 変(か)わる 바뀌다, 변하다

□ 頑張(がんば)る 열심히 하다, 노력하다

□ 気(き)に入(い)る 마음에 들다

□ 決(き)める 정하다, 결정하다

□ 下(くだ)さる 주시다(「くれる 주다」의 존경어)

□ 比(くら)べる 비교하다

□ 込(こ)む 혼잡하다, 붐비다

□ 転(ころ)ぶ 구르다, 넘어지다

□ 壊(こわ)れる 부서지다, 고장 나다, 파손되다

□ 乾(かわ)く 마르다, 건조해지다

□ 考(かんが)える 생각하다, 고안하다

□ 聞(き)こえる 들리다

□ 決(き)まる 정해지다, 결정되다

□ 切(き)る 자르다, 끊다, 베다

□ 曇(くも)る (날씨가) 흐리다, 흐려지다

□ 暮(く)れる (해가) 지다, (날이) 저물다

□ ご覧(らん)になる 보시다(「見(み)る」의 존경어)

□ 壊(こわ)す 부수다, 고장 내다

(さ)

□ 探(さが)す 찾다

□ 差(さ)す 가리다, (우산을) 쓰다

□ 触(さわ)る 만지다, 손대다

□ 知(し)らせる 알리다, 공지하다

□ 過(す)ぎる 지나다, 통과하다

□ 進(すす)む 나아가다, 전진하다

□ 滑(すべ)る 미끄러지다

□ 差(さ)し上(あ)げる 드리다(「あげる」의 겸양어)

□ 騒(さわ)ぐ 떠들다, 소란 피우다

□ 叱(しか)る 혼내다, 야단치다

□ 調(しら)べる 조사하다, 알아보다

□ 空(す)く (틈·짬이) 나다, (배가) 고프다

□ 捨(す)てる 버리다

□ 育(そだ)てる 키우다, 기르다, 양육하다

(た)

□ 倒(たお)す 쓰러뜨리다

□ 足(た)す 더하다, 보태다

□ 倒(たお)れる 쓰러지다

□ 訪(たず)ねる 방문하다

- □ 建(た)つ (건물이) 세워지다
- □ 頼(たの)む 부탁하다, 주문하다
- □ 違(ちが)う 다르다, 틀리다
- □ 疲(つか)れる 지치다, 피로해지다
- □ 付(つ)く 붙다, 달라붙다, 묻다
- □ 伝(つた)える 전하다, 전달하다
- □ 続(つづ)ける 계속하다
- □ 勤(つと)める 근무하다, 종사하다
- □ 釣(つ)る 낚시하다
- □ 出掛(でか)ける 외출하다, 나가다
- □ 通(とお)る 통과하다, 지나가다
- □ 届(とど)ける 닿게 하다, 배달하다
- □ 泊(と)まる 묵다, 숙박하다
- □ 止(と)める 세우다, 정지시키다
- □ 取(と)る (손에) 잡다, 들다, 쥐다
- □ 建(た)てる (건물을) 세우다, 건축하다
- □ 足(た)りる 충분하다, 충족되다
- □ 捕(つか)まえる 붙잡다, 붙들다
- □ 着(つ)く 도착하다
- □ 付(つ)ける 붙이다, (전깃불을) 켜다
- □ 続(つづ)く 계속되다
- □ 包(つつ)む 감싸다, 포장하다
- □ 積(つ)もる 쌓이다
- □ 連(つ)れて行(い)く・来(く)る 데리고 가다·오다
- □ 手伝(てつだ)う 돕다, 도와주다
- □ 届(とど)く 닿다, 배달되다
- □ 止(と)まる 멈추다, 정지하다
- □ 泊(と)める 묵게 하다, 숙박시키다
- □ 取(と)り替(か)える/取(と)り換(か)える 교체하다, 교환하다

(な)

- □ 直(なお)す 고치다, 수리하다
- □ 流(なが)す 흘리다
- □ 泣(な)く 울다
- □ 無(な)くす 없애다, 잃다
- □ 無(な)くなる 없어지다, 다 떨어지다
- □ 直(なお)る/治(なお)る 고쳐지다, 낫다
- □ 流(なが)れる 흐르다, 흘러가다
- □ 鳴(な)く (동물이) 울다, 짖다
- □ 亡(な)くなる 죽다, 돌아가시다
- □ 投(な)げる 던지다

□ 並(なら)ぶ 줄을 서다, 늘어서다

□ 並(なら)べる 늘어놓다, 진열하다

□ 鳴(な)る 울리다, 소리가 나다

□ 慣(な)れる 익숙해지다

□ 似合(にあ)う 어울리다

□ 逃(に)げる 도망가다, 달아나다

□ 似(に)る 닮다, 비슷하다

□ 脱(ぬ)ぐ 벗다

□ 盗(ぬす)む 훔치다

□ 塗(ぬ)る 바르다, 칠하다

□ 濡(ぬ)れる 젖다

□ 願(ねが)う 원하다, 바라다

□ 眠(ねむ)る 자다, 잠들다

□ 残(のこ)す 남기다

□ 残(のこ)る 남다

□ 乗(の)り換(か)える/乗(の)り替(か)える 갈아타다, 환승하다

(は)

□ 運(はこ)ぶ 운반하다, 옮기다, 나르다

□ 始(はじ)める 시작하다

□ 走(はし)る 달리다, 뛰다

□ 働(はたら)く 일하다, 근무하다

□ 払(はら)う 지불하다, (돈을) 내다

□ 晴(は)れる (날씨가) 개다

□ 冷(ひ)える 차가워지다, 식다

□ 光(ひか)る 빛나다

□ 引(ひ)く 당기다, 빼다

□ 弾(ひ)く (악기를) 연주하다, 치다, 켜다

□ 引(ひ)っ越(こ)す 이사하다

□ 拾(ひろ)う 줍다

□ 増(ふ)える 늘어나다, 증가하다

□ 吹(ふ)く (바람이) 불다, (입으로) 불다

□ 太(ふと)る 살찌다

□ 踏(ふ)む 밟다

□ 減(へ)る 줄어들다, 감소하다

(ま)

□ 参(まい)る 가다, 오다(「行(い)く」, 「来(く)る」의 겸양어)

□ 負(ま)ける 지다, 패하다

□ 間違(まちが)える 잘못하다, 틀리다, 착각하다

□ 間(ま)に合(あ)う 제시간에 맞추다, 도착하다

□ 守(まも)る 지키다, 보호하다, 유지하다

□ 回(まわ)る 돌다

□ 見(み)える 보이다

□ 見(み)つかる 발견되다

□ 見(み)つける 발견하다, 찾아내다

□ 迎(むか)える 마중하다, 맞이하다

□ 召(め)し上(あ)がる 드시다(「食(た)べる」, 「飲(の)む」의 존경어

□ 申(もう)し上(あ)げる 말씀드리다(「言(い)う」의 겸양어)

□ 申(もう)す 말하다(「言(い)う」의 겸양어)

□ 戻(もど)す 되돌리다

□ 戻(もど)る 되돌아가(오)다

(や)

□ 焼(や)く 굽다, 태우다

□ 役(やく)に立(た)つ 도움이 되다, 쓸모가 있다

□ 焼(や)ける 구워지다, 타다

□ 止(や)む (비가) 멈추다, 그치다

□ 止(や)める 그만두다, 중지하다, 끊다

□ 揺(ゆ)れる 흔들리다

□ 汚(よご)れる 더러워지다

□ 寄(よ)る 들르다, 다가가다

□ 喜(よろこ)ぶ 기뻐하다

(わ)

□ 沸(わ)かす (물을) 끓이다

□ 別(わか)れる 헤어지다, 이별하다

□ 沸(わ)く (물이) 끓다

□ 忘(わす)れる 잊다

□ 渡(わた)す 건네주다

□ 渡(わた)る 건너다

□ 笑(わら)う 웃다

□ 割(わ)る 나누다, 깨뜨리다

□ 割(わ)れる 갈라지다, 깨지다

3 : い형용사

(あ)

□ 浅(あさ)い 얕다, (정도가) 덜하다	□ 厚(あつ)い 두껍다	□ 熱(あつ)い 뜨겁다
□ 薄(うす)い 얇다, 엷다, 싱겁다	□ 美(うつく)しい 아름답다	

(か)

□ 堅(かた)い/固(かた)い 딱딱하다, 단단하다	□ 悲(かな)しい 슬프다	□ 厳(きび)しい 엄하다, 심하다
□ 苦(くる)しい 괴롭다	□ 細(こま)かい 잘다, 작다, 미세하다	□ 怖(こわ)い 무섭다, 두렵다

(さ)

□ 寂(さび)しい 외롭다, 섭섭하다	□ 仕方(しかた)ない 어쩔 수 없다	□ 親(した)しい 친하다
□ 凄(すご)い 굉장하다	□ 素晴(すば)らしい 훌륭하다, 굉장하다	

(た)

□ 正(ただ)しい 옳다, 바르다, 맞다	□ 足(た)りない 모자라다, 부족하다	□ 冷(つめ)たい 차갑다, 냉정하다

(な)

□ 苦(にが)い (맛이) 쓰다	□ 温(ぬる)い 미지근하다	□ 眠(ねむ)い 졸리다
□ 眠(ねむ)たい 졸리다		

(は～わ)

□ 恥(は)ずかしい 부끄럽다, 창피하다	□ 深(ふか)い 깊다	□ 太(ふと)い 굵다

□ 欲(ほ)しい 가지고 싶다, 원하다
□ 細(ほそ)い 가늘다
□ 珍(めずら)しい 드물다, 희귀하다
□ 柔(やわ)らかい 부드럽다
□ 若(わか)い 젊다

4 : な형용사

(あ～さ)

□ 安全(あんぜん)だ 안전하다
□ 簡単(かんたん)だ 간단하다
□ 危険(きけん)だ 위험하다
□ 結構(けっこう)だ 좋다, 만족스럽다, 됐다(거절)
□ 盛(さか)んだ 번성하다, 활발하다
□ 残念(ざんねん)だ 유감이다, 아쉽다
□ 邪魔(じゃま)だ 방해가 되다
□ 自由(じゆう)だ 자유롭다
□ 十分(じゅうぶん)だ / 充分(じゅうぶん)だ 충분하다
□ 心配(しんぱい)だ 걱정스럽다

(た～は)

□ 大事(だいじ)だ 중요하다
□ 大切(たいせつ)だ 소중하다, 중요하다
□ 確(たし)かだ 확실하다, 틀림없다
□ 丁寧(ていねい)だ 정중하다, 친절하다
□ 特別(とくべつ)だ 특별하다
□ 必要(ひつよう)だ 필요하다
□ 複雑(ふくざつ)だ 복잡하다
□ 不便(ふべん)だ 불편하다
□ 変(へん)だ 이상하다

(ま～わ)

□ 真面目(まじめ)だ 성실하다, 진지하다
□ 無理(むり)だ 무리이다
□ 有名(ゆうめい)だ 유명하다
□ 立派(りっぱ)だ 훌륭하다

もんだい1 한자 읽기 기출 어휘

학습 포인트

2010년부터 최근까지 출제된 기출 어휘이다. 실제 시험에서 나오는 어휘의 수준을 가늠할 수 있는 필수 어휘이므로 반드시 암기해야 한다.

● あ

□ 青(あお)い 파랗다	□ 赤(あか)い 빨갛다, 붉다	□ 明(あか)るい 밝다
□ 秋(あき) 가을	□ 開(あ)ける 열다	□ 味(あじ) 맛
□ 頭(あたま) 머리	□ 暑(あつ)い 덥다	□ 暑(あつ)さ 더위
□ 集(あつ)まる 모이다	□ 姉(あね) 언니, 누나	□ 洗(あら)う 씻다, 닦다
□ 歩(ある)く 걷다	□ 安心(あんしん) 안심	□ 以外(いがい) 이외, 그 밖
□ 池(いけ) 연못	□ 意見(いけん) 의견	□ 石(いし) 돌
□ 医者(いしゃ) 의사	□ 以上(いじょう) 이상	□ 急(いそ)ぐ 서두르다
□ 一度(いちど) 한 번	□ 糸(いと) 실	□ 妹(いもうと) 여동생
□ 色(いろ) 색	□ 動(うご)く 움직이다, 작동하다	□ 歌(うた) 노래
□ 歌(うた)う 노래하다	□ 写(うつ)す 베끼다, (사진을) 찍다	□ 海(うみ) 바다
□ 売(う)る 팔다	□ 売(う)れる 팔리다	□ 運転(うんてん) 운전
□ 運動(うんどう) 운동	□ 営業(えいぎょう) 영업	□ 英語(えいご) 영어
□ 駅員(えきいん) 역무원	□ 起(お)きる 일어나다, 깨다	□ 送(おく)る 보내다, (우편을) 부치다, 배웅하다
□ 起(お)こす 깨우다, 일으켜 세우다	□ お正月(しょうがつ) 정월, 1월 1일(일본의 설날)	□ 押(お)す 밀다

□ お姉(ねえ)さん 언니, 누나
□ 重(おも)い 무겁다
□ 親指(おやゆび) 엄지손가락, 엄지발가락
□ 泳(およ)ぐ 수영하다, 헤엄치다
□ 終(お)わる 끝나다
□ 音楽(おんがく) 음악

● か

□ 会場(かいじょう) 회장, 행사장
□ 帰(かえ)る 돌아가(오)다
□ 顔(かお) 얼굴
□ 火事(かじ) 화재
□ 貸(か)す 빌려주다
□ 風(かぜ) 바람
□ 数(かぞ)える 세다
□ 家族(かぞく) 가족
□ 方(かた) 분(사람의 높임말)
□ 紙(かみ) 종이
□ 通(かよ)う 다니다
□ 体(からだ) 몸
□ 軽(かる)い 가볍다
□ 代(か)わり 대신
□ 考(かんが)える 생각하다, 고안하다
□ 北(きた) 북, 북쪽
□ 切手(きって) 우표
□ 気分(きぶん) 기분
□ 決(き)まる 결정되다
□ 着物(きもの) 기모노(일본 전통 복장)
□ 急行(きゅうこう) 급행, 급행 열차
□ 急(きゅう)に 갑자기
□ 教室(きょうしつ) 교실
□ 去年(きょねん) 작년
□ 銀色(ぎんいろ) 은색
□ 銀行(ぎんこう) 은행
□ 近所(きんじょ) 근처, 이웃집
□ 区(く) 구(행정 구역)
□ 空港(くうこう) 공항
□ 薬(くすり) 약
□ 首(くび) 목
□ 雲(くも) 구름
□ 暗(くら)い 어둡다
□ 黒(くろ)い 검다
□ 計画(けいかく) 계획
□ 経験(けいけん) 경험
□ 県(けん) 현(행정 구역)
□ 研究(けんきゅう) 연구
□ 公園(こうえん) 공원

- □ 工場(こうじょう) 공장
- □ 声(こえ) 목소리
- □ 氷(こおり) 얼음
- □ 心(こころ) 마음
- □ 答(こた)える 대답하다, 응답하다
- □ 今度(こんど) 이번, 이다음

さ

- □ 最近(さいきん) 최근
- □ 最後(さいご) 최후, 마지막
- □ 寒(さむ)い 춥다
- □ 皿(さら) 그릇, 접시
- □ 産業(さんぎょう) 산업
- □ 試合(しあい) 시합
- □ 仕事(しごと) 일, 업무
- □ 質問(しつもん) 질문
- □ 自転車(じてんしゃ) 자전거
- □ 品物(しなもの) 물품, 상품
- □ 死(し)ぬ 죽다
- □ 市民(しみん) 시민
- □ 社会(しゃかい) 사회
- □ 住所(じゅうしょ) 주소
- □ 出発(しゅっぱつ) 출발
- □ 小説(しょうせつ) 소설
- □ 食堂(しょくどう) 식당
- □ 食料品(しょくりょうひん) 식료품
- □ 女性(じょせい) 여성
- □ 知(し)る 알다
- □ 白(しろ)い 하얗다
- □ 人口(じんこう) 인구
- □ 親切(しんせつ)だ 친절하다
- □ 新聞社(しんぶんしゃ) 신문사
- □ 水道(すいどう) 수도
- □ 好(す)きだ 좋아하다
- □ 少(すこ)し 조금
- □ 進(すす)む 나아가다, 전진하다
- □ 生産(せいさん) 생산
- □ 西洋(せいよう) 서양
- □ 世界(せかい) 세계
- □ 説明(せつめい) 설명
- □ 世話(せわ) 신세, 시중, 돌봄
- □ 祖母(そぼ) 조모, 할머니

た

□ 大使館(たいしかん) 대사관	□ 台所(だいどころ) 부엌	□ 建物(たてもの) 건물
□ 楽しい(たのしい) 즐겁다	□ 足りる(たりる) 충분하다, 충족되다	□ 近い(ちかい) 가깝다
□ 力(ちから) 힘	□ 茶色(ちゃいろ) 갈색	□ 注意(ちゅうい) 주의
□ 中止(ちゅうし) 중지	□ 地理(ちり) 지리	□ 使う(つかう) 사용하다
□ 着く(つく) 도착하다	□ 机(つくえ) 책상	□ 都合(つごう) 형편, 사정
□ 強い(つよい) 강하다	□ 手紙(てがみ) 편지	□ 店員(てんいん) 점원
□ 遠い(とおい) 멀다	□ 遠く(とおく) 먼 곳, 멀리	□ 通る(とおる) 지나가다, 통과하다
□ 都会(とかい) 도회, 도시	□ 特別だ(とくべつだ) 특별하다	□ 図書館(としょかん) 도서관
□ 特急(とっきゅう) 특급, 특급 열차	□ 止まる(とまる) 멈추다, 정지하다	□ 鳥(とり) 새

な

□ 夏(なつ) 여름	□ 習う(ならう) 익히다, 학습하다	□ 何枚(なんまい) 몇 장
□ 二台(にだい) 두 대	□ 日記(にっき) 일기	□ 眠い(ねむい) 졸리다
□ 眠る(ねむる) 자다, 잠들다	□ 乗る(のる) (탈 것·교통수단을) 타다	

もんだい1 한자 읽기 기출 어휘

● は

□ 運ぶ(はこぶ) 옮기다, 운반하다	□ 始める(はじめる) 시작하다	□ 場所(ばしょ) 장소
□ 走る(はしる) 달리다, 뛰다	□ 働く(はたらく) 일하다, 근무하다	□ 発音(はつおん) 발음
□ 花(はな) 꽃	□ 早く(はやく) 빨리	□ 春(はる) 봄
□ 反対(はんたい) 반대	□ 光(ひかり) 빛	□ 光る(ひかる) 빛나다
□ 引く(ひく) 당기다, 빼다	□ 低い(ひくい) 낮다	□ 病院(びょういん) 병원
□ 昼(ひる) 낮	□ 広い(ひろい) 넓다	□ 服(ふく) 옷
□ 太い(ふとい) 두껍다	□ 船(ふね) 배	□ 不便だ(ふべんだ) 불편하다
□ 冬(ふゆ) 겨울	□ 古い(ふるい) 오래되다, 낡다	□ 文(ぶん) 글, 문장
□ 文学(ぶんがく) 문학	□ 勉強(べんきょう) 공부	

● ま

□ 毎朝(まいあさ) 매일 아침	□ 町(まち) 마을	□ 待つ(まつ) 기다리다
□ 間に合う(まにあう) 제시간에 맞추다, 도착하다	□ 短い(みじかい) 짧다	□ 港(みなと) 항구
□ 村(むら) 마을	□ 目(め) 눈	□ 持つ(もつ) 가지다, 견디다
□ 森(もり) 숲, 산림	□ 門(もん) 문	

や

- □ 野菜(やさい) 채소, 야채
- □ 夕方(ゆうがた) 저녁 무렵, 해질녘
- □ 有名だ(ゆうめいだ) 유명하다
- □ 用事(ようじ) 볼일, 용건, 용무
- □ 洋服(ようふく) 양복
- □ 予習(よしゅう) 예습
- □ 予定(よてい) 예정
- □ 夜(よる) 밤
- □ 弱い(よわい) 약하다

ら

- □ 利用(りよう) 이용
- □ 旅行(りょこう) 여행

わ

- □ 別れる(わかれる) 헤어지다, 이별하다
- □ 悪い(わるい) 나쁘다

もんだい 2 표기 기출 어휘

あ

□ 会う(あう) 만나다	□ 青い(あおい) 파랗다	□ 赤い(あかい) 빨갛다
□ 明るい(あかるい) 밝다	□ 秋(あき) 가을	□ 開ける(あける) 열다
□ 足(あし) 발	□ 暑い(あつい) 덥다	□ 集まる(あつまる) 모이다
□ 兄(あに) 오빠 · 형	□ 姉(あね) 언니, 누나	□ 洗う(あらう) 씻다, 닦다
□ 歩く(あるく) 걷다	□ 言う(いう) 말하다	□ 行き方(いきかた) 가는 방법
□ 池(いけ) 연못	□ 医者(いしゃ) 의사	□ 以上(いじょう) 이상
□ 犬(いぬ) 개	□ 意味(いみ) 의미	□ 妹(いもうと) 여동생
□ 動く(うごく) 움직이다, 작동하다	□ 歌(うた) 노래	□ 海(うみ) 바다
□ 売る(うる) 팔다	□ 運転(うんてん) 운전	□ 運動(うんどう) 운동
□ 映画(えいが) 영화	□ 映画館(えいがかん) 영화관	□ 営業(えいぎょう) 영업
□ 英語(えいご) 영어	□ 屋上(おくじょう) 옥상	□ 送る(おくる) 보내다, 발송하다, 배웅하다
□ 教える(おしえる) 가르치다	□ 音(おと) 소리	□ 弟(おとうと) 남동생
□ 同じだ(おなじだ) 같다, 동일하다	□ 重い(おもい) 무겁다	□ 思い出す(おもいだす) 생각나다, 떠오르다
□ 思う(おもう) 생각하다	□ 終わる(おわる) 끝나다	

か

- □ 買(か)う 사다
- □ 帰(かえ)る 돌아가(오)다
- □ 顔(かお) 얼굴
- □ 書(か)き方(かた) 쓰는 방법
- □ 貸(か)す 빌려주다
- □ 風(かぜ) 바람
- □ 家族(かぞく) 가족
- □ 借(か)りる 빌리다
- □ 軽(かる)い 가볍다
- □ 代(か)わり 대신
- □ 考(かんが)える 생각하다, 고안하다
- □ 漢字(かんじ) 한자
- □ 帰国(きこく) 귀국
- □ 決(き)まる 결정되다
- □ 牛肉(ぎゅうにく) 소고기
- □ 教室(きょうしつ) 교실
- □ 薬(くすり) 약
- □ 暗(くら)い 어둡다
- □ 黒(くろ)い 검다
- □ 計画(けいかく) 계획
- □ 経験(けいけん) 경험
- □ 研究(けんきゅう) 연구
- □ 工場(こうじょう) 공장
- □ 交通(こうつう) 교통
- □ 声(こえ) 목소리
- □ 氷(こおり) 얼음
- □ 答(こた)える 대답하다, 응답하다
- □ 小鳥(ことり) 작은 새

さ

- □ 寒(さむ)い 춥다
- □ 試合(しあい) 시합, 경기
- □ 質問(しつもん) 질문
- □ 自転車(じてんしゃ) 자전거
- □ 自動車(じどうしゃ) 자동차
- □ 死(し)ぬ 죽다
- □ 市民(しみん) 시민
- □ 閉(し)める 닫다
- □ 写真(しゃしん) 사진
- □ 住所(じゅうしょ) 주소
- □ 授業(じゅぎょう) 수업
- □ 出発(しゅっぱつ) 출발

- □ 食堂(しょくどう) 식당
- □ 食料品(しょくりょうひん) 식료품
- □ 女性(じょせい) 여성
- □ 調(しら)べる 조사하다, 알아보다
- □ 知(し)る 알다
- □ 白(しろ)い 하얗다
- □ 親切(しんせつ)だ 친절하다
- □ 好(す)きだ 좋아하다
- □ 進(すす)む 나아가다, 전진하다
- □ 住(す)む 살다, 거주하다
- □ 説明(せつめい) 설명
- □ 先週(せんしゅう) 지난주

● た

- □ 台所(だいどころ) 부엌
- □ 台風(たいふう) 태풍
- □ 正(ただ)しい 맞다, 바르다, 정당하다
- □ 建(た)てる (건물을) 세우다, 건축하다
- □ 近(ちか)く 근처, 가까이
- □ 地図(ちず) 지도
- □ 注意(ちゅうい) 주의
- □ 使(つか)う 쓰다, 사용하다
- □ 作(つく)る 만들다
- □ 店員(てんいん) 점원
- □ ～度(ど) ～번
- □ 遠(とお)い 멀다
- □ 特別(とくべつ)だ 특별하다
- □ 時計(とけい) 시계
- □ 閉(と)じる 닫다
- □ 土曜日(どようび) 토요일
- □ 鳥(とり) 새

● な

- □ 夏(なつ) 여름
- □ 習(なら)う 배우다
- □ 日記(にっき) 일기
- □ 入院(にゅういん) 입원
- □ 眠(ねむ)い 졸리다
- □ 乗(の)る (탈 것·교통수단을) 타다

は

□ 運ぶ(はこぶ) 운반하다	□ 始める(はじめる) 시작하다	□ 場所(ばしょ) 장소, 곳
□ 走る(はしる) 달리다, 뛰다	□ 働く(はたらく) 일하다, 근무하다	□ 発音(はつおん) 발음
□ 話(はなし) 이야기	□ 早く(はやく) 빨리, 일찍	□ 林(はやし) 수풀, 삼림
□ 光(ひかり) 빛	□ 引く(ひく) 당기다, 빼다	□ 病院(びょういん) 병원
□ 開く(ひらく) 열리다	□ 昼ご飯(ひるごはん) 점심밥, 점심 식사	□ 昼休み(ひるやすみ) 점심시간, 점심 후 휴식
□ 広い(ひろい) 넓다	□ 服(ふく) 옷	□ 船(ふね) 배, 선박
□ 冬(ふゆ) 겨울	□ 古い(ふるい) 오래되다, 낡다	□ 文(ぶん) 글, 문장
□ 便利だ(べんりだ) 편리하다	□ 本屋(ほんや) 서점	

ま

□ 毎朝(まいあさ) 매일 아침	□ 町(まち) 마을	□ 待つ(まつ) 기다리다
□ 森(もり) 숲	□ 問題(もんだい) 문제	

や

□ 野菜(やさい) 채소, 야채	□ 夕方(ゆうがた) 저녁 무렵, 해질녘	□ 夕飯(ゆうはん) 저녁밥, 저녁 식사
□ 有名だ(ゆうめいだ) 유명하다	□ 雪(ゆき) 눈	□ 用事(ようじ) 볼일, 용건, 용무

もんだい 2 표기 기출 어휘

- □ 予定(よてい) 예정
- □ 夜(よる) 밤
- □ 弱い(よわい) 약하다

ら

- □ 料理(りょうり) 요리
- □ 旅館(りょかん) 여관(일본 전통 숙박 시설)
- □ 旅行(りょこう) 여행

MEMO

해설편 8p

もんだい1 ＿＿＿の ことばは ひらがなで どう かきますか。1・2・3・4から いちばん いい ものを ひとつ えらんで ください。

1 兄は 18さい です。

1 あね　　2 おね　　3 あに　　4 けん

2 ちょっと 具合が わるいですが、休んでも いいですか。

1 ぐあい　　2 ばあい　　3 しあい　　4 わりあい

3 母が 作る 料理は とても おいしいです。

1 りより　　2 りょり　　3 りようり　　4 りょうり

4 へやの 電気が 消えて いて だれも いなかった。

1 ひえて　　2 もえて　　3 きえて　　4 かえて

5 すみません。質問が あります。

1 しっもん　　2 しつもん　　3 しっむん　　4 しつむん

6 去年の 夏は 暑かったです。

1 さくねん　　2 さくどし　　3 きょうねん　　4 きょねん

7 この 電車は ぜんぶの 駅に 止まります。

1 しまります　　2 こまります　　3 きまります　　4 とまります

8 飲みものは この なかから すきな ものを 選んで ください。

1 のんで　　2 えらんで　　3 とんで　　4 あそんで

9 かいぎには 社長も 来て あいさつを しました。

1 かちょう　　2 ぶちょう　　3 しゃちょう　　4 かいちょう

10 今日は 特別 寒かった。

1 どくべつ　　2 とくべつ　　3 どぐべつ　　4 とぐべつ

もんだい 1 한자 읽기 연습문제 ②

해설편 10p

もんだい 1 ＿＿＿の ことばは ひらがなで どう かきますか。1・2・3・4から いちばん いい ものを ひとつ えらんで ください。

1 この 町には 大きな かわと 高い やまが ある。

1 まち　2 むら　3 とち　4 けん

2 わたしは 自転車で 学校へ 行きます。

1 じどうしゃ　2 じてんしゃ　3 でんしゃ　4 かいしゃ

3 しんじゅく駅(えき)は いろいろな 電車が 入(はい)って いて 複雑です。

1 ふくごう　2 ふくざつ　3 こんごう　4 こんざつ

4 この 魚(さかな)は 焼いて 食べるのが おいしいです。

1 はいて　2 やいて　3 たいて　4 まいて

5 まいにち、よるは 軽い うんどうを してから 寝(ね)ます。

1 よわい　2 みじかい　3 かるい　4 たのしい

6 すこし はやく ついたから 喫茶店で 待ちました。

1 きっさてん　2 きっちゃてん　3 きつさてん　4 きつちゃてん

7 兄弟は 5にん います。

1 あにてい　2 あねてい　3 きゅうだい　4 きょうだい

8 子どもが 帰ってきて 安心しました。

1 さんじん　2 さんしん　3 あんじん　4 あんしん

9 この おてらは 今(いま)から 300年 まえに 建てた ものです。

1 すてた　2 たてた　3 まてた　4 そだてた

10 やまださんは とても 親切です。

1 しんぜつ　2 しんせつ　3 じんせつ　4 じんぜつ

もんだい 2 표기 연습문제 ①

해설편 12p

もんだい 2 ＿＿＿の ことばは どう かきますか。1・2・3・4から いちばん いい ものを ひとつ えらんで ください。

1 さらに ついた あぶらは お湯(ゆ)だけでは とれません。
1 油　2 由　3 画　4 宙

2 ぎゅうにくを 食べない くにも あります。
1 午内　2 羊肉　3 牛内　4 牛肉

3 十二月 はつかは わたしの たんじょうびです。
1 八日　2 初日　3 二十日　4 七日

4 この へやは すこし くらいです。
1 黒い　2 青い　3 暗い　4 浅い

5 もう はんぶん すぎたから 5時には つくでしょう。
1 渦ぎたから　2 過ぎたから　3 禍ぎたから　4 鍋ぎたから

6 おきゃくさんは げんかんの まえで 待(ま)って います。
1 玄関　2 現間　3 玄間　4 現関

7 この ちかくには こうじょうが たくさん あります。
1 高場　2 工場　3 高湯　4 工湯

8 はじめて がいこくに 行った ときは とても しんぱいでした。
1 学校　2 学国　3 外校　4 外国

9 どようびも はたらかなければ なりません。
1 動か　2 引か　3 働か　4 歩か

10 にほんは こうつうが とても べんりです。
1 使利　2 更利　3 変利　4 便利

もんだい 2 표기 연습문제 ②

해설편 14p

もんだい 2 ＿＿＿の ことばは どう かきますか。1・2・3・4から いちばん いい ものを ひとつ えらんで ください。

1 きょうは ひるごはんを 食べないで うんどうする つもりです。
1 朝ご飯　2 昼ご飯　3 夕ご飯　4 晩ご飯

2 はたちに なるまで おさけや たばこは きんしです。
1 八日　2 二十日　3 二十歳　4 十八歳

3 ねる まえに かおを あらいなさい。
1 頭　2 体　3 首　4 顔

4 やくそくは まもらなければ ならない。
1 戻らなければ　2 割らなければ　3 守らなければ　4 残らなければ

5 しぶやには わかい ひとが おおいです。
1 狭い　2 痛い　3 重い　4 若い

6 しずかな ところに 住(す)みたいです。
1 浄かな　2 静かな　3 晴かな　4 清かな

7 せかいには ふじさんより たかい やまが たくさん あります。
1 世界　2 正界　3 世介　4 正介

8 ここは テストに 出(で)るから よく おぼえて ください。
1 思えて　2 覚えて　3 覧えて　4 意えて

9 きょう ならった ところは ふくしゅうして きて ください。
1 復習　2 複習　3 腹習　4 福習

10 けがを して にゅういんしました。
1 人院　2 人員　3 入院　4 入員

3: もんだい3 문맥 규정

문제 유형

괄호 안에 들어갈 알맞은 어휘를 문장 흐름에 맞게 고르는 문제이다.

もんだい 3 （　　　　）に　なにを　いれますか。1・2・3・4から　いちばん　いい　ものを　ひとつ　えらんで　ください。

13　こうこうで　にほんごを（　　　　）います。

1 まなんで　　2 はらって　　3 かわって　　4 わかって

13	● ② ③ ④

문제 풀이 포인트

선택지에는 의미가 비슷하거나 같은 품사인 단어가 제시되므로 문맥에 맞는 어휘를 찾아야 한다.

예시 문제를 보면 '고등학교에서 일본어를 공부 중이다'라는 문맥이므로 괄호 안에는 '배우다, 학습하다, 공부하다'라는 의미의 가진 동사가 들어가야 한다. 따라서 괄호 안에는 「習う 익히다, 학습하다」나 「学ぶ 배우다」가 들어가야 하므로 정답은 1번이다. 2번은 「払う 지불하다」, 3번은 「変わる 바뀌다, 변하다」, 4번은 「分かる 알다」라는 의미의 동사 활용형으로 문맥과 어울리지 않는다.

조사와 숙어 표현에 주의!

문맥 규정 파트에서는 동사나 형용사처럼 서술어를 묻는 문제의 비중이 크기 때문에 함께 사용하는 조사가 있는 숙어 표현 등이 정답의 힌트가 된다. 또한 가타카나어도 출제되니 일본에서 외래어를 어떻게 사용하는지도 꼼꼼히 살펴보아야 한다.

もんだい3 문맥 규정 출제 예상 어휘

학습 포인트

문맥 규정 파트에서는 명사, 형용사, 동사, 부사가 골고루 출제된다. 이번 파트에서는 품사별 단어가 문장에서 어떻게 사용되는지 예문을 통해 학습하도록 하자.

1: 동사

□ 合(あ)う 맞다, 어울리다	クッキーには紅茶(こうちゃ)が合(あ)います。 쿠키에는 홍차가 잘 맞습니다.
□ 空(あ)く 비다	となりの席(せき)が空(あ)きました。 옆자리가 비었습니다.
□ あげる 주다	誕生日(たんじょうび)に花(はな)をあげました。 생일에 꽃을 주었습니다.
□ 集(あつ)まる 모이다	セールの時(とき)は人(ひと)がたくさん集(あつ)まります。 세일 때는 사람이 많이 모입니다.
□ 集(あつ)める 모으다	私(わたし)の趣味(しゅみ)は切手(きって)を集(あつ)めることです。 제 취미는 우표를 모으는 것입니다.
□ 謝(あやま)る 사과하다	1時間(じかん)も遅(おく)れたので友(とも)だちに謝(あやま)りました。 한 시간이나 늦어서 친구에게 사과했습니다.
□ 生(い)きる 살다, 생존하다	事故(じこ)から3日(みっか)が経(た)ちましたが、まだ生(い)きている人(ひと)がいます。 사고로부터 3일이 지났지만 아직 살아 있는 사람이 있습니다.
□ いじめる 괴롭히다	小(ちい)さい動物(どうぶつ)をいじめてはいけません。 작은 동물을 괴롭혀서는 안 됩니다.
□ 急(いそ)ぐ 서두르다	時間(じかん)がないから急(いそ)ぎましょう。 시간이 없으니까 서두릅시다.
□ いたす 하다 (「する」의 겸양어)	私(わたし)から連絡(れんらく)いたしますのでお待(ま)ちください。 제 쪽에서 연락 드릴 테니 기다려 주세요.
□ 頂(いただ)く 먹다, 마시다, 받다 (「食(た)べる」, 「飲(の)む」, 「もらう」의 겸양어)	ケーキは食事(しょくじ)の後(あと)でいただきます。 케이크는 식사 후에 먹겠습니다.

もんだい 3 문맥 규정 출제 예상 어휘

□ 祈(いの)る 기도하다, 빌다	病気(びょうき)がはやく良(よ)くなることを祈(いの)っています。 병이 빨리 좋아지기를 기도하겠습니다.
□ いらっしゃる 가시다, 오시다, 계시다	東京(とうきょう)からお客(きゃく)さんがいらっしゃいました。 도쿄에서 손님이 오셨습니다.
□ 祝(いわ)う 축하하다, 축복하다	二人(ふたり)の結婚(けっこん)を祝(いわ)うプレゼントを準備(じゅんび)しました。 두 사람의 결혼을 축하하는 선물을 준비했습니다.
□ 植(う)える 심다	去年(きょねん)植(う)えた木(き)がこんなに大(おお)きくなりました。 작년에 심은 나무가 이렇게 커졌습니다.
□ 伺(うかが)う 여쭙다, 찾아뵙다 (「聞(き)く」, 「訪(たず)ねる」의 겸양어)	では来週(らいしゅう)の月曜日(げつようび)に伺(うかが)います。 그럼 다음 주 월요일에 찾아뵙겠습니다.
□ 受(う)ける 받다, (시험을) 보다	試験(しけん)を受(う)ける人(ひと)たちはみんな緊張(きんちょう)していました。 시험을 보는 사람들은 모두 긴장하고 있었습니다.
□ 動(うご)かす 움직이게 하다	重(おも)いから一人(ひとり)で動(うご)かすのは無理(むり)です。 무거워서 혼자서 옮기는 것은 무리입니다.
□ 動(うご)く 움직이다, 작동하다	この自動車(じどうしゃ)は電気(でんき)で動(うご)きます。 이 자동차는 전기로 움직입니다.
□ 打(う)つ 치다, 때리다, 두드리다,	今日(きょう)は３本(ぼん)もホームランを打(う)ちました。 오늘은 세 방이나 홈런을 쳤습니다.
□ 写(うつ)す 베끼다, 묘사하다, (사진을) 찍다	昨日(きのう)授業(じゅぎょう)を休(やす)んだので友(とも)だちのノートを写(うつ)しています。 어제 수업을 쉬어서 친구의 노트를 베끼고 있습니다.
□ 選(えら)ぶ 고르다, 선택하다	この中(なか)から好(す)きなお菓子(かし)を選(えら)んでください。 이 중에서 좋아하는 과자를 골라 주세요.
□ 送(おく)る 보내다, 배웅하다	さっきメールを送(おく)りました。 아까 메일을 보냈습니다.
□ 遅(おく)れる 늦다, 늦어지다	電車(でんしゃ)が遅(おく)れてあと15分(ふん)ぐらいかかります。 전철이 늦어져서 앞으로 15분 정도 걸립니다.
□ 起(お)こす 깨우다, 일으키다	明日(あした)は６時(じ)に起(お)こしてください。 내일은 6시에 깨워 주세요.

□ 怒(おこ)る 화내다	父(ちち)は今(いま)まで怒(おこ)ったことがありません。 아버지는 지금까지 화낸 적이 없습니다.
□ 落(お)ちる 떨어지다	ポケットから何(なに)か落(お)ちましたよ。 주머니에서 무언가 떨어졌어요.
□ おっしゃる 말씀하시다	先生(せんせい)がおっしゃったことは忘(わす)れません。 선생님이 말씀하신 것은 잊을 수 없습니다.
□ 落(お)とす 떨어뜨리다	どこかでさいふを落(お)としてしまいました。 어딘가에서 지갑을 떨어뜨리고 말았습니다.
□ 踊(おど)る 춤추다	お祭(まつ)りではみんなが楽(たの)しく踊(おど)ります。 축제에서는 모두가 즐겁게 춤을 춥니다.
□ 驚(おどろ)く 놀라다	急(きゅう)に猫(ねこ)が出(で)てきて驚(おどろ)きました。 갑자기 고양이가 나와서 놀랐습니다.
□ お目(め)にかかる 만나 뵙다(「会(あ)う」의 겸양어)	先生(せんせい)にお目(め)にかかれてうれしいです。 선생님을 만나 뵙게 되어서 기쁩니다.
□ 思(おも)い出(だ)す 떠올리다, 생각해 내다	子(こ)どもの頃(ころ)のことを思(おも)い出(だ)しました。 어릴 때 일을 떠올렸습니다.
□ おる 있다(「いる」의 겸양어)	今日(きょう)はずっと家(いえ)におります。 오늘은 계속 집에 있겠습니다.
□ 折(お)る 접다, 꺾다, 부러뜨리다	紙(かみ)を折(お)って飛行機(ひこうき)を作(つく)りました。 종이를 접어서 비행기를 만들었습니다.
□ 折(お)れる 부러지다, 접히다, 꺾이다	強(つよ)い風(かぜ)で木(き)の枝(えだ)が折(お)れました。 거센 바람으로 나뭇가지가 부러졌습니다.
□ 飼(か)う (동물을) 기르다, 키우다	家(いえ)では犬(いぬ)と猫(ねこ)を飼(か)っています。 집에서는 개와 고양이를 기르고 있습니다.
□ 変(か)える 바꾸다	朝(あさ)10時(じ)の飛行機(ひこうき)を午後(ごご)２時(じ)に変(か)えました。 아침 10시 비행기를 오후 2시로 바꿨습니다.
□ 掛(か)ける 걸다, 걸치다, (열쇠를) 잠그다	家(いえ)を出(で)る時(とき)は必(かなら)ずかぎを掛(か)けます。 집을 나설 때는 반드시 열쇠를 잠급니다.

もんだい3 문맥 규정 출제 예상 어휘

□ 飾(かざ)る 장식하다, 꾸미다	クリスマスツリーをきれいに飾(かざ)りました。 크리스마스 트리를 예쁘게 장식했습니다.
□ 片付(かたづ)ける 정리하다, 치우다	今日(きょう)は部屋(へや)を片付(かたづ)けて、そうじをしました。 오늘은 방을 정리하고 청소했습니다.
□ 勝(か)つ 이기다, 승리하다	人間(にんげん)とAI(エーアイ)、どっちが勝(か)つと思(おも)いますか。 인간과 AI, 어느 쪽이 이길 거라고 생각합니까?
□ 通(かよ)う 다니다	毎日(まいにち)ピアノ教室(きょうしつ)に通(かよ)っています。 매일 피아노 교실에 다니고 있습니다.
□ 乾(かわ)く 마르다, 건조해지다	天気(てんき)がいいから洗濯(せんたく)ものがよく乾(かわ)きます。 날씨가 좋아서 빨래가 잘 마릅니다.
□ 変(か)わる 바뀌다	今年(ことし)から会社(かいしゃ)の名前(なまえ)が変(か)わります。 올해부터 회사 이름이 바뀝니다.
□ 考(かんが)える 생각하다, 고안하다	卒業(そつぎょう)してから留学(りゅうがく)を考(かんが)えています。 졸업하고 나서 유학을 생각하고 있습니다.
□ 頑張(がんば)る 노력하다, 열심히 하다	試験(しけん)に合格(ごうかく)するために頑張(がんば)ります。 시험에 합격하기 위해 노력하겠습니다.
□ 聞(き)こえる 들리다	私(わたし)の声(こえ)が聞(き)こえますか。 제 목소리가 들리나요?
□ 気(き)に入(い)る 마음에 들다	このデザインが気(き)に入(い)っています。 이 디자인이 마음에 듭니다.
□ 決(き)まる 정해지다, 결정되다	会議(かいぎ)の予定(よてい)は決(き)まりましたか。 회의 일정은 정해졌나요?
□ 決(き)める 결정하다, 정하다	大学(だいがく)は先生(せんせい)に相談(そうだん)して決(き)めました。 대학교는 선생님과 상의해서 결정했습니다.
□ 切(き)る 끊다, 자르다	間違(まちが)い電話(でんわ)だったので、すぐ切(き)りました。 잘못 걸려 온 전화라서 바로 끊었습니다.
□ 下(くだ)さる 주시다	結婚式(けっこんしき)に大学(だいがく)の先生(せんせい)も来(き)て下(くだ)さいました。 결혼식에 대학교 선생님도 와 주셨습니다.

□ 曇(くも)る (날씨가) 흐리다, 흐려지다	今日(きょう)は朝(あさ)から曇(くも)って寒(さむ)いです。 오늘은 아침부터 흐리고 춥습니다.
□ 比(くら)べる 비교하다	ここは他(ほか)の店(みせ)に比(くら)べて安(やす)いです。 여기는 다른 가게에 비해 저렴합니다.
□ くれる (나에게) 주다	案内所(あんないじょ)で観光地(かんこうち)の地図(ちず)をくれました。 안내소에서 관광지의 지도를 주었습니다.
□ 暮(く)れる (날이) 저물다, (해가) 지다	冬(ふゆ)は5時(じ)すぎると日(ひ)が暮(く)れます。 겨울은 5시가 지나면 날이 저뭅니다.
□ 込(こ)む/混(こ)む 혼잡하다, 붐비다	朝(あさ)8時(じ)から9時(じ)の間(あいだ)は電車(でんしゃ)が混(こ)んでいます。 아침 8시부터 9시 사이는 전철이 혼잡합니다.
□ ご覧(らん)になる 보시다(「見(み)る」의 존경어)	日本(にほん)の歴史(れきし)はこの本(ほん)をご覧(らん)になればわかります。 일본 역사는 이 책을 보시면 알 수 있습니다.
□ 転(ころ)ぶ 넘어지다	先週(せんしゅう)、道(みち)で転(ころ)んで怪我(けが)をしました。 지난주에 길에서 넘어져서 다쳤습니다.
□ 壊(こわ)す 고장 내다, 부수다	子(こ)どもがスマホを壊(こわ)してしまいました。 아이가 스마트폰을 고장 내 버렸습니다.
□ 壊(こわ)れる 고장 나다, 부서지다, 파손되다	スマホが壊(こわ)れたのでサービスセンターに行(い)ってきます。 스마트폰이 고장 나서 서비스 센터에 다녀오겠습니다.
□ 探(さが)す 찾다	古(ふる)い本(ほん)は図書館(としょかん)で探(さが)せばいいです。 오래된 책은 도서관에서 찾으면 됩니다.
□ 差(さ)し上(あ)げる 드리다(「あげる」의 겸양어)	今(いま)買(か)うとかわいいバッグを無料(むりょう)で差(さ)し上(あ)げます。 지금 사면 귀여운 가방을 무료로 드립니다.
□ 差(さ)す (우산을) 쓰다	あそこでかさを差(さ)している人(ひと)は誰(だれ)ですか。 저기에서 우산을 쓰고 있는 사람은 누구인가요?
□ させる 시키다	子(こ)どもに犬(いぬ)の散歩(さんぽ)をさせました。 아이에게 강아지 산책을 시켰습니다.
□ 騒(さわ)ぐ 떠들다, 소란 피우다	家(いえ)の外(そと)で人(ひと)が騒(さわ)いでいる声(こえ)が聞(き)こえます。 집 밖에서 사람이 떠드는 소리가 들립니다.

もんだい３ 문맥 규정 출제 예상 어휘

□ 触(さわ)る 만지다, 손대다	これはとても熱(あつ)いから触(さわ)らないでください。 이건 굉장히 뜨거우니까 만지지 마세요.
□ 叱(しか)る 혼내다, 야단치다	叱(しか)るよりほめる方(ほう)がいい時(とき)もあります。 혼내기보다 칭찬하는 쪽이 좋을 때도 있습니다.
□ したがる 하고 싶어 하다	子(こ)どもは時間(じかん)があればゲームをしたがります。 아이는 시간이 있으면 게임을 하고 싶어 합니다.
□ しまう 안에 넣다, 끝마치다	大事(だいじ)なものは安全(あんぜん)なところにしまってください。 중요한 것은 안전한 곳에 넣어 주세요.
□ 知(し)らせる 알리다, 공지하다	駅(えき)に着(つ)いたらすぐに知(し)らせてください。 역에 도착하면 바로 알려 주십시오.
□ 調(しら)べる 조사하다, 알아보다	外国(がいこく)の文化(ぶんか)について調(しら)べています。 외국 문화에 대해 조사하고 있습니다.
□ 過(す)ぎる 지나다, 통과하다	9月(がつ)を過(す)ぎるとだんだん涼(すず)しくなります。 9월이 지나면 점점 시원해집니다.
□ 空(す)く (배가) 고프다, (틈·짬이) 나다	おなかが空(す)いてもう歩(ある)けません。 배가 고파서 더 이상 걸을 수 없습니다.
□ 進(すす)む 나아가다, 전진하다	この道(みち)をまっすぐ進(すす)めば駅(えき)に着(つ)きます。 이 길을 쭉 나아가면 역에 도착합니다.
□ 捨(す)てる 버리다	ゴミは決(き)まった場所(ばしょ)に捨(す)ててください。 쓰레기는 정해진 장소에 버려 주세요.
□ 滑(すべ)る 미끄러지다	スケート場(じょう)で大人(おとな)も子(こ)どもも楽(たの)しく滑(すべ)っています。 스케이트장에서 어른도 아이도 즐겁게 활주하고 있습니다.
□ 育(そだ)てる 기르다, 키우다, 양육하다	母(はは)は苦労(くろう)して３人(にん)の子(こ)どもを育(そだ)てました。 어머니는 고생하여 세 명의 자식을 길렀습니다.
□ 倒(たお)す 쓰러뜨리다	強(つよ)いチームを倒(たお)して決勝(けっしょう)に進(すす)みました。 강한 팀을 쓰러뜨리고 결승에 진출했습니다.
□ 倒(たお)れる 쓰러지다	台風(たいふう)で木(き)や看板(かんばん)が倒(たお)れて危険(きけん)です。 태풍으로 나무나 간판이 쓰러져서 위험합니다.

□ 足す(た) 더하다, 보태다	味(あじ)がうすいから塩(しお)を少(すこ)し足(た)しました。 맛이 싱거워서 소금을 조금 더 넣었습니다.
□ 訪ねる(たず) 방문하다, 찾아가다	近(ちか)くに来(き)た時(とき)はいつでも訪(たず)ねてください。 근처에 왔을 때는 언제든지 방문해 주세요.
□ 建つ(た) (건물이) 세워지다	大阪(おおさか)には日本(にほん)で一番高(いちばんたか)いビルが建(た)っています。 오사카에는 일본에서 가장 높은 건물이 세워져 있습니다.
□ 建てる(た) (건물을) 세우다, 건축하다	この教会(きょうかい)は300年前(ねんまえ)に外国人(がいこくじん)が建(た)てたそうです。 이 교회는 300년 전에 외국인이 지었다고 합니다.
□ 頼む(たの) 부탁하다, 주문하다	留学生(りゅうがくせい)に英語(えいご)の作文(さくぶん)を頼(たの)みました。 유학생에게 영어 작문을 부탁했습니다.
□ 足りる(た) 충분하다, 충족되다	こんどの旅行(りょこう)は一人(ひとり)３万円(まんえん)では足(た)りません。 이번 여행은 한 명당 3만 엔으로는 부족합니다.
□ 違う(ちが) 다르다, 틀리다	東京(とうきょう)と大阪(おおさか)では言葉(ことば)のアクセントが違(ちが)います。 도쿄와 오사카에서는 말의 억양이 다릅니다.
□ 捕まえる(つか) 붙잡다, 붙들다	ねこがネズミを捕(つか)まえてきました。 고양이가 쥐를 잡아 왔습니다.
□ 疲れる(つか) 지치다, 피로해지다	３時間(じかん)も運動(うんどう)して疲(つか)れました。 3시간이나 운동을 해서 지쳤습니다.
□ 着く(つ) 도착하다	朝出発(あさしゅっぱつ)すれば午後(ごご)には着(つ)きます。 아침에 출발하면 오후에는 도착할 겁니다.
□ 付く(つ) 붙다, 달라붙다, 묻다	洋服(ようふく)のせなかに何(なに)か付(つ)いています。 양복 등에 무언가 묻어 있습니다.
□ 付ける(つ) 붙이다, (전깃불을) 켜다	本(ほん)を読(よ)む時(とき)は電気(でんき)を付(つ)けてください。 책을 읽을 때는 불을 켜 주세요.
□ 伝える(つた) 전달하다, 전하다	送(おく)ってきたデータは課長(かちょう)に伝(つた)えました。 보내 온 데이터는 과장님께 전달했습니다.
□ 続く(つづ) 계속되다	説明会(せつめいかい)は１時間(じかん)も続(つづ)きました。 설명회는 한 시간이나 계속되었습니다.

もんだい 3 문맥 규정 출제 예상 어휘

□ 続(つづ)ける 계속하다	外国語(がいこくご)の勉強(べんきょう)は長(なが)く続(つづ)けることが大事(だいじ)です。 외국어 공부는 오래 계속하는 것이 중요합니다.
□ 包(つつ)む 포장하다, 감싸다	プレゼントはきれいな紙(かみ)に包(つつ)んで渡(わた)しました。 선물은 예쁜 종이로 포장해서 건넸습니다.
□ 勤(つと)める 근무하다, 종사하다	この会社(かいしゃ)に10年(ねん)勤(つと)めました。 이 회사에서 10년 근무했습니다.
□ 積(つ)もる 쌓이다	朝(あさ)から降(ふ)った雪(ゆき)が20センチも積(つ)もりました。 아침부터 내린 눈이 20cm나 쌓였습니다.
□ 釣(つ)る 낚다, (낚시로) 잡다	釣(つ)った魚(さかな)はすぐ食(た)べるのがおいしいです。 낚은 물고기는 바로 먹는 게 맛있습니다.
□ 連(つ)れて行(い)く・来(く)る 데리고 가다·오다	外国(がいこく)から来(き)た友(とも)だちを新宿(しんじゅく)に連(つ)れて行(い)きました。 외국에서 온 친구를 신주쿠에 데리고 갔습니다.
□ 出掛(でか)ける 외출하다, 나가다	家族(かぞく)はみな出掛(でか)けて家(いえ)にはだれもいません。 가족은 모두 외출하고 집에는 아무도 없습니다.
□ できる 할 수 있다, 새로 생기다	図書館(としょかん)ではコピーをすることもできます。 도서관에서 복사를 할 수도 있습니다.
□ 手伝(てつだ)う 돕다, 도와주다	忙(いそが)しい時(とき)は家(いえ)の仕事(しごと)を手伝(てつだ)います。 바쁠 때는 집안일을 돕습니다.
□ 通(とお)る 지나가다, 통과하다	学校(がっこう)に行(い)くためにはこの道(みち)を通(とお)らなければなりません。 학교에 가기 위해서는 이 길을 지나가야 합니다.
□ 届(とど)く 닿다, 배달되다	友(とも)だちからクリスマスカードが届(とど)きました。 친구에게서 크리스마스 카드가 도착했습니다.
□ 届(とど)ける 닿게 하다, 배달하다	午後(ごご)3時(じ)までに注文(ちゅうもん)したものは次(つぎ)の日(ひ)に届(とど)けます。 오후 3시까지 주문한 것은 다음 날 배달합니다.
□ 止(と)まる 멈추다, 정지하다	事故(じこ)で5時間(じかん)も電車(でんしゃ)が止(と)まりました。 사고로 5시간이나 전철이 멈췄습니다.
□ 泊(と)まる 묵다, 숙박하다	初(はじ)めて日本(にほん)の旅館(りょかん)に泊(と)まりました。 처음으로 일본 여관에 묵었습니다.

□ 止める 세우다, 정지시키다	あの公園の前で車を止めてください。 저 공원 앞에서 차를 세워 주세요.
□ 泊める 묵게 하다, 숙박시키다	ホームステイで来た人を１週間家に泊めました。 홈스테이로 온 사람을 일주일간 집에 묵게 했습니다.
□ 取り替える/ 取り換える 교환하다, 교체하다	もう少し大きいサイズに取り替えてください。 조금 더 큰 사이즈로 바꿔 주세요.
□ 取る (손에) 잡다, 들다, 쥐다	友だちがコンサートのチケットを取ってくれました。 친구가 콘서트 티켓을 구해 주었습니다.
□ 直す/治す 고치다, 수리하다	パソコンを直すのに１週間かかります。 컴퓨터를 수리하는 데 1주일 걸립니다.
□ 直る/治る 고쳐지다, 낫다	病気が治って元気になりました。 병이 나아 건강해졌습니다.
□ 流す 흘리다, 씻어 내다	シャワーで汗を流したから気持ちがいいです。 샤워로 땀을 씻어서 기분이 좋습니다.
□ 流れる 흐르다, 흘러가다	雨の水は川から海に流れます。 빗물은 강에서 바다로 흘러갑니다.
□ 泣く 울다	さっきから赤ちゃんが泣いています。 아까부터 아기가 울고 있습니다.
□ 鳴く (동물이) 울다, 짖다	秋になると庭で虫が鳴き始めます。 가을이 되면 정원에서 벌레가 울기 시작합니다.
□ 無くす 잃다, 없애다	ケータイを無くしてとても困りました。 휴대폰을 잃어버려서 굉장히 난처했습니다.
□ 亡くなる 죽다, 돌아가시다	祖母は２年前に亡くなりました。 할머니는 2년 전에 돌아가셨습니다.
□ 無くなる 없어지다, 다 떨어지다	机の上にあったメモが無くなりました。 책상 위에 있던 메모가 없어졌습니다.

もんだい 3 문맥 규정 출제 예상 어휘

□ 投げる 던지다	子どもが投げたボールで窓ガラスが割れました。 아이가 던진 공으로 유리창이 깨졌습니다.
□ なさる 하시다	先生は今教室で授業をなさっています。 선생님은 지금 교실에서 수업을 하고 계십니다.
□ 並ぶ 줄을 서다, 늘어서다	レストランの前にたくさんの人が並んでいます。 레스토랑 앞에 많은 사람이 줄 서 있습니다.
□ 並べる 늘어놓다, 진열하다	パーティーの料理をテーブルに並べました。 파티 요리를 테이블에 늘어놓았습니다.
□ 鳴る 울리다, 소리가 나다	さっきからずっと電話が鳴っていますよ。 아까부터 계속 전화가 울리고 있습니다.
□ 慣れる 익숙해지다	会社の仕事にはもう慣れましたか。 회사 업무에는 이제 익숙해졌나요?
□ 似合う 어울리다	その服にはこの帽子が似合います。 그 옷에는 이 모자가 어울립니다.
□ 逃げる 도망가다, 달아나다	海の近くで地震が起きた時はすぐ高い所に逃げます。 바다 근처에서 지진이 일어났을 때에는 바로 높은 곳으로 달아납니다.
□ 似る 닮다, 비슷하다	二人は兄弟だから顔が似ています。 두 사람은 형제라서 얼굴이 닮았습니다.
□ 脱ぐ 벗다	家の中ではコートは脱いでください。 집 안에서는 코트는 벗어 주세요.
□ 盗む 훔치다	これはパンを盗んで19年も捕まっていた人の話です。 이것은 빵을 훔쳐서 19년이나 붙잡혀 있던 사람의 이야기입니다.
□ 塗る 칠하다, 바르다	空いているところに好きな色を塗ってください。 비어 있는 곳에 좋아하는 색을 칠해 주세요.
□ 濡れる 젖다	かさを忘れて雨に濡れてしまいました。 우산을 잊어서 비에 젖고 말았습니다.
□ 願う 원하다, 바라다	一日も早く元気になることを願っています。 하루라도 빨리 건강해지기를 바라고 있습니다.

□ 眠る 자다, 잠들다	昨日は隣の家がうるさくて眠れませんでした。 어제는 옆집이 시끄러워서 잠을 자지 못했습니다.
□ 残す 남기다	彼はメモを１枚だけ残して出ていきました。 그는 메모 한 장만 남기고 나갔습니다.
□ 残る 남다	教室にはまだ学生が残っています。 교실에는 아직 학생이 남아 있습니다.
□ 乗り換える/ 乗り替える 갈아타다, 환승하다	次の駅で特急に乗り換えます。 다음 역에서 특급 열차로 갈아탑니다.
□ 運ぶ 운반하다, 옮기다, 나르다	階段で重い荷物を運ぶのは大変です。 계단에서 무거운 짐을 나르는 것은 힘듭니다.
□ 始める 시작하다	４月から新しい仕事を始めます。 4월부터 새로운 일을 시작합니다.
□ 走る 달리다, 뛰다	走って行っても９時の電車には乗れません。 뛰어 가도 9시 전철에는 탈 수 없습니다.
□ 働く 일하다, 근무하다	あの人は働きながら大学を卒業しました。 저 사람은 일을 하면서 대학을 졸업했습니다.
□ 払う 지불하다, (돈을) 내다	毎月５日までに家賃を払います。 매월 5일까지 집세를 지불합니다.
□ はる 붙이다	封筒に切手をはってください。 봉투에 우표를 붙여 주세요.
□ 晴れる (날씨가) 개다	今日は午後から晴れるでしょう。 오늘은 오후부터 맑겠습니다.
□ 冷える 차가워지다, 식다	シャワーの後は冷えたビールが最高です。 샤워 후에는 차가워진 맥주가 최고입니다.
□ 光る 빛나다	夜の空にたくさんの星が光っています。 밤 하늘에 많은 별이 빛나고 있습니다.

もんだい 3 문맥 규정 출제 예상 어휘

□ 引く 당기다, 빼다	5から3を引くと2になります。 5에서 3을 빼면 2가 됩니다.
□ 弾く (악기를) 연주하다, 치다, 켜다	私は小学生の頃からピアノを弾いています。 나는 초등학생 때부터 피아노를 치고 있습니다.
□ 引っ越す 이사하다	3月から4月には引っ越す人が多いです。 3월부터 4월에는 이사하는 사람이 많습니다.
□ 拾う 줍다	日曜日に公園のゴミを拾うボランティアをします。 일요일에 공원 쓰레기를 줍는 봉사 활동을 합니다.
□ 増える 늘다, 증가하다	最近家で仕事をする人が増えています。 최근에 집에서 일을 하는 사람이 늘고 있습니다.
□ 吹く (바람이) 불다, (입으로) 불다	「春一番」は春の初めに吹く強い風です。 '하루이치방'은 초봄에 부는 강한 바람입니다.
□ ぶつかる 부딪히다, 충돌하다	スマホを見ながら歩いて他の人にぶつかることがあります。 스마트폰을 보면서 걷다가 다른 사람과 부딪히는 경우가 있습니다.
□ 太る 살찌다	このごろ運動をしないから太ってしまいました。 요즘 운동을 하지 않아서 살이 찌고 말았습니다.
□ 踏む 밟다	電車の中で人の足を踏んでも謝らない人がいます。 전철 안에서 다른 사람의 발을 밟고도 사과하지 않는 사람이 있습니다.
□ 減る 줄다, 감소하다	学生の数が減って学校もだんだん少なくなります。 학생 수가 줄어서 학교도 점점 적어집니다.
□ ほめる 칭찬하다	子どものいいところをほめるのも教育です。 아이의 좋은 점을 칭찬하는 것도 교육입니다.
□ 参る 가다, 오다(「行く」, 「来る」의 겸양어)	もうすぐ参りますのでこちらでお待ちください。 이제 곧 올 테니 이쪽에서 기다려 주십시오.
□ 負ける 지다, 패하다	私たちのチームは3対0で負けました。 우리 팀은 3대 0으로 졌습니다.
□ 間違える 잘못하다, 틀리다, 착각하다	間違えて反対側の電車に乗ってしまいました。 잘못해서 반대편 전철을 타 버렸습니다.

□ 間に合う 제시간에 맞추다	まだ20分あるから映画には間に合うでしょう。 아직 20분 있으니까 영화 (시간)에는 맞출 수 있을 거예요.
□ 守る 지키다, 보호하다, 유지하다	一度した約束は必ず守ります。 한번 한 약속은 반드시 지킵니다.
□ 回る 돌다, 회전하다	ここから左の方に回って行ったほうが近いです。 여기에서 왼쪽으로 돌아 가는 편이 가깝습니다.
□ 見える 보이다	後ろから見るとよく見えます。 뒤에서 보면 잘 보입니다.
□ 見つかる 발견되다, 들키다	探していた時計が見つかりました。 찾고 있던 시계가 발견되었습니다(시계를 발견했습니다).
□ 見つける 발견하다, 찾아내다	自分に合った仕事を見つけるのは難しいです。 자신에게 맞는 일을 찾는 것은 어렵습니다.
□ 迎える 맞이하다, 마중하다	年末を迎えてみな忙しく動いています。 연말을 맞이하여 모두 바쁘게 움직이고 있습니다.
□ 召し上がる 드시다	こちらの料理を召し上がった後で、コーヒーをお持ちします。 이 요리를 드신 후에 커피를 가져다 드리겠습니다.
□ 申し上げる 말씀드리다(「言う」의 겸양어)	ただいまから今年の計画について申し上げます。 지금부터 올해의 계획에 대해 말씀드리겠습니다.
□ 申す 말하다(言う의 겸양어)	田中スポーツの山田と申します。 다나카 스포츠의 야마다라고 합니다.
□ 戻す 되돌리다	使った道具はこちらに戻してください。 사용한 도구는 이쪽에 돌려 놔 주세요.
□ 戻る 되돌아가(오)다	かばんを忘れたので駅から家に戻った。 가방을 잊고 와서 역에서 집으로 되돌아왔다.
□ もらう 받다	さっきもらったメールの返事を送りました。 아까 받은 메일의 답장을 보냈습니다.
□ 焼く 굽다, 태우다	フライパンでパンを焼いてフレンチトーストを作りました。 프라이팬으로 빵을 구워서 프렌치토스트를 만들었습니다.

もんだい 3 문맥 규정 출제 예상 어휘

□ 役(やく)に立(た)つ 도움이 되다, 쓸모가 있다	このかばんはポケットが多(おお)くて旅行(りょこう)の時(とき)役(やく)に立(た)ちます。 이 가방은 주머니가 많아서 여행 때 도움이 됩니다.
□ 焼(や)ける 구워지다, 타다	台所(だいどころ)から魚(さかな)が焼(や)ける匂(にお)いがします。 부엌에서 생선이 구워지는(생선 굽는) 냄새가 납니다.
□ やせる (살을) 빼다, (살이) 빠지다	夏(なつ)までに５キロやせたいです。 여름까지 5kg 빼고 싶습니다.
□ 止(や)む (비가) 그치다, 멈추다	雨(あめ)が止(や)んでから出発(しゅっぱつ)しましょう。 비가 그친 후에 출발합시다.
□ 止(や)める 그만두다, 중지하다, 끊다	体(からだ)に良(よ)くないからたばこは止(や)めました。 몸에 좋지 않으니까 담배는 끊었습니다.
□ やる (동·식물에게) 주다	花(はな)に水(みず)をやるのは娘(むすめ)の仕事(しごと)です。 꽃에 물을 주는 것은 딸의 일입니다.
□ 揺(ゆ)れる 흔들리다	駅(えき)が近(ちか)くて電車(でんしゃ)が来(く)ると部屋(へや)が揺(ゆ)れます。 역이 가까워서 전철이 오면 방이 흔들립니다.
□ 汚(よご)れる 더러워지다	服(ふく)が汚(よご)れてしまいました。 옷이 더러워져 버렸습니다.
□ 寄(よ)る 들르다, 다가가다	会社(かいしゃ)の帰(かえ)りにコンビニに寄(よ)って弁当(べんとう)を買(か)いました。 회사에서 돌아오는 길에 편의점에 들러 도시락을 샀습니다.
□ 喜(よろこ)ぶ 기뻐하다	二人(ふたり)の結婚(けっこん)をたくさんの人(ひと)が喜(よろこ)びました。 두 사람의 결혼을 많은 사람이 기뻐했습니다.
□ 沸(わ)かす (물을) 끓이다	お湯(ゆ)を沸(わ)かしているから一緒(いっしょ)にお茶(ちゃ)を飲(の)みましょう。 물을 끓이고 있으니 함께 차를 마셔요.
□ 別(わか)れる 헤어지다, 이별하다	田中(たなか)さんとは昨日(きのう)駅(えき)で別(わか)れました。 다나카 씨와는 어제 역에서 헤어졌습니다.
□ 沸(わ)く (물이) 끓다, (목욕물이) 데워지다	お風呂(ふろ)が沸(わ)いていますよ。お先(さき)にどうぞ。 목욕물이 데워졌어요. 먼저 쓰세요.
□ 忘(わす)れる 잊다	これまで親切(しんせつ)にしてくださったことは忘(わす)れません。 지금까지 친절히 대해 주셨던 것은 잊을 수 없을 겁니다.

□ 渡(わた)す 건네주다	このノートをジョンさんに渡(わた)してください。 이 노트를 존 씨에게 건네 주세요.
□ 渡(わた)る 건너다	信号(しんごう)をよく見(み)て渡(わた)りましょう。 신호를 잘 보고 건넙시다.
□ 笑(わら)う 웃다	赤(あか)ちゃんが笑(わら)う顔(かお)を見(み)ると幸(しあわ)せな気分(きぶん)になります。 아기가 웃는 얼굴을 보면 행복한 기분이 됩니다.
□ 割(わ)る 깨뜨리다, 나누다	遊(あそ)んでいる時(とき)に窓(まど)のガラスを割(わ)ってしまいました。 놀고 있을 때 창문 유리를 깨 버렸습니다.
□ 割(わ)れる 깨지다, 갈라지다	割(わ)れたコップは新聞紙(しんぶんし)で包(つつ)んで捨(す)てます。 깨진 컵은 신문지로 싸서 버립니다.

2 : い형용사

□ 浅(あさ)い 얕다, (정도가) 덜하다	川(かわ)が浅(あさ)ければ泳(およ)いでも大丈夫(だいじょうぶ)です。 강이 얕으면 수영해도 괜찮습니다.
□ 厚(あつ)い 두껍다	厚(あつ)い服(ふく)を着(き)たから動(うご)きにくいです。 두꺼운 옷을 입어서 움직이기 어렵습니다.
□ 熱(あつ)い 뜨겁다	熱(あつ)いから気(き)をつけてください。 뜨거우니까 조심하세요.
□ 薄(うす)い 얇다, 엷다, 싱겁다	このカーテンは薄(うす)いから今(いま)の季節(きせつ)には寒(さむ)いです。 이 커튼은 얇으니까 지금 계절에는 춥습니다.
□ 美(うつく)しい 아름답다	ここから見(み)る富士山(ふじさん)は本当(ほんとう)に美(うつく)しいです。 여기에서 보는 후지산은 정말 아름답습니다.
□ うまい 맛있다, 능숙하다	うまいものを食(た)べながら旅行(りょこう)するのが夢(ゆめ)です。 맛있는 것을 먹으면서 여행하는 것이 꿈입니다.
□ うれしい 기쁘다	大学(だいがく)に合格(ごうかく)してうれしかったです。 대학에 합격해서 기뻤습니다.

もんだい 3 문맥 규정 출제 예상 어휘

□ おかしい 이상하다, 우습다	あの人(ひと)の言(い)うことはどこかおかしいですね。 저 사람이 말하는 것은 어딘가 이상하네요.
□ おとなしい 얌전하다	うちの犬(いぬ)はおとなしくて鳴(な)きません。 우리집 개는 얌전해서 짖지 않습니다.
□ 堅(かた)い/固(かた)い 딱딱하다, 단단하다, 굳다	フランスパンはとても固(かた)いです。 바게트는 매우 딱딱합니다.
□ かっこいい 멋있다	あの歌手(かしゅ)は歌(うた)もダンスもうまくてかっこいいです。 저 가수는 노래도 춤도 뛰어나서 멋있습니다.
□ 悲(かな)しい 슬프다	悲(かな)しいドラマを見(み)て泣(な)いてしまいました。 슬픈 드라마를 보고 울어 버렸습니다.
□ 厳(きび)しい 엄하다, 심하다	子(こ)どもの頃(ころ)、親(おや)の教育(きょういく)が厳(きび)しかったです。 어릴 때 부모님의 교육이 엄했습니다.
□ 苦(くる)しい 괴롭다	長(なが)い時間水(じかんみず)の中(なか)に入(はい)っていて苦(くる)しくなりました。 장시간 물 속에 들어가 있어서 괴로워졌습니다.
□ 細(こま)かい 작다, 미세하다, 자세하다	細(こま)かい説明(せつめい)は後(あと)でゆっくりします。 자세한 설명은 나중에 천천히 하겠습니다.
□ 怖(こわ)い 무섭다, 두렵다	怖(こわ)い話(はなし)は苦手(にがて)です。 무서운 이야기는 싫어합니다.
□ 寂(さび)しい 외롭다, 섭섭하다	兄弟(きょうだい)が一人(ひとり)もいなくて寂(さび)しいです。 형제가 한 명도 없어서 외롭습니다.
□ 仕方(しかた)ない 어쩔 수 없다	こんなに勉強(べんきょう)しても合格(ごうかく)できなければ仕方(しかた)ないですね。 이렇게 공부했는데도 합격하지 못한다면 어쩔 수 없네요.
□ 親(した)しい 친하다	二人(ふたり)は同(おな)じ高校(こうこう)を卒業(そつぎょう)したのでとても親(した)しいです。 두 사람은 같은 고등학교를 졸업해서 매우 친합니다.
□ 凄(すご)い 굉장하다	高校生(こうこうせい)が一人(ひとり)で留学(りゅうがく)するって、凄(すご)いですね。 고등학생이 혼자서 유학간다니, 굉장하네요.
□ 素晴(すば)らしい 훌륭하다, 굉장하다	ここから見(み)える海(うみ)の景色(けしき)はいつ見(み)ても素晴(すば)らしいです。 여기에서 보이는 바다 경치는 언제 봐도 훌륭합니다.

□ 正(ただ)しい 옳다, 바르다, 맞다	正(ただ)しい答(こた)えはどれですか。 바른 답은 어느 것입니까?
□ 足(た)りない 부족하다, 모자라다	パーティーに来(く)る人(ひと)が増(ふ)えて料理(りょうり)が足(た)りなくなります。 파티에 오는 사람이 늘어나서 요리가 부족해졌습니다.
□ つまらない 재미없다, 하찮다, 시시하다	このごろのテレビは何(なに)を見(み)てもつまらないです。 최근의 텔레비전은 뭘 봐도 재미없습니다.
□ 冷(つめ)たい 차갑다, 냉정하다	暑(あつ)い時(とき)は冷(つめ)たいものが飲(の)みたくなります。 더울 때는 차가운 것이 마시고 싶어집니다.
□ 苦(にが)い (맛이) 쓰다	さとうもミルクも入(い)れないコーヒーは苦(にが)いです。 설탕도 우유도 넣지 않은 커피는 씁니다.
□ 温(ぬる)い 미지근하다	温(ぬる)いお風呂(ふろ)に入(はい)っていると風邪(かぜ)をひきやすいです。 미지근한 욕탕에 들어가 있으면 감기에 걸리기 쉽습니다.
□ 眠(ねむ)い 졸리다	昨日(きのう)は全然(ぜんぜん)寝(ね)なかったので眠(ねむ)いです。 어제는 전혀 잠을 자지 않아서 졸립습니다.
□ 眠(ねむ)たい 졸리다	眠(ねむ)たい時(とき)は無理(むり)に勉強(べんきょう)しなくてもいいです。 졸릴 때는 무리하게 공부하지 않아도 됩니다.
□ 恥(は)ずかしい 부끄럽다, 창피하다	このカフェに男(おとこ)は私(わたし)一人(ひとり)だけだから恥(は)ずかしいです。 이 카페에 남자는 나 혼자뿐이라서 부끄럽습니다.
□ ひどい 심하다, 지독하다	あの人(ひと)がひどいことを言(い)うから泣(な)いてしまいました。 저 사람이 심한 말을 해서 울고 말았습니다.
□ 深(ふか)い 깊다	深(ふか)い海(うみ)の中(なか)にはいろいろな魚(さかな)が生(い)きています。 깊은 바다 속에는 다양한 물고기가 살고 있습니다.
□ 太(ふと)い 굵다	うどんのめんはそばのめんより太(ふと)いです。 우동면은 메밀면보다 두껍습니다.
□ 欲(ほ)しい 필요로 하다, 가지고 싶다	今(いま)はお金(かね)より時間(じかん)がほしいです。 지금은 돈보다 시간이 필요합니다.
□ 細(ほそ)い 가늘다	この細(ほそ)くて長(なが)いえんぴつは誰(だれ)のですか。 이 가늘고 긴 연필은 누구의 것인가요?

□ 珍しい 드물다, 희귀하다	あの人が遅刻するのは珍しいことです。 저 사람이 지각하는 것은 드문 일입니다.
□ 柔らかい 부드럽다, 연하다	この肉は柔らかくて食べやすいです。 이 고기는 연해서 먹기 쉽습니다.
□ よろしい 좋다 (「いい」의 공손한 표현)	今から会社に行ってもよろしいでしょうか。 지금부터 회사에 가도 되겠습니까?
□ 若い 젊다	彼は年齢より若く見えます。 그는 나이보다 젊어 보입니다.

3: な형용사

□ 安全だ 안전하다	車が多い道路よりここが安全です。 차가 많은 도로보다 여기가 안전합니다.
□ 簡単だ 간단하다, 쉽다	こんどの試験は簡単だったから時間が残りました。 이번 시험은 쉬웠기 때문에 시간이 남았습니다.
□ 危険だ 위험하다	台風が来ているのに海に出るのは危険です。 태풍이 오고 있는데 바다에 나가는 것은 위험합니다.
□ 結構だ 좋다, 만족스럽다, 됐다(거절)	このデザインで結構ですからお願いします。 이 디자인으로 좋으니 잘 부탁합니다.
□ 盛んだ 번성하다, 활발하다	この国は昔から外国との貿易が盛んでした。 이 나라는 옛날부터 외국과의 무역이 활발했습니다.
□ 残念だ 유감이다, 아쉽다	残念ですが、今日はここまでにします。 안타깝지만 오늘은 여기까지로 하겠습니다.
□ 邪魔だ 방해가 되다	邪魔な時はいつでも言ってください。 방해가 될 때는 언제든지 말해 주세요.
□ 自由だ 자유롭다	この高校ではどんな服を着ても自由です。 이 고등학교에서는 어떤 옷을 입어도 자유입니다.

□ 十分(じゅうぶん)だ/充分(じゅうぶん)だ 충분하다	レポートを書(か)くのは3日(みっか)あれば十分(じゅうぶん)です。 보고서를 쓰는 것은 3일이면 충분합니다.
□ 心配(しんぱい)だ 걱정스럽다	子(こ)どもが夜(よる)になっても帰(かえ)ってこなくて心配(しんぱい)だ。 아이가 밤이 되어도 돌아오지 않아서 걱정이다.
□ 大事(だいじ)だ 중요하다	結果(けっか)より努力(どりょく)することが大事(だいじ)です。 결과보다 노력하는 것이 중요합니다.
□ 大切(たいせつ)だ 소중하다, 중요하다	大切(たいせつ)な人(ひと)が外国(がいこく)に行(い)ってしまいました。 소중한 사람이 외국에 가 버렸습니다.
□ 確(たし)かだ 확실하다, 틀림없다	成功(せいこう)する確(たし)かな方法(ほうほう)を教(おし)えてください。 성공하는 확실한 방법을 가르쳐 주세요.
□ だめだ 안 되다, 소용없다	いくら頼(たの)んでもだめだ。 아무리 부탁해도 안 돼.
□ 丁寧(ていねい)だ 정중하다, 친절하다	彼(かれ)はとても丁寧(ていねい)に説明(せつめい)してくれました。 그는 굉장히 친절하게 설명해 주었습니다.
□ 特別(とくべつ)だ 특별하다	土曜日(どようび)に会社(かいしゃ)に行(い)くのは特別(とくべつ)なことです。 토요일에 회사에 가는 것은 특별한 일입니다.
□ 必要(ひつよう)だ 필요하다	外国(がいこく)に旅行(りょこう)する時(とき)はパスポートが必要(ひつよう)です。 외국으로 여행갈 때는 여권이 필요합니다.
□ 複雑(ふくざつ)だ 복잡하다	新(あたら)しく出(で)たスマホは使(つか)い方(かた)が複雑(ふくざつ)です。 새로 나온 스마트폰은 사용법이 복잡합니다.
□ 不便(ふべん)だ 불편하다	交通(こうつう)が不便(ふべん)なところは家賃(やちん)が安(やす)いです。 교통이 불편한 곳은 집세가 저렴합니다.
□ 変(へん)だ 이상하다	外国人(がいこくじん)にはひらがなが変(へん)な字(じ)に見(み)えます。 외국인에게는 히라가나가 이상한 글자로 보입니다.
□ 真面目(まじめ)だ 성실하다, 진지하다	田中(たなか)さんは真面目(まじめ)な人(ひと)です。 다나카 씨는 성실한 사람입니다.
□ 無理(むり)だ 무리이다	明日(あした)までにレポートを書(か)くのは無理(むり)です。 내일까지 리포트를 쓰는 것은 무리입니다.

□ 有名だ(ゆうめいだ) 유명하다	ここが東京(とうきょう)でいちばん有名(ゆうめい)な公園(こうえん)です。 여기가 도쿄에서 가장 유명한 공원입니다.
□ 立派だ(りっぱだ) 훌륭하다, 근사하다	いつか立派(りっぱ)な家(いえ)を建(た)てるのが夢(ゆめ)です。 언젠가 근사한 집을 짓는 것이 꿈입니다.

4 : 부사

□ いちいち 일일이, 하나하나	もう大人(おとな)だからいちいち親(おや)に相談(そうだん)しなくてもいいです。 이제 어른이니까 일일이 부모에게 상의하지 않아도 됩니다.
□ 一度(いちど) 한번	一度(いちど)私(わたし)の家(いえ)に遊(あそ)びにきてください。 한번 우리 집에 놀러 오세요.
□ いつか 언젠가	いつか一人(ひとり)で世界一周(せかいいっしゅう)をしてみたいです。 언젠가 혼자서 세계 일주를 해 보고 싶습니다.
□ 一生懸命(いっしょうけんめい)(に) 열심히	その人(ひと)は一生懸命研究(いっしょうけんめいけんきゅう)をして歴史(れきし)に残(のこ)る発見(はっけん)をしました。 그 사람은 열심히 연구를 해서 역사에 남을 발견을 했습니다.
□ 一体(いったい) 도대체	カギがかかっているのに一体(いったい)どうやって入(はい)ったんですか。 열쇠가 잠겨 있는데 도대체 어떻게 들어간 겁니까?
□ 一杯(いっぱい) 가득	このふくろに一杯(いっぱい)入(い)れてください。 이 주머니에 가득 담아 주세요.
□ おかげで 덕분에	先生(せんせい)のおかげで合格(ごうかく)することができました。 선생님 덕분에 합격할 수 있었습니다.
□ 必ず(かならず) 꼭, 반드시	一日(いちにち)に3回(かい)、必(かなら)ずこの薬(くすり)を飲(の)んでください。 하루에 세 번, 반드시 이 약을 먹으세요.
□ かなり 꽤, 상당히, 어지간히	車(くるま)で1時間(じかん)も走(はし)ったから、かなり遠(とお)くまで来(き)ました。 차로 한 시간이나 달렸더니 꽤 멀리까지 왔습니다.
□ きっと 꼭, 반드시	約束(やくそく)したからきっと帰(かえ)ってきます。 약속했으니 반드시 돌아 오겠습니다.

□ 決して 결코, 절대로	彼は決して悪いことをする人じゃありません。 그는 결코 나쁜 일을 할 사람이 아닙니다.
□ これから 이제부터, 앞으로	7月ですからこれから暑くなるでしょう。 7월이니까 이제부터 더워지겠지요.
□ さっき 아까, 조금 전에	さっき天気予報で雨だと言っていました。 아까 일기 예보에서 비가 올 거라고 했습니다.
□ しっかり 단단히, 확실히	危ないからここをしっかり持ってください。 위험하니까 여기를 단단히 잡으세요.
□ ずいぶん 몹시, 상당히, 꽤	この家にはずいぶん前から人が住んでいません。 이 집에는 꽤 예전부터 사람이 살고 있지 않습니다.
□ すぐに 곧바로, 즉시	このボタンを押せばすぐに水が出ます。 이 버튼을 누르면 바로 물이 나옵니다.
□ すっかり 완전히, 모두, 몽땅	友だちと会う約束をすっかり忘れていました。 친구와 만날 약속을 완전히 잊고 있었습니다.
□ ずっと 훨씬, 쭉, 계속	ずっと前から好きでした。 한참 전부터 좋아했어요.
□ ぜひ 꼭, 아무쪼록	こんどの仕事はぜひ私にやらせてください。 이번 업무는 꼭 제가 하게 해 주세요.
□ 全然 전혀	全然知らない人が家の前に立っています。 전혀 모르는 사람이 집 앞에 서 있습니다.
□ それ程 그다지, 그만큼	甘いものはそれ程好きじゃありません。 달콤한 것은 그다지 좋아하지 않습니다.
□ そろそろ 슬슬	もう遅いからそろそろ帰ります。 이제 늦었으니 슬슬 돌아가겠습니다.
□ そんなに 그렇게	そんなに大きい声で言わなくてもわかります。 그렇게 큰 소리로 말하지 않아도 알아요.
□ 大体 대체로, 대개	日本では大体小学生の頃に自転車を習います。 일본에서는 대체로 초등학생 시절에 자전거를 배웁니다.

もんだい 3 문맥 규정 출제 예상 어휘

□ 大抵(たいてい) 대부분, 대개	電車の中で大抵の人はスマホばかり見ていました。 전철 안에서 대부분의 사람은 스마트폰만 보고 있었습니다.
□ だいぶ 상당히, 꽤, 어지간히	薬を飲んでだいぶ良くなりました。 약을 먹고 상당히 좋아졌습니다.
□ ただいま 지금, 현재	ただいまから野菜が、どれでも20%安くなります。 지금부터 채소가 무엇이든 20% 저렴해집니다(싸게 팝니다).
□ 例(たと)えば 예를 들면, 예컨대	例えば動物が冬の間長く寝るのは体を守るためです。 예를 들면 동물이 겨울 동안 긴 잠을 자는 것은 몸을 보호하기 위해서입니다.
□ 多分(たぶん) 아마	彼は多分来ないと思います。 그는 아마 오지 않을 거라고 생각합니다.
□ たまに 가끔, 드물게, 때로는	たまに運動をした時は次の日に体が痛くなります。 가끔 운동을 한 날은 다음 날 몸이 아픕니다.
□ ために ~위해(목적), ~때문에(이유)	健康のために毎朝散歩します。 건강을 위해 매일 아침 산책합니다.
□ ちっとも 전혀, 조금도	先生の話を聞いてもちっともわかりません。 선생님의 이야기를 들어도 전혀 모르겠습니다.
□ ちょうど 정확히, 꼭, 마침	この服はちょうど１万円で買いました。 이 옷은 정확히 만 엔에 샀습니다.
□ できるだけ 가능한 한, 되도록	車には乗らないで、できるだけ歩くようにしています。 자동차에는 타지 않고 가능한 한 걷도록 하고 있습니다.
□ とうとう 마침내, 드디어, 결국	３年間勉強して、とうとう試験に合格しました。 3년간 공부해서 마침내 시험에 합격했습니다.
□ 特(とく)に 특히, 특별히	体のために特に気をつけていることは何ですか。 몸을 위해 특별히 주의하고 있는 것은 무엇입니까?
□ どんどん 자꾸, 계속	ものの値段がどんどん上がって生活がたいへんです。 물건 가격이 자꾸 올라서 생활이 힘듭니다.
□ なかなか 좀처럼, 제법, 꽤	人の考えや習慣はなかなか変わりません。 사람의 생각이나 습관은 좀처럼 바뀌지 않습니다.

□ なるべく 가능한 한, 되도록	赤ちゃんが寝ていますからなるべく静かにしましょう。 아기가 자고 있으니 되도록 조용히 합시다.
□ なるほど 과연	A この本は漢字を絵で説明しています。 이 책은 한자를 그림으로 설명하고 있습니다. B なるほど、それはわかりやすいですね。 과연, 그건 알기 쉽네요.
□ 初めて 처음, 비로소	自分で料理するのは初めてです。 직접 요리하는 것은 처음입니다.
□ はっきり 똑똑히, 명확히	彼が盗むところを、この目ではっきり見ました。 그가 훔치는 것을 제 눈으로 똑똑히 봤습니다.
□ びっくり 깜짝 놀라는 모양	先輩が結婚したと聞いてびっくりしました。 선배가 결혼했다는 이야기를 듣고 깜짝 놀랐습니다.
□ 別に 별도로, 따로, 별로	家族へのおみやげは別に買いました。 가족에게 줄 선물은 따로 샀습니다.
□ ほとんど 대부분, 거의	問題は、ほとんど前に試験に出たものでした。 문제는 대부분 이전 시험에 나왔던 것이었습니다.
□ 本当に 정말로	私は本当に何も知りません。 나는 정말로 아무것도 모릅니다.
□ まず 먼저, 우선	ホテルに着いてからまずチェックインをします。 호텔이 도착하고 나서 먼저 체크인을 합니다.
□ もし 혹시, 만약	もし欲しいものがあれば何でも言ってください。 혹시 필요한 것이 있으면 뭐든지 말해 주세요.
□ もちろん 물론	もちろん会員の方はすべて無料です。 물론 회원이신 분은 모두 무료입니다.
□ やっと 겨우, 가까스로	10日前に注文したものがやっと届いた。 10일 전에 주문한 것이 겨우 도착했다.
□ やっぱり/やはり 역시	ナシやぶどうはやっぱり秋がおいしいです。 배나 포도는 역시 가을이 맛있습니다.

□ わざと 일부러, 고의로	彼(かれ)は好(す)きな人(ひと)にわざと冷(つめ)たくします。 그는 좋아하는 사람에게 일부러 냉정하게 대합니다.
□ わざわざ 일부러, 모처럼	遠(とお)いところからわざわざ来(き)てくださってありがとうございます。 먼 곳에서 일부러 와 주셔서 감사합니다.

5 : 접두어·접미어

御(ご)～ 한자어 앞에 붙는 접두어	御飯(ごはん) 밥 御迷惑(ごめいわく) 폐, 민폐	御遠慮(ごえんりょ) 사양, 겸손 御記入(ごきにゅう) 기입
～方(かた) (~하는) 방법	仕方(しかた) 하는 법, 수단, 방식 考(かんが)え方(かた) 사고방식	やり方(かた) 하는 방법 食(た)べ方(かた) 먹는 법
～軒(けん) ~채 (조수사. 집을 세는 단위)	一軒(いっけん) 한 채	三軒(さんけん) 세 채
～中(じゅう) 온~, 전~, ~내내	世界中(せかいじゅう) 전 세계 一日中(いちにちじゅう) 하루 종일	学校中(がっこうじゅう) 학교 전체
～中(ちゅう) ~중	午前中(ごぜんちゅう) 오전 중 電話中(でんわちゅう) 통화중	話(はな)し中(ちゅう) 이야기 중
～製(せい) ~제	日本製(にほんせい) 일본제, 일본산	韓国製(かんこくせい) 한국제, 한국산
～達(たち) ~들(복수)	私達(わたしたち) 우리	動物達(どうぶつたち) 동물들
～秒(びょう) ~초(조수사)	一秒(いちびょう) 1초	十秒(じゅうびょう) 10초
～屋(や) ~가게, ~장이(직업)	ラーメン屋(や) 라면집 床屋(とこや) 이발소, 이발사	本屋(ほんや) 서점
～行(ゆ)き ~행(행선지)	羽田行(はねだゆ)き 하네다행	京都行(きょうとゆ)き 교토행

6 : 히라가나 명사

□ あいさつ 인사	□ あご 턱
□ おじ 아저씨, 삼촌	□ おば 아주머니, 이모, 고모
□ おもちゃ 장난감	□ ごみ 쓰레기, 먼지
□ ひげ 수염	□ ぶどう 포도

7 : 가타카나어

□ アイロン 다리미	□ アクセサリー 액세서리
□ アジア 아시아	□ アナウンサー 아나운서
□ アフリカ 아프리카	□ アメリカ 미국
□ アルコール 알코올	□ アルバイト 아르바이트
□ エスカレーター 에스컬레이터	□ オートバイ 오토바이
□ カーテン 커튼	□ ガス 가스
□ ガソリン 가솔린, 휘발유	□ ガソリンスタンド 주유소
□ ガラス 유리	□ カレー 카레
□ キロ 킬로미터(km), 킬로그램(kg)	□ グラム 그램(g)
□ ケーキ 케이크	□ ゲーム 게임
□ コンサート 콘서트	□ サイン 사인, 서명
□ サラダ 샐러드	□ サンダル 샌들
□ サンドイッチ 샌드위치	□ ジャム 잼

もんだい 3 문맥 규정 출제 예상 어휘

□ ジュース 주스	□ スーツ 슈트, 정장
□ スーツケース 여행용 가방, 트렁크	□ スーパー 슈퍼마켓
□ ステレオ 스테레오	□ スピーカー 스피커
□ スピーチ 스피치, 연설	□ スマートフォン 스마트폰
□ スマホ 스마트폰의 준말	□ スリッパ 슬리퍼
□ セット 세트	□ ソフトドリンク 소프트 드링크
□ タイプ 타입, 형태	□ ダンス 댄스, 춤
□ テキスト 텍스트, 교과서, 교재, 원문	□ テニス 테니스
□ トラック 트럭	□ ドラマ 드라마
□ ドレス 드레스	□ ニュース 뉴스
□ パーティー 파티	□ バケツ 양동이
□ バター 버터	□ ピアノ 피아노
□ ビール 맥주	□ ピクニック 피크닉, 소풍
□ ピンク 핑크, 분홍색	□ フィルム 필름
□ プール 풀장, 수영장	□ フォーク 포크
□ プリント 프린트, 인쇄, 인쇄물	□ プレゼント 선물
□ ページ 페이지, 쪽	□ ベッド 침대
□ ベル 벨, 종	□ ボート 보트, 작은 배
□ ボール 볼, 공	□ ポスト 포스트, 우체통, 우편함
□ ボランティア 봉사 활동, 자원봉사자	□ マスク 마스크
□ マッチ 성냥	□ メートル 미터(m)

□ レコード 레코드, 기록, 음반	□ レベル 레벨, 수준
□ レポート 리포트, 보고서	□ ワイシャツ 와이셔츠
□ ワンピース 원피스	

あ

- □ 浅(あさ)い 얕다, (정도가) 덜하다
- □ アルバイト 아르바이트
- □ アンケート 앙케트, 설문 조사
- □ 安全(あんぜん)だ 안전하다
- □ 案内(あんない) 안내
- □ 以下(いか) 이하
- □ いくら~ても 아무리 ~해도
- □ 意見(いけん) 의견
- □ 以上(いじょう) 이상
- □ 一軒(いっけん) 집 한 채
- □ 一生懸命(いっしょうけんめい) 열심히
- □ 行(い)って参(まい)る 다녀오다(겸양어)
- □ 植(う)える 심다
- □ 受付(うけつけ) 접수, 접수처
- □ 薄(うす)い (농도가) 옅다
- □ 打(う)つ 때리다, 치다
- □ 映(うつ)る 비치다
- □ 腕(うで) 팔, 솜씨
- □ 生(う)む 낳다
- □ うるさい 시끄럽다
- □ 営業(えいぎょう) 영업
- □ お祝(いわ)い 축하, 축하 선물
- □ 往復(おうふく) 왕복
- □ 屋上(おくじょう) 옥상
- □ 遅(おく)れる 늦다, 늦어지다
- □ お大事(だいじ)に 몸조리 잘 하세요
- □ おつり 잔돈, 거스름돈
- □ 落(お)とす 떨어뜨리다
- □ 覚(おぼ)える 기억하다, 암기하다
- □ お土産(みやげ) 선물, 기념품
- □ 思(おも)い出(で) 추억
- □ おもちゃ 장난감
- □ お礼(れい) 감사 인사, 감사 선물
- □ 折(お)れる 부러지다, 꺾이다

か

- □ 会場(かいじょう) 회장, 행사장
- □ 鏡(かがみ) 거울
- □ 飾(かざ)る 장식하다, 꾸미다
- □ 固(かた)い 단단하다, 딱딱하다
- □ 形(かたち) 형태, 모양
- □ 片付(かたづ)ける 치우다, 정리하다
- □ カッター 커터, 칼
- □ 壁(かべ) 벽
- □ 構(かま)わない 상관없다

□ かむ 씹다	□ 通う(かよう) 다니다, 통학하다	□ 乾く(かわく) 건조해지다, 마르다
□ 関係(かんけい) 관계	□ 機会(きかい) 기회	□ 危険だ(きけんだ) 위험하다
□ 技術(ぎじゅつ) 기술	□ 気分(きぶん) 기분	□ 急行(きゅうこう) 급행
□ 競争(きょうそう) 경쟁	□ 興味(きょうみ) 흥미, 관심	□ 具合(ぐあい) 몸 상태, 컨디션
□ 比べる(くらべる) 비교하다	□ 経験(けいけん) 경험	□ ゲーム 게임
□ 結果(けっか) 결과	□ けんか 싸움	□ 郊外(こうがい) 교외
□ 心(こころ) 마음	□ 故障(こしょう) 고장	□ 細かい(こまかい) 자세하다, 상세하다
□ 混む(こむ) 붐비다, 혼잡하다	□ 怖い(こわい) 무섭다	

さ

□ 坂(さか) 언덕	□ 探す(さがす) 찾다	□ 差す(さす) (우산을) 쓰다
□ 誘う(さそう) 권유하다, 유혹하다	□ さっき 아까, 조금 전	□ 寂しい(さびしい) 외롭다, 쓸쓸하다
□ さわる 만지다, 손대다	□ 残念だ(ざんねんだ) 안타깝다, 유감스럽다	□ しかられる 혼나다
□ 失敗(しっぱい) 실패	□ 失礼だ(しつれいだ) 실례이다	□ 習慣(しゅうかん) 습관
□ 自由に(じゆうに) 자유롭게, 마음대로	□ 十分だ(じゅうぶんだ) 충분하다	□ 準備(じゅんび) 준비
□ 紹介(しょうかい) 소개	□ 招待(しょうたい) 초대	□ 将来(しょうらい) 장래
□ 調べる(しらべる) 조사하다, 알아보다	□ 心配(しんぱい) 걱정	□ スイッチ 스위치
□ 過ぎる(すぎる) 지나다	□ 進む(すすむ) 나아가다, 전진하다	□ 捨てる(すてる) 버리다

□ ～製(せい) ～제
□ 生産(せいさん) 생산
□ 説明(せつめい) 설명
□ ぜひ 꼭, 아무쪼록
□ 世話(せわ) 시중, 돌봄
□ センチ 센티미터(cm)
□ 相談(そうだん) 상담, 상의, 논의
□ 育(そだ)てる 키우다, 양육하다
□ それに 게다가
□ そろそろ 슬슬

た

□ 大事(だいじ)だ 중요하다, 소중하다
□ 高(たか)い 높다, 비싸다
□ だから 그래서, 그러니까
□ 確(たし)かだ 확실하다, 분명하다
□ 足(た)す 더하다, 보태다
□ 出(だ)す 내놓다, (편지를) 보내다
□ 頼(たの)む 부탁하다, 주문하다
□ 足(た)りない 부족하다
□ 暖房(だんぼう) 난방
□ チェック 체크, 확인
□ チケット 티켓, 표
□ 遅刻(ちこく) 지각
□ チャンス 찬스, 기회
□ 注意(ちゅうい) 주의
□ 中止(ちゅうし) 중지
□ 貯金(ちょきん) 저금
□ 伝(つた)える 전하다, 전달하다
□ 包(つつ)む 싸다, 감싸다, 포장하다
□ 丁寧(ていねい)だ 정중하다, 친절하다
□ 手伝(てつだ)う 돕다, 도와주다
□ とうとう 드디어, 겨우
□ 届(とど)く 도달하다, 전해지다
□ 止(と)まる 멈추다, 정지하다
□ 取(と)り替(か)える 바꾸다, 교체하다
□ どんどん 자꾸자꾸, 계속

な

□ 直(なお)す 고치다
□ 直(なお)る 낫다, 회복하다
□ なるべく 되도록, 가능한 한

□ 慣(な)れる 익숙해지다
□ 匂(にお)い 냄새
□ 苦(にが)い 쓰다
□ 人気(にんき) 인기
□ 値段(ねだん) 가격, 값
□ 熱心(ねっしん)だ 열심이다
□ 寝坊(ねぼう) 늦잠
□ 眠(ねむ)い 졸리다
□ 残(のこ)る 남다
□ 喉(のど) 목, 목구멍
□ 乗(の)り換(か)える 갈아타다, 환승하다

● は

□ パートタイム 파트 타임, 시간제 근무
□ 運(はこ)ぶ 옮기다, 운반하다
□ はさみ 가위
□ 恥(は)ずかしい 창피하다
□ パソコン PC, 컴퓨터
□ はっきり 확실히, 분명히
□ はる 붙이다
□ 番組(ばんぐみ) 방송 프로그램
□ 冷(ひ)える 식다, 차가워지다
□ 引(ひ)き出(だ)し 서랍, 인출
□ 引(ひ)っ越(こ)し 이사
□ 必要(ひつよう)だ 필요하다
□ 拾(ひろ)う 줍다
□ 深(ふか)い 깊다
□ 踏(ふ)む 밟다
□ 貿易(ぼうえき) 무역
□ 放送(ほうそう) 방송
□ ポスター 포스터, 벽 광고지
□ 翻訳(ほんやく) 번역

● ま

□ 負(ま)ける 지다
□ または 또는
□ まっすぐ 쭉, 곧바로
□ 見(み)つかる 발견되다, 들키다
□ 迎(むか)える 마중하다, 맞이하다
□ めずらしい 드물다, 희귀하다

もんだい 3 문맥 규정 기출 어휘

や

- □ 約束(やくそく) 약속
- □ 役(やく)に立(た)つ 도움이 되다, 쓸모가 있다
- □ やちん 집세, 방세
- □ やっと 드디어, 겨우
- □ やっぱり 역시
- □ 止(や)める 멈추다, 그만두다
- □ 柔(やわ)らかい 부드럽다
- □ 夢(ゆめ) 꿈
- □ 用意(ようい) 준비, 대비
- □ 予約(よやく) 예약
- □ 寄(よ)る 들르다, 다가가다
- □ 喜(よろこ)ぶ 기뻐하다

ら

- □ 来週(らいしゅう) 다음 주
- □ 理由(りゆう) 이유
- □ 利用(りよう) 이용
- □ ルール 룰, 규칙
- □ 留守(るす) 부재, 부재중
- □ 冷房(れいぼう) 냉방
- □ レジ 금전 출납기, 계산 담당(레지스터의 준말)
- □ レポート 리포트, 보고서
- □ レンジ '전자레인지'의 준말
- □ 連絡(れんらく) 연락

わ

- □ 割(わ)れる 부서지다, 깨지다, 갈라지다

MEMO

もんだい 3 문맥 규정 연습문제 ①

해설편 16p

もんだい 3 (　　　　)に　なにを　いれますか。1・2・3・4から　いちばん　いい　ものを　ひとつ　えらんで　ください。

1 いもうとの（　　　　）は　ピアノです。

1 きょうみ　　2 しゅみ　　3 しごと　　4 しょうらい

2 あついから　まどを（　　　　）ください。

1 あげて　　2 とじて　　3 のこして　　4 あけて

3 （　　　　）、すみません。ゆうびんきょくは　どこですか。

1 ちょうど　　2 ちょっと　　3 すこし　　4 とても

4 朝(あさ)から　なにも　のまなくて　のどが（　　　　）。

1 つかれました　　2 よごれました　　3 かわきました　　4 こわれました

5 たなか先生は　こわい　かおを　して　いますが、とても（　　　　）です。

1 きびしい　　2 さびしい　　3 いそがしい　　4 やさしい

6 りょうりが（　　　　）うまく　ならなくて　こまって　います。

1 だんだん　　2 なかなか　　3 ずいぶん　　4 ほとんど

7 かわいい　犬(いぬ)ですね。ちょっと（　　　　）いいですか。

1 こわしても　　2 なおしても　　3 さわっても　　4 ぬすんでも

8 父(ちち)と（　　　　）して、母(はは)の　たんじょうび　プレゼントを　きめました。

1 そうだん　　2 けっこん　　3 きょうそう　　4 けんか

9 まいあさ　お母(かあ)さんは　7時に　子どもを（　　　　）ます。

1 あそび　　2 おき　　3 おこし　　4 ねかし

10 きものは　あまり　きないから　買うより（　　　　）ほうが　いいです。

1 うった　　2 おくった　　3 かりた　　4 かした

もんだい 3 문맥 규정 연습문제 ②

해설편 18p

もんだい 3 （　　　）に　なにを　いれますか。1・2・3・4から　いちばん　いい　ものを　ひとつ　えらんで　ください。

1 先生に　この　本の　250（　　　　）まで　読む　ように　言われました。

1 ページ　　2 グラム　　3 メートル　　4 タイプ

2 あさと　よるに　はを（　　　　）ます。

1 ながし　　2 ふき　　3 みがき　　4 あび

3 日本に　行く（　　　　）は　まえから　して　いました。

1 けいかく　　2 ゆしゅつ　　3 しつもん　　4 せいさん

4 父は　今　しゅっちょうで　きゅうしゅうにいるので　今週は（　　　　）と　思います。

1 かえさない　　2 わからない　　3 まがらない　　4 もどらない

5 この　道は　とても（　　　　）ですから、ちゅういして　うんてんして　ください。

1 じょうぶ　　2 けっこう　　3 きけん　　4 べんり

6 わたしは　友だちに　おおさかの　まちを（　　　　）しました。

1 あんない　　2 りょこう　　3 けんぶつ　　4 しょうたい

7 もう　5時ですね。（　　　　）しつれいします。

1 たいてい　　2 すっかり　　3 そろそろ　　4 とうとう

8 わたしは　毎朝　シャワーを（　　　　）ます。

1 かけ　　2 はいり　　3 あび　　4 ふり

9 （　　　　）だれにも　言わないと　やくそくして　ください。

1 よく　　2 けっして　　3 なかなか　　4 ぜひ

10 日よう日は　ボランティアで　うみの　ゴミを（　　　　）ました。

1 はき　　2 いれ　　3 し　　4 ひろい

4 : もんだい 4 유의 표현

문제 유형

문제에서 주어진 어휘와 서로 바꿔 쓸 수 있는 표현을 찾는 문제이다.

もんだい 4 ＿＿＿の ぶんと だいたい おなじ いみの ぶんが あります。
1・2・3・4から いちばん いい ものを ひとつ えらんで ください。

21 この かばんは とても じょうぶです。

1 この かばんは とても 軽(かる)いです。
2 この かばんは ものが たくさん 入(はい)ります。
3 この かばんは デザインが いいです。
4 この かばんは とても 強(つよ)いです。

21	① ② ③ ●

문제 풀이 포인트

선택지에는 문제에서 제시된 문장의 단어를 다른 품사로 바꿔 쉽게 풀어 쓴 문장이 나온다.

예시 문제를 보면 제시문과 선택지 모두에 「このかばんは 이 가방은」이 있으므로, 문장의 술어인 「じょうぶだ 튼튼하다」를 다른 말로 바꿔 쓴 것을 찾아야 한다. 1번은 무게를 나타내는 「軽(かる)い 가볍다」, 2번은 용량을 나타내는 「たくさん入(はい)る 많이 들어가다」, 3번은 모양을 나타내는 「デザインがいい 디자인이 좋다」이므로 뜻이 다르다. 강도를 나타내고 있는 4번 「強(つよ)い 강하다」가 「じょうぶだ 튼튼하다」의 유의 표현으로 가장 적당하다.

이 외에도 주어나 조사, 동사를 바꾼 문장, 반의어를 사용한 문장 등이 제시되기도 하므로 문법에도 주의하며 문장을 읽는 연습이 필요하다.

학습 포인트

유의 표현 파트에서는 한자 읽기나 문맥 규정에서 정리한 어휘가 활용되어 나오므로 앞 파트의 어휘를 충분히 익힌 후 비슷한 어휘를 확인하는 것이 중요하다. 또한 기출 어휘를 통해 시험 출제 경향을 알 수 있다.

1: 명사

□ 嘘(うそ) 거짓, 거짓말	≒	本当(ほんとう)ではない 사실이 아니다
□ 家具(かぐ) 가구	≒	机(つくえ)やベッド 책상이나 침대
□ きんえん 금연	≒	たばこを吸(す)ってはいけない 담배를 피워서는 안 되다
□ 最初(さいしょ) 최초, 처음	≒	初(はじ)め 처음, 첫
□ 将来(しょうらい)のこと 장래의 일	≒	これからのこと 앞으로의 일
□ 食料品(しょくりょうひん) 식료품	≒	肉(にく)や野菜(やさい) 고기나 채소
□ 男性(だんせい) 남성	≒	男(おとこ)の人(ひと) 남자
□ 輸出(ゆしゅつ) 수출	≒	他(ほか)の国(くに)に売(う)る 다른 나라에 팔다
□ 輸入(ゆにゅう) 수입	≒	他(ほか)の国(くに)から買(か)う 다른 나라로부터 사다

2: 동사

□ 踊(おど)る 춤추다	≒	ダンスをする 댄스를 하다
□ 驚(おどろ)く 놀라다	≒	びっくりする 깜짝 놀라다
□ 帰(かえ)ってくる 귀가하다, 돌아오다	≒	戻(もど)る 돌아가(오)다
□ 故障(こしょう)する 고장 나다	≒	壊(こわ)れる 망가지다, 부서지다

□ 混(こ)んでいる 붐비다 ≒ 人(ひと)がたくさんいる 사람이 많이 있다

□ 叱(しか)られる 혼나다 ≒ 怒(おこ)られる 혼나다

□ 出発(しゅっぱつ)する 출발하다 ≒ 出(で)る 나가다

□ 食事(しょくじ)する 식사하다 ≒ ご飯(はん)を食(た)べる 밥을 먹다

□ 生産(せいさん)する 생산하다 ≒ 作(つく)る 만들다

□ 手紙(てがみ)を送(おく)る 편지를 보내다 ≒ 手紙(てがみ)を出(だ)す 편지를 부치다

□ 届(とど)ける 전하다, 배달하다 ≒ 持(も)っていく 가지고 가다

□ 寝坊(ねぼう)する 늦잠을 자다 ≒ 起(お)きるのが遅(おそ)くなる 일어나는 것이 늦어지다

□ 働(はたら)く 일하다, 근무하다 ≒ アルバイトをする 아르바이트를 하다

□ 汚(よご)れている 더러워져 있다 ≒ 汚(きたな)い 더럽다

□ 笑(わら)う 웃다 ≒ にこにこする 생긋생긋 웃다

3: 형용사

□ 美(うつく)しい 아름답다 ≒ きれいだ 예쁘다, 멋지다, 깨끗하다

□ うまい 능숙하다, 맛있다 ≒ 上手(じょうず)だ 잘하다, 능숙하다

□ おとなしい 얌전하다 ≒ 静(しず)かだ 조용하다

□ 大事(だいじ)だ 중요하다 ≒ 大切(たいせつ)だ 소중하다

□ 冷(つめ)たい 차갑다 ≒ 冷(ひ)えている 차가워져 있다, 식어 있다

□ 必要(ひつよう)だ 필요하다 ≒ 要(い)る 필요하다

□ 人(ひと)が少(すく)ない 사람이 적다 ≒ 空(す)いている 비어 있다, 한산하다

4: 부사

□ かなり 상당히, 꽤	≒	大分(だいぶ) 상당히, 어지간히, 꽤
□ 丁寧(ていねい)に 정성껏, 신중하게	≒	きれいに 깨끗하게
□ できるだけ 가능한 한, 되도록	≒	なるべく 되도록, 가능한 한
□ わざと 일부러, 특별히	≒	わざわざ 일부러, 고의로

もんだい 4 유의 표현 기출 어휘

あ

- □ あいさつする 인사하다 ≒ 「こんにちは」と言(い)う '안녕하세요'라고 말하다
- □ あしたはちょっと 내일은 좀 ≒ あしたはだめだ 내일은 안 된다
- □ 新(あたら)しい家(いえ)に住(す)む 새 집에 살다 ≒ 新(あたら)しい家(いえ)に引(ひ)っ越(こ)す 새 집에 이사하다
- □ 危(あぶ)ない 위험하다 ≒ 危険(きけん)だ 위험하다
- □ 雨(あめ)がざあざあ降(ふ)る 비가 주룩주룩 쏟아지다 ≒ 雨(あめ)が強(つよ)く降(ふ)る 비가 세차게 내리다
- □ 謝(あやま)る 사과하다 ≒ 「ごめんなさい」と言(い)う '미안해요'라고 말하다
- □ アルバイトをする 아르바이트를 하다 ≒ 働(はたら)く 일하다
- □ 安全(あんぜん)だ 안전하다 ≒ 危(あぶ)なくない 위험하지 않다
- □ 意見(いけん)がいいと思(おも)う 의견이 좋다고 생각하다 ≒ 意見(いけん)に賛成(さんせい)する 의견에 찬성하다
- □ いじめてはいけない 괴롭혀서는 안 된다 ≒ 大切(たいせつ)にする 소중히 여기다
- □ 1番(ばん)の部屋(へや)、または2番(ばん)の部屋(へや) 1번 방, 또는 2번 방1번 ≒ 1番(ばん)の部屋(へや)か2番(ばん)の部屋(へや) 1번 방이나 2번 방
- □ 一生懸命(いっしょうけんめい) 열심히 ≒ 熱心(ねっしん)に 열심히
- □ 要(い)る 필요하다 ≒ 必要(ひつよう)だ 필요하다
- □ 後(うし)ろ 뒤 ≒ 裏(うら) 뒤, 뒷면
- □ 嘘(うそ) 거짓말 ≒ 本当(ほんとう)じゃない 정말이 아니다
- □ 美(うつく)しい 아름답다 ≒ きれいだ 예쁘다, 깨끗하다
- □ うまい 능숙하다, 맛있다 ≒ 上手(じょうず)だ 잘하다, 능숙하다

- □ うるさくする 시끄럽게 하다 ≒ 騒(さわ)ぐ 떠들다, 소란 피우다
- □ 嬉(うれ)しい 기쁘다 ≒ 喜(よろこ)ぶ 기뻐하다
- □ 運動(うんどう) 운동 ≒ スポーツ 스포츠, 운동
- □ 映画(えいが)に誘(さそ)う 영화를 권유하다 ≒ 映画(えいが)を見(み)に行(い)きませんかと言(い)う 영화를 보러 가지 않을래요 하고 말하다
- □ 多(おお)くなる 많아지다 ≒ 増(ふ)える 늘다, 증가하다
- □ お客(きゃく)さんが多(おお)い 손님이 많다 ≒ こんでいる 붐비고 있다
- □ 起(お)きるのが遅(おそ)くなる 일어나는 것이 늦어지다 ≒ 寝坊(ねぼう)する 늦잠 자다
- □ 遅(おく)れる 늦다 ≒ 間(ま)に合(あ)わない 시간을 못 맞추다
- □ 怒(おこ)られる 혼나다 ≒ しかられる 혼나다
- □ 教(おそ)わる 배우다 ≒ 習(なら)う 배우다, 익히다
- □ お宅(たく)に伺(うかが)う 댁에 찾아뵙다 ≒ お宅(たく)に参(まい)る 댁에 찾아뵙다
- □ 落(お)とす 떨어뜨리다 ≒ なくす 잃어버리다
- □ おとなしい 얌전하다 ≒ 静(しず)かだ 조용하다
- □ 踊(おど)る 춤추다 ≒ ダンスをする 댄스를 하다, 춤을 추다
- □ 驚(おどろ)く 놀라다 ≒ びっくりする 깜짝 놀라다
- □ お願(ねが)いする 부탁하다 ≒ 頼(たの)む 부탁하다, 주문하다
- □ 泳(およ)ぐの 수영, 헤엄치는 것 ≒ 水泳(すいえい) 수영
- □ お礼(れい)を言(い)う 감사 인사를 하다 ≒ 「ありがとう」と言(い)う '고마워요'라고 말하다

もんだい4 유의 표현 기출 어휘

● か

□ 家具(かぐ) 가구	≒	テーブルやベッド 테이블이나 침대
□ 必(かなら)ず来(く)ると思(おも)う 꼭 올 거라고 생각한다	≒	きっと来(く)る 반드시 온다
□ 簡単(かんたん)だ 간단하다	≒	やさしい 쉽다
□ 聞(き)く 묻다	≒	たずねる 찾다, 묻다, 방문하다
□ 帰国(きこく)する 귀국하다	≒	国(くに)へ帰(かえ)る 고국에 돌아가다
□ 規則(きそく) 규칙	≒	ルール 룰, 규칙
□ 汚(きたな)い 더럽다	≒	汚(よご)れている 더러워져 있다
□ 厳(きび)しい時代(じだい)はもう過(す)ぎた 혹독한 시대는 이제 지났다	≒	大変(たいへん)な時代(じだい)だった 혹독한 시대는 이제 끝났다힘든 시대였다
□ 客(きゃく)が少(すく)ない 손님이 적다	≒	空(す)いている 한산하다
□ 教育(きょういく)を受(う)けられる人(ひと)が多(おお)くない 교육을 받을 수 있는 사람이 많지 않다	≒	多(おお)くの人(ひと)が学校(がっこう)へ行(い)けない 많은 사람이 학교에 가지 못한다
□ 近所(きんじょ) 근처, 이웃	≒	近(ちか)く 근처, 가까이
□ 具合(ぐあい)がよくなる 몸 상태가 좋아지다	≒	元気(げんき)になる 건강해지다
□ 空港(くうこう) 공항	≒	飛行機(ひこうき)に乗(の)るところ 비행기를 타는 곳
□ 車(くるま)の工場(こうじょう) 자동차 공장	≒	車(くるま)を作(つく)るところ 자동차를 만드는 곳
□ 経験(けいけん)がある 경험이 있다	≒	したことがある 한 적이 있다
□ 景色(けしき)のいいところ 경치가 좋은 곳	≒	きれいな山(やま)や森(もり)が見(み)えるところ 예쁜 산이나 숲이 보이는 곳

□ 講義に出席する 강의에 출석하다 ≒ 大学で先生の話を聞く 대학교에서 선생님의 이야기를 듣다

□ 交通が便利だ 교통이 편리하다 ≒ バスや地下鉄がたくさん走る 버스나 지하철이 많이 달리다

□ 5時に来るのは無理だ 5시에 오는 것은 무리이다 ≒ 5時に来られない 5시에 올 수 없다

□ 故障する 고장 나다 ≒ 壊れる 망가지다, 부서지다, 고장 나다

□ 来なかったわけを聞く 오지 않은 이유를 듣다 ≒ どうして来なかったのかたずねる 어째서 오지 않았는지를 묻다

□ ごはんを食べる 밥을 먹다 ≒ 食事をする 식사를 하다

□ 細かく 잘게, 미세하게 ≒ 小さく 작게

□ これからのこと 앞으로의 일 ≒ 将来 장래

さ

□ 最初 최초, 처음 ≒ 初め 처음, 맨 처음

□ サインをする 사인을 하다 ≒ 名前を書く 이름을 쓰다

□ 盛んになる 번성하다, 활발해지다 ≒ する人が増える 하는 사람이 늘다

□ 社長のかわりに田中さんがパーティーに出た 사장님 대신 다나카 씨가 파티에 참석했다 ≒ 社長はパーティーに出なかった 사장님은 파티에 참석하지 않았다

□ 住所 주소 ≒ 住んでいる場所 살고 있는 장소

□ 授業に遅れる 수업에 늦다 ≒ 授業が始まってから来る 수업이 시작한 후에 오다

□ 授業の前に勉強する 수업 전에 공부하다	≒	予習する 예습하다
□ すべりやすい 미끄러지기 쉽다	≒	歩きにくい 걷기 어렵다
□ 外にいたので体が冷えてしまった 밖에 있어서 몸이 차가워져 버렸다	≒	外は寒かった 밖은 추웠다

● た

□ 退院する 퇴원하다	≒	病院から帰ってくる 병원에서 돌아오다
□ 大事だ 중요하다, 소중하다	≒	大切だ 소중하다, 중요하다
□ たずねる 방문하다, 묻다	≒	家に行く 집에 가다
□ たばこを吸ってはいけない 담배를 피워서는 안 된다	≒	たばこは禁止されている 담배는 금지되어 있다
□ チェックする 체크하다	≒	調べる 알아보다, 검토하다
□ 遅刻しないで 지각하지 말고	≒	始まる時間に遅れないで 시작하는 시간에 늦지 말고
□ 駐車場 주차장	≒	車を止める場所 자동차를 세우는 장소
□ 使う 쓰다, 사용하다	≒	利用する 이용하다
□ 丁寧に書く 정성껏 쓰다	≒	きれいに書く 깨끗하게 쓰다
□ 出かけている 외출해 있다	≒	留守だ 부재중이다
□ 独身だ 독신이다	≒	結婚していない 결혼하지 않았다
□ 友だちを迎えに空港に行く 친구를 마중하러 공항에 가다	≒	空港で友だちに会う 공항에서 친구를 만나다

な

□ なくす 잃다, 분실하다	≒	失(うしな)う 잃다, 잃어버리다
□ にこにこする 생긋생긋 웃다	≒	笑(わら)う 웃다
□ 乗(の)り物(もの) 탈 것, 교통수단	≒	飛行機(ひこうき)や船(ふね) 비행기나 배

は

□ 運(はこ)ぶ 옮기다, 운반하다	≒	持(も)っていく 가지고 가다
□ 始(はじ)めた理由(りゆう) 시작한 이유	≒	なぜ始(はじ)めたか 어째서 시작했는지
□ 始(はじ)めに 처음에, 먼저	≒	まず 먼저, 우선
□ 冷(ひ)えている 차가워져 있다	≒	冷(つめ)たい 차갑다
□ 日(ひ)が暮(く)れる 해가 지다, 날이 저물다	≒	空(そら)が暗(くら)くなる 하늘이 어두워지다
□ 久(ひさ)しぶりに会(あ)う 오랜만에 만나다	≒	何年(なんねん)も会(あ)っていない 몇 년이나 만나지 않았다
□ 秘密(ひみつ) 비밀	≒	誰(だれ)にも言(い)わない 아무에게도 말하지 않다
□ 美容院(びよういん)に行(い)く 미용실에 가다	≒	髪(かみ)の毛(け)を切(き)りに行(い)く 머리를 자르러 가다
□ 他(ほか)の国(くに)から買(か)う 다른 나라로부터 사다	≒	輸入(ゆにゅう)する 수입하다
□ 他(ほか)の人(ひと)の意見(いけん)を聞(き)く 다른 사람의 의견을 묻다(듣다)	≒	他(ほか)の人(ひと)が何(なに)を考(かんが)えているか聞(き)く 다른 사람이 무엇을 생각하고 있는지 묻다(듣다)
□ ほとんど忘(わす)れる 거의 잊다	≒	少(すこ)ししか覚(おぼ)えていない 조금밖에 기억하지 못하다

もんだい4 유의 표현 기출 어휘

● ま

□ 間違(まちが)えやすい 틀리기 쉽다	≒	間違(まちが)える人(ひと)が多(おお)い 틀리는 사람이 많다
□ みんなが帰(かえ)った後(あと)で帰(かえ)った 모두가 돌아간 후에 귀가했다	≒	帰(かえ)る前(まえ)にみんなが帰(かえ)った 귀가하기 전에 모두가 돌아갔다
□ 娘(むすめ)が大学生(だいがくせい)になる 딸이 대학생이 되다	≒	娘(むすめ)の入学式(にゅうがくしき)がある 딸의 입학식이 있다

● や

□ やせる 살이 빠지다	≒	細(ほそ)くなる 가늘어지다, 날씬해지다
□ やわらかい 부드럽다	≒	固(かた)くない 단단하지 않다
□ 用意(ようい) 준비, 대비	≒	準備(じゅんび) 준비

MEMO

もんだい 4 유의 표현 연습문제 ①

해설편 21p

もんだい 4 ＿＿＿＿の　ぶんと　だいたい　おなじ　いみの　ぶんが　あります。1・2・3・4 から　いちばん　いい　ものを　ひとつ　えらんで　ください。

1 12時の　バスに　おくれて　しまいました。

1　12時の　バスが　とまりませんでした。

2　12時の　バスが　来ました。

3　12時の　バスに　まにあいませんでした。

4　12時の　バスに　乗れました。

2 社長の　家は　とても　りっぱな　家です。

1　社長の　家は　とても　おもしろい　家です。

2　社長の　家は　とても　あたらしい　家です。

3　社長の　家は　とても　あかるい　家です。

4　社長の　家は　とても　すばらしい　家です。

3 大阪から　東京までの　電車だいは　3万円で　たります。

1　大阪から　東京まで　3万円　いじょう　ひつようです。

2　大阪から　東京まで　3万円で　行く　ことが　できません。

3　大阪から　東京まで　3万円で　行く　ことが　できます。

4　大阪から　東京まで　3万円で　行った　ことが　ありません。

4 パーティーに　出るか　どうか　田中さんに　へんじしなければ　なりません。

1　パーティーに　出るか　どうか　田中さんに　聞かなければ　なりません。

2　パーティーに　出るか　どうか　田中さんに　れんらくしなければ　なりません。

3　パーティーに　出るか　どうか　田中さんに　たずねなければ　なりません。

4　パーティーに　出るか　どうか　田中さんに　しつもんしなければ　なりません。

もんだい 4 유의 표현 연습문제 ②

해설편 22p

もんだい 4 ＿＿＿の　ぶんと　だいたい　おなじ　いみの　ぶんが　あります。1・2・3・4 から　いちばん　いい　ものを　ひとつ　えらんで　ください。

1 むすめは　外国の　大学へ　行って　います。

1 兄(あに)の　子どもは　外国に　旅行中(りょこうちゅう)です。
2 姉(あね)の　子どもは　今　大学生(だいがくせい)です。
3 女(おんな)の　子どもは　外国に　旅行中(りょこうちゅう)です。
4 女(おんな)の　子どもは　留学(りゅうがく)して　います。

2 きのうは　かいしゃで　ざんぎょうしました。

1 きのうは　かいしゃから　はやく　帰りました。
2 きのうは　かいしゃで　おそくまで　しごとしました。
3 きのうは　かいしゃの　中で　かいぎを　しました。
4 きのうは　かいしゃの　人たちと　食事(しょくじ)しました。

3 ここは　ちゅうしゃきんしです。

1 ここは　車が　少ないです。
2 ここは　車は　入れません。
3 ここに　車を　とめないで　ください。
4 ここで　車は　ゆっくり　走(はし)って　ください。

4 かれが　にゅういんしたと　聞いて　おどろきました。

1 かれは　びょうきに　なって　たいへんでした。
2 かれが　びょういんに　いると　聞いて　びっくりしました。
3 かれは　げんきだと　聞いて　あんしんしました。
4 かれが　げんきじゃ　なくなって　しんぱいでした。

5: もんだい 5 용법

문제 유형

문제에서 제시한 단어를 가장 올바르게 사용한 문장을 찾는 문제이다.

もんだい 5　つぎの　ことばの　つかいかたで　いちばん　いい　ものを 1・2・3・4から　ひとつ　えらんで　ください。

25　おたく

1 こんど　おたくに　遊(あそ)びに　来(き)て　ください。
2 この　おたくに　ぎんこうは　ありますか。
3 もしもし、田中(たなか)さんの　おたくですか。
4 子どもには　おたくが　ひつようです。

25	①	②	●	④

문제 풀이 포인트

제시된 단어가 바른 뜻으로 맥락에 맞게 사용되었는지를 묻는 문제이므로 문장 내에서의 의미 및 뉘앙스의 차이를 잘 알고 있어야 한다.

예시 문제를 보면「お宅(たく)」는 '댁'이라는 의미로 상대방이나 상대방 집의 높임말이다. 따라서 전화로 '다나카 씨 댁인가요?'라고 말한 3번이 정답이다. 1번은「家(うち) (나의) 집」, 2번은「近(ちか)く 근처, 부근」, 4번은「親(おや) 부모」가 들어가야 자연스럽다.

특히 부사나 형용사 등은 뜻을 알고 있어도 작은 뉘앙스 차이로 어색한 표현이 될 수 있으니 문장에서의 쓰임새를 잘 알아두어야 한다.

もんだい 5 용법 출제 예상 어휘

학습 포인트

용법 파트에서는 제시된 어휘가 어떤 뜻과 뉘앙스로 쓰이는지 정확하게 알고 있는 것이 중요하다. 각 품사별로 혼동하기 쉬운 어휘를 정리했다. 또한 기출 어휘 역시 시험 경향을 알 수 있는 중요한 척도이므로 잘 기억해 두어야 한다.

1: 명사

- □ 安心(あんしん) 안심
- □ 以内(いない) 이내
- □ 受付(うけつけ) 접수, 접수처
- □ 遠慮(えんりょ) 사양, 겸손
- □ 落(お)とし物(もの) 분실물, 유실물
- □ 代(か)わり 대신
- □ 具合(ぐあい) (몸) 상태, 컨디션, 형편
- □ 喧嘩(けんか) 다툼, 싸움
- □ 故障(こしょう) 고장
- □ この間(あいだ) 일전(에), 지난번(에)
- □ サイン 사인, 서명
- □ 品物(しなもの) 물품, 상품
- □ 自分(じぶん) 자기, 자신
- □ 主人(しゅじん) 주인, 남편
- □ 世話(せわ) 보살핌, 신세
- □ 相談(そうだん) 상담, 상의, 의논
- □ 楽(たの)しみ 즐거움, 기대, 낙
- □ 遠(とお)く 먼 곳, 멀리
- □ 案内(あんない) 안내
- □ 居間(いま) 거실
- □ 裏(うら) 뒤, 뒷면, 옷의 안감
- □ お宅(たく) 댁(상대방 집의 높임말)
- □ お湯(ゆ) 뜨거운 물, 끓인 물
- □ 近所(きんじょ) 근처, 이웃집
- □ 怪我(けが) 상처, 부상
- □ 見物(けんぶつ) 구경
- □ 御馳走(ごちそう) 대접, 진수성찬
- □ この頃(ごろ) 요즘
- □ 仕方(しかた) 하는 방법, 방식
- □ 支払(しはら)い 지불, 지급
- □ 邪魔(じゃま) 방해, 장애, 훼방
- □ スピーチ 스피치, 연설
- □ 全部(ぜんぶ) 전부, 모두
- □ タイプ 타입, 형태
- □ 都合(つごう) 사정, 형편
- □ 通(とお)り 큰길, 도로

- □ 日記(にっき) 일기
- □ 乗り換え(のりかえ) 갈아탐, 환승
- □ 始まり(はじまり) 시작, 시초, 기원
- □ 番組(ばんぐみ) 방송 프로그램
- □ 本気(ほんき) 진심, 본심
- □ 留守(るす) 부재, 부재중
- □ レベル 레벨, 수준
- □ 訳(わけ) 뜻, 까닭, 사정
- □ 寝坊(ねぼう) 늦잠
- □ 場合(ばあい) 경우
- □ 場所(ばしょ) 장소, 곳
- □ ボランティア 봉사 활동
- □ 夕べ(ゆうべ) 어제 저녁, 어젯밤
- □ レコード 레코드, 기록, 음반
- □ レポート 리포트, 보고서
- □ 忘れ物(わすれもの) 물건을 깜박 잊음, 잊은 물건, 분실물

2: 동사

- □ 空く(あく) 비다
- □ 急ぐ(いそぐ) 서두르다
- □ 受ける(うける) 받다, (시험을) 보다
- □ 送る(おくる) 보내다, 바래다주다, 배웅하다
- □ 落とす(おとす) 떨어뜨리다
- □ 掛ける(かける) 걸다, 걸치다, (열쇠를) 잠그다
- □ 通う(かよう) 다니다
- □ 気に入る(きにいる) 마음에 들다
- □ 壊れる(こわれる) 부서지다, 고장 나다, 파손되다
- □ 叱る(しかる) 혼내다, 야단치다
- □ 空く(すく) (틈 · 짬이) 나다, (배가) 고프다
- □ 訪ねる(たずねる) 방문하다
- □ 集める(あつめる) 모으다, 걷다
- □ 祈る(いのる) 빌다, 기도하다
- □ 写す(うつす) 베끼다, 묘사하다, (사진을) 찍다
- □ 起こす(おこす) 일으키다, 벌이다, 깨우다
- □ 驚く(おどろく) 놀라다
- □ 片付ける(かたづける) 치우다, 정리하다
- □ 頑張る(がんばる) 열심히 하다, 노력하다
- □ 決まる(きまる) 정해지다, 결정되다
- □ 騒ぐ(さわぐ) 떠들다, 소란 피우다
- □ 調べる(しらべる) 조사하다, 알아보다
- □ 足す(たす) 더하다, 보태다
- □ 頼む(たのむ) 부탁하다, 주문하다

- □ 足(た)りる 충분하다, 충족되다
- □ 手伝(てつだ)う 돕다, 도와주다
- □ 届(とど)く 닿다, 배달되다
- □ 届(とど)ける 닿게 하다, 배달하다
- □ 止(と)まる 멈추다, 정지하다
- □ 止(と)める 세우다, 정지시키다
- □ 取(と)り換(か)える 교체하다, 교환하다
- □ 直(なお)る 고쳐지다, 낫다
- □ 無(な)くす 없애다, 잃다
- □ 慣(な)れる 익숙해지다
- □ 似(に)る 닮다, 비슷하다
- □ 乗(の)り換(か)える 갈아타다, 환승하다
- □ 運(はこ)ぶ 운반하다, 옮기다, 나르다
- □ 働(はたら)く 일하다, 근무하다
- □ 間違(まちが)える 잘못하다, 틀리다, 착각하다
- □ 間(ま)に合(あ)う 제시간에 도착하다, 맞추다
- □ 役(やく)に立(た)つ 도움이 되다, 쓸모가 있다
- □ 止(や)める 그만두다, 중지하다, 끊다

3: 형용사

- □ 浅(あさ)い 얕다, (정도가) 덜하다
- □ 厚(あつ)い 두껍다
- □ 熱(あつ)い 뜨겁다
- □ 安全(あんぜん)だ 안전하다
- □ 薄(うす)い 얇다, 옅다, 싱겁다
- □ 簡単(かんたん)だ 간단하다
- □ 厳(きび)しい 엄하다, 심하다
- □ 細(こま)かい 잘다, 작다, 미세하다
- □ 盛(さか)んだ 번성하다, 활발하다
- □ 残念(ざんねん)だ 유감이다, 아쉽다
- □ 仕方(しかた)ない 어쩔 수 없다
- □ 邪魔(じゃま)だ 방해가 되다
- □ 十分(じゅうぶん)だ 충분하다
- □ 充分(じゅうぶん)だ 충분하다
- □ 大事(だいじ)だ 중요하다
- □ 大切(たいせつ)だ 소중하다, 중요하다
- □ 足(た)りない 모자라다, 부족하다
- □ 丁寧(ていねい)だ 정중하다, 친절하다
- □ 細(ほそ)い 가늘다
- □ 真面目(まじめ)だ 성실하다, 진지하다
- □ 珍(めずら)しい 드물다, 희귀하다
- □ 立派(りっぱ)だ 훌륭하다, 근사하다

4; 부사

- □ 一体(いったい) 도대체
- □ おかげで 덕분에
- □ 必(かなら)ず 반드시, 꼭
- □ 決(けっ)して 결코, 절대로
- □ ずいぶん 몹시, 상당히, 충분히
- □ すぐに 곧바로, 즉시
- □ そろそろ 슬슬
- □ たまに 가끔, 드물게, 때로는
- □ ちょうど 꼭, 정확히, 마침
- □ 特(とく)に 특히, 특별히
- □ わざと 일부러, 고의로

もんだい5 용법 기출 어휘

あ

□ 浅い(あさい) 얕다, (정도가) 덜하다	□ 謝る(あやまる) 사과하다, 사죄하다	□ 安全(あんぜん) 안전
□ 案内(あんない) 안내	□ いくら～ても 아무리 ~해도	□ 意見(いけん) 의견
□ 急ぐ(いそぐ) 서두르다	□ いたす '하다'의 겸양어	□ いただく '먹다·마시다·받다'의 겸양어
□ うまい 잘하다, 맛있다	□ 多い(おおい) 많다	□ 大勢(おおぜい) 많은 사람, 여럿
□ おかげさまで 덕분에	□ 音(おと) 소리	□ 驚く(おどろく) 놀라다
□ おみまい 병문안, 문병	□ 思い出(おもいで) 추억	□ お礼(おれい) 감사, 감사 인사

か

□ かう (반려동물을) 키우다	□ 飾る(かざる) 꾸미다, 장식하다	□ かしこまりました 알겠습니다
□ 片付ける(かたづける) 치우다, 정리하다	□ かまいません 상관없습니다, 괜찮습니다	□ 乾く(かわく) 마르다, 건조해지다
□ 機会(きかい) 기회	□ 厳しい(きびしい) 심하다, 엄하다, 혹독하다	□ 近所(きんじょ) 근처, 이웃
□ 計画(けいかく) 계획	□ けが 상처, 부상	□ 景色(けしき) 경치
□ 結果(けっか) 결과	□ 原因(げんいん) 원인	□ 見学(けんがく) 견학
□ 元気(げんき) 건강	□ 工事(こうじ) 공사	□ 故障(こしょう) 고장
□ 込む(こむ) 붐비다, 혼잡하다	□ 壊れる(こわれる) 망가지다, 부서지다, 고장 나다	

もんだい 5 용법 기출 어휘

さ

- □ 最近(さいきん) 최근, 요즘
- □ さしあげる 드리다
- □ 寂しい(さびしい) 외롭다, 쓸쓸하다
- □ 寒い(さむい) 춥다
- □ しかる 혼내다
- □ 支度(したく) 준비, 채비
- □ しっかり 확실히, 똑똑히, 단단히
- □ 閉める(しめる) 닫다
- □ 準備(じゅんび) 준비
- □ 紹介(しょうかい) 소개
- □ 招待(しょうたい) 초대
- □ 人口(じんこう) 인구
- □ 親切(しんせつ) 친절
- □ 心配(しんぱい) 걱정
- □ 捨てる(すてる) 버리다
- □ すると 그러자
- □ 生産(せいさん) 생산
- □ ぜひ 꼭, 아무쪼록
- □ 狭い(せまい) 좁다
- □ 世話(せわ) 돌봄, 시중, 폐
- □ 洗濯(せんたく) 세탁, 빨래
- □ 相談(そうだん) 상담, 상의, 논의
- □ 育てる(そだてる) 기르다, 양육하다

た

- □ たいてい 대체로, 대개
- □ 倒れる(たおれる) 쓰러지다
- □ 足す(たす) 더하다, 보태다
- □ だめ 안 됨
- □ 遅刻(ちこく) 지각
- □ 中止(ちゅうし) 중지
- □ 都合(つごう) 형편, 사정
- □ 包む(つつむ) 싸다, 감싸다, 포장하다
- □ 丁寧(ていねい) 정중함, 신중함
- □ 適当(てきとう) 적당
- □ とうとう 드디어, 결국
- □ 途中(とちゅう) 도중
- □ どんどん 자꾸자꾸, 계속

な

- □ 似合う(にあう) 어울리다
- □ 苦い(にがい) 쓰다
- □ 逃げる(にげる) 도망치다
- □ 似る(にる) 닮다
- □ 人気(にんき) 인기
- □ 熱(ねつ) 열
- □ 熱心(ねっしん) 열심
- □ 寝る(ねる) 자다

は

- □ 恥ずかしい(はずかしい) 창피하다
- □ はっきり 분명히, 확실히
- □ 引っ越す(ひっこす) 이사하다
- □ 太る(ふとる) 살찌다
- □ 不便(ふべん) 불편
- □ プレゼント 선물
- □ 返事(へんじ) 답변, 응답, 답신

ま

- □ 真面目(まじめ) 진지함, 성실함
- □ 迎える(むかえる) 마중하다, 맞이하다
- □ むし暑い(むしあつい) 무덥다

や

- □ 約束(やくそく) 약속
- □ 止む(やむ) (눈·비가) 그치다
- □ 輸出(ゆしゅつ) 수출
- □ ゆっくり 천천히, 느긋하게
- □ 予約(よやく) 예약
- □ 喜ぶ(よろこぶ) 기뻐하다

もんだい 5 용법 기출 어휘

ら

□ 留守(るす) 부재, 부재중 □ 連絡(れんらく) 연락

わ

□ わかす 물을 끓이다

MEMO

もんだい 5 용법 연습문제 ①

해설편 24p

もんだい 5　つぎの　ことばの　つかいかたで　いちばん　いい　ものを　1・2・3・4から　ひとつ　えらんで　ください。

1　ねつ

1　けさの　<u>ねつ</u>は　5度（ど）で　とても　さむかったです。

2　おゆが　わきました。<u>ねつ</u>は　ちょうど　100度（ど）ですね。

3　どうぶつに　<u>ねつ</u>が　ある　食べものを　あげない　ほうが　いいそうです。

4　もし　<u>ねつ</u>が　でたら　この　くすりを　飲んで　ください。

2　めずらしい

1　これは　日本には　ない　<u>めずらしい</u>　りょうりです。

2　午後（ごご）から　<u>めずらしい</u>　かいぎが　あります。

3　となりの　へやから　<u>めずらしい</u>　おとが　します。

4　エアコンの　ちょうしが　<u>めずらしい</u>ので　見て　ください。

3　みつかる

1　わたしが　する　はなしを　しっかり　<u>みつかって</u>　ください。

2　先週（せんしゅう）　おとした　けいたい電話が　まだ　<u>みつかりません</u>。

3　じゅぎょうちゅう　ずっと　まどの　そとを　<u>みつかって</u>　いました。

4　くうこうで　パスポートを　<u>みつかって</u>　くださいと　言われました。

4　たしかに

1　こんどは　<u>たしかに</u>　わたしの　家（いえ）に　来て　ください。

2　きょうは　<u>たしかに</u>　はやく　寝（ね）て　ください。

3　あの　先生は　<u>たしかに</u>　中国（ちゅうごく）から　来たと　聞きました。

4　きのう　やくそくしたから　かれは　<u>たしかに</u>　来ると　おもいます。

もんだい 5 용법 연습문제 ②

해설편 25p

もんだい 5　つぎの　ことばの　つかいかたで　いちばん　いい　ものを　1・2・3・4から　ひとつ　えらんで　ください。

1 はじめて

1 くだものの　中では　はじめて　バナナが　すきです。

2 そらが　はじめて　くらく　なって　雨(あめ)が　ふって　きました。

3 はじめて　せつめいを　聞いて　その　後(あと)　ゲームを　します。

4 北海道(ほっかいどう)に　はじめて　行ったのは　ことしの　夏(なつ)でした。

2 かける

1 きょうしつの　かべに　時計(とけい)が　かけて　あります。

2 テーブルの　うえに　きれいな　花が　かけて　あります。

3 へやの　だんぼうは　もう　かけて　あります。

4 かいぎしつに　いすは　もう　かけて　ありますか。

3 にぎやか

1 たくさん　買いものを　して、にもつが　にぎやかです。

2 へやが　にぎやかですから、かたづけて　ください。

3 駅の　前に　いろいろな　店が　できて、にぎやかに　なりました。

4 来週(らいしゅう)は　よていが　にぎやかで、いそがしいです。

4 りよう

1 この　パソコンは　りようして　いるから、なおさなければ　なりません。

2 外国に　行って　りようした　ことが　ない　ことを　して　みたいです。

3 いもうとの　りゅうがくは　父(ちち)が　りようしたので、できなく　なりました。

4 わたしは　かいしゃへ　行くのに、ちかてつを　りようして　います。

MEMO

Ⅱ 실전문제 익히기

もんだい 1　한자 읽기
もんだい 2　표기
もんだい 3　문맥 규정
もんだい 4　유의 표현
もんだい 5　용법

もんだい 1 한자 읽기 실전문제 ①

해설편 27p

もんだい 1 ＿＿＿の ことばは ひらがなで どう かきますか。1・2・3・4から いちばん いい ものを ひとつ えらんで ください。

1 わたしは 電車で 学校へ 通って います。

1 とおって　2 むかって　3 かよって　4 かえって

2 夕食は カレーに するから にくを 買って きて ください。

1 やしき　2 やしょく　3 ゆうしき　4 ゆうしょく

3 あしたは 都合が 悪(わる)いですが、あさってでも いいですか。

1 つごう　2 とごう　3 ずごう　4 どごう

4 彼女(かのじょ)は 細い ゆびで うつくしく ピアノを ひいた。

1 しろい　2 ほそい　3 こまかい　4 みじかい

5 こんな ちいさい 虫は 見た ことが ありません。

1 くさ　2 いし　3 むし　4 すな

6 週末(しゅうまつ)は 家(いえ)の 仕事(しごと)を 手伝って います。

1 おこなって　2 てつだって　3 まちがって　4 さそって

7 一週間に みっか アルバイトを します。

1 いつしゅうかん　2 いちしゅうかん
3 いしゅうかん　4 いっしゅうかん

8 有名な レストランは よやくが ひつようです。

1 たいへんな　2 しずかな　3 じょうずな　4 ゆうめいな

9 しあいの まえには よく 練習します。

1 れんしゅう　2 よしゅう　3 ふくしゅう　4 こうしゅう

10 まいにち かぞくの 食事を 作(つく)って います。

1 たべじ　2 たべこと　3 しょくじ　4 しょくこと

もんだい 1 한자 읽기 실전문제 ②

해설편 29p

もんだい 1 ＿＿＿の ことばは ひらがなで どう かきますか。1・2・3・4から いちばん いい ものを ひとつ えらんで ください。

1 じゅぎょうを はじめますから、はやく 教室に 入って ください。

1 きょしつ　2 きゅしつ　3 きょうしつ　4 きゅうしつ

2 デパートの 屋上は 子どもたちが 遊(あそ)ぶ ばしょです。

1 やじょう　2 おくじょう　3 やうえ　4 おくうえ

3 かれは 今 嘘を ついて います。

1 うそ　2 うで　3 うら　4 うわさ

4 急がなくても まだ まにあいますよ。

1 およがなくても　2 さわがなくても
3 いそがなくても　4 ぬがなくても

5 涼しい かぜが とても きもち いいです。

1 あたたかい　2 さむい　3 すずしい　4 つめたい

6 けっこんの おいわいは 品物より お金(かね)が いいですよ。

1 しなもの　2 しなぶつ　3 ひんぶつ　4 ひんもの

7 やくそくした じかんより 30分も おくれた ことを 謝った。

1 わかった　2 あやまった　3 おこった　4 てつだった

8 こどもは 砂で いえを 作(つく)って あそんで います。

1 いし　2 しま　3 すな　4 そら

9 もし 寒かったら、まどを しめて ください。

1 あつかった　2 さむかった　3 あたたかかった　4 すずしかった

10 たいへん 残念ですが きょうは これで 終(お)わります。

1 しんねん　2 じんねん　3 さんねん　4 ざんねん

もんだい 2 표기 실전문제 ①

해설편 31p

もんだい 2 ＿＿＿の ことばは どう かきますか。1・2・3・4から いちばん いい ものを ひとつ えらんで ください。

1 あの あかい セータの ひとは だれですか。
1 暗い　2 高い　3 赤い　4 白い

2 あなたの くにでは おしょうがつに なにを 食べますか。
1 正月　2 新月　3 新年　4 小年

3 すみません。もういちど、せつめいして ください。
1 説明　2 話明　3 説朝　4 話朝

4 きょうは くもが おおいですが あめは ふらないでしょう。
1 雪　2 電　3 曇　4 雲

5 がっこうの じむしつで コピーを する ことが できる。
1 教務室　2 勤務室　3 事務室　4 医務室

6 じゅぎょうを やすんだので ともだちに ノートを かりた。
1 貸りた　2 貨りた　3 措りた　4 借りた

7 とうきょうに 来たら わたしが あんないしましょう。
1 案外　2 案内　3 安外　4 安内

8 どんなに はやく でても 3時までに つくのは むりです。
1 務理　2 務里　3 無理　4 無里

9 にほんごを 書くのは にがてです。
1 苦手　2 古手　3 上手　4 下手

10 そつぎょうした あとは イギリスに りゅうがくします。
1 率業　2 草業　3 卓業　4 卒業

もんだい 2 표기 실전문제 ②

해설편 33p

もんだい 2 ＿＿＿の ことばは どう かきますか。1・2・3・4から いちばん いい ものを ひとつ えらんで ください。

1 かたが いたくて かばんが もてません。

1 方　2 肩　3 片　4 型

2 この かんじは どの じしょにも 出て いません。

1 辞書　2 事書　3 字書　4 自書

3 りょうりを つくる ときは やさいを たくさん 使(つか)います。

1 八菜　2 屋菜　3 野菜　4 家菜

4 こどもたちが さわいで いて べんきょうが できません。

1 駅いで　2 駒いで　3 験いで　4 騒いで

5 あには くるまの うんてんが じょうずです。

1 運転　2 運動　3 連転　4 庫転

6 この びじゅつかんには いろいろな じだいの 絵(え)が あります。

1 芸術館　2 美術館　3 映画館　4 博物館

7 この かいしゃに 入って ほんとうに うれしいです。

1 優しい　2 易しい　3 嬉しい　4 難しい

8 きょうは せんせいに だいじな ことを そうだんしました。

1 大次な　2 第次な　3 大事な　4 第事な

9 だれかに 言われなくても きそくを まもりましょう。

1 基促　2 基則　3 規促　4 規則

10 ちちは おなじ かいしゃで 30ねんかん はたらいて います。

1 勤いて　2 働いて　3 動いて　4 僅いて

もんだい 3 문맥 규정 실전문제 ①

해설편 35p

もんだい 3 (　　　)に なにを いれますか。1・2・3・4から いちばん いい ものを ひとつ えらんで ください。

1 この（　　　）を おせば いえの 中(なか)の 電気が ぜんぶ つきます。

1 パソコン　2 カード　3 スイッチ　4 サービス

2 じかんが ある とき（　　　）あそびに きて ください。

1 いつでも　2 どこでも　3 なんでも　4 いくらでも

3 この スープは ちょっと 変(へん)な 味(あじ)が（　　　）。

1 います　2 します　3 でます　4 なります

4 えきに 行く（　　　）コンビニで コーヒーを 買った。

1 むこう　2 とちゅう　3 まわり　4 はじめ

5 しばらく その いすに（　　　）待(ま)って ください。

1 おいて　2 のって　3 さげて　4 かけて

6 まいばん となりの 人たちが、（　　　）ねむれません。

1 きびしくて　2 おおきくて　3 まずくて　4 うるさくて

7 4月(がつ)に なって（　　　）さくらの 花が さきました。

1 もうすぐ　2 まだ　3 そのまま　4 やっと

8 あたたかくなったので、たんすの 中(なか)の ふゆの ふくと なつの ふくを（　　　）ました。

1 入(い)れかえ　2 はきかえ　3 着(き)がえ　4 ふりかえ

9 ことしの うんどうかいには（　　　）人が 来ました。

1 みんなの　2 じゅうぶんの　3 おおぜいの　4 たいていの

10 えきへ 友だちを（　　　）に 行きます。

1 むかえ　2 かえり　3 あるき　4 はしり

もんだい 3 문맥 규정 실전문제 ②

해설편 37p

もんだい 3 （　　　）に　なにを　いれますか。1・2・3・4から　いちばん　いい　ものを　ひとつ　えらんで　ください。

1 （　　　）7時の　映画(えいが)を　よやくしたから　いっしょに　見ませんか。

1 きのう　　2 ゆうべ　　3 いつも　　4 こんや

2 この　ドアは　かぎが（　　　）いて　あきません。

1 おちて　　2 かかって　　3 はたらいて　　4 うごいて

3 びょうきの　ときは（　　　）を　しないで　ください。

1 くすり　　2 むり　　3 かえり　　4 ねむり

4 さっきから（　　　）待(ま)って　いますが　れんらくも　ありません。

1 ずっと　　2 きっと　　3 もっと　　4 やっと

5 雨(あめ)が　ふって　きましたね。かさを（　　　）ほうが　いいですよ。

1 とった　　2 かした　　3 さした　　4 はった

6 林(はやし)さんが　きのう、たいいんしたと　聞いて、（　　　）。

1 しんぱいしました　　2 えんりょしました

3 せわしました　　4 あんしんしました

7 しゃしんを（　　　）ますから、あつまって　ください。

1 し　　2 ひき　　3 うつし　　4 かけ

8 こんしゅうは（　　　）が　わるいから　来週(らいしゅう)に　しましょう。

1 つごう　　2 じかん　　3 ようい　　4 せいり

9 わたしは　でんわして　から　行きますから（　　　）行って　ください。

1 あとで　　2 まえに　　3 そこで　　4 さきに

10 かいしゃを（　　　）まえに　でんわを　して　ください。

1 たずねる　　2 みつける　　3 つづける　　4 おぼえる

もんだい 4 유의 표현 실전문제 ①

해설편 40p

もんだい 4 ＿＿＿の　ぶんと　だいたい　おなじ　いみの　ぶんが　あります。1・2・3・4 からいちばん　いい　ものを　ひとつ　えらんで　ください。

1 ここは　ちゅうしゃじょうです。

1 ここは　病院(びょういん)です。

2 ここは　電車が　とまる　ところです。

3 ここは　きかいを　おく　ところです。

4 ここは　自動車(じどうしゃ)を　とめる　ところです。

2 どうぞ　えんりょなく　めしあがって　ください。

1 たくさん　食べて　ください。

2 じゆうに　使(つか)って　ください。

3 まちがえない　ように　して　ください。

4 しんぱい　しないで　家(いえ)に　あがって　ください。

3 びょういんの　中は　きんえんです。

1 びょういんの　中では　おかしを　食べないで　ください。

2 びょういんの　中では　走(はし)らないで　ください。

3 びょういんの　中では　たばこを　すわないで　ください。

4 びょういんの　中では　花を　買わないで　ください。

4 そつぎょうする　時、先生に　おれいを　言いました。

1 そつぎょうする　時、先生に　「さようなら」と　言いました。

2 そつぎょうする　時、先生に　「お元気で」と　言いました。

3 そつぎょうする　時、先生に　「しつれいします」と　言いました。

4 そつぎょうする　時、先生に　「ありがとうございました」と　言いました。

もんだい 4 유의 표현 실전문제 ②

해설편 41p

もんだい 4 ＿＿＿の ぶんと だいたい おなじ いみの ぶんが あります。1・2・3・4 から いちばん いい ものを ひとつ えらんで ください。

1 しゅくだいは だいたい おわりました。

1 しゅくだいは たくさん あります。
2 しゅくだいは もう少し あります。
3 しゅくだいは もっと あります。
4 しゅくだいは ぜんぶ おわりました。

2 あの 人は ちこくが とても 多いです。

1 あの 人は 時どき 時間に おくれます。
2 あの 人は あまり 時間に おくれません。
3 あの 人は いつも 時間に おくれます。
4 あの 人は 時間に おくれる ことは ぜったい ありません。

3 わたしは けいさんが にがてです。

1 わたしは 数(かず)を たしたり ひいたり する ことが 下手(へた)です。
2 わたしは じょうずに 絵(え)を かく ことが できません。
3 わたしは いい しゃしんを とる ことが できません。
4 わたしは おいしい りょうりを 作(つく)れません。

4 これは ひみつです。

1 これは おぼえて ください。
2 これは おぼえなくても いいです。
3 これは だれにも 言(い)わないで ください。
4 これは だれかに 言(い)って ください。

もんだい 5 용법 실전문제 ①

해설편 43p

もんだい 5　つぎの　ことばの　つかいかたで　いちばん　いい　ものを　1・2・3・4から　ひとつ　えらんで　ください。

1 やくそく

1 たばこを　やめると　つまと　やくそくを　しました。

2 りょこうへ　行く　まえに　ホテルの　やくそくを　しました。

3 学校を　やすむ　時は　あさ　やくそくを　して　ください。

4 やくそくを　まもって、しんごうが　青(あお)の　時に　道(みち)を　わたります。

2 だいたい

1 ジョンさんは　日本語が　だいたい　じょうずに　なりましたね。

2 スマホの　使(つか)いかたは　だいたい　知って　います。

3 昨日(きのう)は　さむかったですが、今日は　だいたい　さむく　ないですね。

4 じゅぎょうちゅう　だいたい　寝(ね)て　しまう　ことが　あります。

3 なくなる

1 しゅくだいを　3時間で　なくなりました。

2 どうぶつが　びょうきで　なくなりました。

3 友だちが　じこで　なくなりました。

4 つきが　くもで　なくなりました。

4 せわ

1 夜(よる)　おそくまで　れんらくが　ないので　せわに　なりました。

2 つかれたので　すぐ　ベッドに　せわに　なりました。

3 家(いえ)で　ゆっくり　やすんで　せわに　なりました。

4 この　かいしゃで　今(いま)まで　3年間　せわに　なりました。

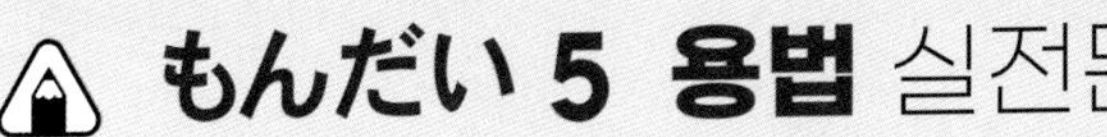

もんだい 5 용법 실전문제 ②

해설편 44p

もんだい 5　つぎの　ことばの　つかいかたで　いちばん　いい　ものを　1・2・3・4から　ひとつ　えらんで　ください。

1　リサイクル

1　今の　かいしゃを　やめて　あたらしい　ことに　リサイクルします。
2　先生の　話は　ノートに　ぜんぶ　リサイクルしました。
3　コピーに　使(つか)った　かみは　使(つか)った　あとで　リサイクルできます。
4　友だちの　たんじょうびに　コーヒーカップを　リサイクルしました。

2　さむい

1　スープが　さむく　なりましたので、もういちど　あたためて　ください。
2　今日は　かぜが　さむいので、うわぎを　着(き)た　ほうが　いいです。
3　大(おお)きい　犬(いぬ)を　見ると、さむく　なります。
4　今年(ことし)の　冬(ふゆ)は　あまり　さむく　ないですね。

3　なおす

1　まちがえて　パソコンの　データを　ぜんぶ　なおして　しまいました。
2　食事(しょくじ)の　後(あと)は、すぐに　おさらを　なおして　ください。
3　ここに　車を　なおさないで　ください。
4　あにが　こわれた　いすを　なおして　くれました。

4　おみまい

1　たんじょうびの　おみまいに　花を　おくりました。
2　びょうきの　おみまいに　カードを　おくりました。
3　はたちの　おみまいに　プレゼントを　もらいました。
4　がんばった　おみまいに　父(ちち)から　時計(とけい)を もらいました。

Part 2

JLPT N4

Part 2

문법

I 문제 유형 파악하기

- **문법 기본기 갖추기**
  기초 문법 / N4 필수 문법
  경어 표현

1 もんだい 1　문법형식 판단
2 もんだい 2　문장 만들기
3 もんだい 3　글의 문법

학습 포인트

N4에서는 N5에서 다룬 것보다 좀 더 많은 품사별 활용 형태가 나온다. 문형 공부를 하기 전에 가장 기본적으로 익혀야 하는 동사 활용형을 확실하게 학습해야 문형의 접속 형태를 이해할 수 있다. 또한 주고받는 표현, 즉 수수 표현은 혼동하기 쉬우므로 차이점을 정확히 알아 두어야 한다.

1 가능형

1. 가능형 문형 ～ことができる

활용 형태	접속 방법		활용 예		
			기본형	→	활용형
가능형	동사	동사 기본형 + ことができる	会う	→	会うことができる 만날 수 있다
			書く	→	書くことができる 쓸 수 있다
			話す	→	話すことができる 말할 수 있다
			読む	→	読むことができる 읽을 수 있다
			見る	→	見ることができる 볼 수 있다
			食べる	→	食べることができる 먹을 수 있다
			する	→	することができる 할 수 있다
			来る	→	来ることができる 올 수 있다
	동작성 명사	동작성 명사 + する + ことができる	勉強	→	勉強することができる 공부할 수 있다
			運動	→	運動することができる 운동할 수 있다

- 日本語を話す**ことができます**。 일본어를 말할 수 있습니다.
- 車を運転する**ことができます**。 차를 운전할 수 있습니다.

2. 동사의 활용

활용 형태	접속 방법		활용 예		
			기본형	→	활용형
가능형	1그룹	어미 う단→え단 + る	会(あ)う	→	会(あ)える 만날 수 있다
			書(か)く	→	書(か)ける 쓸 수 있다
			話(はな)す	→	話(はな)せる 말할 수 있다
			読(よ)む	→	読(よ)める 읽을 수 있다
	2그룹	어미 ③ + られる	見(み)る	→	見(み)られる 볼 수 있다
			食(た)べる	→	食(た)べられる 먹을 수 있다
	3그룹	고유 형태 그대로 암기	する	→	できる 할 수 있다
			来(く)る	→	来(こ)られる 올 수 있다

- 日本語(にほんご)が**話(はな)せます**。 일본어를 말할 수 있습니다.
- 辛(から)いものが**食(た)べられます**か。 매운 것을 먹을 수 있나요?
- 明日(あした)の４時(じ)までに**来(こ)られます**か。 내일 4시까지 올 수 있습니까?

★ 가능형 문장에서 '~을/를'을 가리키는 조사는 「が」를 사용하는 경우가 많다.

2 의지형

활용 형태	접속 방법		활용 예		
			기본형	→	활용형
의지형	1그룹	어미 う단→お단 + う	会(あ)う	→	会(あ)おう 만나자, 만나야지
			書(か)く	→	書(か)こう 쓰자, 써야지
			話(はな)す	→	話(はな)そう 말하자, 말해야지
			読(よ)む	→	読(よ)もう 읽자, 읽어야지
	2그룹	어미 ③ + よう	見(み)る	→	見(み)よう 보자, 봐야지
			食(た)べる	→	食(た)べよう 먹자, 먹어야지
	3그룹	고유 형태 그대로 암기	する	→	しよう 하자, 해야지
			来(く)る	→	来(こ)よう 오자, 와야지

- 明日(あした)３時(じ)に**会(あ)おう**。 내일 3시에 만나자.
- 昼(ひる)ご飯(はん)はカレーを**食(た)べよう**か。 점심 식사는 카레를 먹을까?
- 卒業後(そつぎょうご)は留学(りゅうがく)**しよう**と思(おも)っています。 졸업 후에는 유학 가려고 생각하고 있습니다.

3 수동·사역·사역 수동

구분		수동	사역	사역 수동
형태		れる · られる ~당하다 ~되다, ~받다, ~지다	せる · させる ~시키다 ~하게 하다	せられる · させられる 억지로 ~하다 (어쩔 수 없이 ~하게 되다)
1그룹		어미 う단→あ단＋れる	어미 う단→あ단＋せる	어미 う단→あ단＋せられる あ단＋される
2그룹		어미る＋られる	어미る＋させる	어미る＋させられる
3그룹	する	される	させる	させられる
	くる	こられる	こさせる	こさせられる

1. 수동형 외부로부터 영향 · 피해를 받거나 객관적 사실을 전달할 때 사용

일반 수동

- マリーさんからパーティーに**誘われました**。마리 씨로부터 파티에 초대받았습니다.
- 朝、遅刻して先生に注意**されました**。아침에 지각해서 선생님께 주의를 들었습니다.
- この建物は今から100年前に**建てられた**銀行です。이 건물은 지금부터 100년 전에 지어진 은행입니다.

2. 사역형 타인에게 어떠한 행동을 하게 할 때나 그 행동의 허가를 표현할 때 사용

일반 사역

- 子どもたちに宿題を**させました**。아이들에게 숙제를 시켰습니다.
- どうかこの会社で**働かせて**ください。아무쪼록 이 회사에서 일하게 해 주십시오.

3. 사역 수동형 내가 강제적으로 어떠한 행동을 하게 될 때 사용

- お母さんに嫌いなピーマンを**食べさせられた**。엄마가 싫어하는 피망을 먹게 했다.
- 他の人の食事代も全部**払わされました**。다른 사람의 식사비도 모두 지불하게 되었습니다.

4 가정형

001	**~たら** ① [가정·조건] ~라면, ~하면 ② [결과·발견] ~했더니, ~하자(=と)

접속 동사 た형 + ら

(い형용사 어간 かっ / な형용사 어간 だっ / 명사 だっ) + たら

예문 ① 駅(えき)に着(つ)い**たら**すぐ電話(でんわ)してください。 역에 도착하면 바로 전화해 주세요.

② ボールを投(な)げ**たら**座(すわ)っていた人(ひと)に当(あ)たってしまいました。
공을 던지자 앉아 있는 사람에게 맞아 버렸습니다.

002	**~と** ~라면, ~하면

접속 (동사 기본형 / い형용사 기본형 / な형용사 기본형 / 명사 だ) + と

예문 1万円以上(まんえんいじょう)買(か)う**と**10%安(やす)くなります。 만 엔 이상 사면 10% 저렴해집니다.

コーヒーが濃(こ)い**と**眠(ねむ)れなくなります。 커피가 진하면 잠들지 못하게 됩니다.

乗(の)り換(か)えが複雑(ふくざつ)だ**と**着(つ)くまでに時間(じかん)がかかります。 환승이 복잡하면 도착하기까지 시간이 걸립니다.

今(いま)だ**と**800円(えん)のものが600円(えん)で買(か)えますよ。 지금이라면 800엔짜리 물건을 600엔으로 살 수 있어요.

003	**~なら** ~라면, ~하면

접속 (동사 기본형 / い형용사 기본형 / な형용사 어간 / 명사) + なら

예문 ラーメンを食(た)べる**なら**私(わたし)も一緒(いっしょ)に行(い)きます。 라면을 먹는다면 저도 같이 가겠습니다.

一人(ひとり)でさびしい**なら**一緒(いっしょ)に行(い)きましょうか。 혼자서 외롭다면 함께 갈까요?

これでもだめ**なら**あきらめます。 이걸로도 안 되면 포기하겠습니다.

午後(ごご)から雨(あめ)**なら**早(はや)く行(い)ってきた方(ほう)がいいですね。 오후부터 비가 온다면 빨리 갔다 오는 게 좋겠네요.

004	**～ば** ～라면, ～하면

접속

(동사 1그룹 う단 → え단 / 2그룹 る → れ / 3그룹 すれ / 来(く)れ) + ば

(い형용사 어간 けれ / な형용사 어간 なら / 명사 なら) + ば

예문

長(なが)く住(す)め**ば**この町(まち)が好(す)きになるでしょう。 오래 살면 이 마을이 좋아질 겁니다.

おいしけれ**ば**もっと持(も)ってきます。 맛있다면 좀 더 가져오겠습니다.

午前中(ごぜんちゅう)なら**ば**待(ま)たないですぐ見(み)られます。 오전중이라면 기다리지 않고 바로 볼 수 있습니다.

5 수수 표현

1. 사물의 수수 표현

구분	기본형	아랫사람 · 동식물	윗사람
주다 (나 → 남)	あげる 주다	やる 주다	さしあげる 드리다
주다 (남 → 나, 내 측근)	くれる 주다	くれる 주다	くださる 주시다
받다 (나 ← 남)	もらう 받다	もらう 받다	いただく 「もらう 받다」의 겸양어

나 → 남 주다

- 友(とも)だちに私(わたし)が焼(や)いたクッキーを**あげました**。 친구에게 내가 구운 쿠키를 주었습니다.
- 池(いけ)の魚(さかな)にえさを**やらないで**ください。 연못의 물고기에게 먹이를 주지 마세요.
- 3万円以上(まんえんいじょう)お買(か)い上(あ)げのお客(きゃく)さまにはプレゼントを**さしあげます**。
  3만엔 이상 구매하신 고객님께는 선물을 드립니다.

남 → 나, 내 측근 주다

- 母の日に子どもが花を**くれました**。 어머니날에 아이가 꽃을 주었습니다.
- 大学に合格したお祝いに祖父が時計を**くださいました**。 대학에 합격한 축하 선물로 할아버지가 시계를 주셨습니다.

나 ← 남 받다

- 誕生日にみんなからプレゼントを**もらいました**。 생일에 모두에게 선물을 받았습니다.
- ホームステイでお世話になった人から手紙を**いただきました**。 홈스테이로 신세를 진 사람에게 편지를 받았습니다.

2. 행위의 수수 표현

구분	기본형	아랫사람 · 동식물	윗사람
주다 (나 → 남)	～てあげる ～해 주다	～てやる ～해 주다	～てさしあげる ～해 드리다
주다 (남 → 나, 내 측근)	～てくれる ～해 주다	～てくれる ～해 주다	～てくださる ～해 주시다
받다 (나 ← 남)	～てもらう ～해 받다	～てもらう ～해 받다	～ていただく 「～てもらう ～해 받다」의 겸양어

나 → 남 ~해 주다

- 留学生に日本語を教え**てあげました**。 유학생에게 일본어를 가르쳐 주었습니다.
- 子どもは部屋をきれいにし**てやって**もすぐ汚します。 아이는 방을 깨끗하게 해 줘도 금방 더럽힙니다.
- お客さまを部屋に案内し**てさしあげました**。 고객님을 방으로 안내해 드렸습니다.

남 → 나, 내 측근 ~해 주다

- その子はいつも私にあいさつし**てくれます**。 그 아이는 항상 나에게 인사를 해 줍니다.
- ちょっとカーテンを開け**てくださいません**か。 커튼을 좀 열어 주시지 않겠습니까?

나 ← 남 ~해 받다, (남이) ~해 주다

- チケットは友だちに買っ**てもらいました**。 티켓은 친구가 사 주었습니다.
- 遠くから来**ていただいて**ありがとうございます。 멀리서 와 주셔서 감사합니다.

N4 필수 문법

학습 포인트

N4 문법에서도 조사 문제가 다수 출제되며, 이 외에도 알아 두어야 할 필수 문형 및 경어 표현이 많으므로 접속 형태에 주의하며 예문과 함께 공부하도록 하자.

1 조사

001	**～が** ～이/가

예문 これが日本語(にほんご)の教科書(きょうかしょ)です。이것이 일본어 교과서입니다.

002	**～から** ① [지점] ～에서(부터) ② [원인] ～니까

예문 ① 東京(とうきょう)から出発(しゅっぱつ)します。도쿄에서 출발합니다.

② 寒(さむ)いからコートを着(き)てください。추우니까 코트를 입으세요.

003	**～だけ** ～뿐

예문 合格(ごうかく)できるのは一人(ひとり)だけです。합격할 수 있는 것은 한 명뿐입니다.

004	**～で** ① [장소] ～에서 ② [수단·방법] ～으로 ③ [원인] ～로

예문 晩(ばん)ごはんは家(いえ)で食(た)べます。저녁은 집에서 먹겠습니다.

答えはえんぴつで書きます。 답은 연필로 적습니다.

事故で電車が遅れました。 사고로 전철이 늦어졌습니다.

005	**〜でも** 〜이라도

예문 コーヒー**でも**飲みますか。 커피라도 마실래요?

006	**〜と** 〜와

예문 土曜日**と**日曜日は休みです。 토요일과 일요일은 휴일입니다.

007	**〜とか** 〜이나, 〜든지

예문 京都はお寺**とか**城が有名です。 교토는 절이나 성이 유명합니다.

008	**〜に** ① [때·장소] 〜에 ② [대상] 〜에게

예문 ① 8時**に**家を出ます。 8시에 집을 나섭니다.

② 先生**に**あいさつします。 선생님께 인사합니다.

009	**〜は** 〜은/는

예문 あそこ**は**公園です。 저기는 공원입니다.

010	**～も** ～도, ～이나

예문 海(うみ)**も**山(やま)**も**好(す)きです。 바다도 산도 좋아합니다.

家(いえ)まで１時間(じかん)**も**かかります。 집까지 한 시간이나 걸립니다.

011	**～より** ～보다, ～부터

예문 春(はる)**より**秋(あき)の方(ほう)が好(す)きです。 봄보다 가을 쪽이 좋습니다.

会議(かいぎ)は12時(じ)**より**始(はじ)まります。 회의는 12시부터 시작됩니다.

012	**～を** ～을 · 를

예문 作文(さくぶん)**を**書(か)いています。 작문을 쓰고 있습니다.

2 た형·て형·ない형·ます형에 접속하는 표현

た형 접속

013	**～た後(あと)で** ～한 후에

접속 동사 た형 ＋ 後(あと)で

예문 シャワーし**た後(あと)で**寝(ね)ます。 샤워를 한 후에 잡니다.

014	**～たことがある** ～한 적이 있다

접속 동사 た형 ＋ ことがある

예문 新幹線に乗ったことがあります。 신칸센을 탄 적이 있습니다.

015 ～た通り ～한 대로

접속 동사 た형 ＋ 通り

예문 彼に聞いた通り書きました。 그에게 들은 대로 적었습니다.

016 ～たほうがいい ～하는 편이 좋다

접속 동사 た형 ＋ ほうがいい

예문 もう遅いから帰ったほうがいいです。 이제 늦었으니 돌아가는 게 좋겠습니다.

て형 접속

017 ～ている [진행] ～하고 있다

접속 동사 て형 ＋ いる

예문 今テレビを見ています。 지금 텔레비전을 보고 있습니다.

018 ～ておく ～해 두다, ～해 놓다

접속 동사 て형 ＋ おく

예문 飲み物は買っておきました。 음료는 사 두었습니다.

019 ～てから ～한 후에, ～고 나서

접속 동사 て형 ＋ から

예문 先生(せんせい)に相談(そうだん)**してから**決(き)めます。 선생님에게 상담한 후에 결정하겠습니다.

020 ～てしまう ～해 버리다

접속 동사 て형 ＋ しまう

예문 さいふを落(お)と**してしまいました**。 지갑을 잃어버리고 말았습니다.

021 ～てはだめだ [금지] ～해서는 안 된다

접속 동사 て형 ＋ は ＋ だめだ

예문 ここに入(はい)**ってはだめです**。 여기에 들어와서는 안 됩니다.

022 ～てみる ～해 보다

접속 동사 て형 ＋ みる

예문 できるかどうか、一度(いちど)聞(き)**いてみます**。 할 수 있을지 어떨지 한번 물어 보겠습니다.

023 ～ても ～해도

접속 동사 て형 ＋ も

예문 何回(なんかい)読(よ)**んでも**よくわかりません。 몇 번 읽어도 잘 모르겠습니다.

ない형 접속

024	**～ないで** **～ずに**	～하지 않고, ～하지 말고

접속 동사 부정형(ない형) ＋ ないで, ずに ★ 예외「しないで→せずに」

예문 名前を書か**ないで**、そのまま待ってください。 이름을 쓰지 말고 그대로 기다려 주세요.

雨なのにかさも差さ**ずに**出かけました。 비가 오는데 우산도 쓰지 않고 외출했습니다.

025	**～なくて** ～하지 않아서

접속 동사 부정형(ない형) ＋ なくて

예문 道がわから**なくて**遅刻しました。 길을 몰라서 지각했습니다.

ます형 접속

026	**～終わる** 전부 다 ～하다

접속 동사 ます형 ＋ 終わる

예문 この本は全部読み**終わりました**。 이 책은 전부 다 읽었습니다.

027	**～方** ～하는 방법

접속 동사 ます형 ＋ 方

예문 チヂミの作り**方**を教えてください。 부침개 만드는 방법을 알려 주세요.

028 ① ～たい ～하고 싶다 ② ～たがる (남이) ～하고 싶어 하다

접속 동사 ます형 + たい, たがる

예문 ① 卒業してから外国に留学**したい**です。졸업하고 나서 외국으로 유학가고 싶습니다.

② 息子は外国で勉強**したがって**います。아들은 외국에서 공부하고 싶어 합니다.

029 ～出す ～하기 시작하다

접속 동사 ます형 + 出す

예문 子どもが急に泣き**出しました**。아이가 갑자기 울기 시작했습니다.

030 ～続ける 계속 ～하다

접속 동사 ます형 + 続ける

예문 1時間も歩き**続けて**つかれました。한 시간이나 계속 걸어서 지쳤습니다.

031 ～ながら [동시 동작] ～하면서

접속 동사 ます형 + ながら

예문 スマホを見**ながら**歩くのは危険です。스마트폰을 보면서 걷는 것은 위험합니다.

032 ～なさい ～하세요, ～하렴

접속 동사 ます형 + なさい

예문 先生(せんせい)が来週(らいしゅう)までにレポートを出(だ)し**なさい**と言(い)いました。
선생님이 다음 주까지 보고서를 제출하라고 했습니다.

033	**～始(はじ)める** ～하기 시작하다

접속 동사 ます형 + 始(はじ)める

예문 3月(がつ)から花(はな)が咲(さ)き**始(はじ)めます**。3월부터 꽃이 피기 시작합니다.

3 짝을 이루는 표현

034	**～くする** **～にする** ～게 하다

접속 (い형용사 어간 く / な형용사 어간 に) + する

예문 テレビの音(おと)を小(ちい)さ**くして**ください。텔레비전 소리를 작게 해 주세요.

子(こ)どもが寝(ね)ているから静(しず)か**にしましょう**。아이가 자고 있으니 조용히 합시다.

035	**～くなる** **～になる** ～해지다

접속 (い형용사 어간 く / な형용사 어간 に) + なる

예문 酢(す)を少(すこ)し入(い)れればおいし**くなります**。식초를 조금 넣으면 맛있어집니다.

テレビに出(で)てから有名(ゆうめい)**になりました**。텔레비전에 나오고 나서 유명해졌습니다.

036

① ～ことがある ～할 때(경우)가 있다
② ～たことがある ～한 적이 있다

접속 동사 기본형 / 부정형(ない형) ＋ ことがある
동사 た형 ＋ ことがある

예문 ① 時々(ときどき)家族(かぞく)で旅行(りょこう)に行(い)く**ことがあります。** 때때로 가족끼리 여행갈 때가 있습니다.

② インドでゾウに乗(の)った**ことがあります。** 인도에서 코끼리를 탄 적이 있습니다.

★「～たことがある」의 부정형은「～たことがない ～한 적이 없다」이다.

037

① ～ことにする [결심] ～하기로 하다
② ～ことにしている [습관] ～하기로 하고 있다, (규칙적으로) ～하고 있다

접속 동사 기본형/부정형(ない형) ＋ ことにする, ことにしている

예문 ① 夏休(なつやす)みはアルバイトをする**ことにしました。** 여름 방학에는 아르바이트를 하기로 했습니다.

② 毎朝(まいあさ)、早(はや)く起(お)きて散歩(さんぽ)をする**ことにしています。** 매일 아침 일찍 일어나서 산책을 하고 있습니다.

038

① ～ことになる [결정] ～하게 되다
② ～ことになっている [규칙] ～하게 되어 있다

접속 동사 기본형/부정형(ない형) ＋ ことになる, ことになっている

예문 ① 来週(らいしゅう)、東京(とうきょう)に出張(しゅっちょう)する**ことになりました。** 다음 주에 도쿄로 출장가게 되었습니다.

② 会員(かいいん)は会費(かいひ)を払(はら)う**ことになっています。** 회원은 회비를 지불하게 되어 있습니다.

039

① ～てある ～해 있다
② ～ている ～되어 있다

★「～てある」는 의도적으로 누군가가 해 놓은 상태가 지속됨을,
「～ている」는 목적이나 의도 없이 어떠한 상태가 지속됨을 나타낸다.

접속 타동사 て형 ＋ ある
자동사 て형 ＋ いる

예문 ① 窓が開**けてあります。** 창문이 열려 있습니다(누군가가 창문을 열어 두었습니다).

② 窓が開**いています。** 창문이 열려 있습니다.

040	① **~てくる** ~(하)고 오다, ~해지다 ② **~ていく** ~(하)고 가다, ~해 가다

접속 동사 て형 ＋ くる, いく

예문 ① 何かおいしいものを買**ってきます。** 뭔가 맛있는 것을 사 오겠습니다.

日本の生活に慣れ**てきました。** 일본 생활에 익숙해졌습니다.

② 旅行には大きいかばんを持**っていきます。** 여행에는 큰 가방을 가지고 가겠습니다.

大学の授業には少しずつ慣れ**ていく**と思います。

대학교 수업에는 조금씩 익숙해져 가리라 생각합니다.

041	① **~てもいい** ~해도 된다 ② **~なくてもいい** ~하지 않아도 된다

접속 동사 て형 ＋ もいい

동사 부정형(ない형) ＋ なくてもいい

예문 ① 仕事が終わったら帰**ってもいい**です。 일이 끝나면 돌아가도 좋습니다.

② 無理に食べ**なくてもいい**ですよ。 억지로 먹지 않아도 됩니다.

042	① **~てもかまわない** ~해도 상관없다 ② **~なくてもかまわない** ~하지 않아도 상관없다

접속 동사 て형 ＋ もかまわない

동사 부정형(ない형) ＋ なくてもかまわない

예문 ① ここでは写真を撮**ってもかまいません。** 여기에서는 사진을 찍어도 상관없습니다.

② そこに名前を書か**なくてもかまいません。** 거기에 이름을 적지 않아도 괜찮습니다.

043	**~という** **~っていう**	~라고 하다, ~라고 하는

접속 명사 + という, っていう

예문 旅行のプレゼントを「お土産」といいます。

여행 선물을 '오미야게'라고 합니다.

田中っていう人から電話がありました。

다나카라는 사람으로부터 전화가 왔었습니다.

044	① **~ばかりだ** ~뿐이다 ② **~てばかりいる** ~하기만 하다

접속 ①(동사 기본형 / 명사) + ばかりだ

② 동사 て형 + ばかりいる

예문 ① このごろ毎日雨ばかりです。

요즘 매일 비만 내립니다.

② 弟は勉強しないで遊んでばかりいます。

남동생은 공부하지 않고 놀기만 합니다.

045	① **~はずだ** ~할 것이다, ~일 터이다 ② **~はずがない** ~할 리가 없다

접속 (동사 기본형 / い형용사 い / な형용사 な / 명사 の / である) + はずだ, はずがない

예문 ① エアコンがついているから涼しいはずです。

에어컨이 켜져 있으니 시원할 겁니다.

② 約束したのに来ないはずがない。

약속했는데 오지 않을 리가 없다.

046	① **～まで** [지속] ～까지 ② **～までに** [기한] ～까지

접속 명사 + まで, までに

예문 ① 1日(ついたち)から5日(いつか)まで休(やす)みます。
1일부터 5일까지 쉽니다.

② レポートは金曜日(きんようび)**までに**出(だ)してください。
보고서는 금요일까지 제출해 주세요.

047	① **～やすい** ～하기 쉽다 ② **～にくい** ～하기 어렵다

접속 동사 ます형 + やすい, にくい

예문 ① 名前(なまえ)が似(に)ていて間違(まちが)え**やすい**です。
이름이 비슷해서 혼동하기 쉽습니다.

② 古(ふる)いパソコンは使(つか)い**にくい**です。
낡은 컴퓨터는 사용하기 어렵습니다.

048	① **～ようにする** ～하도록 하다 ② **～ようになる** ～하게 되다

접속 ① 동사 기본형 / 부정형 + ようにする
② 동사 기본형 + ようになる
동사 부정형 + なくなる ★「～ようになる」의 부정 표현은 「～なくなる ～지 않게 되다」로 사용한다.

예문 ① これからは遅刻(ちこく)しない**ようにします**。
이제부터는 지각하지 않도록 하겠습니다.

② 一人(ひとり)で自転車(じてんしゃ)に乗(の)れる**ようになりました**。
혼자서 자전거를 탈 수 있게 되었습니다.

大人(おとな)になってからゲームをし**なくなりました**。
어른이 되고 나서 게임을 하지 않게 되었습니다.

연습 **괄호 안에 들어갈 표현으로 가장 적당한 것을 고르세요.**

1 日本語が　話せる（　　　）に　なりました。

1 から　2 そう　3 こと　4 よう

2 仕事は　5時（　　　）終わります。

1 からは　2 から　3 までに　4 まで

3 電車は　前の　駅を　出ましたから　もう　すぐ　着く（　　　）です。

1 こと　2 はず　3 もの　4 ばかり

4 答えを　書く　紙には　みなさんの　名前が　書いて（　　　）。

1 あります　2 います
3 いきます　4 おきます

5 冷蔵庫に　入れた　パンが　かたく（　　　）しまいました。

1 して　2 なって　3 ように　4 きて

6 まだ　一度も　北海道に　行った（　　　）ありません。

1 みたいで　2 ものが　3 ようで　4 ことが

7 （　　　）が　休まないで　ください。

1 遅れても　いいです　2 遅れた　ことが　あります
3 遅れては　いけません　4 遅れる　はずです

8 向こうから　歩いて（　　　）のが　田中さんです。

1 いる　2 みる　3 くる　4 いく

9 食べて　寝て（　　　）から　ふとりました。

1 にも　なる　　2 ばかり　いる
3 ように　する　　4 おいて　ある

10 父から　もらった　時計は　大切（　　　）います。

1 として　　2 と　なって
3 に　なって　　4 に　して

정답
1　4 일본어를 말할 수 있게 되었습니다.
2　3 일은 5시까지는 끝납니다.
3　2 전철은 전 역을 출발했으니 이제 곧 도착할 겁니다.
4　1 답을 적는 종이에는 여러분의 이름이 쓰여 있습니다.
5　2 냉장고에 넣은 빵이 딱딱해져 버렸습니다.
6　4 아직 한번도 홋카이도에 간 적이 없습니다.
7　1 늦어도 좋지만 쉬지 말아 주세요.
8　3 저쪽에서 걸어 오는 것이 다나카 씨입니다.
9　2 먹고 자기만 해서 살이 쪘습니다.
10　4 아버지에게 받은 시계는 소중히 하고 있습니다.

4 그 외 시험에 자주 나오는 표현

049	～間(あいだ) ～사이, ～동안

접속 (동사 보통형 / い형용사 보통형 / な형용사 어간/보통형 / 명사 の) ＋ 間(あいだ)

예문 冬休(ふゆやす)みの**間**(あいだ)、スキーを習(なら)いました。 겨울 방학 동안 스키를 배웠습니다.

050	いくら～ても 아무리 ～해도

접속 いくら ＋ (동사 て형 / い형용사 어간 くて / な형용사 어간 で / 명사 で) ＋ も

예문 **いくら**謝(あやま)っ**ても**だめです。 아무리 사과해도 안 됩니다.

051	～かどうか ～인지 어떤지, ～인지 아닌지

접속 (동사 보통형 / い형용사 보통형 / な형용사 어간/보통형 / 명사) ＋ かどうか

예문 料理(りょうり)がおいしい**かどうか**食(た)べてみましょう。 요리가 맛있는지 어떤지 먹어 봅시다.

052	～がする ～가 나다, ～(느낌)이 든다

접속 명사 ＋ がする

예문 台所(だいどころ)で魚(さかな)を焼(や)く匂(にお)い**がします**。 부엌에서 생선을 굽는 냄새가 납니다.

どこかで会(あ)ったような気(き)**がします**。 어디선가 만났던 것 같은 기분이 듭니다.

★「味(あじ) 맛」, 「匂(にお)い 냄새」, 「音(おと) 소리」, 「声(こえ) 목소리」, 「気(き) 기분」 등의 한정된 명사와 함께 사용한다.

053 ～がる ～해 하다

접속 (い형용사 어간 / な형용사 어간) + がる

예문 友(とも)だちがいなくてさびし**がって**います。 친구가 없어서 외로워 하고 있습니다.

ねこが外(そと)に出(で)るのをいや**がって**います。 고양이가 밖으로 나가는 것을 싫어하고 있습니다.

054 ～かもしれない ～일지도 모른다

접속 (동사 보통형 / い형용사 보통형 / な형용사 어간/보통형 / 명사 보통형) + かもしれない

예문 雨(あめ)が降(ふ)る**かもしれません**。 비가 올지도 모릅니다.

先(さき)にやった方(ほう)がいい**かもしれない**。 먼저 하는 쪽이 좋을지도 모른다.

055 ～し ～고, ～니까

접속 (동사 보통형 / い형용사 보통형 / な형용사 보통형 / 명사 보통형) + し

예문 彼(かれ)は頭(あたま)もいい**し**行動力(こうどうりょく)もある。 그는 머리도 좋고 행동력도 있다.

056 ～しか～ない ～밖에 ～않다(없다)

접속 명사 + しか + 동사 부정형

예문 この仕事(しごと)ができるのは田中(たなか)さん**しかいません**。 이 일을 할 수 있는 것은 다나카 씨밖에 없습니다.

057 ～すぎる 너무 ~하다

접속

(동사 ます형 / い형용사 어간 / な형용사 어간) + すぎる

★ 예외「ない→なさすぎる」,「いい・よい→よさすぎる」

예문

ごはんを食(た)べ**すぎて**おなかが痛(いた)いです。 밥을 너무 많이 먹어서 배가 아픕니다.

ボールが速(はや)**すぎて**見(み)えません。 공이 너무 빨라서 보이지 않습니다.

058 ～そうだ ① [전문] ~라고 한다 ② [추측] ~인 듯하다, ~것 같다

접속

① (동사 보통형 / い형용사 보통형 / な형용사 보통형 / 명사 보통형) + そうだ

② (동사 ます형 / い형용사 어간 / な형용사 어간) + そうだ

예문

① 明日(あした)も寒(さむ)い**そうです**。 내일도 춥다고 합니다.

こんどの連休(れんきゅう)は1週間(しゅうかん)だ**そうです**。 이번 연휴는 일주일간이라고 합니다.

② 来週(らいしゅう)には梅雨(つゆ)が終(お)わり**そうです**。 다음 주에는 장마가 끝날 것 같습니다.

059 ～ため(に) ① [목적] ~위해(서) ② [원인] ~때문(에)

접속

① (동사 기본형 / 명사 の) + ために

② (동사 보통형 / い형용사 보통형 / な형용사 어간/보통형 / 명사 の) + ために

예문

① 健康(けんこう)の**ために**運動(うんどう)を始(はじ)めました。 건강을 위해 운동을 시작했습니다.

② 電車(でんしゃ)が遅(おく)れた**ために**授業(じゅぎょう)に遅刻(ちこく)しました。 전철이 늦어졌기 때문에 수업에 지각했습니다.

060 ~たり~たりする ~하거나 ~하거나 하다

접속 (동사 た형 / い형용사 어간 かった / な형용사 어간 だった / 명사 だった) + り (동사 た형 / い형용사 어간 かった / な형용사 어간 だった / 명사 だった) + りする

예문 キャンプでは歌(うた)っ**たり**、ゲームをし**たりして**楽(たの)しかったです。

캠핑에서는 노래하거나 게임을 하거나 해서 즐거웠습니다.

061 ~だろう [추측] ~일 것이다, 이겠지

접속 (동사 보통형 / い형용사 보통형 / な형용사 어간/보통형 / 명사 보통형) + だろう

예문 今(いま)すぐ出(で)れば9時(じ)の電車(でんしゃ)に間(ま)に合(あ)う**だろう**。

지금 바로 나가면 9시 전철을 탈 수 있을 것이다.

062 ~つもりだ ~할 생각이다, ~할 작정이다

접속 동사 기본형/부정형 + つもりだ

예문 レポートはメールで送(おく)る**つもり**です。

보고서는 메일로 보낼 생각입니다.

063 ~ところだ

① [직전] ~하려고 하는 참이다
② [도중] ~하고 있는 중이다
③ [직후] 막 ~했다

접속 (① 동사 기본형 / ② 동사 진행형 / ③ 동사 た형) + ところだ

예문 ① 今(いま)、電話(でんわ)をかけ**るところです。**
지금 전화를 걸려는 참입니다.

② 今(いま)、電話(でんわ)で話(はな)**しているところです。**
지금 전화로 이야기하는 중입니다.

③ 今(いま)、電話(でんわ)で話(はな)**したところです。**
지금 막 전화로 말했습니다.

064 ~と~と、どちらが [비교] ~과 ~과 어느 쪽이

접속 명사 + と + 명사 + と + どちらが

예문 りんご**と**ぶどう**とどちらが**高(たか)いですか。
사과와 포도와 어느 쪽이 더 비싼가요?

065 ~途中(とちゅう)(で) ~도중(에)

접속 (동사 기본형/진행형 / 명사 の) + 途中(とちゅう)(で)

예문 車(くるま)で走(はし)っている**途中(とちゅう)**、事故(じこ)を見(み)ました。
차로 가는 도중에 사고를 봤습니다.

試験(しけん)の**途中(とちゅう)で**トイレに行(い)きたくなりました。
시험 도중에 화장실에 가고 싶어졌습니다.

066 ~と思(おも)う ~라고 생각하다

접속 (동사 보통형 / い형용사 보통형 / な형용사 보통형 / 명사 보통형) + と思(おも)う

예문 7月(がつ)は6月(がつ)より暑(あつ)くなる**と思(おも)います。** 7월은 6월보다 더워질 거라고 생각합니다.

067 ～な [명령] ～지 마라

접속 동사 기본형 ＋ な

예문 それ以上近づくな。 그 이상 다가오지 마.

068 ～なくてはいけない／～なければいけない ～하지 않으면 안 되다, ～해야만 하다

접속 (동사 부정형 / い형용사 어간 く / な형용사 어간 で / 명사 で) ＋ なくてはいけない, なければいけない

예문 午後３時までここにいなくてはいけません。 오후 3시까지 여기에 있어야 합니다.

大学図書館の利用は学生か教員でなければいけません。
대학교 도서관 이용은 학생이나 교직원이 아니면 안 됩니다.

069 ～について ～에 대해서

접속 명사 ＋ について

예문 子どもの遊びについて研究しています。 어린이의 놀이에 대해 연구하고 있습니다.

070 ～に比べて ～에 비해서

접속 명사 ＋ に比べて

예문 昼に比べて朝の気温は10度低いです。 낮에 비해 아침 기온은 10도 낮습니다.

071 ～のだ ～이다, ～인 것이다

접속

(동사 보통형 / い형용사 보통형 / な형용사 な/보통형 / 명사 な) + のだ

예문

貯金(ちょきん)するのは子(こ)どものためな**のです**。 저금하는 것은 아이를 위한 것입니다.

地下水(ちかすい)の温度(おんど)はいつも同(おな)じな**のです**。 지하수 온도는 항상 같습니다.

072 ～ので ～이기 때문에, ～니까

접속

(동사 보통형 / い형용사 보통형 / な형용사 な/보통형 / 명사 な) + ので

예문

この川(かわ)は深(ふか)い**ので**気(き)をつけてください。 이 강은 깊으니까 조심하세요.

仕事(しごと)が終(お)わった**ので**先(さき)に帰(かえ)りました。 일이 끝났기 때문에 먼저 돌아갔습니다.

073 ～のに ① ～인데 ② [용도] ～하는 데

접속

① (동사 보통형 / い형용사 보통형 / な형용사 な/보통형 / 명사 な) + のに

② 동사 기본형 + のに

예문

① 忙(いそが)しい**のに**誰(だれ)も手伝(てつだ)ってくれません。 바쁜데 아무도 도와주지 않습니다.

② 学校(がっこう)に通(かよ)う**のに**自転車(じてんしゃ)を使(つか)っています。 학교에 다니는 데 자전거를 사용하고 있습니다.

074 ～ほど～ない ～만큼 ～하지 않다

접속

명사 + ほど + (동사 부정형 / い형용사 く / な형용사 では) + ない

예문 今度のテストはこの前ほど難しくなかったです。

이번 테스트는 지난번만큼 어렵지 않았습니다.

075 ～前に ～전에

접속

(동사 기본형 / 명사 の) + 前に

예문 家を出る前に忘れ物をチェックします。

집을 나서기 전에 잊은 물건을 확인합니다.

試験の前に授業の復習をしました。

시험 전에 수업의 복습을 했습니다.

076 ～まま ～인 채

접속

(동사 た형 / い형용사 기본형 / な형용사 な / 명사 の) + まま

예문 めがねをかけたまま寝てしまいました。

안경을 쓴 채로 자 버렸습니다.

077 ～みたいだ

① [주관적 추측] ～인 것 같다(「～ようだ」의 회화체)
② [비유] (마치) ～같다

접속

① (동사 보통형 / い형용사 보통형 / な형용사 어간 / 명사) + みたいだ

② 명사 + みたいだ

예문

① コンサート会場(かいじょう)には思(おも)ったより人(ひと)が多(おお)かった**みたいです。**

콘서트장에는 생각했던 것보다 사람이 많았던 것 같습니다.

ここは有名(ゆうめい)な店(みせ)**みたいです。** 여기는 유명한 가게인 듯합니다.

② このごろ暖(あたた)かくて春(はる)**みたいです。** 요즘 따뜻해서 (마치) 봄 같습니다.

078 ～ようだ

[추측] ～인 것 같다

접속

(동사 보통형 / い형용사 보통형 / な형용사 な / 명사 の) + ようだ

예문

工事(こうじ)は今年中(ことしじゅう)に終(お)わる**ようです。** 공사는 올해 안으로 끝날 것 같습니다.

その店(みせ)は休(やす)みの**ようです。** 그 가게는 쉬는 날인 것 같습니다.

079 ～ようとする

～하려고 하다

접속 동사 의지형(おう·よう) + とする

예문

ここで乗(の)り換(か)え**ようとしました**が、次(つぎ)の電車(でんしゃ)がまだ来(き)ません。

여기에서 환승하려고 했는데 다음 전철이 아직 오지 않습니다.

080 ～ように ～하도록

접속 동사 기본형/부정형 + ように

예문 明日(あした)は遅(おく)れない**ように**気(き)をつけてください。 내일은 늦지 않도록 주의해 주세요.

081 ～より～の方(ほう)が ～보다 ～쪽이

접속 명사 + より + 명사 + の方(ほう)が

예문 大阪市(おおさかし)**より**横浜市(よこはまし)**の方(ほう)が**人口(じんこう)が多(おお)いです。 오사카시보다 요코하마시 쪽이 인구가 많습니다.

082 ～らしい [객관적 추측] ～인 것 같다, ～라는 것 같다, ～라고 한다

접속 (동사 보통형 / い형용사 보통형 / な형용사 어간 / 명사) + らしい

예문 来月(らいげつ)から交通費(こうつうひ)が上(あ)がる**らしい**。 다음 달부터 교통비가 오르는 것 같다(오른다는 것 같다).

山(やま)に行(い)く時(とき)は地図(ちず)が必要(ひつよう)**らしい**。 산에 갈 때는 지도가 필요한 것 같다(필요하다고 한다).

083 ～予定(よてい)だ ～(할) 예정이다

접속 (동사 기본형/부정형 / 명사 の) + 予定(よてい)だ

예문 会議(かいぎ)は木曜日(もくようび)にする**予定(よてい)です**。 회의는 목요일에 할 예정입니다.

今週(こんしゅう)は東京(とうきょう)に出張(しゅっちょう)の**予定(よてい)です**。 이번 주는 도쿄로 출장 갈 예정입니다.

5 접속사

084	**けれども** 하지만, 그러나

예문 お客(きゃく)さんは少(すく)ないです。**けれども**お店(みせ)は続(つづ)けるつもりです。

손님은 적습니다. 하지만 가게는 계속할 생각입니다.

085	**しかし** 하지만, 그러나

예문 試合(しあい)に負(ま)けた。**しかし**、みんなできるだけのことはした。

시합에 졌다. 하지만 모두 할 수 있는 만큼은 했다.

086	**すると** 그러자

예문 春(はる)になった。**すると**花(はな)が咲(さ)きはじめた。

봄이 되었다. 그러자 꽃이 피기 시작했다.

087	**そこで** 그래서

예문 今(いま)までの方法(ほうほう)ではだめでした。**そこで**彼(かれ)は新(あたら)しい方法(ほうほう)を考(かんが)えました。

지금까지의 방법으로는 안 됐습니다. 그래서 그는 새로운 방법을 생각했습니다.

088	**そして** 그리고

예문 彼(かれ)は今年(ことし)大学(だいがく)を卒業(そつぎょう)しました。**そして**すぐ結婚(けっこん)しました。

그는 올해 대학을 졸업했습니다. 그리고 바로 결혼했습니다.

089	**それから** 그 다음에, 그러고 나서, 그리고

예문 年末(ねんまつ)に大掃除(おおそうじ)をして、**それから**新年(しんねん)の準備(じゅんび)をします。
연말에 대청소를 하고, 그 다음에 새해 준비를 합니다.

090	**それで** 그래서

예문 今日(きょう)は一日中(いちにちじゅう)家(いえ)にいると言(い)いました。**それで**友(とも)だちの家(いえ)を訪問(ほうもん)しました。
오늘은 하루 종일 집에 있다고 했습니다. 그래서 친구 집을 방문했습니다.

091	**それでは** 그럼, 그러면

예문 **それでは**今日(きょう)の授業(じゅぎょう)はここまでにします。
그럼 오늘 수업은 여기까지 하겠습니다.

092	**それとも** 그렇지 않으면, 또는

예문 新幹線(しんかんせん)で行(い)きますか、**それとも**、飛行機(ひこうき)で行(い)きますか。
신칸센으로 갑니까? 아니면 비행기로 갑니까?

093	**それなら** 그렇다면, 그러면

예문 あの人(ひと)が行(い)くって？ **それなら**私(わたし)も行(い)きますよ。 저 사람이 간다고요? 그럼 나도 갈래요.

094	**それに** 게다가, 더구나

예문 今日(きょう)は雨(あめ)が降(ふ)っているし、**それに**寒(さむ)いから出(で)かけません。
오늘은 비가 오고 있고, 게다가 추우니까 외출하지 않을 겁니다.

095 **だが** 하지만

예문 彼は外国人に見える。**だが**、英語で話すのを聞いたことがない。

그는 외국인으로 보인다. 하지만 영어로 말하는 것을 들은 적이 없다.

096 **だから** 그러니까, 그래서, 그러므로

예문 夜コーヒーを飲むと眠れなくなります。**だから**ジュースにします。

밤에 커피를 마시면 잘 수 없게 됩니다. 그러니까 주스로 하겠습니다.

097 **たとえば** 예를 들면

예문 スポーツは**たとえば**マラソンみたいに一人でするのが好きです。

스포츠는 예를 들면 마라톤처럼 혼자서 하는 것을 좋아합니다.

098 **でも** 하지만, 그러나

예문 あの人はとても明るいです。**でも**時々さびしく見える時があります。

저 사람은 굉장히 밝습니다. 하지만 가끔씩 외로워 보일 때가 있습니다.

099 **なぜなら** 왜냐하면

예문 今日は市内が静かです。**なぜなら**連休でみな遊びに行ったからです。

오늘은 시내가 조용합니다. 왜냐하면 연휴라서 모두 놀러 갔기 때문입니다.

100 **または** 또는

예문 明日は弁当**または**パンを持ってきてください。

내일은 도시락 또는 빵을 가지고 와 주세요.

연습 괄호 안에 들어갈 표현으로 가장 적당한 것을 고르세요.

1 りんごと　みかんと（　　　）が　好きですか。

1 こちら　2 そちら　3 あちら　4 どちら

2 勉強を　して　いる（　　　）は　他の　ことは　考えません。

1 あいだ　2 ばかり　3 なかで　4 ぐらい

3 わたしは　まだ　ひらがな（　　　）書けません。

1 だけ　2 のは　3 しか　4 ほど

4 先生が　日本の　文化（　　　）話して　います。

1 に　とって　2 に　ついて
3 に　なって　4 に　くらべて

5 子どもたちは　天気が　いいのに　外で（　　　）と　しません。

1 遊ぼう　2 遊ぶ
3 遊んで　4 遊びながら

6 風が　よく（　　　）窓を　開けました。

1 入りそうに　2 入るみたいに
3 入るように　4 入るままに

7 今度　来る　英語の　先生は　カナダの　人（　　　）。

1 そうだ　2 ようだ　3 らしい　4 はずだ

8 明日は　土曜日です。（　　　）今週は　土曜日も　授業が　あります。

1 でも　2 だから　3 そこで　4 そして

9 コーヒーに　しますか。(　　　　)紅茶が　いいですか。

1 それから　　2 それなら

3 それでは　　4 それとも

10 今日は　頭が　痛いし、(　　　　)熱も　あるから　学校を　休みました。

1 それに　　2 だから　　3 または　　4 たとえば

정답

1　4 사과와 귤, 어느 쪽을 좋아합니까?
2　1 공부를 하고 있는 동안은 다른 것은 생각하지 않습니다.
3　3 저는 아직 히라가나밖에 쓰지 못합니다.
4　2 선생님이 일본 문화에 대해 이야기하고 있습니다.
5　1 아이들은 날씨가 좋은데도 밖에서 놀려고 하지 않습니다.
6　3 바람이 잘 들어오도록 창문을 열었습니다.
7　3 이번에 오는 영어 선생님은 캐나다 사람이라는 것 같다.
8　1 내일은 토요일입니다. 하지만 이번 주에는 토요일도 수업이 있습니다.
9　4 커피로 하실래요? 아니면 홍차가 좋으세요?
10　1 오늘은 머리가 아프고, 게다가 열도 있어서 학교를 쉬었습니다.

경어 표현

학습 포인트

일본어의 경어 표현은 '상대방을 높이는 존경 표현'과 '나를 낮추는 겸양 표현'으로 나누어지는데 특수 존경어나 특수 겸양어처럼 어휘 자체가 존경/겸양의 의미를 가지고 있는 경우와 공식을 사용하는 경어 표현이 있다. 경어 표현은 문법뿐만 아니라 모든 영역에서 출제 빈도가 높으니 확실하게 공부해야 한다.

1 특수 존경어

001	**いらっしゃる** 行く(가다) · 来る(오다) · いる(있다)의 존경어

예문 先生はこちらには**いらっしゃいません**。 선생님은 이쪽에는 안 계십니다.

002	**おっしゃる** 言う(말하다)의 존경어

예문 先生が**おっしゃる**ことはよくわかります。 선생님이 말씀하신 것은 잘 알겠습니다.

003	**なさる** する(하다)의 존경어

예문 10日の３時の飛行機を予約**なさいます**か。 10일 3시 비행기를 예약하시겠습니까?

004	**見える** 来る(오다)의 존경어

예문 今、山田さまが**見えました**。 지금 야마다 님께서 오셨습니다.

005	**おいでになる** 行く(가다)・来る(오다)・いる(있다)의 존경어

예문 部長はもうすぐ**おいでになる**と思います。 부장님은 이제 곧 오실 거라고 생각합니다.

006	**ご存じだ** 知っている(알다)의 존경어

예문 会議の時間は**ご存じ**でしょうか。 회의 시간은 알고 계신가요?

2 공식을 사용한 존경 표현

007	**お(ご)~になる**

예문 大変**お**世話**になりました**。 대단히 신세를 졌습니다.

008	**~(ら)れる**

예문 教室に先生が来**られました**。 교실에 선생님이 오셨습니다.

009	**~てくださる**

예문 先生は毎年お菓子を送っ**てくださいます**。 선생님은 매년 과자를 보내 주십니다.

010	**お(ご)~ください**

예문 どうぞよろしく**お**伝え**ください**。 아무쪼록 안부 전해 주세요.

011	お(ご)~くださる

예문 ご心配(しんぱい)**くださって**ありがとうございます。 걱정해 주셔서 감사합니다.

3 특수 겸양어

012	伺(うかが)う 訪(おとず)れる(방문하다) · 尋(たず)ねる(묻다) · 聞(き)く(듣다)의 겸양어

예문 明日(あした)の午後(ごご)1時(じ)に**伺(うかが)います**。 내일 오후 1시에 찾아뵙겠습니다.

013	申(もう)し上(あ)げる 言(い)う(말하다)의 겸양어

예문 そのお話(はなし)は私(わたし)から先生(せんせい)に**申(もう)し上(あ)げました**。 그 이야기는 제가 선생님께 말씀드렸습니다.

014	差(さ)し上(あ)げる あげる(주다)의 겸양어

예문 これは無料(むりょう)で**差(さ)し上(あ)げます**。 이건 무료로 드리겠습니다.

015	いただく もらう(받다)의 겸양어

예문 昨日(きのう)**いただいた**ケーキは全部(ぜんぶ)食(た)べました。 어제 주신 케이크는 전부 먹었습니다.

016	いたす する(하다)의 겸양어

예문 私(わたし)がご案内(あんない)**いたします**。 제가 안내해 드리겠습니다.

017	かしこまる 分かる(알다)의 겸양어

예문 A すみません。コーヒーください。 실례합니다. 커피 주세요.

B コーヒーですね。かしこまりました。 커피 말씀이시군요. 잘 알겠습니다.

018	まいる 来る(오다) · 行く(가다)의 겸양어

예문 すぐまいりますからお待ちください。 곧 올테니 기다려 주십시오.

4 공식을 사용한 겸양 표현

019	お(ご)~する

예문 かばんはこちらで**お預かりします**。 가방은 이쪽에서 맡아 두겠습니다.

020	お(ご)~いたす

예문 私が**ご説明いたします**。 제가 설명해 드리겠습니다.

021	お(ご)~申し上げる

예문 新しい情報はすぐに**お知らせ申し上げます**。 새로운 정보는 곧 알려 드리겠습니다.

022 お(ご)~いただく

예문 今日(きょう)はご招待(しょうたい)**いただき**、ありがとうございます。오늘은 초대해 주셔서 감사드립니다.

023 ~ていただく

예문 手伝(てつだ)っ**ていただいて**助(たす)かりました。도와 주셔서 도움이 되었습니다.

024 ~させていただく

예문 後(あと)でお電話(でんわ)**させていただきます**。나중에 전화드리겠습니다.

연습 괄호 안에 들어갈 표현으로 가장 적당한 것을 고르세요.

1 こちらで　お（　　　）ください。

1 待ち　　2 待た　　3 待たせ　　4 待たれ

2 先生が　あしたは　テストを　すると（　　　）。

1 いらっしゃいました　　2 おいでに　なりました
3 もうしあげました　　4 おっしゃいました

3 A「すみません。アイスコーヒー　ください。」

B「（　　　　　　）。」

1 まいりました　　2 いただきました
3 かしこまりました　　4 さしあげました

4 かいぎの　予定は　中村(なかむら)課長から（　　　）います。

1 おっしゃって　　2 うかがって
3 かしこまって　　4 おいでに　なって

5 コーヒーは　食後に（　　　）。

1 おもちください　　2 おもちに　なります
3 おもちいただきます　　4 おもちします

정답

1　1 이쪽에서 기다려 주십시오.
2　4 선생님이 내일은 시험을 본다고 말씀하셨습니다.
3　3 A 여기요. 아이스 커피주세요.
　　B 알겠습니다.
4　2 회의 예정은 나카무라 과장님께 들었습니다.
5　4 커피는 식후에 가져다 드리겠습니다.

1 : もんだい1 문법형식 판단

문제 유형

괄호 안에 들어갈 간단한 문형을 찾는 문제이다. 특히 조사 문제의 비중이 높으며 인사 표현, 경어 표현, 접속사, 문말 표현 등이 다양하게 출제된다.

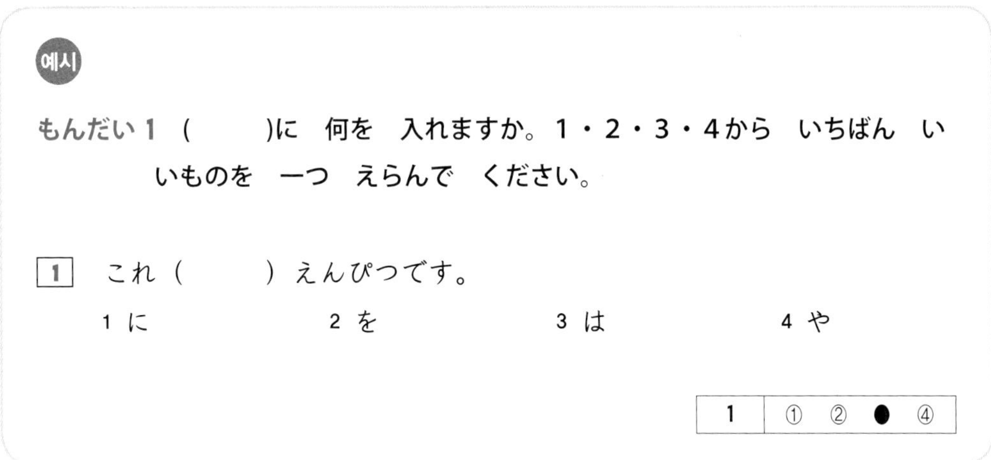

예시

もんだい 1 (　　)に 何を 入れますか。1・2・3・4から いちばん いいものを 一つ えらんで ください。

1 これ (　　) えんぴつです。

1 に　　2 を　　3 は　　4 や

1	① ② ● ④

문제 풀이 포인트

선택지를 대입해 보자.

예시 문제를 보면 '이것=연필'이라는 구조로 이루어진 문장이므로 괄호 안에는 주격 조사인 「～は ～은/는」이 들어가야 한다. 따라서 선택지 3번이 정답이다. 조사 문제는 어순이 비슷한 한국인 학습자에게 유리한 문제이다. 하지만 「も ～도, ～씩이나」처럼 두 가지 이상의 뜻을 가진 조사도 있으므로 예문을 통해 꼼꼼하게 학습해 두는 것이 중요하다.

문형은 기본!

문법 파트에서 기능어와 문형은 기본적으로 알아 두어야 한다. 이때 각 품사별 접속 형태에 따라 정답과 오답이 달라지므로 평소에 기능어를 사용한 다양한 문장을 접해 보는 것이 도움이 될 것이다.

もんだい1 문법형식 판단 연습문제 ①

해설편 48p

もんだい1　（　　）に　何を　入れますか。1・2・3・4から　いちばん　いい　ものを　一つ　えらんで　ください。

1 さっき、田中という　人（　　）電話を　かけて　きましたよ。

1 は　2 が　3 に　4 の

2 毎日　10分（　　）れんしゅうして　いないから　ぜんぜん　上手に　なりません。

1 ばかり　2 まで　3 しか　4 だけ

3 もし　家に　いない　時に　地震が　あったら（　　）家族と　決めて　おきます。

1 どうなるか　2 なんか　3 どうするか　4 なにか

4 A「雨が　降っても　サッカーの　試合に　行かなければ　いけませんか。」
B「いいえ、雨なら（　　）よ。」

1 行かなければ　いけません　2 行っても　いいです
3 行かなくても　いいです　4 行っては　いけません

5 あれ、部屋に　だれも　いない　はずですが、電気が（　　）いますよ。

1 つけて　2 ついて　3 消えて　4 消して

6 部屋の　時計が　こわれていて、授業に　遅れて（　　）。

1 もらいました　2 しまいました　3 おきました　4 あげました

7 進路に　ついての　アンケートは（　　）早く　出して　ください。

1 なるべく　2 しばらく　3 なるほど　4 ほとんど

8 ラヒムさんは　毎朝　公園を　散歩（　　）。

1 した　ことが　あります　2 した　ことに　して　います
3 する　ことに　なります　4 する　ことに　して　います

9 A「水泳は　うまく　なりましたか。」
B「はい。毎日　泳いでいるので、1000m（　　）ように　なりました。」

1 泳ぐ　2 泳いだ　3 泳げる　4 泳げた

もんだい１ 문법형식 판단 연습문제 ②

해설편 50p

もんだい１　（　　　）に　何を　入れますか。1・2・3・4から　いちばん　いい　ものを　一つ　えらんで　ください。

1 今日の　昼ごはんは　チキンカレー（　　　）します。

1 が　　2 に　　3 は　　4 を

2 木村　「今日は（　　　）学生の　きゃくが　多いですね。」
山田　「ええ、夏休みが　始まったんでしょうね。」

1 いつもなら　　2 いつもほど　　3 いつもより　　4 いつもの

3 けいたい電話を（　　　）道を　歩くのは　あぶないです。

1 見たまま　　2 見ずに　　3 見る　あいだ　　4 見ながら

4 さいごの　問題まで（　　　）人は　こちらに　出して　ください。

1 書き　やすい　　2 書き　はじめた
3 書き　おわった　　4 書き　すぎた

5 今年の　入学式は　オンライン（　　　）行われます。

1 と　　2 で　　3 に　　4 が

6 来月から　学校まで　自転車で　行く（　　　）。

1 ことでした　　2 ことも　しました
3 ことに　しました　　4 ことが　ありました

7 午後から　妹と　いっしょに　買い物に（　　　）つもりです。

1 いった　　2 いこう　　3 いけ　　4 いく

8 しゅくだいを　した（　　　）、持って　来るのを　わすれて　しまいました。

1 のも　　2 ので　　3 でも　　4 のに

9 友だちが　弟の　結婚式に　遠くから（　　　）。

1 来て　くれました　　2 来て　もらいました
3 来て　あげました　　4 来て　やりました

2 : もんだい 2 문장 만들기

문제 유형

선택지에 주어진 네 개의 어휘를 올바른 순서로 나열하여 문장을 완성시키고 ___★___에 들어가는 것을 찾는 문제이다. ___★___이 몇 번째에 있는지에 주의해야 한다.

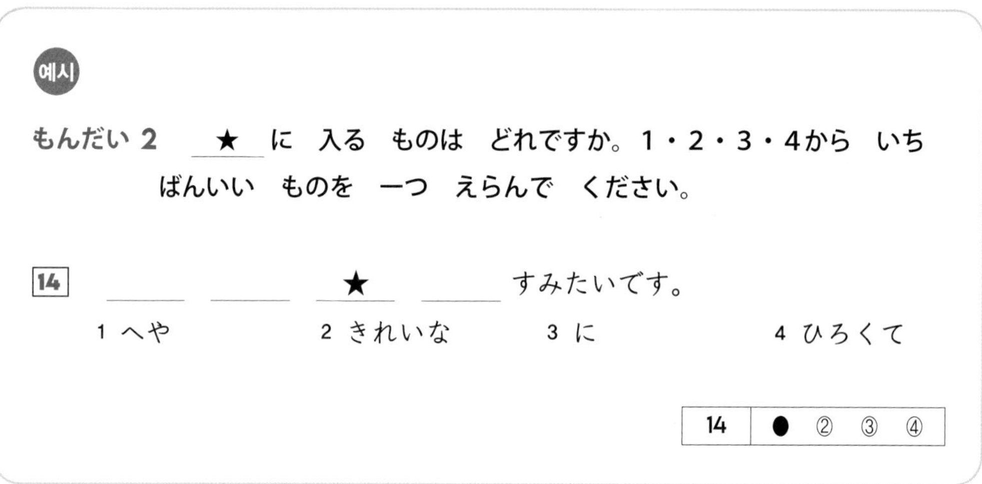

예시

もんだい 2 ___★___に 入る ものは どれですか。1・2・3・4から いちばんいい ものを 一つ えらんで ください。

14 ____ ____ ___★___ ____ すみたいです。

1 へや　2 きれいな　3 に　4 ひろくて

14	● ② ③ ④

문제 풀이 포인트

수식어와 연결형을 확인!

예시 문제의 선택지를 보면 형용사가 두 개 나오는데 4번은 い형용사의 연결형이므로 4→2의 순서로 이어져야 한다. 또한 2번은 な형용사의 명사 수식형이므로 2번 뒤에는 1번 명사가 와서 '넓고 깨끗한 방(4→2→1)의 순서가 되어야 하며, 3번「~に ~에」는 장소를 나타내는 조사이므로 맨 마지막 밑줄에 들어가야 자연스러운 문장이 된다. 전체를 문맥에 맞게 연결하면 4→2→1→3이므로 정답은 1번이다.

문형을 찾자!

선택지 중에는 밑줄 외 부분과 정해진 문형으로 연결되는 어휘가 있기도 한다. 이러한 경우 해당 선택지를 가장 먼저 밑줄 맨 앞이나 뒤에 넣으면 전체 문맥을 파악하는 데 도움이 된다.

もんだい 2 문장 만들기 연습문제 ①

해설편 53p

もんだい 2 ＿★＿に 入る ものは どれですか。1・2・3・4から いちばん いい ものを 一つ えらんで ください。

1 寝て＿＿ ＿★＿ ＿＿ ＿＿しなさい。

1 勉強(べんきょう)　2 ばかり　3 も　4 いないで

2 ガソリンスタンドで＿＿ ＿＿ ＿★＿ ＿＿友だちに 話を 聞いて みた。

1 みたくて　2 アルバイトを　3 して いる　4 働(はたら)いて

3 この かばんは、旅行(りょこう)で 荷物(にもつ)が＿＿ ＿＿ ＿★＿ ＿＿と 思(おも)って います。

1 時の　2 持って いこう　3 多く なった　4 ために

4 A「今、電話 だいじょうぶですか。」
B「今は 家族(かぞく)＿＿ ＿＿ ＿★＿ ＿＿ところだから あとで 電話します。」

1 いる　2 して　3 食事を　4 と

5 スマホは＿＿ ＿＿ ＿★＿ ＿＿ことに して います。

1 使(つか)う　2 1時間　3 だけ　4 毎日

6 5さいの 子どもは いつも 父(ちち)と＿＿ ＿＿ ＿★＿ ＿＿いる。

1 に　2 たがって　3 遊び　4 行き

7 くつを はいた＿＿ ＿＿ ＿★＿ ＿＿おこられた。

1 入ろう　2 部屋(へや)に　3 まま　4 として

8 電話で 話し＿＿ ＿＿ ＿★＿ ＿＿失礼(しつれい)には ならない。

1 にくい　2 送(おく)っても　3 ことは　4 メールで

もんだい 2 문장 만들기 연습문제 ②

해설편 55p

もんだい 2 ＿★＿ に 入る ものは どれですか。1・2・3・4から いちばん いい ものを 一つ えらんで ください。

1 子どもは 学校(がっこう)から ＿＿ ＿＿ ＿★＿ ＿＿ している。

1 くると　　2 ゲーム　　3 帰って　　4 ばかり

2 雨が ふった ＿＿ ＿＿ ＿★＿ ＿＿ ました。

1 さき　　2 後(あと)　　3 始(はじ)め　　4 春(はる)の 花が

3 その ＿＿ ＿★＿ ＿＿ ＿＿ ねだんは 500円です。

1 味(あじ)が　　2 レモンの　　3 ケーキの　　4 する

4 母(はは)は 料理(りょうり)を する ＿＿ ＿＿ ＿★＿ ＿＿ つくります。

1 時　　2 歌(うた)を　　3 ながら　　4 歌(うた)い

5 今 ＿＿ ＿＿ ＿★＿ ＿＿ いる ところです。

1 パソコン　　2 こわれた　　3 を　　4 なおして

6 料理(りょうり)の ＿＿ ＿＿ ＿★＿ ＿＿ ありますが うまく できません。

1 方(かた)は　　2 ここに　　3 作(つく)り　　4 書いて

7 こたえが ＿＿ ＿＿ ＿★＿ ＿＿ いいです。

1 書かなくても　　2 わからない　　3 時は　　4 何(なに)も

8 A「この ごろ 日本語で ＿＿ ＿＿ ＿★＿ ＿＿ なりました。」

B「ほんとうに 上手(じょうず)に なりましたね。」

1 あいさつ　　2 ように　　3 できる　　4 ちゃんと

3: もんだい 3 글의 문법

문제 유형

글을 읽으면서 맥락에 맞는 어휘를 찾아 빈칸에 넣는 문제이다. 접속사나 부사, 기능어 등을 고르는 문제가 출제된다.

もんだい 3　18　に　何を　入れますか。文章の　意味を　考えて、1・2・3・4から　いちばん　いい　ものを　一つ　えらんで　ください。

> きのうの　晩ごはんは　カレーを　作りました。私は　野菜が　好きですから　野菜カレーが　食べたかったです。　18　うちには　玉ねぎが　なかったから、急いで　スーパーに　買いに　行きました。買って　きた　玉ねぎと　ほかの　野菜を　入れて　作った　カレーは　とても　おいしかったです。

18　1 では　　2 でも　　3 それに　　4 それから

18	① ● ③ ④

문제 풀이 포인트

논리의 방향을 이해하자!

〈글의 문법〉 파트에서는 우선 글 전체의 흐름을 파악한 후 공란이 있는 곳 앞뒤 내용을 보고 정답을 유추해야 한다. 선택지에는 접속사나 문형, 부사 등이 제시되며, 지문 내용의 상황에 따라 바른 표현을 골라야 한다. 예시 문제를 통해 확인해 보자.

'어제 저녁에 만든 카레'에 대한 글로, 필자는 야채 카레를 '먹고 싶었는데' 카레에 넣을 양파가 집에 없었다는 문맥이다. 18 에는 역접 표현이 들어가야 하므로 정답은 2번 「でも 그러나」이다.

もんだい 3 글의 문법 연습문제 ①

해설편 58p

もんだい 3　[1]から[4]に　何を　入れますか。文章の　意味を　考えて、1・2・3・4 からいちばん　いい　ものを　一つ　えらんで　ください。

次は　日本の　しゅくじつに　ついての　文です
（注）

日本には　土曜日や　日曜日の　ほかにも　いろいろな　休みの　日が　あります。これを　しゅくじつと　いいます。

[1]　毎月　しゅくじつが　ありますが　6月と　12月は　ありません。ほかの国では　クリスマスに　休む　ところも　多いですが、日本[2]　休みません。クリスマスに　友だちと　いっしょに　遊びたいから　ちょっと　ざんねんです。

でも　11月には　2回　休みが　あります。3日は　ぶんかの　日、23日は働く　人に　かんしゃする　日です。私の　家では　父も　母も　外で　仕事を　して　います。だから　ことしの　11月　23日には　おいしい　料理を　作って　きれいな　花を　プレゼントする[3]。そして　カードには「いつも　ありがとう」[4]　書く　つもりです。

（注）しゅくじつ：国が　決めた　休みの　日の　こと

해설편 58p

1

1 かなり　　2 たまに　　3 ほとんど　　4 かならず

2

1 でも　　2 では　　3 にも　　4 には

3

1 ことが　あります　　2 ことも　あります
3 ことに　しました　　4 ことが　できます

4

1 を　　2 も　　3 で　　4 と

もんだい 3 글의 문법 연습문제 ②

해설편 59p

もんだい 3 　1　から　4　に　何を　入れますか。文章の　意味を　考えて、1・2・3・4 からいちばん　いい　ものを　一つ　えらんで　ください。

下の　文は　留学生の　日記です。

私は　今　アルバイトを　さがして　います。今日、友だちが　インターネットで　さがせば、自分に　合う　仕事が　かんたんに　　1　と　言って　いました。　2　、私は　家に　帰ってから、インターネットで　アルバイトを　さがしました。すると　二つ　見つかりました。一つは、ホテルの　受付の　アルバイトです。私は、しょうらい、日本の　ホテルに　つとめたいと　思って　いるので、この　仕事は　いい　経験に　なると　思います。もう一つは、レストランの仕事です。前に　レストランで　働いた　ことが　ありますから、私にもできると　思います。どちらが　いいか　決める　ことが　できないので、どっちも　行って　みる　ことに　しました。まだ　日本語が　上手じゃない　私を　　3　ところなら、どちらでも　いいです。はやく　アルバイトを　して、たくさん日本語を　使って、日本語が　上手に　　4　　なりたいです。

해설편 60p

1

1 見つかる　よていだ
2 見つかっても　いい
3 見つかる　はずだ
4 見つからなければ　ならない

2

1 たとえば
2 けれども
3 それで
4 すると

3

1 働(はたら)かれて　くれる
2 働(はたら)いて　あげられる
3 働(はたら)かせて　いる
4 働(はたら)かせて　くれる

4

1 話(はな)せるのに
2 話(はな)せる　ように
3 話(はな)せる　ことに
4 話(はな)せる　時に

MEMO

Ⅱ 실전문제 익히기

もんだい 1　문법형식 판단
もんだい 2　문장 만들기
もんだい 3　글의 문법

もんだい 1 문법형식 판단 실전문제 ①

해설편 61p

もんだい 1 （　　）に 何を 入れますか。1・2・3・4から いちばん いい ものを 一つ えらんで ください。

1 夏休みに 沖縄へ 行って、沖縄（　　）食べられない おいしい 料理を 食べました。

1 にだけ　　2 ほどは　　3 へまで　　4 でしか

2 うちの 猫は ほかの 猫（　　）毛が 長いです。

1 から　　2 より　　3 まで　　4 だけ

3 この 仕事は 4時（　　）ぜんぶ 終わらせて ください。

1 からでも　　2 までには　　3 からには　　4 まででも

4 田中「山田さんは 10年前から スキーを して いるから、とても 上手ですよ。」
佐藤「へえ。知りませんでした。（　　）上手なら、今度 教えて もらいたい ですね。」

1 あんなに　　2 そんなに　　3 こんなに　　4 どんなに

5 タクシーの 運転手の 話（　　）、この 店の ステーキが おいしいそうです。

1 に よると　　2 に すると　　3 に なると　　4 に よって

6 電車に（　　）間、ずっと 日本語の 本を 読んで いました。

1 乗った　　2 乗ろう　　3 乗る　　4 乗って いる

7 帰ってから ゆっくり 読みたいので、先生に 学校の 本を コピー（　　）。

1 して いただきました　　2 して さしあげました
3 されて もらいました　　4 されて あげました

8 旅行の 時、景色の（　　）に おどろいて、たくさん 写真を とりました。

1 うつくしい　　2 うつくしの　　3 うつくしさ　　4 うつくしく

9 よく（　　）、まだ 眠いです。

1 寝ると　　2 寝たので　　3 寝たのに　　4 寝たから

もんだい１ 문법형식 판단 실전문제 ②

해설편 63p

もんだい１　（　　　）に　何を　入れますか。1・2・3・4から　いちばん　いい　ものを　一つ えらんで　ください。

1 薬(くすり)は　苦(にが)かったです（　　　）病気(びょうき)は　すぐ　なおりました。

1 が　　2 し　　3 と　　4 から

2 日本の　マンガは　世界中(せかいじゅう)の　人（　　　）読まれて　います。

1 が　　2 を　　3 で　　4 に

3 まだ（　　　）で　サッカーの　試合(しあい)を　するか　決(き)まって　いません。

1 どれ　　2 どう　　3 どの　　4 どこ

4 5月なので　もう　暑(あつ)く　なって　いるが、サムさんは（　　　）コートを　着て　いる。

1 なかなか　　2 まだ　　3 そろそろ　　4 もうすぐ

5 A 「子(こ)どもの　ころ、野菜(やさい)が　嫌(きら)いだったのですか。」
B 「ええ、でも、母(はは)に（　　　）、今は　どんな野菜(やさい)でも　食べられます。」

1 食べてしまって　　2 食べさせられて　　3 食べさせて　　4 食べられて

6 社長(しゃちょう)「明日(あした)の　パーティーは　何時から？」
社員(しゃいん)「7時からです。6時に　社長(しゃちょう)の　お宅(たく)へ　車で　おむかえに（　　　）。」

1 いらっしゃいます　　2 いたします
3 うかがいます　　4 おこしに　なります

7 テストの　時、もし　わからない　ことばが　あれば、じしょを（　　　）かまいません。

1 使っても　　2 使っては　　3 使えば　　4 使わなければ

8 鈴木(すずき)「中村(なかむら)さん、来週の　田中(たなか)さんの　結婚(けっこん)パーティーに　何を　着(き)て　行きますか。」
中村(なかむら)「私は　黒(くろ)い　スーツを（　　　）。」

1 着(き)て　おきました　　2 着(き)たがって　います
3 着(き)る　つもりです　　4 着(き)る　ところです

9 父(ちち)が　外国の　おみやげに　買ってきた　ペンは（　　　）手が　つかれる。

1 書けなくて　　2 書きすぎて　　3 書きやすくて　　4 書きにくくて

もんだい 2 문장 만들기 실전문제 ①

해설편 67p

もんだい 2　＿★＿に　入る　ものは　どれですか。1・2・3・4から　いちばん　いい　ものを一つ　えらんで　ください。

1 肉を＿＿＿　＿＿＿　＿★＿　＿＿＿ほうが　からだに　いいですよ。

1 食べた　　2 食べる　　3 野菜(やさい)を　　4 より

2 弟(おとうと)は　冷蔵庫(れいぞうこ)に＿＿＿　＿＿＿　＿★＿　＿＿＿しまいました。

1 食べて　　2 アイスクリームを　　3 ほとんど　　4 あった

3 ゆうびんきょくは　学校を　出て＿＿＿　＿＿＿　＿★＿　＿＿＿に　見えます。

1 右側(みぎがわ)　　2 行くと　　3 左(ひだり)の　　4 道(みち)を

4 3時には　帰る＿＿＿　＿＿＿　＿★＿　＿＿＿時は　電話します。

1 なる　　2 ですが　　3 つもり　　4 おそく

5 田中(たなか)さんが　にゅういんした　私の　かわり＿＿＿　＿★＿　＿＿＿　＿＿＿ので　おれいを　言った。

1 して　　2 仕事(しごと)を　　3 くれた　　4 に

6 まだ　5時　前でしたが＿＿＿　＿＿＿　＿★＿　＿＿＿つけました。

1 電気を　　2 部屋(へや)が　　3 から　　4 暗い

7 来週　山田(やまだ)さんに＿＿＿　＿＿＿　＿★＿　＿＿＿ことは　ありますか。

1 何か　　2 予定(よてい)ですが　　3 伝(つた)える　　4 会う

8 A「さっき＿＿＿　＿＿＿　＿★＿　＿＿＿知りませんか。」
B「机(つくえ)には　何も　ありませんでしたが…。」

1 あの　　2 車(くるま)の　本(ほん)を　　3 おいて　あった　　4 机の　上に

もんだい 2 문장 만들기 실전문제 ②

해설편 69p

もんだい 2 ＿★＿ に 入る ものは どれですか。1・2・3・4から いちばん いい ものを 一つ えらんで ください。

1 さいふを＿＿ ＿★＿ ＿＿ ＿＿して ください。

1 わすれない ように　2 入れる　3 のを　4 かばんに

2 先生は 忙し＿＿ ＿＿ ＿★＿ ＿＿出て 行きました。

1 そうに　2 教室(きょうしつ)の　3 開(あ)けた まま　4 ドアを

3 A「食事(しょくじ)を してから 行きますか。」
B「しゅっぱつまで＿＿ ＿＿ ＿★＿ ＿＿食事(しょくじ)するのは 無理(むり)です。」

1 しか　2 これから　3 30分　4 ないから

4 太郎(たろう)さんは 夏休(なつやす)みに＿＿ ＿＿ ＿★＿ ＿＿遊びに 行くらしいです。

1 家(いえ)に　2 ハワイに　3 お兄(にい)さんの　4 いる

5 私(わたし)が＿＿ ＿＿ ＿★＿ ＿＿パスワードは、正(ただ)しく ありませんでした。

1 いた　2 と　3 合(あ)って いる　4 思(おも)って

6 授業(じゅぎょう)の＿＿ ＿＿ ＿★＿ ＿＿しました。

1 する　2 後(あと)　3 ことに　4 アルバイトを

7 食事(しょくじ)を＿＿ ＿＿ ＿★＿ ＿＿しゅうかんです。

1 のは　2 から　3 歯(は)を みがく　4 して

8 いつも 家(いえ)を＿＿ ＿＿ ＿★＿ ＿＿おきます。

1 出る　2 そうじして　3 前に　4 部屋(へや)を

もんだい 3 글의 문법 실전문제 ①

해설편 72p

もんだい 3 [1]から[4]に 何を 入れますか。文章の 意味を 考えて、1・2・3・4 から いちばん いい ものを 一つ えらんで ください。

下の 文は 「公園」に ついての 作文です。

家から 歩いて 10分ぐらいの ところに 大きな 公園が あります。公園には 池が あって、小さい 魚が たくさん およいで います。天気が いい 休みの 日には その 池の そばに 座って 絵を かく 人も います。その 近くでは 子どもが 犬と 遊んで いる ことも あります。

[1] 雨の 日は あまり 人が いません。私は 雨が 好きだから 雨の 日にも よく 公園に 行きます。しずかな 公園で かさを [2] ゆっくり 歩いて いると 草や 木の 間を 風が 通って いくのが よく わかります。風の 音は 聞こえなくても 草の 間に 道が できるからです。いつも 建物の 中で 座って [3] いるので こんな 小さな ことを とても めずらしく 感じます。だから 私は この 公園が 大好きです。こんどの 日曜日にも おべんとうを もって [4] つもりです。

해설편 72p

1

1 でも　　2 では　　3 それで　　4 それから

2

1 差(さ)したながら　　2 差(さ)さながら
3 差(さ)すながら　　4 差(さ)しながら

3

1 だけ　　2 ばかり　　3 まま　　4 ぐらい

4

1 遊(あそ)びます　　2 遊(あそ)びました
3 遊(あそ)びに　行く　　4 遊(あそ)びに　来る

もんだい 3 글의 문법 실전문제 ②

해설편 73p

もんだい 3　[1]から[4]に　何を　入れますか。文章の　意味を　考えて、1・2・3・4 から　いちばん　いい　ものを　一つ　えらんで　ください。

下の　文は　留学生の　作文です。

私は　先週の　日曜日、友だちの　クリステルさんと　買い物に　行きました。くつを　買いたかったので、くつの　売り場へ　行ったのですが、好きな　色の　くつは、サイズが　ありませんでした。くつを [1] が、洋服の　売り場で　Tシャツを　買いました。クリステルさんは　本の　売り場で　マンガの　本を　買いました。

疲れた [2]、店で　タピオカミルクティーを　飲みました。ミルクティーを　飲みながら、日本語学校を　卒業したら　どうするか　話しました。クリステルさんは　日本の　会社で　働きたいと　言いました。私は　日本の　大学で　勉強して、国へ　帰って　日本語の　先生に　なる　つもりです。

それから　夏休みに　行く　旅行に　ついて　話しました。クリステルさんと　二人で　沖縄へ [3]。私は　今まで　沖縄へ　行った　ことが　ないので、とても [4] です。買い物を　したり、たくさん　話したり　して、楽しい　日曜日でした。

해설편 74p

1

1 買えました　2 買う　ことは　できませんでした

3 買った　ことが　ありました　4 買って　おきました

2

1 とき　2 まで　3 のに　4 ので

3

1 行かなくても　かまいません　2 行こうと　思(おも)って　います

3 行く　ように　言って　います　4 行って　いる　ところです

4

1 楽しい　2 楽しく　3 楽しみ　4 楽しかった

Part 3

JLPT N4

Part 3

독해

I 문제 유형 파악하기

1 もんだい 4 내용 이해(단문)

2 もんだい 5 내용 이해(중문)

3 もんだい 6 정보 검색

1 : もんだい 4 내용 이해(단문)

문제 유형

생활이나 업무와 관련된 편지나 이메일, 게시판 공지글 등 약 100~200자 길이의 지문을 읽고 글의 주제 및 내용을 이해했는지 묻는 문제가 출제된다.

문제 풀이 포인트

의문사에 주목하라!

단문은 빠른 시간에 문제에서 요구하는 바를 정확하게 짚어내야 한다. 문제는 의문사(何(なに)・だれ・どうして・いつ・どうやって・どこ)로 묻는 경우가 많으며, 지문 속 관련 내용은 한 가지가 아닌 여러 가지를 제시하고 있는 경우도 있다. 따라서 지문과 일치하는 내용을 빠르게 파악하는 훈련이 필요하다.

시제에 주의할 것!

메일이나 메모 등이 지문으로 나오는 문제에서는 글을 읽는 사람의 행동에 대해 묻는 경우가 많다. 문제에서 묻는 것이 어느 시점의 행동인지를 정확하게 파악하고, 글의 정보를 기반으로 정답을 골라야 한다.

 もんだい 4 내용 이해(단문) 연습문제

해설편 78p

もんだい 4　つぎの(1)から(3)の文章を読んで、質問に答えてください。答えは、1・2・3・4から、いちばんいいものを一つえらんでください。

(1) 次は田中さんがジョンさんに送ったメールです。

> ジョンさん
>
> 今度の土曜日にレンさんの誕生日パーティーをしますが、レンさんがアルバイトがあるから５時ではなくて７時からにしたいと言っています。次の日は日曜日だから遅くなってもいいでしょう？ 他の人には私が話しました。
>
> では、土曜日に会いましょう。
>
> 田中

1 田中さんがジョンさんに一番言いたいことは何ですか。

1 土曜日にレンさんの誕生日パーティーをすること
2 レンさんがアルバイトをすること
3 パーティーの時間が変わったこと
4 他の人にも話したこと

(2) 次は市のお知らせです。

運動会のお知らせ

4月3日(日曜日)、10時から運動会を行います。場所は市のグラウンドです。

9時に雨が降っていたら、場所はグラウンドの横の体育館になり、時間は30分おくれて10時半から始まります。出たい人は1週間前までに連絡してください。

2 正しいものはどれですか。

1 雨の時は、運動会はありません。
2 運動会は天気に関係なく、体育館で行われます。
3 運動会は天気に関係なく、10時から始まります。
4 雨の時は運動会の場所と、始まる時間が変わります。

해설편 79p

(3) スミカさんの家のドアに、このメモと本の入った紙ぶくろがかけてあります。

スミカさん

家にいないようなので、本をおいておきます。これは、先週クラスで先生がしょうかいしてくださった本です。今日、レニさんと買いに行きました。でも、私は今、来週末の引っ越しの準備で忙しいし、レニさんも今週は読めないと言っています。スミカさんが先に読んで、レニさんにわたしてください。

タウイ

3 スミカさんは、どうしますか。

1 本を読んで、レニさんに返します。
2 本を読んで、タウイさんに返します。
3 本を読んで、レニさんに貸します。
4 本を読んで、タウイさんに貸します。

2: もんだい 5 내용 이해(중문)

문제 유형

일상생활과 관련된 250~400자 정도의 지문을 읽고 글의 내용을 파악하고 있는지를 묻는 문제가 주로 출제된다.

문제 풀이 포인트

지문에서 쓰인 표현으로 만든 함정을 조심하자!

선택지에 지문의 내용과 전혀 다른 내용이 나오는 문제도 있지만, 지문에서 사용된 표현으로 혼동을 주는 선택지로 구성된 문제가 대부분이다. 지문에서 본 표현이라고 해서 섣불리 정답으로 고르지 말고, 선택지의 내용을 꼼꼼하게 파악해야 정확한 답을 골라낼 수 있다.

밑줄 앞뒤에 답이 있다!

지문에 밑줄이 있으면 '어째서(どうして)'나 '어떻게(どうやって)'로 질문하는 경우가 많다. 〈중문〉 파트의 지문은 길이가 두세 단락 정도인 것이 대부분이므로 밑줄 앞뒤에 정답의 힌트가 나온다. 밑줄이 단락의 마지막에 있을 경우, 이어지는 접속사가 역접인지 순접인지에 따라 정답과의 관계가 달라질 수도 있으므로 주의하자.

もんだい 5 내용 이해(중문) 연습문제

해설편 80p

もんだい 5　つぎの文章を読んで、質問に答えてください。答えは、1・2・3・4から、いちばんいいものを一つえらんでください。

私たちの学校には外国人の先生がいます。1年生と2年生に英語を教えています。授業では会話や文法のほかにときどき歌も教えてくれます。あまり新しい歌ではありませんが、先生が学生だったころに人気があった歌をギターを弾きながら歌うのでとても楽しいです。

先生は授業のほかに英語クラブも作って授業の中ではできないことを私たちと一緒にします。たとえば英語でニュースを放送することです。はじめに日本語で作ったニュースの文を英語にして、それを声に出して読みます。上手にできるようになってから今度は本当に学校の放送室に行って昼休みに「英語ニュース」を放送します。クラブの学生が一人ずつ、1週間に1回は必ず放送できるので、とても勉強になります。私もいつか本当のテレビやラジオで英語のニュースを放送したいと思っています。

1 外国人の先生は授業で何を教えていますか。

1 英語とギター

2 英語と英語の歌

3 英語とニュースの作りかた

4 テレビとラジオの放送(ほうそう)のしかた

2 どうしてとても楽しいですか。

1 会話(かいわ)や文法(ぶんぽう)の勉強になるから

2 新しくて人気(にんき)がある歌だから

3 ギターを弾(ひ)きながら歌うから

4 テレビやラジオでも聞けるから

3 英語でニュースを放送(ほうそう)するのはどうやってしますか。

1 日本語のニュースを英語に直(なお)して読む練習(れんしゅう)したあと放送(ほうそう)する。

2 放送室(ほうそうしつ)で英語の発音(はつおん)を練習(れんしゅう)したあと放送(ほうそう)する。

3 英語のニュースを覚(おぼ)えてから、放送室(ほうそうしつ)で放送(ほうそう)する。

4 授業で上手に読めるまで練習(れんしゅう)してから、放送室(ほうそうしつ)で放送(ほうそう)する。

3: もんだい 6 정보 검색

문제 유형

광고 전단지, 열차나 버스 시간표, 안내문 등 200~300자 정도로 이루어진 정보지를 읽고 답을 고르는 문제가 출제된다.

문제 풀이 포인트

기호를 유심히 살펴보자!

문제에서는 연령, 날짜, 시간, 가격 등 다양한 내용을 제시하는데, 정보지(지문)에서 제공된 정보를 토대로 조건에 부합하는 답을 찾아야 한다. 특히 정보지에 기호나 괄호 등으로 표시된 별도·예외 조항에 정답의 힌트가 있는 경우가 많으니 꼼꼼히 읽도록 하자.

자주 쓰이는 기호 ※ ★ ＊ ▶ ■

괄호 『 』 《 》 【 】 〔 〕

もんだい 6 정보 검색 연습문제

해설편 82p

もんだい 6　右のページのお知らせを見て、下の質問に答えてください。答えは、1・2・3・4からいちばんいいものを一つえらんでください。

1 田中さんは6歳と8歳の子どもをつれてバスに乗りました。地下鉄から降りてすぐにバスが来ました。バスではいくら払いますか。

1　200円
2　300円
3　400円
4　500円

2 今年3月に高校を卒業した松田さんは、4月から20日間だけアルバイトをします。アルバイトの店にはバスで通うつもりですが、なるべく安くしたいです。料金はいくらかかりますか。

1　8,000円
2　12,000円
3　14,000円
4　16,000円

バス料金が かわります!!

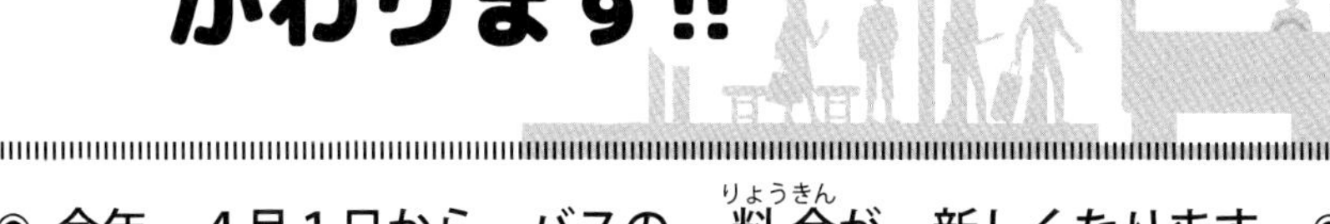

◉ 今年、4月1日から　バスの　料金が　新しくなります。◉

市内は同一料金　300円（中学生以上）、小学生まで100円

➡ 同一料金　400円（中学生以上）、小学生まで無料

※ 地下鉄から　降りて　30分以内に　乗り換えた　時は　バス料金が　50%　安くなります

1か月間、毎日、何回でも　乗ることが　できる　**フリーパス**も　あります。

18歳以上　14,000円（中学生・高校生は8,000円）

※ 学生は学生証を見せてください

MEMO

Ⅱ 실전문제 익히기

もんだい 4 내용 이해(단문)
もんだい 5 내용 이해(중문)
もんだい 6 정보 검색

もんだい 4 내용 이해(단문) 실전문제

해설편 84p

もんだい 4　つぎの(1)から(3)の文章(ぶんしょう)を読んで、質問に答えてください。答えは、1・2・3・4から、いちばんいいものを一つえらんでください。

(1) これは、アルバイトの店の店長(てんちょう)の中村さんからドムさんに届(とど)いたメールです。

> ドムさんへ
>
> 中村です。あさっての日曜日ですが、仕事に来られますか。山田君が来られなくなったので、人が足(た)りなくなりました。9:00 ～ 17:00でお願いします。できるだけ早く返事(へんじ)をください。
>
> 中村

1 ドムさんは中村さんに何を知らせなければなりませんか。

1　アルバイトができる時間
2　アルバイトができる人の紹介(しょうかい)
3　山田君が来ない理由(りゆう)
4　ドムさんの日曜日の都合(つごう)

(2)

最近は、ベビーカーのような車に乗せられて散歩している犬や、服を着て散歩している犬をよく見ます。犬と一緒に泊まれるホテルも増えているそうです。昨日電車に乗っている時に、ベビーカーを押して乗ってきた人がいました。人間の赤ちゃんだと思っていたら、黒い毛をした犬だったのでびっくりしました。

2 びっくりしたのはどうしてですか。

1 犬がベビーカーを押して散歩をしているから

2 犬が洋服を着ているから

3 犬を連れてホテルにとまる人がいるから

4 犬がベビーカーに乗っていたから

해설편 85p

(3)

「ハローワーク」を知っていますか。

国が働くことができる会社などを紹介してくれるところです。仕事を探すときインターネットで仕事サイトを見る人も多いですが、会社が情報を送って人を探すのも無料なので小さい会社でもここではたくさん紹介しています。相談できる人が会って話を聞いてくれるのも安心ですね。会社も働きたい人も「ハロー」と笑って会えるところです。

3 「ハローワーク」に行くのはどんな人ですか。

1 インターネットの仕事をしている人
2 会いたい人を探している人
3 会社などで働きたい人
4 話をよく聞いてくれる人

MEMO

 もんだい 5 내용 이해(중문) 실전문제

해설편 86p

もんだい 5　つぎの文章を読んで、質問に答えてください。答えは、1・2・3・4から、いちばんいいものを一つえらんでください。

私は去年、日本から韓国にもどってきました。日本には1年住んでいましたが、来年、また日本へ行こうと思っています。それは、両親や友だちに日本のことを聞かれた時に、答えられなくて困ったことがよくあるからです。そして、日本にいたのに、知らないことがたくさんあることに①気がつきました。

日本に留学していた時は、勉強が忙しくて、自由な時間があまりありませんでした。それで、友だちと遊びに行くことも、アルバイトもできませんでした。また、私は学校が用意してくれたアパートに住んでいました。そこに住んでいたのは韓国からの留学生ばかりだったので、自分の国にいるのと同じで、日本語で話すことや日本の習慣を気にすることもあまりありませんでした。

今度は、日本人の生活習慣を知るために、日本人の家に泊めてもらうつもりです。そして、京都や奈良に行って、日本の歴史や文化を学びたいと思っています。日本のことをよく知るためには、たくさんの日本人といろいろな話をすることが一番大事です。だから、私は日本に行く前に、もっと②会話の練習をするつもりです。

해설편 87p

1 何に①気がつきましたか。

1 両親や友だちが日本についてよく質問すること

2 両親や友だちが日本についてよく知っていること

3 自分が日本のことをあまり知らないこと

4 自分がまた日本に行きたいと思っていること

2 どうしてまた日本へ行こうと思いましたか。

1 もっと会話の勉強がしたいと思ったから

2 友だちと遊んだり、アルバイトをしたりしたいから

3 日本人の家に泊まりたいから

4 生活習慣や歴史や文化を学びたいから

3 ②会話の練習をするのは、どうしてですか。

1 留学するために、日本語が上手になりたいから

2 日本のことを知るために、日本人と話したいから

3 日本のいろいろなところへ旅行に行きたいから

4 日本人と一緒に住まなければならないから

もんだい 6 정보 검색 실전문제

해설편 88p

もんだい 6　右のページの「春の遠足(えんそく)のお知らせ」を見て、下の質問に答えてください。答えは、1・2・3・4から、いちばんいいものを一つえらんで　ください。

1 大人(おとな)１人、小学校３年生の子ども１人の家族が行きます。自由時間に馬(うま)に乗りたいと子どもが言っています。いくらかかりますか。

1　3,500円
2　4,000円
3　4,500円
4　5,000円

2 行けなくなった時はいつまでに連絡すればお金がかかりませんか。

1　3月 30日
2　3月 31日
3　4月 13日
4　4月 14日

春の遠足のお知らせ

◆ **日時：4月15日**

- 市役所の前に９時に集まって下さい。
- バスに乗って行きます。
- 雨でも行きます。

◆ **行き先：動物園**

- めずらしい動物がたくさんいる有名な動物園です。

◆ **費用**

バス代（往復料金）	大人	1人 1,000円
	子ども（12さい以下）	1人 500円
動物園入園料（中に入るためにいるお金）	大人	1人 500円
	子ども（12さい以下）	無料

◆ **お昼ごはん**　1人1,000円（大人も子どもも同じです）

- お昼ご飯を食べてから３時まで、自由時間です。

◎ 自由時間にできること ◎

1. 鳥にエサをやる。　1回 300円
2. 動物にエサをやる。　1回 500円
3. 小さい動物と遊ぶ。　1回 500円
4. 馬に乗る。　1回1,000円（大人は乗れません）
5. 動物園の中を散歩する。（お金はかかりません）

＊行きたい人は、3月31日夕方５時までに連絡してください。

＊行けなくなった時は、すぐに連絡して下さい。
　2日前までならお金はかかりません。

◆ **連絡**

- TEL　0120－00－1111
- 担当　山本
- 受付時間　10時～17時

Part 4

JLPT N4

Part 4

청해

Ⅰ 문제 유형 파악하기

- **청해 기본기 갖추기**
  틀리기 쉬운 발음
  청해에 자주 나오는 표현

1 もんだい1 과제 이해
2 もんだい2 포인트 이해
3 もんだい3 발화 표현
4 もんだい4 즉시 응답

틀리기 쉬운 발음

한국인이 알아듣기 힘든 발음으로 촉음, 장음, 발음(撥音), 요음, 탁음, 반탁음이 있다. 일본어는 어떻게 발음하느냐에 따라 의미가 달라지므로 정확하게 구분하는 연습이 필요하다.

1. 촉음

「つ・ツ」를 작게 표기하며 다음에 이어지는 음에 따라 'ㄱ,ㅅ,ㄷ,ㅂ' 받침과 비슷하게 발음한다.

촉음이 있는 단어를 들어 보자. 01

① かえって(帰って 돌아가(오)고) ——— かえて(変えて 바꾸고)

② しゅっせき(出席 출석) ——— しゅせき(首席 수석)

③ すっぱい(酸っぱい 시다) ——— スパイ(스파이)

④ けっして(決して 결코) ——— けして(消して 지우고)

⑤ もっと(더욱 더) ——— もと(元 원래)

きいた ものと おなじ ものを えらんで ください。

1 おもって(思って 생각하고) ——— おもて(表 겉, 표면)

2 いっしょう(一生 일생, 평생) ——— いしょう(衣装 의상)

3 きって(切って 자르고) ——— きて(着て 입고)

4 さっき(아까, 조금 전) ——— さき(先 아까, 조금 전)

5 しょっき(食器 식기) ——— しょき(初期 초기)

정답 1 おもって 2 いしょう 3 きって 4 さっき 5 しょき

2. 장음

두 개 이상의 모음이 이어질 경우 앞의 모음을 길게 발음한다.

장음이 있는 단어를 들어 보자. 03

①	おばあさん(할머니)	——	おばさん(아주머니, 이모, 고모)
②	かっこう(格好 모양, 모습)	——	かっこ(괄호)
③	くうき(空気 공기)	——	くき(줄기)
④	しょうかい(紹介 소개)	——	しょかい(初回 첫 회)
⑤	とおる(通る 통과하다)	——	とる(撮る 사진을 찍다)

연습 04

きいた ものと おなじ ものを えらんで ください。

1	おれい(お礼 사례)	——	おれ(俺 나(남자의 1인칭))
2	おじいさん(할아버지)	——	おじさん(아저씨, 큰아버지, 이모부)
3	どうろ(道路 도로)	——	どろ(진흙)
4	にんぎょう(人形 인형)	——	にんぎょ(人魚 인어)
5	ゆうめい(有名 유명)	——	ゆめ(夢 꿈)

정답 **1** おれい **2** おじいさん **3** どろ **4** にんぎょう **5** ゆめ

3. 발음(撥音・ん)

「ん・ン」으로 표기하며 다음에 이어지는 음에 따라 'ㄴ, ㅁ, ㅇ' 받침과 비슷하게 발음한다.

ん발음이 있는 단어를 들어 보자. 05

①	いけん(意見 의견)	――	いけ(池 연못)
②	かんけい(関係 관계)	――	かいけい(会計 회계, 계산)
③	こんばん(今晩 오늘밤)	――	こうばん(交番 파출소)
④	しょくひん(食品 식품)	――	しょくひ(食費 식비)
⑤	ぶんか(文化 문화)	――	ぶか(部下 부하)

연습 06

きいた ものと おなじ ものを えらんで ください。

1	ぎんこう(銀行 은행)	――	ぎこう(技工 기공)
2	けんこう(健康 건강)	――	けっこう(結構 꽤, 상당히)
3	さんか(参加 참가)	――	さか(坂 언덕)
4	しんせつ(親切 친절)	――	しせつ(施設 시설)
5	しんぱい(心配 걱정)	――	しっぱい(失敗 실패)

정답 1 ぎんこう 2 けんこう 3 さんか 4 しせつ 5 しんぱい

4. 요음

「い」를 제외한 い단「き·ぎ·し·じ·ち·に·ひ·び·ぴ·み·り」에「や·ゆ·よ」를 작게 표기한 글자로, 'ㅑ, ㅠ, ㅛ'로 발음한다.

요음이 있는 단어를 들어 보자. 07

①	きゃく(客 손님)	——	かく(書く 쓰다)
②	しちゃく(試着 입어 봄)	——	したく(支度 준비)
③	チャンス(찬스)	——	たんす(옷장, 장롱)
④	ふくしゅう(復習 복습)	——	ふくすう(複数 복수)
⑤	りょうきん(料金 요금)	——	りようきん(利用金 이용금)

연습 08

きいた ものと おなじ ものを えらんで ください。

1	こうじょう(工場 공장)	——	こうぞう(構造 구조)
2	こうちょう(校長 교장)	——	こうとう(高等 고등)
3	しょうかい(紹介 소개)	——	そうかい(総会 총회)
4	べんきょう(勉強 공부)	——	へんこう(変更 변경)
5	やきゅう(野球 야구)	——	やく(約 약)

정답 1こうぞう 2こうちょう 3しょうかい 4べんきょう 5やく

5. 탁음·반탁음

탁음은 「か·さ·た·は」행의 오른쪽 위에 탁점(゛)이 붙은 글자이며, 반탁음은 「は」행 오른쪽 위에 반탁점(°)이 붙은 글자이다.

탁음 · 반탁음이 있는 단어를 들어 보자. 09

①	あじ(味 맛)	——	あし(足 발)
②	おごる(한턱 내다)	——	おこる(怒る 화내다)
③	かぞく(家族 가족)	——	かそく(加速 가속)
④	タイプ(타입)	——	たいふう(台風 태풍)
⑤	オープン(오픈)	——	オーブン(오븐)

연습 10

きいた ものと おなじ ものを えらんで ください。

1	えいぎょう(営業 영업)	——	えいきょう(影響 영향)
2	かがく(科学 과학)	——	かかく(価格 가격)
3	かだい(課題 과제)	——	かたい(固い 단단하다)
4	だいじ(大事 소중함)	——	たいし(大使 대사)
5	パート(파트)	——	ハート(하트, 심장)

정답 **1** えいぎょう **2** かかく **3** かだい **4** たいし **5** パート

청해에 자주 나오는 표현

11~14

청해 문제에 자주 나오는 표현들을 정리했다. 회화와 독해에도 유용한 표현들이므로 잘 익혀 두자.

1. 인사 표현

인사 표현을 들어 보자. 11

- いってらっしゃい。잘 다녀와, 다녀오세요.
- いってきます。다녀오겠습니다.
- いらっしゃい(ませ)。어서 와(어서오세요).
- ただいま。다녀왔습니다.
- お帰(かえ)りなさい。어서 와. 잘 다녀왔어?
- おかげさまで。덕분에요.
- お待(ま)たせしました。오래 기다리셨습니다.
- おせわになりました。신세 많이 졌습니다.
- かしこまりました。잘 알겠습니다.
- 失礼(しつれい)します。실례합니다.
- おじゃまします。실례합니다. (타인의 집을 방문할 때)
- ごめんください。실례합니다, 계십니까?

2. 축약 표현

축약 표현을 들어 보자. 12

- **ている → てる**

今テレビを見**ている**。

→ 今テレビを見**てる**。 지금 텔레비전을 보고 있다.

本を読ん**でいます**。

→ 本を 読ん**でます**。 책을 읽고 있습니다.

東京は雨が降っ**ていた**。

→ 東京は雨が降っ**てた**。 도쿄는 비가 내리고 있었다.

- **ておく → とく**

ケーキは冷蔵庫に入れ**ておく**よ。

→ ケーキは冷蔵庫に入れ**とく**よ。 케이크는 냉장고에 넣어 둘게.

私が話し**ておいた**。

→ 私が話し**といた**。 내가 말해 두었다.

時間があるから洗濯し**ておきます**。

→ 時間があるから洗濯し**ときます**。 시간이 있으니 빨래해 두겠습니다.

- **ては / では → ちゃ / じゃ**

この部屋に入っ**ては**いけません。

→ この部屋に入っ**ちゃ**いけません。 이 방에 들어가서는 안 됩니다.

この虫は弱っているけど、まだ死ん**では**いない。

→この虫は弱っているけど、まだ死ん**じゃ**いない。 이 벌레는 약해져 있지만 아직 죽지 않았다.

- **てしまう / でしまう → ちゃう / じゃう**

早く来ないとドラマが終わっ**てしまう**よ。

→早く来ないとドラマが終わっ**ちゃう**よ。 빨리 오지 않으면 드라마가 끝나 버려.

一人で全部飲ん**でしまった**んですか。

→一人で全部飲ん**じゃった**んですか。 혼자서 전부 마셔 버렸어요?

- **と → って**

ぼくは「山田」**と**いいます。

→ぼくは「山田」**って**いいます。 저는 야마다라고 합니다.

温泉**と**いえば箱根が有名です。

→温泉**って**いえば箱根が有名です。 온천이라고 하면 하코네가 유명합니다.

3. 경어 표현

경어 표현을 들어 보자. 13

- **お / ご~になる** ~하시다

このかばんは先生もお買いになりました。이 가방은 선생님도 구매하셨습니다.

社長は明日ご帰国になります。사장님은 내일 귀국하십니다.

- **お / ご~ください** ~해 주세요

時間がありませんからお急ぎください。시간이 없으니 서둘러 주세요.

みなさんいい人ですからご安心ください。모두 좋은 사람이니 안심하세요.

- **~てください** ~해 주세요

朝、9時にはこちらに来てください。아침 9시에는 이쪽으로 와 주세요.

- **~てくださる** ~해 주시다

田中先生が日本語を教えてくださいました。다나카 선생님이 일본어를 가르쳐 주셨습니다.

- **お / ご~いただく** ~해 주시다

お送りいただいたメールは課長につたえました。보내 주신 메일은 과장님께 전달했습니다.

昨日、ご連絡いただきました。어제 연락 받았습니다.

- **~ていただく** ~해 주시다

質問していただければ説明します。질문해 주시면 설명하겠습니다.

- **お / ご～する** ～하시다

明日の11時にはお渡しします。내일 11시에는 전달 드리겠습니다.

私がご案内します。제가 안내해 드리겠습니다

- **いらっしゃる** 오시다 · 가시다 · 계시다

あと10分で社長がいらっしゃいます。10분 뒤에 사장님께서 오실 겁니다.

東京に出張でいらっしゃるのは来週ですか。도쿄에 출장 가시는 것은 다음 주입니까?

- **おる** '있다'의 겸양어

中村はこちらにはおりません。나카무라는 이쪽에는 없습니다.

そのことは山田から聞いております。그 일은 야마다에게 들었습니다.

- **ございます** 있습니다

こちらのホテルにはファミリールームもございます。이 호텔에는 패밀리룸도 있습니다.

- **～と申します** ～라고 합니다

三井工業の中村一郎と申します。미쓰이 공업의 나카무라 이치로라고 합니다.

- **～申し上げる** 말씀드리다

みなさまにごあいさつを申し上げます。여러분께 인사 드립니다.

연습 14

問題を 聞いて ＿＿＿＿＿に はいる ものを かいて ください。

1 A ＿＿＿＿＿＿＿＿。

B お帰(かえ)りなさい。今日(きょう)は遅(おそ)かったね。

2 寝坊(ねぼう)して遅刻(ちこく)＿＿＿＿＿＿＿＿。

3 A その本(ほん)、私(わたし)にも＿＿＿＿＿＿＿＿。

B はい、いいですよ。

4 A すみません、山本先生(やまもとせんせい)に＿＿＿＿＿＿＿＿んですが…。

B 山本先生(やまもとせんせい)は今(いま)、＿＿＿＿＿＿＿＿。

5 A はじめまして。アンナ＿＿＿＿＿＿＿＿。

B どうぞよろしくお願(ねが)いします。

정답

1 ただいま

2 しちゃった

3 見(み)せてください

4 お会(あ)いしたい
いらっしゃいません

5 と申(もう)します

해석

1 A 다녀왔습니다.
B 어서 와. 오늘은 늦었네.

2 늦잠 자서 지각해 버렸다.

3 A 그 책, 저에게도 보여 주세요.
B 네, 좋아요.

4 A 실례합니다. 야마모토 선생님을 뵙고 싶습니다만….
B 야마모토 선생님은 지금 안 계십니다.

5 A 처음 뵙겠습니다. 안나라고 합니다.
B 잘 부탁드립니다.

1 : もんだい1 과제 이해

15~22

문제 유형

상황 정보를 듣고 과제(해야 하는 일)를 해결하기 위해 필요한 행동이 무엇인지를 찾는 문제이다.

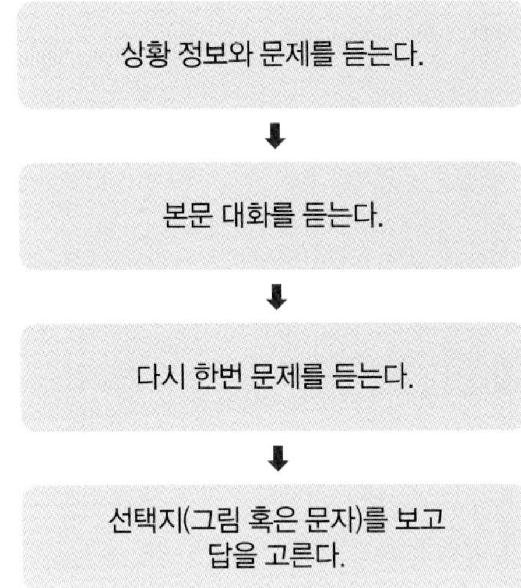

상황 정보와 문제를 듣는다.
본문 대화를 듣는다.
다시 한번 문제를 듣는다.
선택지(그림 혹은 문자)를 보고 답을 고른다.

문제 풀이 포인트

과제 이해는 질문이 상황 정보보다 먼저 나오므로, 질문을 듣고 과제(해야 하는 일)를 해결하는 사람이 여자인지 남자인지를 먼저 확인한다. 그런 다음 두 사람의 대화를 들으며 필요한 상황 정보를 파악하고 그림이나 문자로 이루어진 선택지에서 답을 고른다. 문제에서 요구하는 것을 정확하게 파악한 후 대화에서 제시된 구체적인 조건 속에서 답을 골라야 한다.

もんだい 1 과제 이해 연습문제

해설편 92p

もんだい 1

もんだい１では　まず、しつもんを　聞いて　ください。それから　話を　聞いて、もんだいようしの　１から　４の　中から　いちばん　いい　ものを　一つ　えらんで　ください。

1　15

1

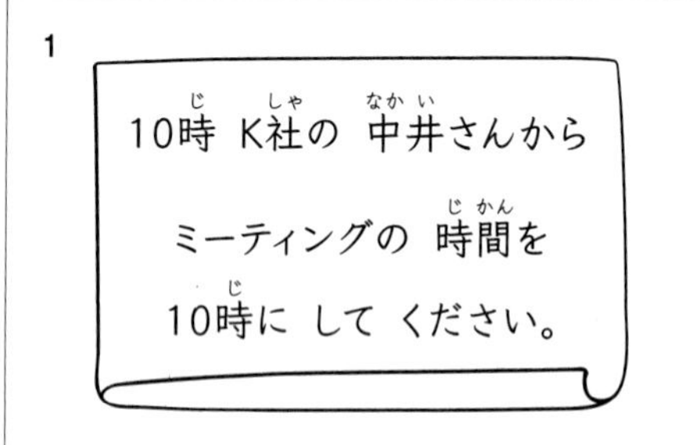
10時 K社の 中井さんから
ミーティングの 時間を
10時に して ください。

2

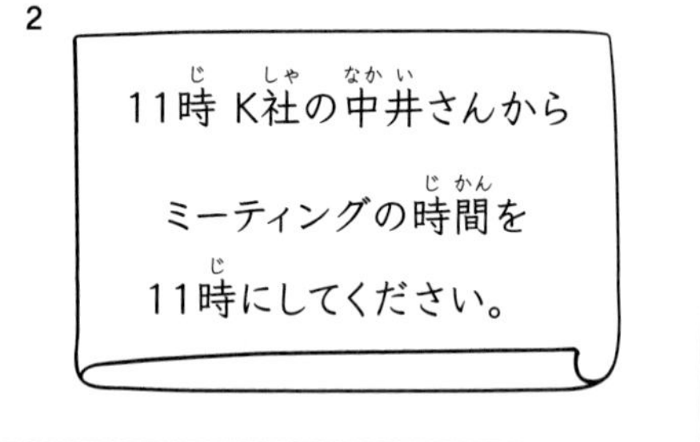
11時 K社の中井さんから
ミーティングの時間を
11時にしてください。

3

10時 K社の中井さんから
ミーティングの時間を
3時にしてください。

4

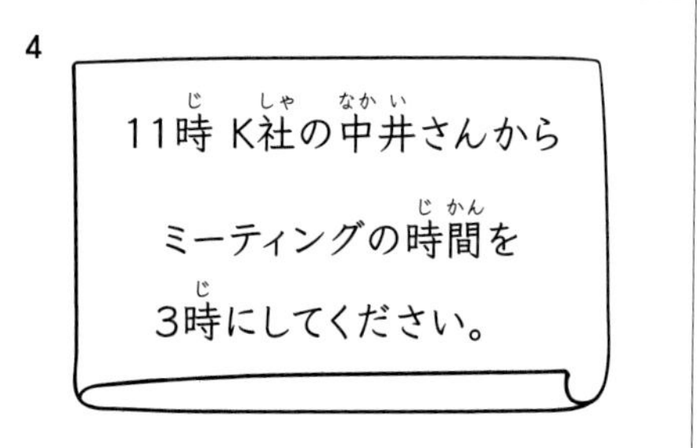
11時 K社の中井さんから
ミーティングの時間を
3時にしてください。

해설편 93p

2 🎧 16

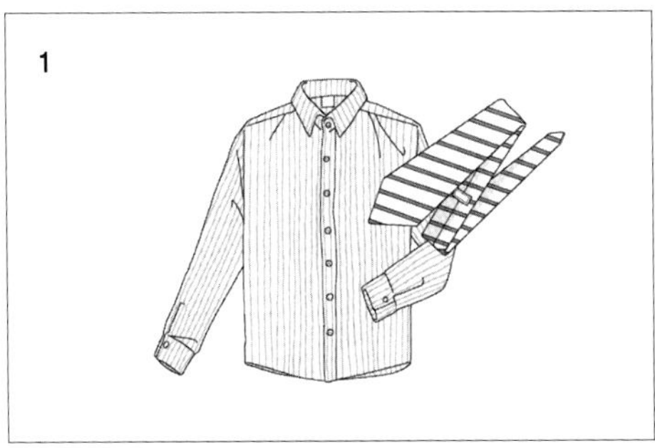

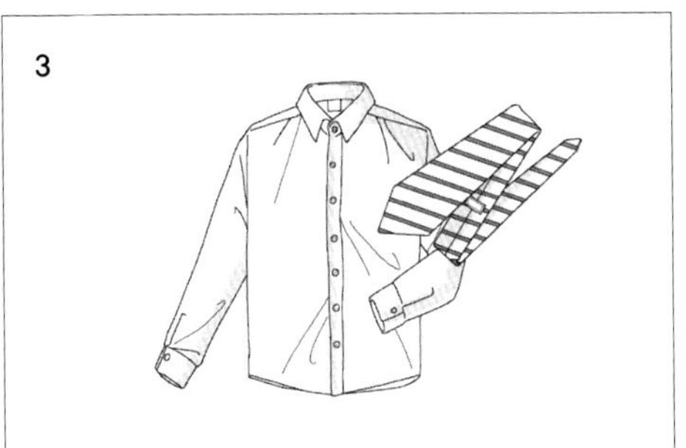

3 🎧 17

1 9時(じ) 55分(ふん)

2 10時(じ)

3 10時(じ) 5分(ふん)

4 10時(じ) 20分(ぷん)

4  18

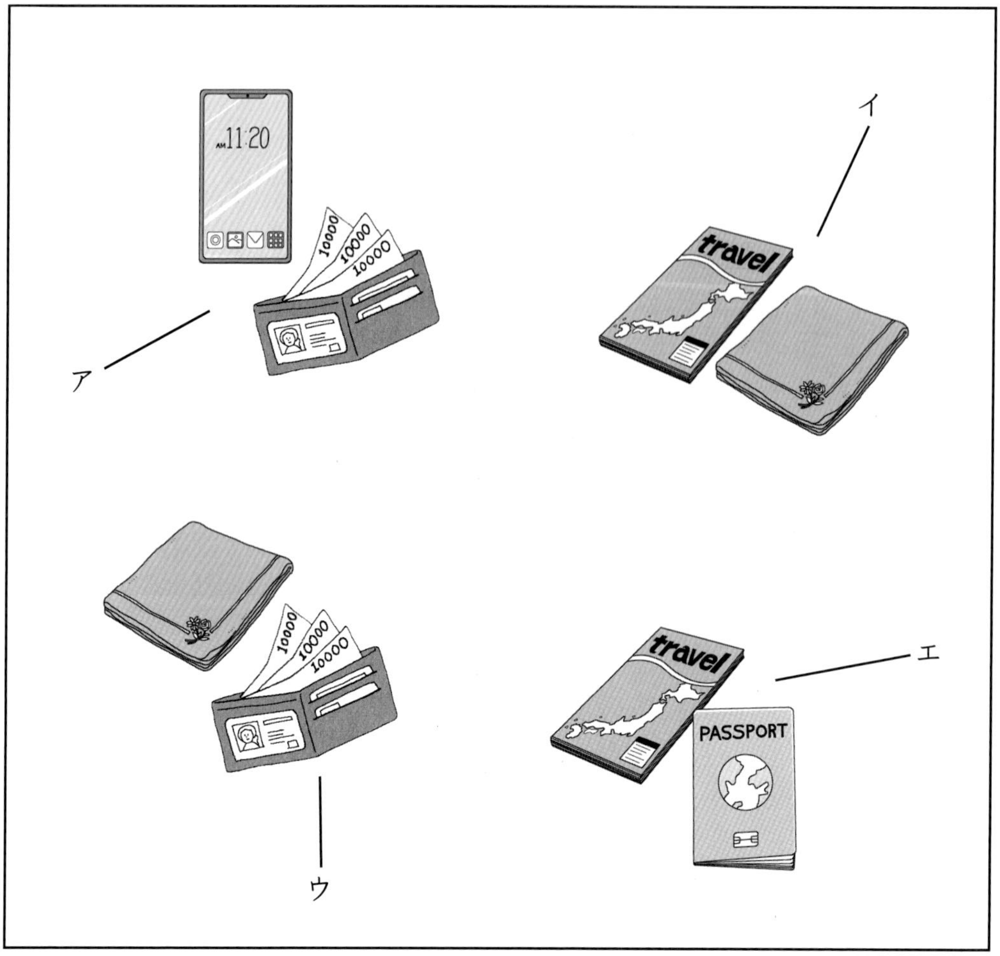

1 ア　イ

2 ア　エ

3 イ　エ

4 ウ　エ

해설편 96p

5 19

6 20

해설편 98p

7 21

8 22

1 水(すい)よう日(び)

2 土(ど)よう日(び)

3 日(にち)よう日(び)

4 月(げつ)よう日(び)

2 : もんだい 2 포인트 이해

23~29

문제 유형

대화문이나 한 명의 화자가 말하는 내용을 듣고 포인트를 파악해야 한다.

상황 정보와 문제를 듣는다.

↓

선택지를 읽는다.
(선택지를 읽을 시간이 약 20초 주어짐)

↓

본문 내용을 듣는다.

↓

다시 한번 문제를 듣는다.

↓

선택지를 보고 답을 고른다.

문제 풀이 포인트

포인트 이해에서는 '무엇(何(なに))', '어디(どこ)', '어째서(どうして)', '어떤(どんな)' 등 의문사가 나오는 문제가 주로 출제된다. 오답 선택지에도 본문에서 다룬 어휘가 언급되므로 '무엇을 하는지', '어떻게 하는지', '어떻게 되는지 · 하는지' 등 질문에서 요구하는 것이 무엇인지 정확히 파악하는 것이 중요하다.

もんだい 2 포인트 이해 연습문제

해설편 100p

もんだい 2

もんだい 2 では、まず　しつもんを　聞いて　ください。そのあと　もんだいようしを　見て　ください。読む　時間が　あります。それから　話を　聞いて、もんだいようしの　1 から　4 の　中から、いちばん　いい　ものを　一つ　えらんで　ください。

1 23

1 かぜを　ひいたから

2 パーティーの　時間が　合わなかったから

3 ちゅうかりょうりが　きらいだから

4 見たい　テレビが　あったから

2 24

1 てんきが　わるかった　こと

2 りょかんの　へやが　よく　なかった　こと

3 りょかんの　りょうりが　食べられなかった　こと

4 おんせんに　入れなかった　こと

해설편 102p

3 25

1 毎日(まいにち)　1さつ

2 3日(か)に　1さつ

3 1か月(げつ)に　1さつ

4 2か月(げつ)に　1さつ

4 26

1 3年前(ねんまえ)

2 4年前(ねんまえ)

3 6年前(ねんまえ)

4 8年前(ねんまえ)

5 27

1 きれいな　こえが　出(で)ないから

2 お客(きゃく)さんに　よく　聞(き)こえるから

3 きれいに　見(み)えるから

4 きんちょうするから

해설편 104p

6 28

1 火(か)よう日(び)

2 水(すい)よう日(び)

3 木(もく)よう日(び)

4 金(きん)よう日(び)

7 29

1 うたが　いい　てん

2 ダンスが　うまい　てん

3 かおが　かっこいい　てん

4 ドラマに　出(で)て　いる　てん

3: もんだい 3 발화 표현

30~34

문제 유형

제시된 그림을 보며 상황 설명을 듣고 화살표가 가리키는 사람이 할 말을 고르는 문제이다.

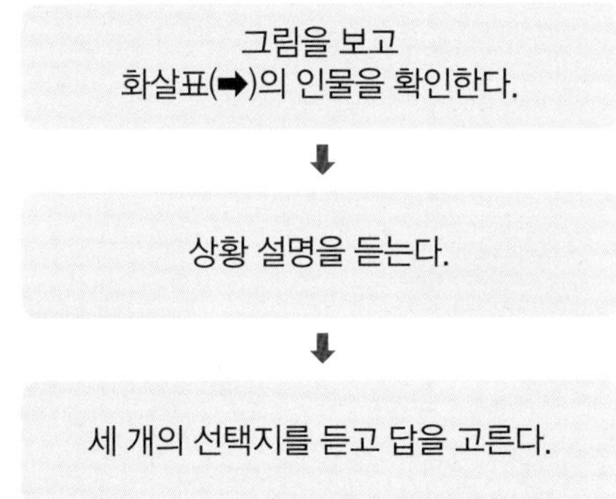

그림을 보고
화살표(➡)의 인물을 확인한다.
상황 설명을 듣는다.
세 개의 선택지를 듣고 답을 고른다.

문제 풀이 포인트

발화 표현에서는 학교나 회사, 일상생활 등 다양한 장면에서 권유·요청·허가 및 인사말(감사·사과·위로 등)을 고르는 문제가 출제된다. 그림내의 화살표가 가리키는 사람에 따라 사용해야 하는 경어나 수수 표현에 차이가 있으므로 제시된 상황 및 인물을 잘 확인해서 정답을 골라야 한다.

해설편 106p

もんだい 3

もんだい3では、えを　見ながら　しつもんを　聞いて　ください。➡（やじるし）の　人は何と　言いますか。1から　3の　中から、いちばん　いい　ものを　一つ　えらんで　ください。

1　30

해설편 107p

2 31

3 32

4
33

5
34

?

4 : もんだい 4 즉시 응답

35~42

문제 유형

두 사람의 짧은 대화를 듣고 적절한 응답을 찾는 문제이다.

짧은 문장을 듣는다.

⬇

세 개의 선택지를 듣고 답을 고른다.

문제 풀이 포인트

즉시 응답에서는 주로 선생님과 학생, 친구 사이나 부모와 자식 사이의 짧은 대화가 나온다. 수수 표현 및 감사 인사, 안부를 묻는 표현, 허가를 구하는 표현 등이 출제되며 상대방과의 관계에 따라 바른 경어 표현을 사용했는지도 문제 풀이의 중요한 요소가 된다.

해설편 110~112p

もんだい 4

もんだい 4では、えなどが　ありません。まず　ぶんを　聞(き)いて　ください。それから、そのへんじを　聞(き)いて　1から　3の　中(なか)から、いちばん　いい　ものを　一(ひと)つ　えらんで　ください。

— メモ —

35~42

Ⅱ 실전문제 익히기

もんだい 1　과제 이해
もんだい 2　포인트 이해
もんだい 3　발화 표현
もんだい 4　즉시 응답

もんだい 1 과제 이해 실전문제

43~50

もんだい 1　もんだい 1 では　まず、しつもんを　聞いて　ください。それから　話を聞いて、もんだいようしの　1 から　4 の　中から　いちばん　いい　ものを　一つ　えらんで　ください。

1　43

해설편 113~114p

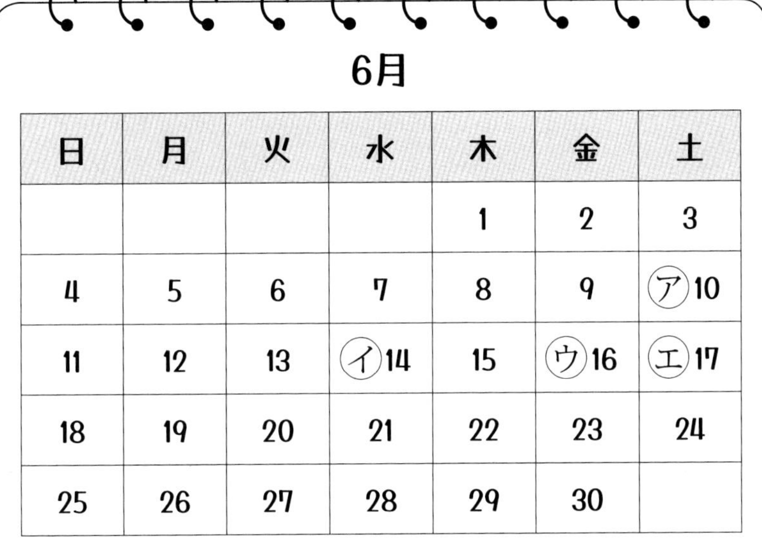

6月

日	月	火	水	木	金	土
				1	2	3
4	5	6	7	8	9	㋐ 10
11	12	13	㋑ 14	15	㋒ 16	㋓ 17
18	19	20	21	22	23	24
25	26	27	28	29	30	

1 ア

2 イ

3 ウ

4 エ

해설편 116p

3 45

1
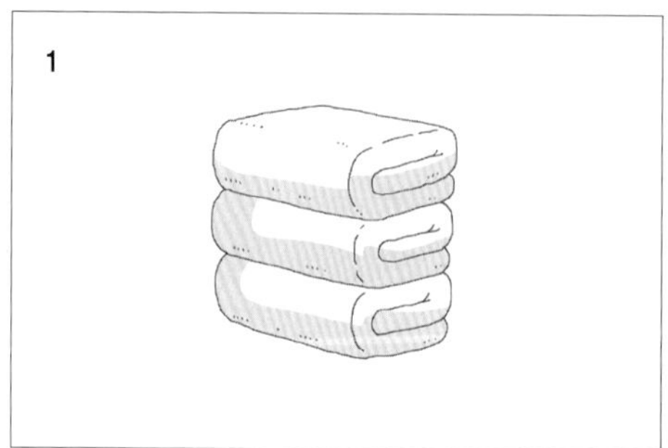

2

3

4

4 46

1
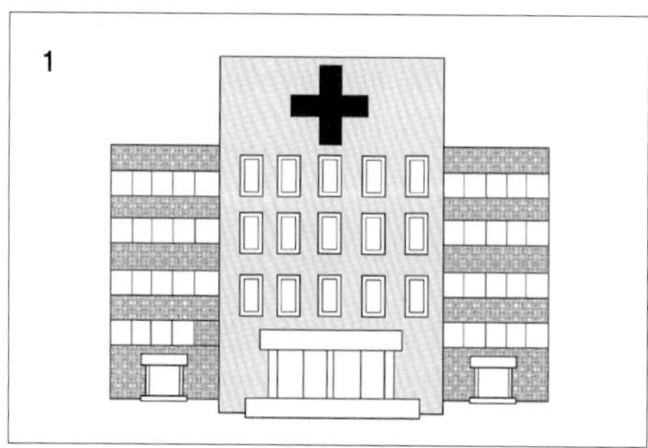

2

3
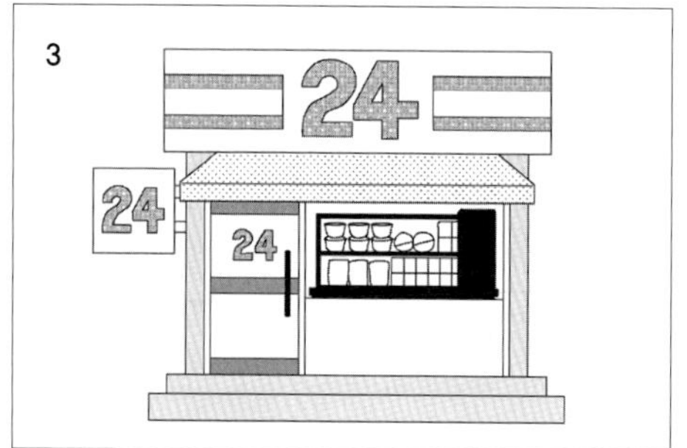

4

해설편 117p

5 47

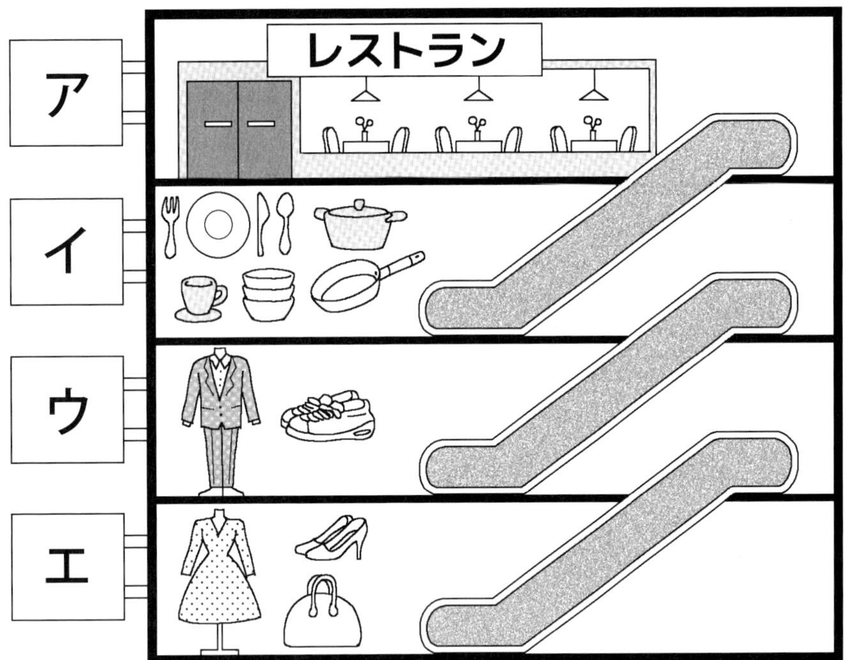

1 エ→ウ→イ→ア

2 ウ→エ→イ→ア

3 ウ→エ→ア→イ

4 ア→エ→ウ→イ

해설편 119p

6 48

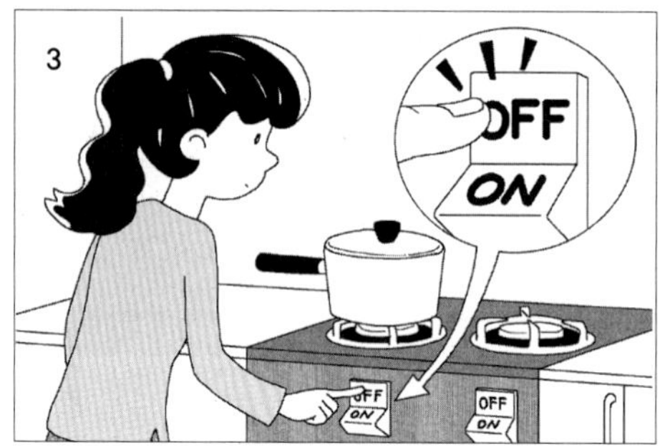

7 49

1 学生(がくせい)たちに　来週(らいしゅう)の　よていを　聞(き)く

2 じむ室(しつ)に　かいぎ室(しつ)の　よていを　聞(き)く

3 けんきゅうかいの　よう日(び)と　時間(じかん)を　きめる

4 先生(せんせい)に　きまった　ことを　話(はな)す

해설편 120p

8 50

1

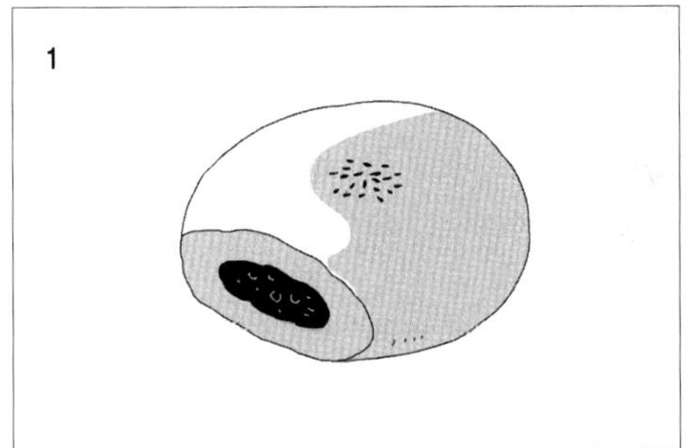

2

3

4

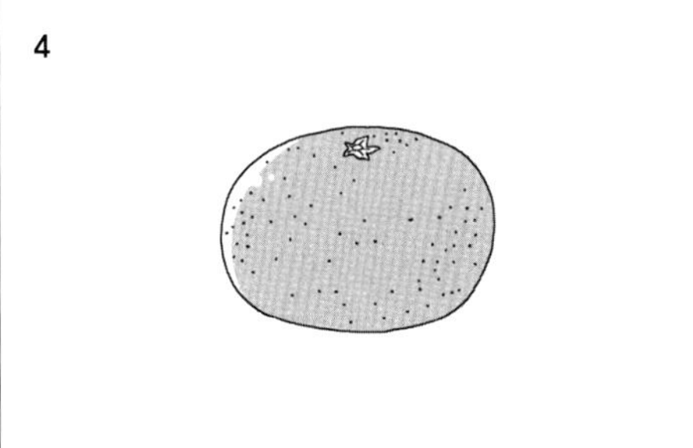

もんだい 2 포인트 이해 실전문제

51~57

もんだい 2　もんだい 2 では、まず　しつもんを　聞いて　ください。そのあと　もんだいようしを　見て　ください。読む　時間が　あります。それから　話を　聞いて、もんだいようしの　1 から　4 の　中から、いちばん　いい　ものを　一つえらんで　ください。

1　51

1　きょうしつの　前

2　じむ室の　前

3　としょかん

4　ちかの　カフェ

2　52

1　本が　とても　ちいさい　こと

2　スマホで　本が　読める　こと

3　じが　ちいさくて　読みにくい　こと

4　デザインが　きれいで　たかく　ない　こと

3 53

1 ゲームを　した

2 山(やま)に　のぼった

3 テレビを　見(み)た

4 かいものに　行(い)った

4 54

1 朝(あさ)　おきて　ゲームを　して　いたから

2 朝(あさ)　おきられなかったから

3 アラームを　セットしなかったから

4 かぜを　ひいたから

5 55

1 ボールペンで　書(か)く　こと

2 けしゴムを　つかう　こと

3 じしょを　つかう　こと

4 101ごう室(しつ)へ　行(い)く　こと

해설편 126p

6 56

1 カナダ

2 オーストラリア

3 アメリカ

4 イギリス

7 57

1 1番(ばん)

2 2番(ばん)

3 5番(ばん)

4 6番(ばん)

もんだい 3 발화 표현 실전문제

58~62

もんだい 3　もんだい 3 では、えを　見ながら　しつもんを　聞いて　ください。
➡（やじるし）の　人は　何と　言いますか。1 から　3 の　中から、いちばん　いい　ものを　一つ　えらんで　ください。

1　🎧58

2 59

3 60

해설편 130p

もんだい 4 즉시 응답 실전문제

해설편 132~134p

63~70

もんだい 4　もんだい 4 では、えなどが　ありません。まず　ぶんを　聞(き)いて　ください。それから、その　へんじを　聞(き)いて　1 から　3 の　中(なか)から、いちばん　いい　ものを　一(ひと)つ　えらんで　ください。

― メモ ―

63~70

MEMO

JLPT N4

Test

모의고사

언어지식 (문자・어휘・문법)

			문제 유형	문항 및 배점	점수
언어지식	문자・어휘	문제 1	한자 읽기	7문제 × 1점	7
		문제 2	표기	5문제 × 1점	5
		문제 3	문맥 규정	8문제 × 1점	8
		문제 4	유의 표현	4문제 × 1점	4
		문제 5	용법	4문제 × 1점	4
	문법	문제 1	문법형식 판단	13문제 ×1점	13
		문제 2	문장 만들기	4문제 × 1점	4
		문제 3	글의 문법	4문제 × 1점	4
합계					49

★ 득점환산법(60점 만점) [득점] ÷ 49 × 60 = [ ]점

독해

		문제 유형	문항 및 배점	점수
독해	문제 4	내용 이해(단문)	3문제 × 7점	21
	문제 5	내용 이해(중문)	3문제 × 7점	21
	문제 6	정보 검색	2문제 × 8점	16
합계				58

★ 득점환산법(60점 만점) [득점] ÷ 58 × 60 = [ ]점

청해

		문제 유형	문항 및 배점	점수
청해	문제 1	과제 이해	8문제 × 3점	24
	문제 2	포인트 이해	7문제 × 3점	21
	문제 3	발화 표현	5문제 × 2점	10
	문제 4	즉시 응답	8문제 × 1점	8
합계				63

★ 득점환산법(60점 만점) [득점] ÷ 63 × 60 = [ ]점

＊ 위의 배점표는 시사일본어사에서 작성한 것으로, 실제 시험과는 약간의 오차가 생길 수 있습니다.

＊ 모의고사 정답은 해설편 138p에서 확인할 수 있습니다.

N4

げんごちしき（もじ・ごい）

（25ふん）

ちゅうい
Notes

1. しけんが はじまるまで、この もんだいようしを あけないで ください。
   Do not open this question booklet until the test begins.
2. この もんだいようしを もって かえる ことは できません。
   Do not take this question booklet with you after the test.
3. じゅけんばんごうと なまえを したの らんに、じゅけんひょうと おなじように かいて ください。
   Write your examinee registration number and name clearly in each box below as written on your test voucher.
4. この もんだいようしは、ぜんぶで 9ページ あります。
   This question booklet has 9 pages.
5. もんだいには かいとうばんごうの 1、2、3… が あります。かいとうは、かいとうようしに ある おなじ ばんごうの ところに マークして ください。
   One of the row numbers 1, 2, 3 … is given for each question. Mark your answer in the same row of the answer sheet.

じゅけんばんごう Examinee Registration Number	

なまえ Name	

もんだい1 ＿＿＿＿の ことばは ひらがなで どう かきますか。1・2・3・4から いちばん いい ものを ひとつ えらんで ください。

（れい） そとに 出て、れんしゅうを しましょう。

1 でて　　2 だて　　3 でして　　4 だして

（かいとうようし）

（れい）	● ② ③ ④

---

1 ながい あいだ 本を よんでいたので 首が いたいです。

1 め　　2 みみ　　3 くび　　4 あたま

2 だされた りょうりは 全部 たべました。

1 でんぶ　　2 そうぶ　　3 かんぶ　　4 ぜんぶ

3 コップを 洗って ください。

1 わって　　2 とって　　3 ひろって　　4 あらって

4 もう 空（そら）が 暗く なりました。

1 あかるく　　2 くらく　　3 おもく　　4 やすく

5 アルバイトの せんぱいは わたしに 親切に して くれます。

1 しんせつに　　2 たいせつに　　3 おやせつに　　4 けんせつに

6 その　にもつは　わたしが　運びますよ。

1　はこびます　　2　あそびます　　3　えらびます　　4　よびます

7 ともだちと　8時に　会う　約束を　しました。

1　よくそつ　　2　よくそく　　3　やくそつ　　4　やくそく

もんだい2 ＿＿＿＿の ことばは どう かきますか。1・2・3・4から いちばん いい ものを ひとつ えらんで ください。

（れい） はしの したに かわが あります。

1 上　　2 下　　3 丁　　4 干

（かいとうようし）

（れい）	① ● ③ ④

---

8 わたしは くるまの うんてんが できません。

1 雲伝　　2 雲転　　3 運伝　　4 運転

9 あねが さんにん います。

1 弟　　2 兄　　3 姉　　4 妹

10 かれは ひくい こえで はなしますね。

1 早い　　2 遠い　　3 遅い　　4 低い

11 きのう おくった メールを 見て ください。

1 迭った　　2 送った　　3 迷った　　4 返った

12 その ひは とくべつな りょうりを つくって、食べます。

1 特別　　2 持別　　3 特列　　4 持列

もんだい3　（　　　　）に　なにを　いれますか。1・2・3・4から　いちばん　いい　ものを　ひとつ　えらんで　ください。

（れい）　こうこうで　にほんごを（　　　　）います。

1　まなんで　　2　はらって　　3　かわって　　4　わかって

（かいとうようし）

（れい）	● ② ③ ④

13　よばれて　へんじを　しないのは（　　　　）です。

1　しつれい　　2　かんたん　　3　ふくざつ　　4　ていねい

14　この　かんじは　読めますが（　　　　）が　わかりません。

1　ところ　　2　いみ　　3　しゅみ　　4　ゆめ

15　ともだちと　つい（　　　　）えきまえで　わかれました。

1　きっと　　2　もっと　　3　やっと　　4　さっき

16　となりの　おとこの　こは　（　　　　）わらって　います。

1　いつか　　2　いつも　　3　いつから　　4　いつまで

17　すきな　かしゅの　サインを　もらって（　　　　）です。

1　うすかった　　2　あぶなかった

3　うれしかった　　4　やさしかった

18 まいあさ　ジョギングで　3（　　　　）くらい　走(はし)って　います。

1　グラム　　2　キロ　　3　センチ　　4　メートル

19 かずを（　　　　）とき、ゆびを　つかう　ことも　あります。

1　うたう　　2　はかる　　3　ならべる　　4　かぞえる

20 小川(おがわ)さんに　テストの　日を　メールで（　　　　）。

1　わかりました　　2　つたえました

3　しょうかいしました　　4　しょうたいしました

もんだい4 ＿＿＿＿の　ぶんと　だいたい　おなじ　いみの　ぶんが　あります。1・2・3・4 から　いちばん　いい　ものを　ひとつ　えらんで　ください。

（れい）この　かばんは　とても　じょうぶです。

1　この　かばんは　とても　軽（かる）いです。

2　この　かばんは　ものが　たくさん　入ります。

3　この　かばんは　デザインが　いいです。

4　この　かばんは　とても　強（つよ）いです。

（かいとうようし）

（れい）	①　②　③　●

---

21 よるは　ゆきに　なる　かもしれません。

1　よるは　ゆきが　ふる　かもしれません。

2　よるは　ゆきが　かならず　ふります。

3　よるは　ゆきが　ふりません。

4　よるは　ゆきが　やむでしょう。

22 パソコンの　ちょうしが　あまり　よく　ありません。

1　パソコンは　もんだいなく　うごきます。

2　パソコンが　うまく　うごきません。

3　パソコンは　あまり　つかいません。

4　パソコンを　つかうのは　よく　ありません。

23 その　映画(えいが)を　見て　なきました。

1　その　映画(えいが)を　見て　びっくりしました。
2　その　映画(えいが)を　見て　なみだが　でました。
3　その　映画(えいが)を　見て　うれしく　なりました。
4　その　映画(えいが)を　見て　おどろきました。

24 先生は　山田(やまだ)さんに　ちゅういしました。

1　山田(やまだ)さんは　先生に「よく　できました」と　言われました。
2　山田(やまだ)さんは　先生に「やすんで　いいですよ」と　言われました。
3　山田(やまだ)さんは　先生に「もう　いちど　やりなさい」と　言われました。
4　山田(やまだ)さんは　先生に「きを　つけて　くださいね」と　言われました。

もんだい5　つぎの　ことばの　つかいかたで　いちばん　いい　ものを　1・2・3・4から　ひとつ　えらんで　ください。

（れい）　おたく

1　こんど　おたくに　遊びに　来て　ください。

2　また、おたくを　する　ときは　教(おし)えて　ください。

3　もしもし、田中(たなか)さんの　おたくですか。

4　子どもには　おたくが　ひつようです。

（かいとうようし）

（れい）	①　②　●　④

25　たいてい

1　ちちは　日よう日　たいてい　いえに　います。

2　いつもの　電車に　乗れなくて　たいていな　ことに　なって　しまいました。

3　友だちと　同じ　アパートに　すむのは　なかなか　たいていです。

4　きのう　東京(とうきょう)で　とても　たいていの　あめが　ふりました。

26　せんたく

1　友だちが　くるので　へやを　せんたくしました。

2　3日かん　きた　シャツを　せんたくしました。

3　パンも　たまごも　なくなったので　せんたくして　きます。

4　やさいは　きる　前に　せんたくします。

27 つまらない

1　さいきん　ごはんを　食べる　時間が　ない　くらい　しごとが　つまらないです。

2　アルバイトを　はじめてから、べんきょうする　時間が　つまらなく　なって
　きました。

3　この　時間の　テレビの　ばんぐみは　どれも　とても　つまらないです。

4　アパートは　あたらしいですが、この　へやは　つまらないので、あまり　にもつが
　おけません。

28 じこ

1　Aと　Bの　あいだには　いままでも　いろいろな　じこが　ありました。

2　ここに　来る　とちゅう、道(みち)で　じどうしゃの　じこを　見ました。

3　きょうしつで　学生と　学生が　じこを　しました。

4　川島(かわしま)さんは　いま　大きな　じこに　かかって　びょういんに　います。

Language Knowledge (Grammar)・Reading

問題用紙

N4

言語知識（文法）・読解

(55分)

注意

Notes

1. 試験が始まるまで、この問題用紙を開けないでください。

   Do not open this question booklet until the test begins.

2. この問題用紙を持って帰ることはできません。

   Do not take this question booklet with you after the test.

3. 受験番号と名前を下の欄に、受験票と同じように書いてください。

   Write your examinee registration number and name clearly in each box below as written on your test voucher.

4. この問題用紙は、全部で15ページあります。

   This question booklet has 15 pages.

5. 問題には解答番号の 1 、 2 、 3 … があります。
   解答は、解答用紙にある同じ番号のところにマークしてください。

   One of the row numbers 1, 2, 3 … is given for each question. Mark your answer in the same row of the answer sheet.

受験番号 Examinee Registration Number	
名前 Name	

もんだい１　（　　　　）に　何を　入れますか。１・２・３・４から　いちばん　いい　ものを　一つ　えらんで　ください。

（例）　これ　（　　　）　えんぴつです。

1　に　　　2　を　　　3　は　　　4　や

（解答用紙）　| （例） | ①　②　●　④ |

1　あけまして　おめでとう　ございます。今年（　　　）よろしく　お願いします。

1　に　　　2　が　　　3　も　　　4　を

2　もう　少しで　この　仕事が　終わるので、さいご（　　　）やってから　帰ります。

1　にも　　　2　まで　　　3　から　　　4　しか

3　私は　元気で　がんばって　いると　ご家族の　みなさん（　　　）お伝えください。

1　なら　　　2　より　　　3　とも　　　4　にも

4　いつも　何時（　　　）、いえに　お戻りに　なりますか。

1　ほど　　　2　から　　　3　より　　　4　ごろ

5　大阪の　人は　話す（　　　）はやいです。

1　のに　　　2　のが　　　3　とは　　　4　には

6 田中　「トニーさん、料理は　上手に　なった？」
トニー「おいしい　カレーが　作れる（　　　　）に　なりました。」
1　とか　　2　など　　3　よう　　4　もの

7 今は　インターネットを（　　　　）たくさんの　人に　アンケートが　できます。
1　使えば　　2　使えないで　　3　使うのも　　4　使うのを

8 自分の　教科書に　名前を　書くのは、同じ　教科書を　使って　いる　友だちの　ものと（　　　　）ように　するためです。
1　間違えても　よい　　2　間違えられても　よい
3　間違えさせる　　4　間違えられない

9 試験が　終わった　あとで、答えを　書く　ところを　間違えた　こと（　　　　）気が　ついた。
1　の　　2　が　　3　に　　4　で

10 佐藤さんは　とても　やさしくて　親切なので（　　　　）も　愛されています。
1　だれ　　2　だれが　　3　だれとで　　4　だれから

11 前田「リーさん、いつも（　　　　）国の　家族に　連絡しますか。」
リー「メールを　書く　ことが　多いです。」
1　どういう　　2　どちらの　　3　どうやって　　4　どのぐらい

12 山本「バス、なかなか　来ませんね。」
村田「ええ。(スマートフォンを　見て)　あ、道が　混んで　いて（　　　　）よ。」
山本「そうなんですね。」

1　遅れて　いる　ようです　　　2　遅れました
3　遅れないかもしれません　　　4　遅れて　いる　ところです

13 大山「すてきな　絵ですね。どなたかの　プレゼントですか？」
谷川「ええ、結婚の　お祝いに　佐藤さんが（　　　　）。」

1　いただいたんです　　　2　おもらいに　なったんです
3　くださったんです　　　4　さしあげられたんです

もんだい2　＿★＿に　入る　ものは　どれですか。1・2・3・4から　いちばん　いい　ものを　一つ　えらんで　ください。

（問題例(もんだいれい)）　＿＿＿　＿＿＿　＿★＿　＿＿＿　すみたいです。

1　へや　　2　きれいな　　3　に　　4　ひろくて

（答え方(かた)）

1．正(ただ)しい　文(ぶん)を　作(つく)ります。

＿＿＿　＿＿＿　＿★＿　＿＿＿　すみたいです。 4 ひろくて　2 きれいな　1 へや　3 に

2．＿★＿に　入(はい)る　番号(ばんごう)を　黒(くろ)く　ぬります。

（解答用紙(かいとうようし)）

（例(れい)）	● ② ③ ④

14　この　ごろ　＿＿＿　＿＿＿　＿★＿　＿＿＿　ことが　できません。

1　描(か)く　　2　絵(え)を　　3　好(す)きな　　4　時間が　なくて

15　ホワイトボードに　＿＿＿　＿＿＿　＿★＿　＿＿＿　んですが。

1　教(おし)えて　いただきたい　　2　字(じ)の　読み方を

3　書いて　ある　　4　上(うえ)から　4つ目(め)の

16　明日　必(かなら)ず　＿＿＿　＿＿＿　＿★＿　＿＿＿　授業(じゅぎょう)の　ノートを　貸(か)して　いただけませんか。

1　今日　　2　返(かえ)します　　3　やった　　4　から

17 アイ「この　本、ありがとう　ございました。」

石井(いしい)「えっ、もう　全部(ぜんぶ)　読んだんですか」

アイ「家で ＿＿＿ ＿＿＿ ★ ＿＿＿ したんです。

1　面白(おもしろ)そうなので　　　　2　読む　ことに

3　自分(じぶん)で　買って　　　　4　読み始(はじ)めたら

もんだい 3　[18]から[21]に　何を　入れますか。文章の　意味を　考えて、1・2・3・4から　いちばん　いい　ものを　一つ　えらんで　ください。

下の　文章は　留学生の　スピーチの　原稿です。

オムライスの　作り方

マイケル

みなさんは　オムライスを　知って　いますか。今日[18]　オムライスの　作り方を　みなさんに　[19]と　思います。作り方は、とても　簡単です。必要なものは、たまご、たまねぎ、とりにく、ごはん、ケチャップ、塩、コショーです。

[20]、フライパンに　油を　少し　ひき、たまねぎと　とりにくを　いためます。塩、コショーも　入れて　ください。しばらくしたら、ごはんを　入れて　ください。そして、その　ごはんに　ケチャップを　かけます。これで　チキンライスが　できました。チキンライスは　おさらに　入れて　おきます。

次に　たまご焼きを　作ります。油を　入れた　フライパンに、たまごを　入れます。たまごが　焼け始めたら、さっき　[21]　チキンライスを　その　たまごの上に　置いて、たまごで　包んだら　できあがりです。簡単でしょう？　ぜひ、一度、作って　みて　ください。

18

1 に　　2 で　　3 は　　4 も

19

1 お教(おし)えに　なりたい　　2 教(おし)えて　やりたい

3 教(おし)えて　もらいたい　　4 お教(おし)え　したい

20

1 そして　　2 それに　　3 まず　　4 たとえば

21

1 作(つく)る　　2 作(つく)って　　3 作(つく)った　　4 作(つく)ります

もんだい４　つぎの(1)から(3)の文章を読んで、質問に答えてください。答えは、１・２・３・４から、いちばんいいものを一つえらんでください。

(1) このお知らせが日本語教室の部屋の壁にはってあります。

学生のみなさんへのお願い

先週、部屋にだれもいないのに、電気とエアコンがついていました。

みなさんにお願いがあります。最後に部屋を出る人は、この下に書いてある１～４のことをたしかめてから帰るようにしてください。

1　エアコンのリモコンのスイッチを「停止」にする。

2　天井の電気を消す。

3　教室のドアを閉める。

4　一階に降りて、もし、一階の事務室に事務の先生がいたら「エアコンと電気は消しました」と言う。

以上です。エネルギーをむだにしないために、どうぞよろしくお願いします。

20〇〇年10月11日　さくら学園

22　最後に部屋を出る人は、どうしなければなりませんか。

1　部屋に他の学生がいても、自分が部屋を出るときはエアコンを消す。

2　寒いときは、部屋にだれもいなくても、エアコンをつけたままにしておく。

3　自分が最後になったときは、部屋のエアコンと電気を消す。

4　事務室にいる事務の先生に必ず、あいさつをして帰る。

(2)

私は本を読むのが大好きです。だから本屋さんも好きですし、本の情報も好きです。本屋さんに行って「もうすぐ出る本」というパンフレットが置いてあったら、必ずもらいます。人気のある本を読むだけでなく、これから出るおもしろそうな本について知るのも私の楽しみの一つです。

23 私が楽しみにしていないことは何ですか。

1 本屋に行くこと
2 本屋で人気のある本を全部買う事
3 本屋で「もうすぐ出る本」というパンフレットをもらうこと
4 本についての情報を手に入れること

(3)　これは、川井部長からロドリゲスさんに届いたメールです。

ロドリゲスさん

さきほどはお電話をありがとうございました。電話で、「次回の会議は９月12日(月)午前10時に」とお願いしましたが、そのあと、出張が入りました。そのため、この日に伺うことができなくなってしまいました。

その次の週の「月曜、水曜、金曜の午後３時よりあと」であれば、いつでも大丈夫です。ご都合の良い日と時間をお知らせください。

20〇〇年８月９日

川井

24　ロドリゲスさんは、川井さんに何を知らせなければなりませんか。

1　会議の予定が変わったこと

2　出張の予定が変わったこと

3　自分が会議に参加できる曜日と時間

4　９月19日（月）からの予定

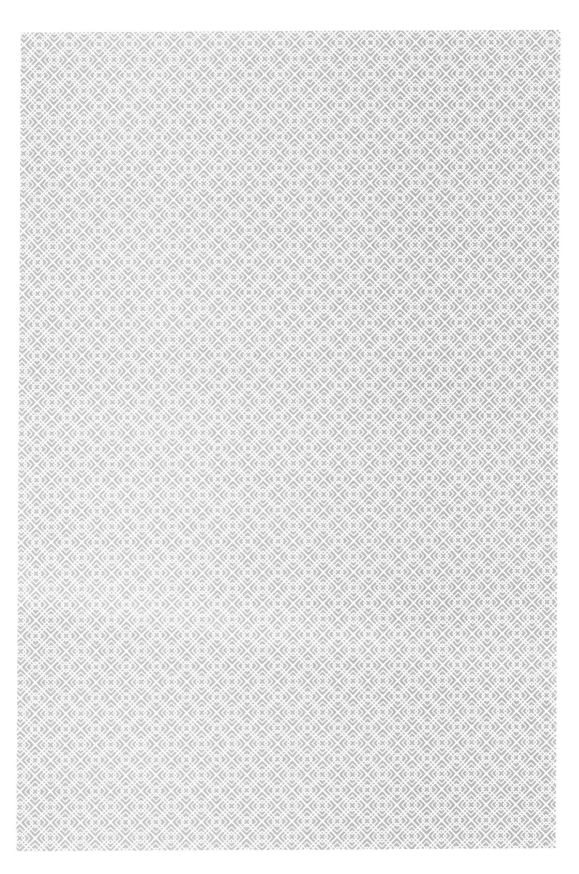

もんだい5　つぎの文章を読んで、質問に答えてください。答えは、1・2・3・4から、いちばんいいものを一つえらんでください。

これはブー・ナム・アインさんが書いた作文です。

俳句を読む

ブー・ナム・アイン

先週の俳句の授業の中でたくさんの俳句が紹介されました。その中で私がいちばんすてきだなと思ったのは「打ち上げを　見て帰り来て　庭花火」という俳句です。「家族で、打ち上げ花火を見に行った。そして家に帰ってきて、庭で子どもたちが小さな花火をした」ことを書いた俳句だと思います。「なぁんだ」と思う人もいるかもしれません。この俳句の中にあるのは「外で大きな花火を見た」「うちに帰ってから庭で花火をした」という２つのことだけですから。でもこの俳句を読んで、私はとても幸せな気持ちになりました。

打ち上げ花火からもどって、うちに着いて、子どもたちが親に「庭で花火がやりたい」と言ったのでしょう。それを聞いた親は「さっき、外で大きな花火を見たでしょう。」と言うこともできました。でも、この子の親はそんなことは言いませんでした。そのことが、とても私にはうれしかったから、この俳句を好きになったのだと思います。

俳句はとても短いです。だから（　　　　　）。でも、人はそこに書かれていないことばを見つけることができるのではないでしょうか。私は、俳句の中には書かれていない「親子の会話」を見つけました。

25 アインさんは、なぜ「なぁんだ」と思う人もいるかもしれないと考えましたか。

1 アインさんが、俳句(はいく)についてはじめに説明(せつめい)してしまったから
2 アインさんの好きな俳句(はいく)がたった一つしか紹介(しょうかい)されていないから
3 アインさんがこの俳句(はいく)をすてきだと思った理由(りゆう)がわからないから
4 アインさんがすてきだと思った俳句(はいく)は２つのことを言っているだけだから

26 「外で大きな花火(はなび)を見たでしょう」はどんな意味(いみ)ですか。

1 外で打(う)ち上げ花火(はなび)を見たのだから、お風呂(ふろ)に入りなさい。
2 外で打(う)ち上げ花火(はなび)を見たのだから、ごはんを食べなさい。
3 外で打(う)ち上げ花火(はなび)を見たのだから、そのことを日記(にっき)に書きなさい。
4 外で打(う)ち上げ花火(はなび)を見たのだから、庭(にわ)で花火(はなび)をするのはやめなさい。

27 (　　　)に入れるのに、いちばんいい文はどれですか。

1 俳句(はいく)は短い時間で作(つく)ることができます。
2 俳句(はいく)をいくつも作(つく)れば、たくさんのことが言えます。
3 俳句(はいく)の中で、言いたいことのすべてを書くことはできません。
4 俳句(はいく)の中で、自分(じぶん)が書いたことだけが、読む人に理解(りかい)されます。

もんだい6　右のページのお知らせを見て、下の質問に答えてください。答えは、1・2・3・4から、いちばんいいものを一つえらんでください。

28 サチンタさんは11月か12月の平日にボールを使(つか)ったスポーツを見たいと思っています。選(えら)ぶことができるものはいくつありますか

1　ひとつ

2　ふたつ

3　みっつ

4　よっつ

29 音楽(おんがく)を聞きたい人は、いくらあればチケットが買えますか。

1　3,000円(えん)

2　3,500円(えん)

3　4,000円(えん)

4　5,000円(えん)

ファイティング・スタジアム イベントカレンダー

	日にち		種類	内容	時間	チケット(料金)
11月	12	土曜日	サッカー	FC福岡 対 FC京都	15:00 キックオフ	前売りなし 3,000円～
	18	金曜日	バレーボール	青森アップルズ 対 熊本メロンズ	18:00 スタート	前売り中 3,500円
	19	土曜日	ラグビー	ドドンパ博多 対 ブッダ奈良	15:00 キックオフ	前売り中 4,000円
	29	火曜日	クラシック バレエ	東京クラシック バレエ研究会 第3回発表会	17:00 入場開始	一般販売 しません
12月	12	月曜日	クラシック コンサート	さくら交響楽団 演奏会	19:00 演奏開始	前売り中 S席 5,000円のみ
	18	日曜日	バレーボール	広島ワイルドキャット 対 徳島イーグルズ	18:00 スタート	前売り中
	19	月曜日	サッカー	FC大阪 対 FC北海道	14:00 キックオフ	売り切れ
	22	木曜日	モダン ダンス	千葉 モダンダンス教室	18:00 スタート	未定

N4

聴解

(40分)

71

注　意
Notes

1．試験が始まるまで、この問題用紙を開けないでください。
Do not open this question booklet until the test begins.

2．この問題用紙を持って帰ることはできません。
Do not take this question booklet with you after the test.

3．受験番号と名前を下の欄に、受験票と同じように書いてください。
Write your examinee registration number and name clearly in each box below as written on your test voucher.

4．この問題用紙は、全部で16ページあります。
This question booklet has 16 pages.

5．この問題用紙にメモをとってもいいです。
You may make notes in this question booklet.

受験番号 Examinee Registration Number	

名前 Name	

もんだい１

もんだい１では、まず　しつもんを　聞いて　ください。それから　話を　聞いて、もんだいようしの　１から　４の　中から、いちばん　いい　ものを　一つ　えらんで　ください。

れい 71_01

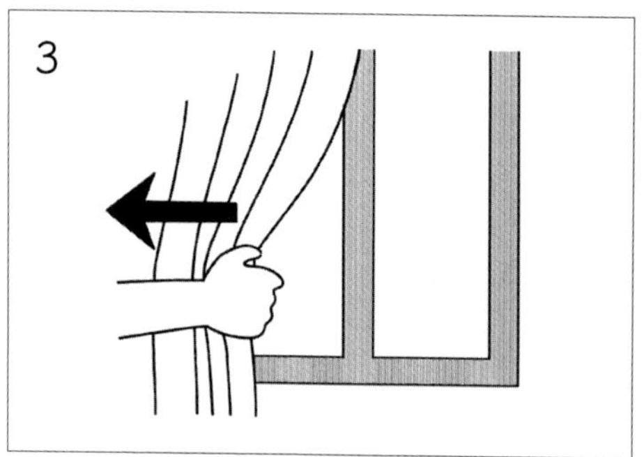

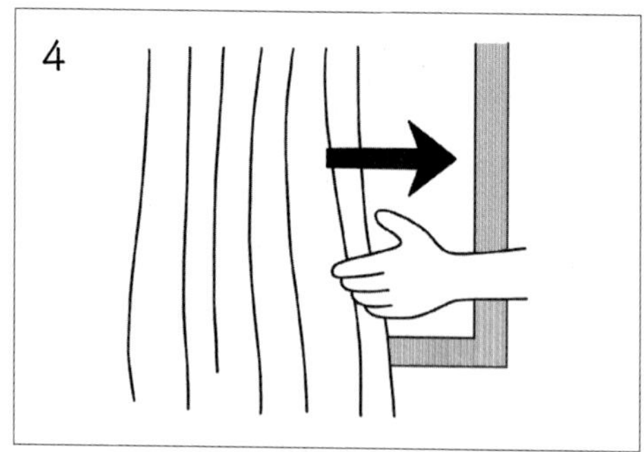

1ばん 71_02

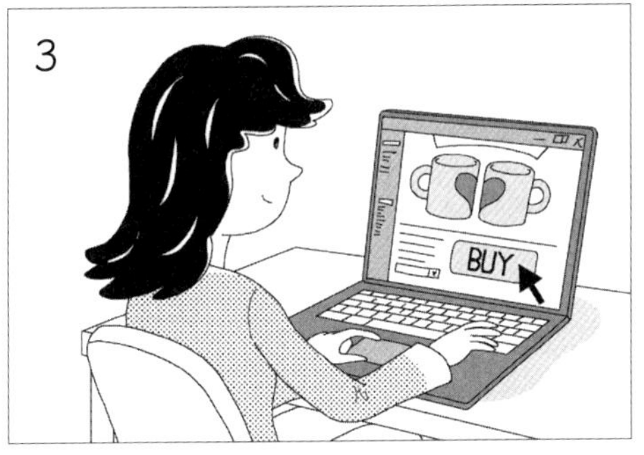

2ばん 71_03

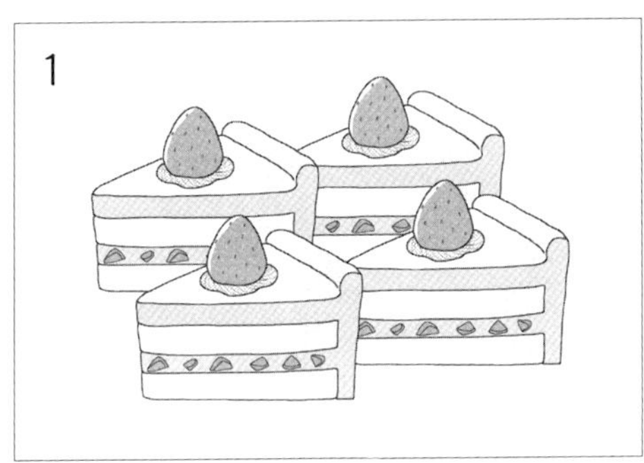

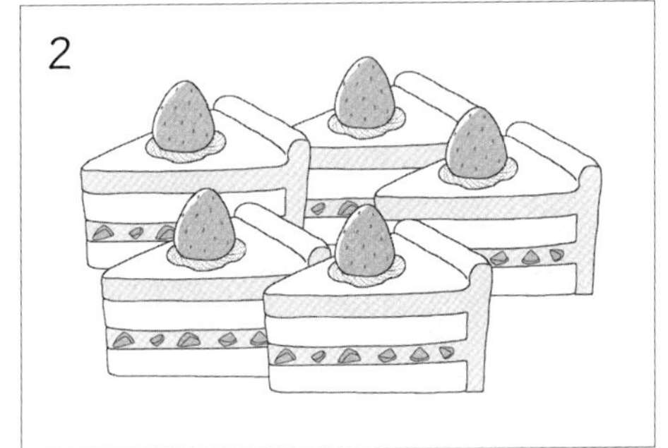

3ばん 71_04

1　くにの　料理(りょうり)に　ついて　チラシを　つくる

2　くにの　子(こ)どもの　遊(あそ)びに　ついて　チラシを　つくる

3　くにの　がっきに　ついて　チラシを　つくる

4　くにの　おまつりに　ついて　チラシを　つくる

4ばん 71_05

5ばん 71_06

6ばん 71_07

1　じぶんの　仕事(しごと)を　好(す)きに　なる　こと

2　じぶんの　仕事(しごと)を　作(つく)る　こと

3　じぶんの　仕事(しごと)を　うまく　する　こと

4　じぶんの　仕事(しごと)を　長(なが)く　つづける　こと

7ばん 71_08

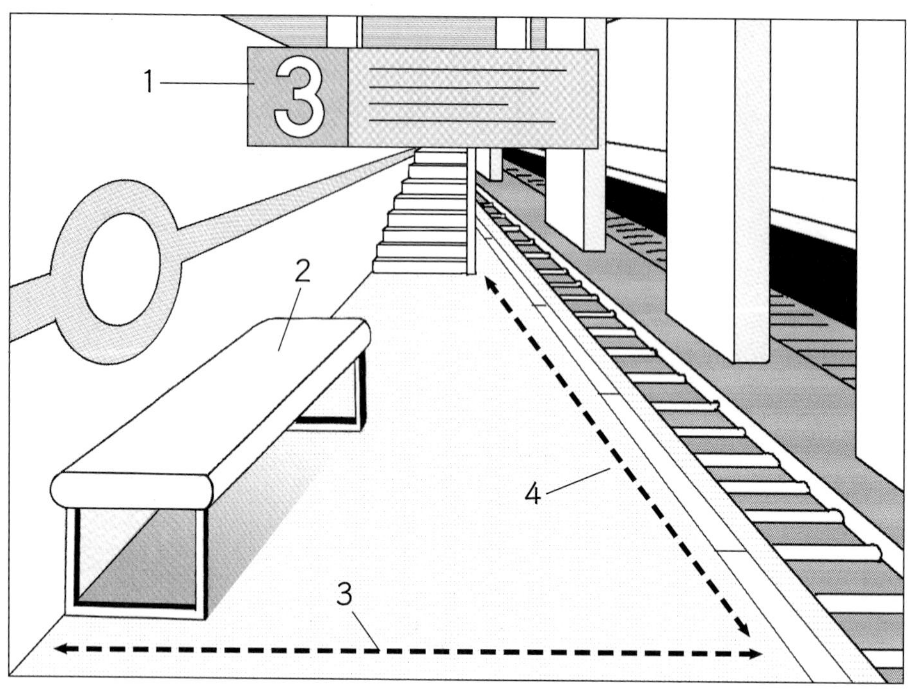

8ばん 71_09

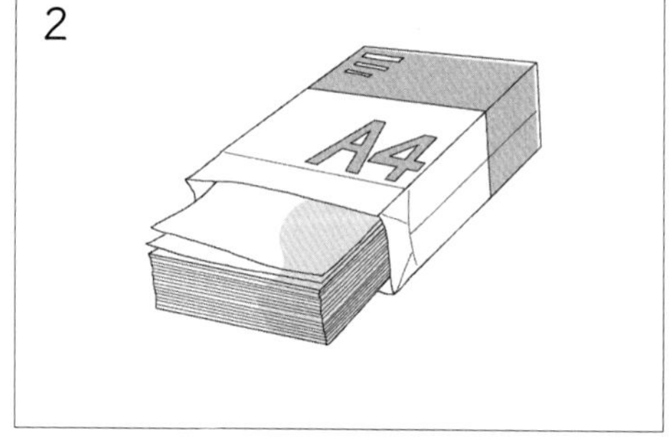

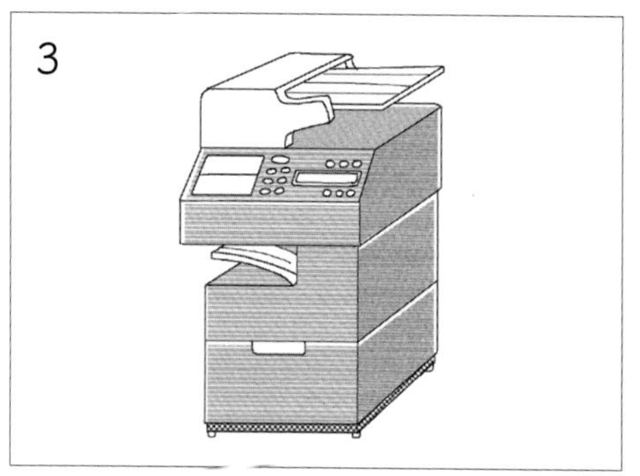

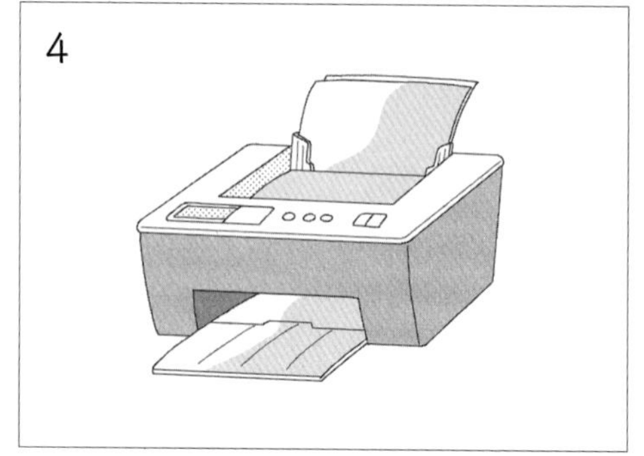

もんだい 2

もんだい 2 では、まず　しつもんを　聞(き)いて　ください。その　あと、もんだいようしを　見(み)て　ください。読(よ)む　時間(じかん)が　あります。それから　話(はなし)を　聞(き)いて、もんだいようしの　1 から　4 の　中(なか)から、いちばん　いい　ものを　一(ひと)つ　えらんで　ください。

れい 🎧 71_10

1　きょう

2　あした

3　あさって

4　金(きん)よう日(び)

1ばん 71_11

1　けさの　かいぎ

2　来週(らいしゅう)の　かいぎ

3　会社(かいしゃ)に　着(つ)いて　30分後(ぷんご)

4　きょうの　午後(ごご)

2ばん 71_12

1　仕事(しごと)が　たいへんだから

2　べんきょうに　時間(じかん)を　使(つか)いたいから

3　帰国(きこく)しなければ　ならなく　なったから

4　アルバイトの　かいすうを　少(すく)なく　して　くれないから

3ばん 71_13

1　2時に　来る

2　アルバイトが　おわるまでに　来る

3　えいがが　始まるまでに　来る

4　チケットを　買ってから　来る

4ばん 71_14

1　かぞくを　おどろかせたく　ないから

2　くろうして　入った　会社だから

3　りゅうがくするか　どうか　なやんで　いるから

4　いそいで　きめたから

5ばん 71_15

1　てんいんが　たくさんの　仕事を　する　こと

2　しょうひんを　きれいに　ならべる　こと

3　でんきや　ガスの　しはらいが　多い　こと

4　きせつの　イベントが　多い　こと

6ばん 71_16

1　たのしんで　食べる　こと

2　はやく　食べる　こと

3　たくさん　食べすぎない　こと

4　ごちそうを　食べる　こと

7ばん 71_17

1 ほかの 人の 書いた ろんぶんを たくさん 読む こと

2 ほかの 人に 書かれる 前に じぶんの 考えを 書く こと

3 じぶんのより おもしろい ろんぶんを 見つける こと

4 じぶんの ろんぶんを おわらせる こと

もんだい３

もんだい３では、えを　見ながら　しつもんを　聞いて　ください。➡（やじるし）の人は　何と　言いますか。１から　３の　中から、いちばん　いい　ものを　一つえらんで　ください。

れい 🎧71_18

1ばん 71_19

2ばん 71_20

3ばん 71_21

4ばん 71_22

5ばん 71_23

もんだい4

もんだい4では、えなどが　ありません。まず　ぶんを　聞(き)いて　ください。それから、その　へんじを　聞(き)いて、1から　3の　中(なか)から、いちばん　いい　ものを　一つ(ひと)　えらんで　ください。

— メモ —

71_24 ~ 71_32

にほんごのうりょくしけん
もぎしけん　かいとうようし

N4
げんごちしき(もじ・ごい)

じゅけんばんごうを　かいて、その　したの　マークらんに　マークして　ください。
Fill in your examinee registration number in this box, and then mark the circle for each digit of the number.

じゅけんばんごう
Examinee Registration Number

2		A	1	0	1	0	0	0	1	-	4	0	0	0	1

<ちゅうい　Notes>

1. くろいえんぴつ（HB、No.2）でかいてください。
   Use a black medium soft (HB or No.2) pencil.
   (ペンやボールペンではかかないでください。)
   (Do not use any kind of pen.)
2. かきなおすときは、けしゴムできれいにけしてください。
   Erase any unintended marks completely.
3. きたなくしたり、おったりしないでください。
   Do not soil or bend this sheet.
4. マークれい　Marking Examples

よいれい Correct Example	わるいれい Incorrect Examples
●	⊗ ◌ ◯ ⓞ ⊜ ◐ ●

あなたの　なまえを　ローマじで　かいて　ください。　Please print in block letters.

なまえ
Name

せいねんがっぴを　かいて、その　したの　マークらんに　マークして　ください。
Fill in your date of birth in this box, and then mark the circle for each digit of the number.

せいねんがっぴ(Date of Birth)

ねん Year	-	つき Month	-	ひ Day

もんだい 1	
1	① ② ③ ④
2	① ② ③ ④
3	① ② ③ ④
4	① ② ③ ④
5	① ② ③ ④
6	① ② ③ ④
7	① ② ③ ④

もんだい 2	
8	① ② ③ ④
9	① ② ③ ④
10	① ② ③ ④
11	① ② ③ ④
12	① ② ③ ④
もんだい 3	
13	① ② ③ ④
14	① ② ③ ④
15	① ② ③ ④
16	① ② ③ ④
17	① ② ③ ④
18	① ② ③ ④
19	① ② ③ ④
20	① ② ③ ④

もんだい 4	
21	① ② ③ ④
22	① ② ③ ④
23	① ② ③ ④
24	① ② ③ ④
もんだい 5	
25	① ② ③ ④
26	① ② ③ ④
27	① ② ③ ④
28	① ② ③ ④

じゅけんばんごうを　かいて、その　したの　マークらんに　マークして　ください。
Fill in your examinee registration number in this box, and then mark the circle for each digit of the number.

じゅけんばんごう
Examinee Registration Number

2		A	1	0	1	0	0	0	1	-	4	0	0	0	1

せいねんがっぴを　かいて、その　したの　マークらんに　マークして　ください。
Fill in your date of birth in this box, and then mark the circle for each digit of the number.

せいねんがっぴ(Date of Birth)

ねん Year					つき Month			ひ Day	
				-			-		

にほんごのうりょくしけん
もぎしけん　かいとうようし

N4
げんごちしき(ぶんぽう)・どっかい

<ちゅうい　Notes>

1. くろいえんぴつ（HB、No.2）でかいてください。
   Use a black medium soft (HB or No.2) pencil.
   (ペンやボールペンではかかないでください。)
   (Do not use any kind of pen.)
2. かきなおすときは、けしゴムできれいにけしてください。
   Erase any unintended marks completely.
3. きたなくしたり、おったりしないでください。
   Do not soil or bend this sheet.
4. マークれい　Marking Examples

よいれい Correct Example	わるいれい Incorrect Examples
●	⊗ ⊘ ◯ ⊙ ⊜ ◐ ●

あなたの　なまえを　ローマじで　かいて　ください。　Please print in block letters.

なまえ Name	

もんだい 1	
1	① ② ③ ④
2	① ② ③ ④
3	① ② ③ ④
4	① ② ③ ④
5	① ② ③ ④
6	① ② ③ ④
7	① ② ③ ④
8	① ② ③ ④
9	① ② ③ ④
10	① ② ③ ④
11	① ② ③ ④
12	① ② ③ ④
13	① ② ③ ④

もんだい 2	
14	① ② ③ ④
15	① ② ③ ④
16	① ② ③ ④
17	① ② ③ ④
もんだい 3	
18	① ② ③ ④
19	① ② ③ ④
20	① ② ③ ④
21	① ② ③ ④

もんだい 4	
22	① ② ③ ④
23	① ② ③ ④
24	① ② ③ ④
もんだい 5	
25	① ② ③ ④
26	① ② ③ ④
27	① ② ③ ④
もんだい 6	
28	① ② ③ ④
29	① ② ③ ④

じゅけんばんごうを　かいて、その　したの　マークらんに　マークして　ください。
Fill in your examinee registration number in this box, and then mark the circle for each digit of the number.

じゅけんばんごう
Examinee Registration Number

2 A 1 0 1 0 0 0 1 - 4 0 0 0 1

せいねんがっぴを　かいて、その　したの　マークらんに　マークして　ください。
Fill in your date of birth in this box, and then mark the circle for each digit of the number.

せいねんがっぴ(Date of Birth)

ねん Year ― つき Month ― ひ Day

にほんごのうりょくしけん
もぎしけん　かいとうようし

N4
ちょうかい

<ちゅうい　Notes>

1. くろいえんぴつ（HB、No.2）でかいてください。
Use a black medium soft (HB or No.2) pencil.
（ペンやボールペンではかかないでください。）
(Do not use any kind of pen.)
2. かきなおすときは、けしゴムできれいにけしてください。
Erase any unintended marks completely.
3. きたなくしたり、おったりしないでください。
Do not soil or bend this sheet.
4. マークれい　Marking Examples

よいれい Correct Example	わるいれい Incorrect Examples
●	⊗ ◌ ◯ ⊙ ⊜ ◐ ◍

あなたの　なまえを　ローマじで　かいて　ください。　Please print in block letters.

なまえ
Name

もんだい　1

れい	①	②	●	④
1	①	②	③	④
2	①	②	③	④
3	①	②	③	④
4	①	②	③	④
5	①	②	③	④
6	①	②	③	④
7	①	②	③	④
8	①	②	③	④

もんだい　2

れい	①	●	③	④
1	①	②	③	④
2	①	②	③	④
3	①	②	③	④
4	①	②	③	④
5	①	②	③	④
6	①	②	③	④
7	①	②	③	④

もんだい　3

れい	①	●	③
1	①	②	③
2	①	②	③
3	①	②	③
4	①	②	③
5	①	②	③

もんだい　4

れい	●	②	③
1	①	②	③
2	①	②	③
3	①	②	③
4	①	②	③
5	①	②	③
6	①	②	③
7	①	②	③
8	①	②	③

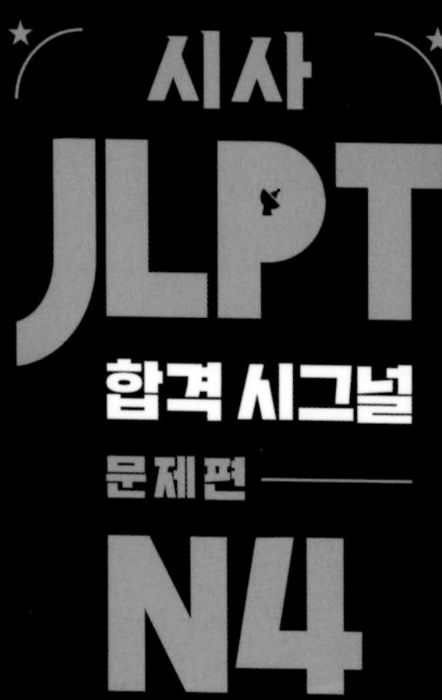

선택하는 순간
합격의 신호가 보인다!

- 합격은 물론, 고득점 취득까지 한번에 해결
- 독학 학습자의 눈높이에 맞는 맞춤형 해설
- 기출 문제와 동일한 난이도의 문제를 엄선
- 일본어능력시험 전문 강사의 명쾌한 족집게 강의
- 체계적인 단계별 학습으로 실제 시험에 완벽 대비

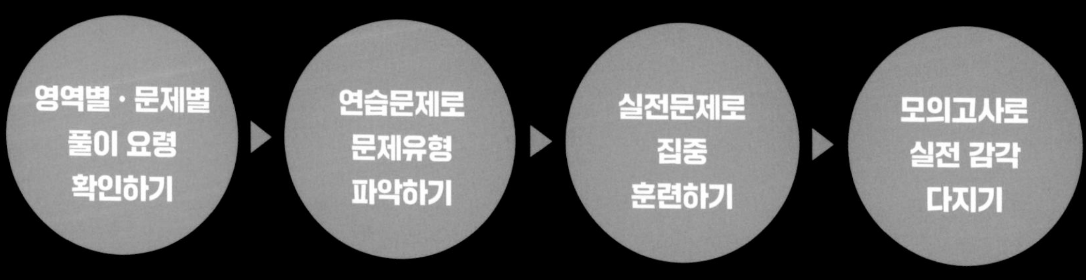

MP3 무료 다운로드
www.sisabooks.com

값 24,000원

Designed by SISA Books

Since1977
시사 Dream,
Education can make dreams come true.

ISBN 978-89-402-9353-9 14730
ISBN 978-89-402-9341-6 (set)

시사

일본어능력시험

JLPT

합격 시그널

저자 青山ゆたか, 青山美佳, 大阪 YMCA

해설편

모의고사
2회분
교재 1회 • 온라인 1회

모의고사
무료 동영상

무료 MP3
음성 QR

시험직전
막판 뒤집기
문법•단어
퀴즈

N4

시사일본어사

집필진

아오야마 유타카(青山ゆたか)

- 오사카외국어대학(현 오사카대학외국어학부) 영어학과 졸업

저서

일본어능력시험 예상문제집 시리즈(공저), 국서간행회
일본유학시험대책 기술문제 테마 100(범인사)

아오야마 미카(青山美佳)

- 세이조대학문예학부 매스커뮤니케이션학과 졸업

저서

일본어능력시험 예상문제집 시리즈(공저), 국서간행회
한자 퍼즐 & 퀴즈(The Japan Times)

오사카 YMCA(大阪 YMCA)

- 1969년 설립된 일본 오사카 소재의 명문 일본어 교육 학교
  실용일본어 코스, 전문학교 진학 코스, 국제 비즈니스 학과 등
  다양한 일본어 전문 커리큘럼 운영 중

집필 협력

- **정효선** 시사일본어학원 강사
- **최민경** 시사일본어학원 강사

모의고사 무료 학습 자료

모의고사
음성 듣기

모의고사
영상 보기

저자 青山ゆたか, 青山美佳, 大阪YMCA

일본어능력시험
시사 JLPT 합격시그널 해설편 N4

초판발행 2023년 3월 20일
1판 2쇄 2024년 8월 15일

저자 青山ゆたか(아오야마 유타카), 青山美佳(아오야마 미카), 大阪YMCA(오사카YMCA)
편집 김성은, 조은형, 오은정, 무라야마 토시오
펴낸이 엄태상
디자인 권진희, 이건화
조판 김성은
콘텐츠 제작 김선웅, 장형진
마케팅 이승욱, 왕성석, 노원준, 조성민, 이선민
경영기획 조성근, 최성훈, 김다미, 최수진, 오희연
물류 정종진, 윤덕현, 신승진, 구윤주

펴낸곳 시사일본어사(시사북스)
주소 서울시 종로구 자하문로 300 시사빌딩
주문 및 교재 문의 1588-1582
팩스 0502-989-9592
홈페이지 www.sisabooks.com
이메일 book_japanese@sisadream.com
등록일자 1977년 12월 24일
등록번호 제 300-2014-92호

ISBN 978-89-402-9353-9 (14730)
978-89-402-9341-6 (set)

머리말

일본어능력시험(JLPT)을 공부하는 목적은 학습자마다 다르지만, 최종 목표는 모두 '합격'일 것입니다. '시사 JLPT 합격 시그널' 시리즈는 JLPT 시험에 합격하고자 하는 학습자를 위한 독학용 종합 수험서입니다. 머리말을 읽으면서 '독학용 수험서가 따로 있나?'라고 생각하시는 분도 계실 것입니다.

'시사 JLPT 합격 시그널'은 혼자 공부하는 수험생을 위해 다음과 같이 교재를 구성했습니다.

처음 JLPT를 접하는 학습자도
알기 쉽도록
실제 시험 문제 유형을 분석
단계별 심화 학습과
세심한 해설을 통해
문제의 원리를 이해

일본어의 '어휘력'과 '문법' 이해도를 측정하는 언어지식(문자·어휘·문법) 파트와 현지에서 출간된 인문·실용서 등의 지문을 사용하는 독해 파트, 일상생활에서 사용하는 회화력을 묻는 청해 파트까지, JLPT 시험은 결코 쉽지만은 않습니다. 따라서 대부분의 학습자는 JLPT 시험을 준비하는데 있어 무엇을, 어떻게 공부해야 할지 막연함을 느낄 것입니다.

'시사 JLPT 합격 시그널'을 통해 JLPT란 무엇인가를 이해하고, 어떻게 하면 시험을 공략할 수 있는지에 대한 해법을 찾고 자신감을 기를 수 있기를 바랍니다. 문제를 풀고 해설을 읽으며, 일본어 어휘가 어떻게 활용되는지와 일본어 문법의 활용 원리에 대해 이해하고, 시험 문제에서 학습자에게 요구하는 바가 무엇인지를 정확하게 답할 수 있게 되기를 바랍니다.

마지막 책장을 덮는 순간, 이 책과 함께 해 주신 모든 분들께 '합격의 시그널'이 감지되기를 진심으로 기원합니다.

저자 일동

이 책의 구성

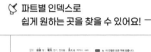

파트별 인덱스로
쉽게 원하는 곳을 찾을 수 있어요!

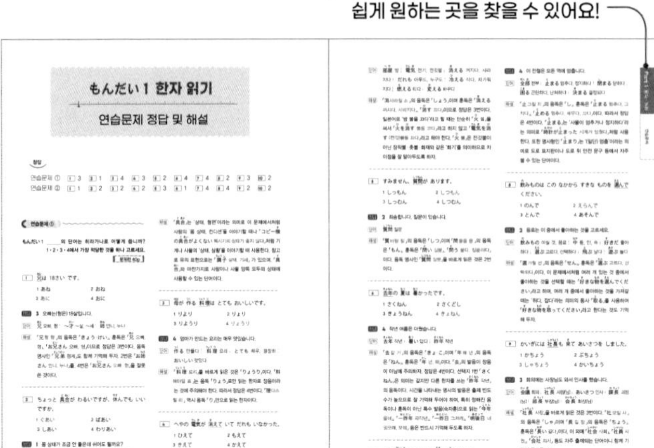

파트별 연습문제 해설

연습문제에서 다루고 있는 단어 및 문제 풀이의 포인트를 짚어 줍니다.
N4의 필수 단어뿐만 아니라 놓치기 쉬운 기본 단어나 문형까지 학습 가능합니다. 또한 학습자의 눈높이에 맞춘 쉽고 상세한 해설로 학습 성과를 올려 줍니다.

파트별 실전문제 해설

실제 시험과 동일한 형식의 문제를 통한 집중 학습으로 합격 가능성을 올려 줍니다.
최신 경향에 맞춘 문제와 그에 맞는 해설로 이해도를 높혀 실전 적응 능력을 기를 수 있습니다.

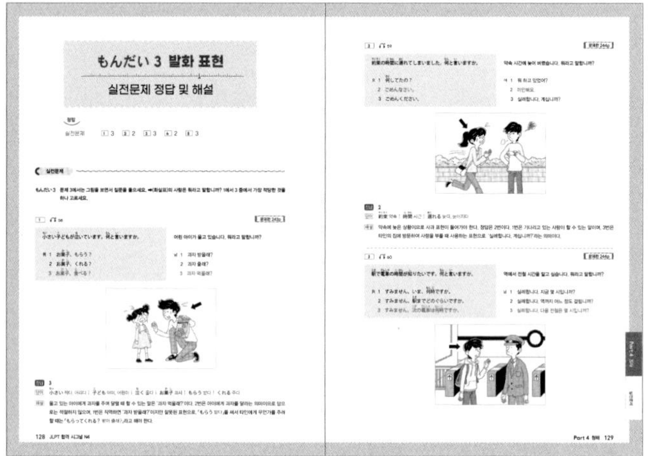

해당 문항의
문제편 페이지도 바로 확인!

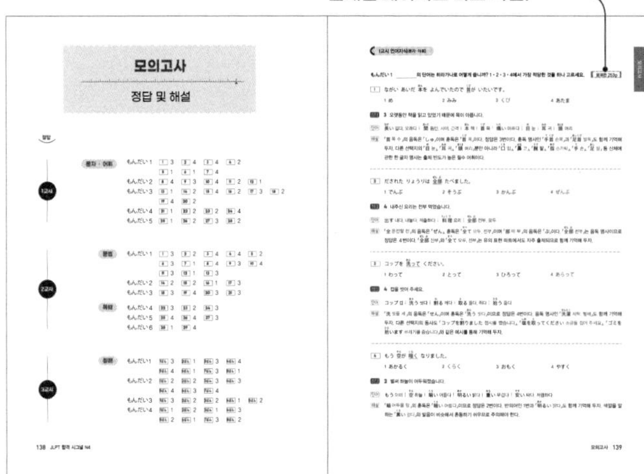

모의고사 해설

문제편 모의고사의 답안지(마킹지)를 한번에 맞춰 볼 수 있는 정답표와 득점 계산법으로 가채점을 할 수 있습니다.
기출문제의 출제 경향 및 난이도를 반영한 모의고사 풀이로 시험 전 최종 점검이 가능합니다.

목차

Part 1 문자 · 어휘

- 연습문제 ········ 8
- 실전문제 ········ 27

Part 2 문법

- 연습문제 ········ 48
- 실전문제 ········ 61

Part 3 독해

- 연습문제 ········ 78
- 실전문제 ········ 84

Part 4 청해

- 연습문제 ········ 92
- 실전문제 ········ 113

모의고사

- 문자·어휘 ········ 139
- 문법 ········ 147
- 독해 ········ 153
- 청해 ········ 158

별책부록

- 시험 직전 막판 뒤집기

Part 1

JLPT N4

Part 1

문자·어휘

もんだい 1 한자 읽기

연습문제 정답 및 해설

정답

연습문제 ①	1 3	2 1	3 4	4 3	5 2	6 4	7 4	8 2	9 3	10 2
연습문제 ②	1 1	2 2	3 2	4 2	5 3	6 1	7 4	8 4	9 2	10 2

연습문제 ①

もんだい 1 ＿＿＿의 단어는 히라가나로 어떻게 씁니까? 1・2・3・4에서 가장 적당한 것을 하나 고르세요.

문제편 40p

1 兄は 18さい です。

1 あね　　2 おね
3 あに　　4 おに

정답 **3** 오빠는(형은) 18살입니다.

단어 兄 오빠, 형 | ～才 ～살, ～세 | 姉 언니, 누나

해설 「兄 형 형」의 음독은 「きょう·けい」, 훈독은 「兄 오빠, 형」, 「お兄さん 오빠, 형」이므로 정답은 3번이다. 음독 명사인 「兄弟 형제」도 함께 기억해 두자. 2번은 「お姉さん 언니, 누나」를, 4번은 「お兄さん 오빠, 형」을 잘못 쓴 것이다.

---

2 ちょっと 具合が わるいですが、休んでも いいですか。

1 ぐあい　　2 ばあい
3 しあい　　4 わりあい

정답 **1** 몸 상태가 조금 안 좋은데 쉬어도 될까요?

단어 具合 상태, 형편 | 悪い 나쁘다 | 休む 쉬다 | 場合 경우 | 試合 시합 | 割合 비율

해설 「具合」는 '상태, 형편'이라는 의미로 이 문제에서처럼 사람의 '몸 상태, 컨디션'을 이야기할 때나 「コピー機の具合がよくない 복사기의 상태가 좋지 않다」처럼 기계나 사물의 '상태, 상황'을 이야기할 때 사용한다. 참고로 유의 표현으로는 「調子 상태, 기세」가 있으며, 「具合」와 마찬가지로 사람이나 사물 양쪽 모두의 상태에 사용할 수 있는 단어이다.

---

3 母が 作る 料理は とても おいしいです。

1 りより　　2 りょり
3 りようり　　4 りょうり

정답 **4** 엄마가 만드는 요리는 매우 맛있습니다.

단어 作る 만들다 | 料理 요리 | とても 매우, 굉장히 | おいしい 맛있다

해설 「料理 요리」를 바르게 읽은 것은 「りょうり」이다. 「料 헤아릴 료」는 음독 「りょう」로만 읽는 한자로 장음이라는 것에 주의해야 한다. 따라서 정답은 4번이다. 「理 다스릴 리」 역시 음독 「り」만으로 읽는 한자이다.

---

4 へやの 電気が 消えて いて だれも いなかった。

1 ひえて　　2 もえて
3 きえて　　4 かえて

정답 **3** 방 불이 꺼져 있고 아무도 없었다.

단어 部屋 방 | 電気 전기, 전깃불 | 消える 꺼지다, 사라지다 | だれも 아무도, 누구도 | 冷える 식다, 차가워지다 | 燃える 타다 | 変える 바꾸다

해설 「消 사라질 소」의 음독은 「しょう」이며 훈독은 「消える 꺼지다, 사라지다」, 「消す 끄다」이므로 정답은 3번이다. 일본어로 '방 불을 끄다'라고 할 때는 단순히 「火 불」을 써서 「火を消す 불을 끄다」라고 하지 않고 「電気を消す (전깃)불을 끄다」라고 해야 한다. 「火 불」은 전깃불이 아닌 장작불·촛불·화재와 같은 '화기'를 의미하므로 차이점을 잘 알아두도록 하자.

---

5 すみません。質問が あります。

1 しっもん　　2 しつもん
3 しっむん　　4 しつむん

정답 **2** 죄송합니다. 질문이 있습니다.

단어 質問 질문

해설 「質 바탕 질」의 음독은 「しつ」이며 「問 물을 문」의 음독은 「もん」, 훈독은 「問い 질문」, 「問う 묻다, 질문하다」이다. 음독 명사인 「質問 질문」을 바르게 읽은 것은 2번이다.

---

6 去年の 夏は 暑かったです。

1 さくねん　　2 さくどし
3 きょうねん　　4 きょねん

정답 **4** 작년 여름은 더웠습니다.

단어 去年 작년 | 暑い 덥다 | 昨年 작년

해설 「去 갈 거」의 음독은 「きょ·こ」이며 「年 해 년」의 음독은 「ねん」, 훈독은 「年 년, 해」이다. 「去」의 발음이 장음이 아님에 주의하자. 정답은 4번이다. 선택지 1번 「さくねん」은 의미는 같지만 다른 한자를 쓰는 「昨年 작년」의 음독이다. 시간을 나타내는 명사의 발음은 출제 빈도수가 높으므로 잘 기억해 두어야 하며, 특히 정해진 음독이나 훈독이 아닌 특수 발음(숙자훈)으로 읽는 「今年 올해」, 「一昨年 재작년」, 「一昨日 그저께」, 「明後日 내일모레, 모레」 등은 반드시 기억해 두도록 하자.

---

7 この 電車は ぜんぶの 駅に 止まります。

1 しまります　　2 こまります
3 きまります　　4 とまります

정답 **4** 이 전철은 모든 역에 멈춥니다.

단어 全部 전부 | 止まる 멈추다, 정지하다 | 閉まる 닫히다 | 困る 곤란하다, 난처하다 | 決まる 결정되다

해설 「止 그칠 지」의 음독은 「し」, 훈독은 「止まる 멈추다, 그치다」, 「止める 멈추다, 세우다, 끄다」이다. 따라서 정답은 4번이다. 「止まる」는 '사물이 멈추거나 정지하다'라는 의미로 「時計が止まった 시계가 멈췄다」처럼 사용한다. 또한 명사형인 「止まり」는 '(일단) 멈춤'이라는 의미로 도로 표지판이나 도로 위 안전 문구 등에서 자주 볼 수 있는 단어이다.

---

8 飲みものは この なかから すきな ものを 選んで ください。

1 のんで　　2 えらんで
3 とんで　　4 あそんで

정답 **2** 음료는 이 중에서 좋아하는 것을 고르세요.

단어 飲みもの 마실 것, 음료 | 中 중, 안, 속 | 好きだ 좋아하다 | 選ぶ 고르다, 선택하다 | 飛ぶ 날다 | 遊ぶ 놀다

해설 「選 가릴 선」의 음독은 「せん」, 훈독은 「選ぶ 고르다, 선택하다」이다. 이 문제에서처럼 여러 개 있는 것 중에서 좋아하는 것을 선택할 때는 「好きな物を選んでください」라고 하며, 여러 개 중에서 좋아하는 것을 가져갈 때는 '쥐다, 잡다'라는 의미의 동사 「取る」를 사용하여 「好きな物を取ってください」라고 한다는 것도 기억해 두자.

---

9 かいぎには 社長も 来て あいさつを しました。

1 かちょう　　2 ぶちょう
3 しゃちょう　　4 かいちょう

정답 **3** 회의에는 사장님도 와서 인사를 했습니다.

단어 会議 회의 | 社長 사장(님) | あいさつ 인사 | 課長 과장(님) | 部長 부장(님) | 会長 회장(님)

해설 「社長 사장」을 바르게 읽은 것은 3번이다. 「社 모일 사」의 음독은 「しゃ」이며 「長 길 장」의 음독은 「ちょう」, 훈독은 「長い 길다」이다. 이 외에 「社会 사회」, 「社員 사원」, 「会社 회사」 등도 자주 출제되는 단어이니 함께 기억해 두도록 하자.

10 今日は 特別 寒かった。

1 どくべつ　　2 とくべつ
3 どぐべつ　　4 とぐべつ

정답 **2** 오늘은 특별히 (더) 추웠다.

단어 特別 특별, 특별히, 각별히 | 寒い 춥다

해설 「特 특별할 특」의 음독은 「とく」이며 「別 다를 별/나눌 별」의 음독은 「べつ」, 훈독은 「別れる 헤어지다, 이별하다」이다. 정답은 2번이다. 「特別 특별」은 명사로만 생각하기 쉽지만 이 문제에서처럼 「特別」만으로 '특별히, 각별히'라는 의미의 부사로 사용하거나 「特別だ 특별하다」, 「特別な人 특별한 사람」, 「特別に 특별히」처럼 な형용사로도 사용한다는 것도 기억해 두자.

연습문제 ②

もんだい 1 ＿＿＿의 단어는 히라가나로 어떻게 씁니까? 1・2・3・4에서 가장 적당한 것을 하나 고르세요.

문제편 41p

1 この 町には 大きな かわと 高い やまが ある。

1 まち　　2 むら
3 とち　　4 けん

정답 **1** 이 마을에는 커다란 강과 높은 산이 있다.

단어 町 마을 | 大きい 크다 | 川 강 | 高い 높다, 비싸다 | 山 산 | 村 마을 | 土地 토지, 땅 | 県 현(행정 구역)

해설 한 글자 한자 문제는 출제 빈도가 높으므로 꼭 기억해 두도록 하자. 「町 밭두둑 정」의 음독은 「ちょう」, 훈독은 「町 마을」이므로 정답은 1번이다. 음독으로 읽을 때는 「歌舞伎町 가부키쵸」나 「町内 읍내」처럼 '시가지의 구획(행정 단위)'을 나타낸다.

2 わたしは 自転車で 学校へ 行きます。

1 じどうしゃ　　2 じてんしゃ
3 でんしゃ　　4 かいしゃ

정답 **2** 나는 자전거로 학교에 갑니다.

단어 自転車 자전거 | 自動車 자동차 | 電車 전철 | 会社 회사

해설 「自転車 자전거」를 바르게 읽은 것은 2번이다. 한 글자가 다른 선택지 1번 「自動車 자동차」와 혼동하지 않도록 주의해야 한다. 「自 스스로 자」의 음독 명사인 「自分 자기, 자신」과 「車 수레 차/수레 거」의 훈독인 「車 차, 자동차」도 모든 영역에서 골고루 출제되는 필수 어휘이다.

3 しんじゅく駅は いろいろな 電車が 入って いて 複雑です。

1 ふくごう　　2 ふくざつ
3 こんごう　　4 こんざつ

정답 **2** 신주쿠역은 다양한 전철이 들어와 있어서 복잡합니다.

단어 いろいろな 여러 가지, 다양한 | 入る 들어가(오)다 | 複雑だ 복잡하다 | 混雑 혼잡

해설 「複 겹칠 복/겹칠부」의 음독은 「ふく」이며 「雑 섞일 잡」의 음독은 「ざつ・ぞう」로 양쪽 다 음독으로만 읽는 한자이다. 따라서 정답은 2번이다. 「雑」의 음독 명사인 「雑誌 잡지」도 자주 출제되는 단어이므로 함께 기억해 두자.

4 この 魚は 焼いて 食べるのが おいしいです。

1 はいて　　2 やいて
3 たいて　　4 まいて

정답 **2** 이 생선은 구워 먹는 것이 맛있습니다.

단어 魚 물고기, 생선 | 焼く 굽다, 태우다 | おいしい 맛있다 | 履く (신발을) 신다, (바지·치마를) 입다 | 炊く (밥을) 짓다 | 巻く 감다, 두르다

해설 「焼 불사를 소」의 음독은 「しょう」, 훈독은 「焼く 굽다, 태우다」, 「焼ける 타다, 구워지다」이다. 다른 선택지 모두 '한자＋く'의 동일한 형태의 동사이므로 혼동하지 않도록 구분하여 기억해 두자. 참고로 「焼く/焼ける」는 '음식이나 사물을 굽다, 태우다' 라는 뜻 외에도 「夏休みに海で焼いた/焼けた 여름 방학 때 바다에서 (피부를) 태닝했다/(피부가) 탔다」처럼 사용하기도 한다.

5 まいにち、よるは 軽い うんどうを してから 寝ます。

1 よわい　　2 みじかい
3 かるい　　4 たのしい

정답 **3** 매일 밤에는 가벼운 운동을 하고 잡니다.

단어 毎日 매일 | 夜 밤 | 軽い 가볍다 | 運動 운동 | 寝る 자다 | 弱い 약하다 | 短い 짧다 | 楽しい 즐겁다

해설 「軽 가벼울 경」의 음독은 「けい」, 훈독은 「軽い 가볍다」, 「軽やか 발랄하고 경쾌함」이다. 밑줄의 한자는 い형용사이므로 정답은 3번이다. 다른 선택지의 형용사도 함께 기억해 두자.

---

6 すこし はやく ついたから 喫茶店で 待ちました。

1 きっさてん　　2 きっちゃてん
3 きつさてん　　4 きつちゃてん

정답 **1** 조금 빨리 도착했기 때문에 찻집에서 기다렸습니다.

단어 少し 조금 | 早い 빠르다, 이르다 | 着く 도착하다 | 喫茶店 찻집, 카페 | 待つ 기다리다

해설 「喫茶店 찻집, 카페」는 모든 영역에서 골고루 출제되는 필수 어휘로 한자만으로는 발음을 유추하기 어려우니 정확하게 기억해야 한다. 유의 표현인 가타카나어 「カフェ 카페」도 함께 기억해 두자.

---

7 兄弟は 5にん います。

1 あにてい　　2 あねてい
3 きゅうだい　　4 きょうだい

정답 **4** 형제는 다섯 명 있습니다.

단어 兄弟 형제

해설 「兄 형 형」의 음독은 「きょう·けい」이고 「弟 아우 제」의 음독은 「だい·で·てい」이다. 음독 명사인 「兄弟」를 바르게 읽은 것은 4번이다. 「兄」의 훈독인 「兄 오빠, 형」, 「お兄さん 오빠, 형」과 「弟」의 훈독인 「弟 남동생」도 필수 어휘이므로 반드시 기억해 두자.

---

8 子どもが 帰ってきて 安心しました。

1 さんじん　　2 さんしん
3 あんじん　　4 あんしん

정답 **4** 아이가 돌아와서 안심했습니다.

단어 子ども 아이, 어린이 | 帰る 돌아가(오)다 | 安心 안심

해설 「安 편안 안」의 음독은 「あん」, 훈독은 「安い 싸다, 저렴하다」이며 「心 마음 심」의 음독은 「しん」, 훈독은 「心 마음」이다. 「安心 안심」은 이 문제에서처럼 명사로도 사용하며 「安くて安心な食べ物 저렴하고 안심이 되는 음식」처럼 な형용사로도 사용한다. 선택지 3번 역시 같은 한자로 「安心」이라고 쓰지만 불교 용어로 일상 생활에서는 사용하지 않는 어휘이므로 이 문맥과는 맞지 않는 발음이다.

---

9 この おてらは 今から 300年 まえに 建てたものです。

1 すてた　　2 たてた
3 まてた　　4 そだてた

정답 **2** 이 절은 지금부터 300년 전에 지은 것입니다.

단어 お寺 절 | 前 전(시간), 앞(공간) | 建てる 세우다, 짓다 | 捨てる 버리다 | 育てる 키우다, 기르다

해설 「建 세울 건」의 음독은 「けん·こん」이며 훈독은 「建つ 세워지다」, 「建てる 세우다, 짓다」이다. 선택지 1번과 4번의 한자도 필수 어휘이므로 함께 기억해 두자.

---

10 やまださんは とても 親切です。

1 しんぜつ　　2 しんせつ
3 じんせつ　　4 じんぜつ

정답 **2** 야마다 씨는 매우 친절합니다.

단어 とても 매우 | 親切だ 친절하다

해설 「親 친할 친」의 음독은 「しん」이고 훈독은 「親 부모」, 「親しい 친하다」, 「親しむ 친하게 지내다」이다. 「切 끊을 절/온통 체」의 음독은 「せつ·さい」이며 훈독은 「切る 끊다, 자르다, 베다」, 「切れる 끊어지다, 다 떨어지다」이다. 음독 「さい」의 예시로는 「一切 일체, 전부」가 있다. 「親切だ 친절하다」는 음독으로 읽는 な형용사이므로 정답은 2번이다.

もんだい 2 표기

연습문제 정답 및 해설

정답

연습문제 ①	1 1	2 4	3 3	4 3	5 2	6 1	7 2	8 4	9 3	10 4
연습문제 ②	1 2	2 3	3 4	4 3	5 4	6 2	7 1	8 2	9 1	10 3

연습문제 ①

もんだい 2 ＿＿＿의 단어는 어떻게 씁니까? 1・2・3・4에서 가장 적당한 것을 하나 고르세요. 문제편 42p

1 さらに ついた あぶらは お湯(ゆ)だけでは とれません。

1 油(あぶら)　2 由
3 画　4 宙(ちゅう)

정답 **1** 접시에 묻은 기름은 뜨거운 물만으로는 닦이지 않습니다.

단어 皿(さら) 접시 | 付(つ)く 붙다, 묻다 | 油(あぶら) 기름 | お湯(ゆ) 뜨거운 물, 끓인 물 | 取(と)れる (붙어 있던 것이) 떨어지다, 빠지다

해설 선택지의 모두 「由」가 들어있는 한자로 '기름'이라는 뜻의 「あぶら」를 바르게 표기한 것은 물수변(氵)이 있는 1번이다. 「油 기름 유」의 음독은 「ゆ」, 훈독은 「油(あぶら) 기름」으로 유의 표현인 가타카나어 「オイル 오일, 기름」도 자주 사용하므로 함께 기억해 두자.

---

2 ぎゅうにくを 食(た)べない くにも あります。

1 午内　2 羊肉(ようにく)
3 牛内　4 牛肉(ぎゅうにく)

정답 **4** 소고기를 먹지 않는 나라도 있습니다.

단어 牛肉(ぎゅうにく) 소고기 | 国(くに) 나라, 국가 | 羊肉(ようにく) 양고기

해설 「牛 소 우」의 음독은 「ぎゅう」, 훈독은 「牛(うし) 소」이며 「肉 고기 육」은 음독 「にく」로만 읽는 한자이다. 1번의 「午 낮 오」는 「午前(ごぜん) 오전」, 「内(ない) 안 내」는 「案内(あんない) 안내」나 「国内(こくない) 국내」 등의 예시를 통해 기억해 두자.

---

3 十二月(じゅうにがつ) はつかは わたしの たんじょうびです。

1 八日(ようか)　2 初日(しょにち)
3 二十日(はつか)　4 七日(なのか)

정답 **3** 12월 20일은 내 생일입니다.

단어 誕生日(たんじょうび) 생일 | 初日(しょにち) 첫날

해설 「はつか」는 '20일'의 발음이므로 정답은 3번이다. 이 외에도 2일(二日(ふつか)), 3일(三日(みっか)), 4일(四日(よっか)), 5일(五日(いつか)), 6일(六日(むいか)), 7일(七日(なのか)), 8일(八日(ようか)), 9일(九日(ここのか)), 10일(十日(とおか)), 14일(十四日(じゅうよっか)), 24일(二十四日(にじゅうよっか)) 등도 반드시 기억해 두자. 특수한 발음으로 읽는 숫자 표현은 시험에 자주 출제된다. 기초 어휘라고 소홀히 하지 말고 꼼꼼히 학습하는 것이 중요하다.

---

4 この へやは すこし くらいです。

1 黒(くろ)い　2 青(あお)い
3 暗(くら)い　4 浅(あさ)い

정답 **3** 이 방은 조금 어둡습니다.

단어 部屋 방 | 少し 조금 | 暗い 어둡다 | 黒い 검다 | 青い 파랗다 | 浅い 얕다

해설 '어둡다'라는 의미의 い형용사를 바르게 표기한 것은 「暗 어두울 암」을 사용한 3번이다. 「暗」의 음독은 「あん」, 훈독은 「暗い 어둡다」이다. 발음이 비슷한 1번 「黒い 검다」와 혼동하지 않도록 주의해야 한다.

---

5 もう はんぶん すぎたから 5時には つくでしょう。

1 渦ぎたから　2 過ぎたから
3 禍ぎたから　4 鍋ぎたから

정답 **2** 이제 반 넘게 왔으니 5시에는 도착할 겁니다.

단어 半分 반, 절반 | 過ぎる 지나(가)다, 통과하다, (기한이) 끝나다 | 着く 도착하다

해설 선택지 모두 「咼」가 들어가 있는 한자로 「すぎる」를 바르게 표기한 것은 책받침 부수(辶)를 사용한 2번이다. 다른 선택지는 동사로는 사용하지 않는 한자이다.

---

6 おきゃくさんは げんかんの まえで 待って います。

1 玄関　2 現間
3 玄間　4 現関

정답 **1** 손님은 현관 앞에서 기다리고 있습니다.

단어 お客さん 손님 | 玄関 현관 | 前 앞 | 待つ 기다리다

해설 선택지의 「玄 검을 현」과 「現 나타날 현」의 음독은 「げん」, 「間 사이 간」과 「関 빗장 관」의 음독은 「かん」으로 같은 발음으로 읽는다. 이런 문제는 같은 한자 문화권인 한국 학습자들에게 유리한 문제로 한자 하나하나의 한글 발음과 단어의 뜻을 알고 있으면 쉽게 풀 수 있다. 「げんかん」은 '현관'이라는 뜻이므로 정답은 1번이다.

---

7 この ちかくには こうじょうが たくさん あります。

1 高場　2 工場
3 高湯　4 工湯

정답 **2** 이 근처에는 공장이 많이 있습니다.

단어 近く 근처 | 工場 공장 | たくさん 많이

해설 '공장'이라는 뜻의 「こうじょう」를 바르게 표기한 것은 2번이다. 「工 장인 공」은 음독 「こう」로만 읽으며 「場 마당 장」의 음독은 「じょう」, 훈독은 「場 장소, 자리」이다. 선택지 3, 4번의 「湯 끓일 탕」의 훈독인 「お湯 끓인 물, 뜨거운 물」도 함께 기억해 두자.

---

8 はじめて がいこくに 行った ときは とても しんぱいでした。

1 学校　2 学国
3 外校　4 外国

정답 **4** 처음 외국에 갔을 때는 매우 걱정했습니다.

단어 初めて 처음 | 外国 외국 | 心配だ 걱정이다

해설 선택지 1, 2번 「学 배울 학」의 음독은 「がく」이며 1, 3번의 「校 학교 교」의 음독은 「こう」이므로 답이 될 수 없다. 따라서 바르게 표기한 것은 4번 「外国」이다. 「国 나라 국」의 훈독 「国 나라, 국가, 본국」도 함께 기억해 두자.

---

9 どようびも はたらかなければ なりません。

1 動か　2 引か
3 働か　4 歩か

정답 **3** 토요일도 일하지 않으면 안 됩니다.

단어 働く 일하다 | 動く 움직이다, 작동하다 | 引く 끌다, 당기다, 빼다 | 歩く 걷다

해설 선택지의 동사 모두 '한 글자 한자 + く'의 형태를 한 동사이다. 형태가 비슷하므로 각 동사의 뜻을 정확하게 기억하고 있어야 한다. '일하다'라는 뜻의 「はたらく」를 바르게 표기한 것은 3번 「働く」이다. 「働」는 한국이나 중국에서는 사용하지 않는 일본 고유의 한자이다.

---

10 にほんは こうつうが とても べんりです。

1 使利　2 更利
3 変利　4 便利

정답 **4** 일본은 교통이 매우 편리합니다.

단어 交通 교통 | 便利だ 편리하다

해설 「べんり」를 바르게 표기한 것은 4번이다. 「便 편할 편」의 음독은 「びん·べん」으로 「便利だ 편리하다」, 「不便だ 불편하다」 등의 예시를 통해 기억해 두자.

연습문제 ②

もんだい 2 ＿＿＿의 단어는 어떻게 씁니까? 1・2・3・4에서 가장 적당한 것을 하나 고르세요. 문제편 43p

1 きょうは ひるごはんを 食べないで うんどうする つもりです。

1 朝ご飯　　2 昼ご飯
3 夕ご飯　　4 晩ご飯

정답 **2** 오늘은 점심밥을 먹지 않고 운동할 생각입니다.

단어 昼ご飯 점심밥 | 運動 운동 | ～つもりだ ~할 작정이다, ~할 예정이다 | 朝ご飯 아침밥 | 夕ご飯 저녁밥 | 晩ご飯 저녁밥

해설 하루의 시간대를 나타내는 단어인 「朝 아침」, 「昼 점심」, 「夕(がた) 저녁」, 「晩 저녁때, 밤」, 「夜 밤」은 모든 영역에서 골고루 나오는 기초 필수 어휘이므로 잘 기억해 두어야 한다. 정답은 2번이다.

---

2 はたちに なるまで おさけや たばこは きんしです。

1 八日　　2 二十日
3 二十歳　　4 十八歳

정답 **3** 스무 살이 될 때까지 술이나 담배는 금지입니다.

단어 お酒 술 | たばこ 담배 | 禁止 금지

해설 나이를 셀 때는 숫자 뒤에 접미어 「～歳(才) ~세, 살」을 붙이지만 '스무 살'은 「二十歳」라고 읽는다. 정답은 3번이다. 날짜나 나이 발음 중에 특수 발음으로 읽는 다른 선택지의 발음에도 주의하도록 하자.

---

3 ねる まえに かおを あらいなさい。

1 頭　　2 体
3 首　　4 顔

정답 **4** 자기 전에 세수하렴.

단어 寝る 자다 | 顔 얼굴 | 洗う 닦다, 씻다 | 顔を洗う 세수하나 | 頭 머리 | 体 몸 | 首 목

해설 선택지 모두 신체 부위를 나타내는 한 글자 한자로 「かお」를 바르게 표기한 것은 4번 「顔 얼굴」이다. 일본어로 '세수하다'라고 할 때는 이 문제에서처럼 「顔を洗う」라고 한다는 것도 함께 기억해 두자.

---

4 やくそくは まもらなければ ならない。

1 戻らなければ　　2 割らなければ
3 守らなければ　　4 残らなければ

정답 **3** 약속은 지키지 않으면 안 된다.

단어 約束 약속 | 守る 지키다 | 戻る 돌아가(오)다 | 割る 깨다, 부수다 | 残る 남다

해설 「守 지킬 수」의 음독은 「しゅ・す」이고 훈독은 「守る 지키다, 소중히 하다」이다. 「守る」는 외부 요인으로부터 '지키다, 수비하다'라는 의미 외에도 이 문제에서처럼 「約束を守る 약속을 지키다」, 「法を守る 법을 지키다」처럼 '지키다'나 「記録を守る 기록을 지키다」처럼 '유지하다'라는 의미로도 사용한다.

---

5 しぶやには わかい ひとが おおいです。

1 狭い　　2 痛い
3 重い　　4 若い

정답 **4** 시부야에는 젊은 사람이 많습니다.

단어 若い 젊다 | 多い 많다 | 狭い 좁다 | 痛い 아프다 | 重い 무겁다

해설 '젊다'라는 뜻의 「わかい」는 「若 같을 약」의 훈독이다. 「若い人」는 '젊은이, 젊은 사람'이라는 뜻으로 비슷한 표현으로는 「若者」가 있으며, 반대로 '노인, 어르신'이라고 할 때는 「お年寄り」라고 한다. 관련 표현으로 함께 기억해 두자.

---

6 しずかな ところに 住みたいです。

1 浄かな　　2 静かな
3 晴かな　　4 清かな

정답 **2** 조용한 곳에 살고 싶습니다.

단어 静かだ 조용하다 | 所 곳(장소) | 住む 살다, 거주하다

해설 「静かだ」는 '조용하다, 고요하다'라는 뜻으로 「静 고요할 정」의 훈독이다. 음독은 「せい・じょう」이며 예시 단어로는 「冷静 냉정」이 있다. 1, 3번은 형태가 비슷한 한자로 な형용사로는 쓰이지 않으며, 4번은 「清らかな 맑은」이 바른 표현이다.

7 せかいには ふじさんより たかい やまが たくさん あります。

1 世界(せかい)　　2 正界
3 世介　　4 正介

정답 **1** 세계에는 후지산보다 높은 산이 많이 있습니다.

단어 世界(せかい) 세계 | 富士山(ふじさん) 후지산 | ~より ~보다 | 高(たか)い 높다, 비싸다 | 山(やま) 산 | たくさん 많이

해설 「せかい」를 바르게 표기한 것은 「世 세상 세」, 「界 지경 계」를 사용한 1번이다. '세계'라는 의미로 사용하는 단어는 「世界中(せかいじゅう) 전 세계」나 「世」를 훈독으로 읽는 「世(よ)の中(なか) 세상, 세계, 세간」 등 여러 가지가 있다. 「世(よ)の中(なか)を知(し)る 세상을 알다」, 「この歌手(かしゅ)は世界中(せかいじゅう)で人気(にんき)がある 이 가수는 전 세계적으로 인기가 있다」와 같은 예문을 통해 뉘앙스의 차이를 익혀 두자.

---

8 ここは テストに 出(で)るから よく おぼえて ください。

1 思(おも)えて　　2 覚(おぼ)えて
3 覧えて　　4 意えて

정답 **2** 여기는 시험에 나오니까 잘 기억하세요.

단어 テスト 테스트, 시험 | 出(で)る 나가(오)다 | よく 잘, 자주 | 覚(おぼ)える 기억하다, 암기하다 | 思(おも)える 생각되다

해설 「覚 깨달을 각」의 음독은 「かく」, 훈독은 「覚(おぼ)える 기억하다, 암기하다」, 「覚(さ)ます 깨다, 깨우치다」, 「覚(さ)める 깨다, 정신이 들다」이다. 「覚(おぼ)える」는 '기억하다'라는 뜻 이외에도 '느끼다, 체험하다, 배워서 습득하다'라는 의미로도 사용한다. 「悲(かな)しみを覚(おぼ)える 슬픔을 느끼다」나 「体(からだ)で覚(おぼ)える 몸으로 익히다」와 같은 예시를 통해 기억해 두자.

---

9 きょう ならった ところは ふくしゅうして きて ください。

1 復習(ふくしゅう)　　2 複習
3 腹習　　4 福習

정답 **1** 오늘 배운 곳은 복습하고 오세요.

단어 習(なら)う 배우다, 학습하다 | 所(ところ) 곳(장소) | 復習(ふくしゅう) 복습

해설 '배운 것을 다시 공부하는 것'을 뜻하는 「ふくしゅう」를 바르게 표기한 것은 1번이다. 「復 회복할 복/다시 부」는 음독 「ふく」로만 읽으며 「習 익힐 습」의 음독은 「しゅう」, 훈독은 「習(なら)う 배우다, 익히다」이다. 선택지 2, 3, 4번의 첫 글자는 모두 음독이 「ふく」이며 형태가 비슷한 닮은꼴 한자이므로 혼동하지 않도록 주의하자.

---

10 けがを して にゅういんしました。

1 人院　　2 人員(じんいん)
3 入院(にゅういん)　　4 入員

정답 **3** 다쳐서 입원했습니다.

단어 けが 상처, 부상 | けがをする 다치다, 상처를 입다, 부상당하다 | 入院(にゅういん) 입원 | 人員(じんいん) 인원

해설 「にゅういん」을 한자로 바르게 표기한 것은 3번이다. 「入 들 입」의 음독은 「にゅう」이고 훈독은 「入(い)れる 넣다」, 「入(はい)る 들어가(오)다」, 「入(い)る 들다, 들이다」이다. 훈독 명사인 「入(い)り口(ぐち) 입구」도 함께 기억해 두자. 「けが」는 '상처, 부상, 과실, 문제'라는 뜻으로 일상생활에서 자주 사용하는 단어이다. 「けがをする 다치다, 부상당하다」는 숙어 표현으로 기억해 두자. 「院 집 원」은 음독 「いん」으로만 읽는 한자이다. 예시 단어로는 「病院(びょういん) 병원」이 있다.

もんだい 3 문맥 규정

연습문제 정답 및 해설

정답

	1	2	3	4	5	6	7	8	9	10
연습문제 ①	2	4	2	3	4	2	3	1	3	3
연습문제 ②	1	3	1	4	3	1	3	3	2	4

연습문제 ①

もんだい 3 (　　　)에 무엇을 넣습니까? 1・2・3・4에서 가장 적당한 것을 하나 고르세요. 문제편 78p

1 いもうとの（　　）は ピアノです。

1 きょうみ　　2 しゅみ
3 しごと　　4 しょうらい

정답 **2** 여동생의 취미는 피아노입니다.

단어 妹(いもうと) 여동생 | 興味(きょうみ) 흥미, 관심 | 趣味(しゅみ) 취미 | 仕事(しごと) 일, 업무 | 将来(しょうらい) 장래, 미래

해설 주격 조사 「〜は 〜은/는」으로 연결되는 문장이기 때문에 조사 뒤의 '피아노'와 동격으로 설명할 수 있는 단어가 들어가야 한다. 1, 3, 4번의 '관심, 일, 장래=피아노'라는 문장은 어색하므로 괄호 안에 들어가기에 적당한 것은 2번 「趣味(しゅみ) 취미」이다.

---

2 あついから まどを（　　）ください。

1 あげて　　2 とじて
3 のこして　　4 あけて

정답 **4** 더우니까 창문을 열어 주세요.

단어 暑(あつ)い 덥다 | 窓(まど) 창문 | 上(あ)げる 주다 | 閉(と)じる 닫다 | 残(のこ)す 남기다 | 開(あ)ける 열다

해설 괄호 앞에 「窓(まど)を 창문을」이 있으므로 '더운 방의 온도를 낮추기 위해 창문을 열고 싶다'라는 문맥이 되어야 한다. 문장 마지막이 「〜てください 〜해 주세요」이므로 '창문을 열어(開(あ)けて) 주세요'가 되어야 한다. 따라서 정답은 4번이다.

---

3 （　　）、すみません。ゆうびんきょくは どこですか。

1 ちょうど　　2 ちょっと
3 すこし　　4 とても

정답 **2** 잠시 실례합니다. 우체국은 어디인가요?

단어 郵便局(ゆうびんきょく) 우체국 | ちょうど 딱, 마침 | ちょっと 좀, 잠깐 | 少(すこ)し 조금 | とても 매우

해설 우체국이 어디인지 묻고 있으며, 질문에 앞선 첫 번째 문장은 '잠깐 말씀 좀 여쭙겠습니다'나 '잠시 실례하겠습니다'라며 상대방에게 양해를 구하는 인사 표현이 되어야 한다. 따라서 '좀, 잠시'라는 의미의 2번이 들어가야 자연스럽다. 3번 「少(すこ)し」도 '조금'이라는 뜻이지만 「少(すこ)しすみません」은 사용하지 않는 표현이다.

---

4 朝(あさ)から なにも のまなくて のどが（　　）。

1 つかれました　　2 よごれました
3 かわきました　　4 こわれました

정답 **3** 아침부터 아무것도 마시지 않아서 목이 마릅니다.

단어 のど 목 | 疲れる 피곤하다, 피로해지다 | 汚れる 더러워지다 | かわく 마르다, 건조해지다

해설 '아침부터 아무것도 마시지 않았기 때문에 갈증이 난다'라는 문맥이 되어야 한다. 일본어로 '목이 마르다, 갈증이 난다'는 「喉が乾いた」라고 한다. 숙어 표현으로 기억해 두자. 따라서 정답은 3번이다.

---

5 たなか先生は こわい かおを して いますが、とても（　　）です。

1 きびしい　　2 さびしい
3 いそがしい　　4 やさしい

정답 **4** 다나카 선생님은 무서운 얼굴을 하고 있지만, 매우 상냥합니다.

단어 怖い 무섭다 | 顔 얼굴 | 厳しい 엄격하다, 심하다 | 寂しい 외롭다 | 忙しい 바쁘다 | 優しい 상냥하다

해설 쉼표 앞에 역접 조사인 「～が ～이지만」이 있으므로 괄호 안에는 앞에서 말한 내용과 상반되는 내용이 들어가야 한다. 따라서 '얼굴은 무섭지만 성격은 그렇지 않다'라는 문맥이 되어야 하므로 정답은 4번 「優しい 상냥하다」이다. 1번 「厳しい 엄격하다, 심하다」는 「厳しい先生 엄격한 선생님」처럼 성격을 나타낼 때나 「厳しい現実 심각한 현실」처럼 상태나 상황을 나타낼 때에 사용한다.

---

6 りょうりが（　　）うまく ならなくて こまって います。

1 だんだん　　2 なかなか
3 ずいぶん　　4 ほとんど

정답 **2** 요리 실력이 좀처럼 능숙해지지 않아서 난처합니다.

단어 料理 요리 | うまくなる 능숙해지다 | 困る 곤란하다, 난처하다 | だんだん 점점 | なかなか 그럭저럭, 꽤, 좀처럼 | ずいぶん 충분히, 아주 | ほとんど 대부분, 거의

해설 부사는 작은 뉘앙스의 차이로 사용법이 달라질 수 있으므로 예문과 함께 사용법을 기억하는 것이 좋다. 「なかなか」는 '그럭저럭, 꽤, 상당히'라는 뜻이지만 이 문제에서처럼 부정 표현과 함께 쓰면 '좀처럼 ~하지 않다'라는 의미가 된다. '요리 실력이 좀처럼 늘지 않아 곤란하다'라는 문맥이므로 정답은 2번이다.

7 かわいい 犬ですね。ちょっと（　　）いいですか。

1 こわしても　　2 なおしても
3 さわっても　　4 ぬすんでも

정답 **3** 귀여운 개군요. 잠깐 만져도 될까요?

단어 かわいい 귀엽다 | 犬 개 | 壊す 부수다, 망가뜨리다 | 直す 고치다 | 触る 만지다, 손대다 | 盗む 훔치다

해설 선택지 모두 「동사 て형＋も ~해도」로 끝나고 있으며 「いいですか 괜찮습니까」로 연결되고 있으므로 '~해도 됩니까?'하고 허가를 구하는 표현이다. 귀여운 강아지를 보고 주인에게 '만져 봐도 되는지' 묻고 있는 3번이 가장 자연스럽다. 다른 선택지의 동사도 함께 기억해 두자.

---

8 父と（　　）して、母の たんじょうび プレゼントを きめました。

1 そうだん　　2 けっこん
3 きょうそう　　4 けんか

정답 **1** 아버지와 상의해서 어머니의 생일 선물을 정했습니다.

단어 誕生日 생일 | プレゼント 선물 | 決める 정하다, 결정하다 | 相談 상담, 상의, 의논 | 結婚 결혼 | 競争 경쟁 | けんか 싸움

해설 '어머니의 생일 선물로 무엇을 드릴지 아버지와 상의했다'라는 문맥이다. 따라서 '상담, 상의, 의논'이라는 의미의 1번 「相談」이 정답이다. 선택지 모두 조사 「～と～する (상대방)와/과 ~하다」라는 형태로 사용할 수 있는 어휘이다. 형태만을 보고 섣불리 답을 고르지 말고 각 어휘의 뜻을 정확하게 구분하도록 하자.

---

9 まいあさ お母さんは 7時に 子どもを（　　）ます。

1 あそび　　2 おき
3 おこし　　4 ねかし

정답 **3** 매일 아침 어머니는 7시에 아이를 깨웁니다.

단어 遊ぶ 놀다 | 起きる 일어나다 | 起こす 깨우다 | 寝かす 재우다

해설 어머니가 매일 아이에게 하는 것을 나타내는 동사가 들어가야 한다. 문장 맨 앞에 시제 표현인 「毎朝 매일 아침」이 있으므로 자연스러운 문장이 되려면 '자는 것을 깨우다, 일으켜 세우다'라는 뜻의 3번 「起こす」가 들어

가야 한다. 1번과 2번은 자동사이므로 괄호 앞의 목적격 조사「を」와 함께 사용하지 않으며 4번「寝かす 재우다」는 아침이 아닌 밤에 하는 일의 서술어가 되어야 자연스럽다.

---

10 きものは あまり きないから 買うより（　　）ほうが いいです。

1 うった　　2 おくった
3 かりた　　4 かした

정답 **3** 기모노는 별로 입지 않으니까 사는 것보다 빌리는 쪽이 좋습니다.

단어 着物 기모노(일본 전통 복장) | あまり～ない 별로 ~하지 않다 | 着る 입다 | 買う 사다 | ～たほうがいい ~하는 편이 좋다 | 売る 팔다 | 送る 보내다 | 借りる 빌리다 | 貸す 빌려주다

해설 '기모노를 입을 기회는 많지 않으므로 사기보다는 빌리는 게 좋다'라는 문맥이다. 따라서 정답은 3번「借りる 빌리다」이다. 3번은 '내가 남에게 빌리다', 4번은 '내가 남에게 빌려주다'로 쓰임새가 다르므로 차이를 정확히 기억해 두자.

연습문제 ②

もんだい 3（　　）에 무엇을 넣습니까? 1・2・3・4에서 가장 적당한 것을 하나 고르세요. 문제편 79p

1 先生に この 本の 250（　　）まで 読む ように 言われました。

1 ページ　　2 グラム
3 メートル　　4 タイプ

정답 **1** 선생님은 이 책의 250페이지까지 읽으라고 말했습니다.

단어 ～ように ~하도록 | ページ 페이지, 쪽 | グラム 그램(g) | メートル 미터(m) | タイプ 타입, 형식, 형태

해설 괄호 안에는 책의 종이 수를 세는 단위가 들어가야 한다. 따라서 정답은 1번「ページ 페이지」이다. 2번과 3번은 각각 무게와 길이를 나타내는 단위이고, 4번은 형식이나 형태를 표현하는 가타카나어로「古いタイプ 오래된 형식, 낡은 형태」처럼 사용한다.

2 あさと よるに はを（　　）ます。

1 ながし　　2 ふき
3 みがき　　4 あび

정답 **3** 아침과 밤에 이를 닦습니다.

단어 歯 이, 치아 | 流す 흘리다 | 拭く 닦다, 훔치다 | みがく 닦다, 연마하다 | あびる 뒤집어쓰다, (샤워를) 하다

해설 일본어로 '이를 닦다'라고 할 때는「歯を磨く」라고 한다. 출제 빈도가 높은 관용 표현이므로 잘 기억해야 한다. 2번「拭く」도 '닦다, 훔치다'라는 뜻으로 답으로 혼동하기 쉽다.「テーブルを拭く 테이블을 닦다」,「涙を拭く 눈물을 훔치다」와 같은 예문을 통해 뉘앙스의 차이를 기억해 두자.

---

3 日本に 行く（　　）は まえから して いました。

1 けいかく　　2 ゆしゅつ
3 しつもん　　4 せいさん

정답 **1** 일본에 갈 계획은 전부터 하고 있었습니다.

단어 計画 계획 | 輸出 수출 | 質問 질문 | 生産 생산

해설 괄호 앞의 동사「行く 가다」와 호응하는 명사는 1번「計画 계획」이다. 나머지 선택지는 뒤에「する 하다」를 붙여 '수출하다', '질문하다', '생산하다'처럼 동작성 명사이다. 선택지 2번「輸出 수출」은 한자만으로 발음을 유추하기 어려우므로 잘 기억해 두도록 하자.

---

4 父は 今 しゅっちょうで きゅうしゅうにいるので 今週は（　　）と 思います。

1 かえさない　　2 わからない
3 まがらない　　4 もどらない

정답 **4** 아버지는 지금 출장으로 규슈에 있어서 이번 주는 돌아오지 않을 거라 생각합니다.

단어 出張 출장 | 今週 이번 주 | 思う 생각하다 | 返す 돌려주다, 반납하다 | 分かる 알다 | 曲がる 구부러지다 | 戻る 돌아가(오)다

해설 '아버지가 출장 중이므로 이번 주에는 집에 안 계신다'라는 문맥이다. 따라서 '돌아오지 않는다'라는 의미의 동사 부정형인「帰らない 귀가하지 않는다」나「戻らない 돌아오지 않는다」가 들어가야 한다. 따라서 정답은 4번이다.「帰る」와「戻る」는 둘 다 '돌아가(오)다' 라는 뜻으로,

「帰る」는 '자신의 집으로 귀가하거나 원래 장소로 돌아갈(올) 때' 사용하며 「戻る」는 '원래 있던 장소로 돌아갈(올) 때'에만 사용한다.

---

5 この 道は とても（　　）ですから、ちゅういして うんてんして ください。

1 じょうぶ　　2 けっこう
3 きけん　　4 べんり

정답 **3** 이 길은 매우 위험하니까 주의해서 운전하세요.

단어 道 길 | 注意 주의 | 運転 운전 | 丈夫だ 튼튼하다 | 結構だ 괜찮다, 좋다 | 危険だ 위험하다 | 便利だ 편리하다

해설 '운전할 때 주의해야 한다'라는 의미의 문장이 뒤에 나오고 있으므로 앞부분에는 '길이 안전하지 않다'라는 내용이 와야 한다. 따라서 정답은 3번 「危険 위험」이다. 다른 선택지 모두 긍정적인 의미의 な형용사이므로 문맥상 어울리지 않는다.

---

6 わたしは 友だちに おおさかの まちを（　　）しました。

1 あんない　　2 りょこう
3 けんぶつ　　4 しょうたい

정답 **1** 나는 친구에게 오사카 거리를 안내했습니다.

단어 街 거리 | 案内 안내 | 旅行 여행 | 見物 구경 | 招待 초대

해설 '친구에게 오사카 거리를 보여 주었다'라는 문맥이다. 따라서 괄호 안에는 1번 「案内 안내」가 들어가야 가장 자연스럽다. 3번 「見物 구경」은 「大阪見物に来ました 오사카를 구경하러 왔습니다」처럼 사용해야 한다.

---

7 もう 5時ですね。（　　）しつれいします。

1 たいてい　　2 すっかり
3 そろそろ　　4 とうとう

정답 **3** 벌써 5시네요. 슬슬 실례하겠습니다.

단어 もう 이미, 벌써 | 失礼する 실례하다 | たいてい 대체로, 대개 | すっかり 완전히, 모두 | そろそろ 슬슬 | とうとう 드디어, 마침내

해설 방문지에서 '늦었으니 그만 돌아가 보겠습니다'라고 할 때 쓰는 인사 표현이다. 시간이 다 되어가는 모양을 나타내는 의태어인 3번 「そろそろ 슬슬」이 정답이다. 1번은 「たいてい9時に起きます 대체로 9시에 일어납니다」, 2번은 「すっかり忘れる 완전히 잊다」, 3번은 「とうとう優勝した 마침내 우승했다」처럼 사용한다. 예문과 함께 뉘앙스를 기억해 두자.

---

8 わたしは 毎朝 シャワーを（　　）ます。

1 かけ　　2 はいり
3 あび　　4 ふり

정답 **3** 나는 매일 아침 샤워를 합니다.

단어 シャワー 샤워 | かける 걸다, 뿌리다 | 入る 들어가(오)다 | あびる 뒤집어쓰다, (샤워를) 하다 | 振る 흔들다, 뿌리다

해설 일본어로 '샤워를 하다'는 「シャワーを浴びる」라고 한다. 출제 빈도가 높은 관용 표현이므로 잘 기억해 두자. 1번과 4번에는 둘 다 '(가루나 양념을) 뿌리다'라는 뜻이 있는데 「かける」는 '뿌려서 곁들이다'라는 의미이며 「振る」는 '(가루나 양념이 담긴) 용기를 흔들어 뿌리다'라는 의미이지만 일상 회화에서는 크게 구분하지 않고 사용하는 경우가 많다.

9（　　）だれにも 言わないと やくそくして ください。

1 よく　　2 けっして
3 なかなか　　4 ぜひ

정답 **2** 절대로 아무에게도 말하지 않는다고 약속해 주세요.

단어 誰にも 아무에게도 | 約束 약속 | よく 잘 | 決して 절대로, 결코 | なかなか 그럭저럭, 좀처럼 | ぜひ 꼭, 아무쪼록

해설 「決して」는 '결코, 절대 ~하지 않다'라는 의미의 부사로 뒤에는 부정 표현이 온다. '절대로 아무에게도 말하지 말아 달라'는 문맥이므로 정답은 2번이다. 유의 표현인 「絶対に 절대로」도 함께 기억해 두자.

10 日(にち)よう日(び)は ボランティアで うみの ゴミを ( ) ました。

1 はき　　2 いれ
3 し　　4 ひろい

정답 **4** 일요일에는 봉사 활동으로 바다 쓰레기를 주웠습니다.

단어 ボランティア 자원봉사, 봉사 활동 | ゴミ 쓰레기, 먼지 | はく 쓸다 | 入(い)れる 넣다 | 拾(ひろ)う 줍다

해설 '봉사 활동으로 쓰레기 줍기를 했다'라는 문맥이므로 「拾(ひろ)う 줍다」의 활용형인 4번이 정답이다. 동사의 뜻만 생각하면 1번 「はく (빗자루로) 쓸다」를 정답으로 생각할 수도 있지만 「はく」는 「庭(にわ)をはきました 정원을 쓸었습니다」처럼 '어떠한 장소를 빗자루로 청소한다'는 의미로 사용하는 것이 일반적이다.

もんだい 4 유의 표현

연습문제 정답 및 해설

정답

연습문제 ① [1] 3 [2] 4 [3] 3 [4] 2
연습문제 ② [1] 4 [2] 2 [3] 3 [4] 2

연습문제 ①

もんだい 4 ＿＿＿의 문장과 거의 같은 의미의 문장이 있습니다. 1・2・3・4에서 가장 적당한 것을 하나 고르세요.

문제편 92p

[1] 12時の バスに おくれて しまいました。

1 12時の バスが とまりませんでした。
2 12時の バスが 来ました。
3 12時の バスに まにあいませんでした。
4 12時の バスに 乗れました。

정답 **3** 12시 버스 시간에 맞게 가지 못했습니다.

단어 バス 버스 | 遅れる 늦다, 늦어지다 | 止まる 멈추다, 서다 | 間に合う 제시간에 맞추다

해설 '버스에 늦었다'라는 것은 '버스를 타지 못했다'라는 의미이므로 4번은 답이 될 수 없다. 「間に合う」는 '시간에 맞다, 시간에 맞추다'라는 의미로 자주 사용하는 단어이다. 3번처럼 「バスに間に合わない」라고 하면 '버스 시간에 맞게 도착하지 못해 타지 못하다'라는 의미가 된다. 따라서 정답은 3번이다.

---

[2] 社長の 家は とても りっぱな 家です。

1 社長の 家は とても おもしろい 家です。
2 社長の 家は とても あたらしい 家です。
3 社長の 家は とても あかるい 家です。
4 社長の 家は とても すばらしい 家です。

정답 **4** 사장님의 집은 매우 근사한 집입니다.

단어 社長 사장(님) | 家 집 | とても 매우, 굉장히 | 立派だ 훌륭하다, 근사하다 | 面白い 재미있다 | 新しい 새롭다 | 明るい 밝다 | 素晴らしい 훌륭하다, 멋지다

해설 「立派だ 훌륭하다, 근사하다」를 「素晴らしい 훌륭하다, 멋지다」로 바꿔 표현한 4번이 정답이다. 이 문제처럼 문장 구조가 단순한 경우 비슷한 뜻을 가진 어휘를 골라야 하므로 평소 단어의 뜻을 정확하게 암기하는 것이 중요하다.

---

[3] 大阪から 東京までの 電車だいは 3万円で たります。

1 大阪から 東京まで 3万円 いじょう ひつようです。
2 大阪から 東京まで 3万円で 行く ことが できません。
3 大阪から 東京まで 3万円で 行く ことが できます。
4 大阪から 東京まで 3万円で 行った ことが ありません。

정답 **3** 오사카에서 도쿄까지 3만 엔으로 갈 수 있습니다.

단어 電車代 전철 요금 | 足りる 족하다, 충분하다 | 以上 이상 | 必要だ 필요하다

해설 「足りる」는 '충족하다, 충분하다'라는 의미이다. 따라서 '3만 엔이면 충분하다'를 '3만 엔으로 갈 수 있다'라고 바꿔 표현한 3번이 정답이다. 1번은 '3만 엔 이상 필요하다'이므로 3만 엔으로는 부족하다는 의미이고, 2번 역시 '3만 엔으로는 갈 수 없다'이므로 반대 의미의 문장이다. 4번은 '간 적이 없다'이므로 의미가 전혀 다르다.

---

4 パーティーに 出るか どうか 田中さんに へんじしなければ なりません。

1 パーティーに 出るか どうか 田中さんに 聞かなければ なりません。
2 パーティーに 出るか どうか 田中さんに れんらくしなければ なりません。
3 パーティーに 出るか どうか 田中さんに たずねなければ なりません。
4 パーティーに 出るか どうか 田中さんに しつもんしなければ なりません。

정답 **2** 파티에 갈지 어떨지 다나카 씨에게 연락해야 합니다.

단어 パーティー 파티 | 出る 나가(오)다, 참석하다 | 返事 대답, 답변 | 連絡 연락 | たずねる 묻다 | 質問 질문

해설 파티 참석 여부를 '다나카 씨에게 대답해야 한다'라는 의미의 문장이므로 '다나카 씨에게 연락해야 한다'라는 2번이 정답이다. 1, 3, 4번은 반대로 다나카 씨에게 참석 의향을 묻는 의미의 문장이므로 답이 될 수 없다.

연습문제 ②

もんだい 4 ＿＿＿의 문장과 거의 같은 의미의 문장이 있습니다. 1・2・3・4에서 가장 적당한 것을 하나 고르세요.

문제편 93p

1 むすめは 外国の 大学へ 行って います。

1 兄の 子どもは 外国に 旅行中です。
2 姉の 子どもは 今 大学生です。
3 女の 子どもは 外国に 旅行中です。
4 女の 子どもは 留学して います。

정답 **4** 여자아이(자식)는 유학하고 있습니다.

단어 娘 딸 | 外国 외국 | 大学 대학 | 旅行中 여행 중 | 大学生 대학생 | 留学 유학

해설 '딸'과 '외국 대학'을 달리 표현한 문장을 찾아야 한다. 1번과 2번은 남·여형제의 아이, 즉 '조카'에 대한 문장이므로 답이 될 수 없다. 3번에서 여자아이(딸)는 '외국에서 여행 중'이며 4번에서는 '유학하고 있다'고 했으므로 정답은 4번이다.

---

2 きのうは かいしゃで ざんぎょうしました。

1 きのうは かいしゃから はやく 帰りました。
2 きのうは かいしゃで おそくまで しごとしました。
3 きのうは かいしゃの 中で かいぎを しました。
4 きのうは かいしゃの 人たちと 食事しました。

정답 **2** 어제는 회사에서 늦게까지 일했습니다.

단어 会社 회사 | 残業 잔업, 야근 | 早く 빨리 | 遅くまで 늦게까지 | 仕事 일, 업무 | 会議 회의 | 食事 식사

해설 「残業」는 '잔업, 야근'이라는 의미이므로 '회사에서 늦게까지 일했다'라고 달리 표현한 2번이 정답이다. 1번은 '빨리 귀가했다'라는 문맥이므로 반대 의미의 문장이며, 3번은 '회의를 했다', 4번은 '회사 사람과 식사를 했다'라는 의미이므로 답으로는 적절하지 않다.

---

3 ここは ちゅうしゃきんしです。

1 ここは 車が 少ないです。
2 ここは 車は 入れません。
3 ここに 車を とめないで ください。
4 ここで 車は ゆっくり 走って ください。

정답 **3** 여기에 차를 세우지 마세요.

단어 駐車禁止 주차 금지 | 車 차, 자동차 | 少ない 적다 | 入る 들어가(오)다 | 止める 멈추다, 세우다 | ゆっくり 천천히 | 走る 달리다, 뛰다

해설 1번은 '이곳은 차가 적다', 2번은 '이곳은 차가 들어올 수 없다', 3번은 '여기에 차를 대지 마세요', 4번은 '여기에서는 차를 천천히 몰아 주세요'라는 의미이다. '주차 금

지=이곳에는 차를 댈 수 없다'이므로 이러한 내용을 요청하는 문장인 3번이 정답이다.

---

4 かれが にゅういんしたと 聞(き)いて おどろきました。

1 かれは びょうきに なって たいへんでした。

2 かれが びょういんに いると 聞(き)いて びっくりしました。

3 かれは げんきだと 聞(き)いて あんしんしました。

4 かれが げんきじゃ なくなって しんぱいでした。

정답 **2** 그가 병원에 있다는 이야기를 듣고 깜짝 놀랐습니다.

단어 彼(かれ) 그(남자 3인칭) | 入院(にゅういん) 입원 | 驚(おどろ)く 놀라다 | 病院(びょういん) 병원 | びっくりする 깜짝 놀라다 | 元気(げんき)だ 건강하다, 기운차다 | 安心(あんしん)する 안심하다 | 心配(しんぱい)だ 걱정하다, 걱정이다

해설 선택지 중 3번은 '건강하다고 들었다'고 하고 있으므로 「入院(にゅういん)した 입원했다」와는 반대 의미이기 때문에 답이 될 수 없다. 나머지 선택지 중 정답은 「入院(にゅういん) 입원」을 「病院(びょういん)にいる 병원에 있다」로, 「驚(おどろ)いた 놀랐다」를 「びっくりした 깜짝 놀랐다」라고 바꿔 표현한 2번이다. 「びっくり」는 '갑작스러운 상황이나 의외의 일에 놀라는 모습'을 표현할 때 사용하는 부사로 이 문제에서처럼 뒤에 「する」를 붙여 많이 사용한다.

もんだい 5 용법

연습문제 정답 및 해설

정답

연습문제 ① 1 4 2 1 3 2 4 3
연습문제 ② 1 4 2 1 3 3 4 4

연습문제 ①

もんだい 5 다음 단어의 사용법으로 가장 적당한 것을 1・2・3・4 중에서 하나 고르세요. 문제편 104p

1 ねつ

1 けさの ねつは 5度で とても さむかったです。

2 おゆが わきました。ねつは ちょうど 100度ですね。

3 どうぶつに ねつが ある 食べものを あげない ほうが いいそうです。

4 もし ねつが でたら この くすりを 飲んで ください。

정답 **4** 혹시 열이 나면 이 약을 먹으세요.

단어 熱 열 | 今朝 오늘 아침 | ～度 ～도(온도 단위) | とても 매우, 굉장히 | 寒い 춥다 | お湯が沸く 물이 끓다, 물이 데워지다 | ちょうど 딱, 정확히, 마침 | 動物 동물 | 食べ物 먹을 것, 음식 | 上げる 주다, 올리다 | もし 혹시, 만약 | 出る 나가(오)다 | 薬を飲む 약을 먹다, 복용하다

해설 '몸에 열이 나다, 열이 오르다'라고 할 때는「熱が出る」라고 표현한다.「熱 열」을 바른 의미로 사용하고 있는 문장은 4번이다. 1번은「気温 기온」, 2번은「温度 온도」가 되어야 하며, 3번은「熱がある 열이 있다」대신 い형용사「熱い 뜨겁다」로 바꿔 '동물에게 뜨거운 음식을 주지 않는 것이 좋다'라고 표현해야 자연스럽다.

---

2 めずらしい

1 これは 日本には ない めずらしい りょうりです。

2 午後から めずらしい かいぎが あります。

3 となりの へやから めずらしい おとが します。

4 エアコンの ちょうしが めずらしいので 見て ください。

정답 **1** 이건 일본에는 없는 진귀한 요리입니다.

단어 めずらしい 드물다, 희귀하다, 진귀하다 | 料理 요리 | 会議 회의 | 隣 옆, 이웃 | 部屋 방 | 音がする 소리가 나다 | エアコン 에어컨 | 調子 상태, 컨디션

해설「めずらしい」는 '드물다, 보기 힘들다'라는 의미로 평소 많이 접하지 못하는 것에 대해 나타낼 때 사용한다. 바르게 사용한 것은 1번이다. 2번은「大事な 중요한」, 3번은「変な 이상한」가 되어야 하며, 4번은「おかしい 이상하다」나「よくない 좋지 않다」가 되어야 자연스럽다.

3 みつかる

1 わたしが する はなしを しっかり みつかって ください。

2 先週 おとした けいたい電話が まだ みつかりません。

3 じゅぎょうちゅう ずっと まどの そとを みつかって いました

4 くうこうで パスポートを みつかって くださいと 言われました。

정답 **2** 지난주에 잃어버린 휴대 전화를 아직 찾지 못했습니다.

단어 見つかる 발견되다, 찾게 되다 | 話 이야기 | しっかり 단단히, 똑똑히 | 落とす 떨어뜨리다, 분실하다 | 携帯電話 휴대 전화 | まだ 아직 | 授業中 수업 중 | ずっと 계속, 쭉, 훨씬 | 窓 창문 | 外 밖 | 空港 공항 | パスポート 여권

해설 '발견되다, 찾게 되다'라는 의미의 동사「見つかる」를 바르게 사용한 문장은 2번이다.「落とす」는 '떨어뜨리다' 외에 이 문장에서처럼 '잃어버리다, 분실하다'라는 의미로도 사용한다. 관련 어휘인「落とし物 분실물, 유실물」도 함께 기억해 두자. 1번은「聞いて 들어」, 3번은「見て 보고」, 4번은「見せて 보여」가 들어가야 한다.

---

4 たしかに

1 こんどは たしかに わたしの 家に 来て ください。

2 きょうは たしかに はやく 寝て ください。

3 あの 先生は たしかに 中国から 来たと 聞きました。

4 きのう やくそくしたから かれは たしかに 来ると おもいます。

정답 **3** 저 선생님은 분명 중국에서 왔다고 들었습니다.

단어 確かに 확실히, 분명(히) | 今度 이번, 다음번 | 早く 빨리 | 中国 중국 | 約束 약속 | 彼 그(남자 3인칭)

해설 「確かに」는 '분명히, 필시, 확실히, 틀림없이'라는 의미의 부사이다. 바르게 사용하고 있는 문장은 3번이다. 1번은「ぜひ 꼭, 아무쪼록」, 2번은「なるべく 가능한 한, 되도록」, 4번은「きっと 꼭, 반드시」가 되어야 자연스럽다.

연습문제 ②

もんだい 5 다음 단어의 사용법으로 가장 적당한 것을 1・2・3・4 중에서 하나 고르세요. 문제편 105p

1 はじめて

1 くだものの 中では はじめて バナナが すきです。

2 そらが はじめて くらく なって 雨が ふって きました。

3 はじめて せつめいを 聞いて その 後 ゲームを します。

4 北海道に はじめて 行ったのは ことしの 夏でした。

정답 **4** 홋카이도에 처음 간 것은 올해 여름이었습니다.

단어 初めて 처음 | 果物 과일 | バナナ 바나나 | 好きだ 좋아하다 | 空 하늘 | 暗い 어둡다 | 降る (눈·비가) 내리다 | 説明 설명 | ゲーム 게임 | 今年 올해

해설 「初めて 맨 처음, 처음으로」를 바르게 사용하고 있는 것은 4번이다. 1번은「特に 특히, 별로」가, 2번은「急に 갑자기」가 되어야 자연스럽고, 3번은 발음은 같지만 다른 한자「始」가 들어가는「始めに 먼저, 우선」이 되어야 한다.

---

2 かける

1 きょうしつの かべに 時計が かけて あります。

2 テーブルの うえに きれいな 花が かけて あります。

3 へやの だんぼうは もう かけて あります。

4 かいぎしつに いすは もう かけて ありますか。

정답 **1** 교실 벽에 시계가 걸려 있습니다.

단어 かける 걸다, 앉다 | 教室 교실 | 壁 벽 | 時計 시계 | テーブル 테이블 | きれいだ 예쁘다, 깨끗하다 | 花 꽃 | 暖房 난방, 난방 기구 | もう 이미, 벌써 | 会議室 회의실 | 椅子 의자

해설 「かける」는 '걸다, (안경을) 쓰다, (자물쇠를) 잠그다, 두르다, 앉다' 등 다양한 의미로 사용하는 동사이다.「時計をかける 시계를 걸다」,「眼鏡をかける 안경을

쓰다」, 「かぎをかける 열쇠(자물쇠)를 잠그다」, 「ふとんをかける 이불을 덮다」, 「おかけください 앉으세요」와 같은 예시를 통해 뜻과 뉘앙스를 기억해 두자. 정답은 1번이다. 2번은 「置いて 놓여」, 3번은 「つけて (전원이) 켜져」, 4번은 「並んで 진열(배열)되어」가 되어야 자연스럽다.

---

3 にぎやか

1 たくさん 買いものを して、にもつが にぎやかです。

2 へやが にぎやかですから、かたづけて ください。

3 駅の 前に いろいろな 店が できて、にぎやかに なりました。

4 来週は よていが にぎやかで、いそがしいです。

정답 **3** 역 앞에 다양한 가게가 생겨서 번화하게 되었습니다.

단어 にぎやかだ 활기차다, 번화하다, 시끌벅적하다 | 買い物 쇼핑, 장보기 | 荷物 짐, 화물 | 部屋 방 | 片付ける 치우다, 정리하다 | 店 가게 | 予定 예정, 일정 | 忙しい 바쁘다

해설 「にぎやかだ」는 '번화하다, 시끌벅적하다'라는 의미로 사람이 많아 시끌벅적하거나 번화한 모습을 나타낼 때 많이 사용하는 어휘이다. 정답은 '역 앞에 가게가 많이 생겨 활기찬 거리가 되었다'라는 의미로 사용한 3번이다. 1번은 「いっぱい(だ) 가득(하다)」, 2번은 「きたない 더럽다」, 4번은 「びっしり(だ) 빽빽(하다)」이 되어야 자연스럽다.

---

4 りよう

1 この パソコンは りようして いるから、なおさなければ なりません。

2 外国に 行って りようした ことが ない ことを して みたいです。

3 いもうとの りゅうがくは 父が りようしたので、できなく なりました。

4 わたしは かいしゃへ 行くのに、ちかてつを りようして います。

정답 **4** 나는 회사에 가는 데 지하철을 이용하고 있습니다.

단어 利用 이용 | パソコン PC, 컴퓨터 | 直す 고치다, 낫게 하다 | 外国 외국 | 妹 여동생 | 留学 유학 | 会社 회사 | 地下鉄 지하철

해설 「利用 이용」을 바르게 사용한 것은 4번이다. 유의 표현인 「使う 쓰다, 사용하다」도 함께 기억해 두자. 1번은 「故障 고장」이 되어야 한다. 일본어로 '고장 나다'라고 할 때는 「故障する」라고 한다는 것도 기억해 두자. 2번은 「経験 경험」, 3번은 「反対 반대」가 되어야 자연스러운 문장이 된다.

もんだい 1 한자 읽기

실전문제 정답 및 해설

정답

실전문제 ①	1 3	2 4	3 1	4 2	5 3	6 2	7 4	8 4	9 1	10 3
실전문제 ②	1 3	2 2	3 1	4 3	5 3	6 1	7 2	8 3	9 2	10 4

실전문제 ①

もんだい 1 ＿＿＿의 단어는 히라가나로 어떻게 씁니까? 1・2・3・4에서 가장 적당한 것을 하나 고르세요.

문제편 108p

1 わたしは 電車(でんしゃ)で 学校(がっこう)へ 通って(かよって) います。

1 とおって　2 むかって
3 かよって　4 かえって

정답 **3** 나는 전철로 학교에 다니고 있습니다.

단어 電車(でんしゃ) 전철 | 通う(かよう) 다니다 | 通る(とおる) 지나가다, 통과하다 | 向かう(むかう) 향하다 | 帰る(かえる) 돌아가(오)다

해설 「通 통할 통」의 음독은 「つう·つ」, 훈독은 「通う(かよう) 다니다」, 「通す(とおす) 통과시키다, 뚫다」, 「通る(とおる) 지나가다, 통과하다」이다. 학교나 학원 등 일정한 장소에 '다니다, 통학하다'라고 할 때에는 「通う(かよう) 다니다」를 사용한다. 따라서 정답은 3번이다.

---

2 夕食(ゆうしょく)は カレーに するから にくを 買(か)って きて ください。

1 やしき　2 やしょく
3 ゆうしき　4 ゆうしょく

정답 **4** 저녁 식사는 카레로 할 거니까 고기를 사 오세요.

단어 夕食(ゆうしょく) 저녁 식사 | カレー 카레 | 肉(にく) 고기 | 買う(かう) 사다 | やしき 저택 | 夜食(やしょく) 야식

해설 4번 「夕食(ゆうしょく)」는 음독 명사로 '저녁밥, 저녁 식사'라는 의미이다. 의미가 같은 「晩(ばん)ご飯(はん) 저녁밥」도 함께 기억해 두자. 「夕 저녁 석」의 음독은 「せき」, 훈독은 「夕(ゆう)」로 단독으로는 사용하지 않고 「夕食(ゆうしょく) 저녁 식사」, 「夕方(ゆうがた) 저녁 무렵, 해질녘」과 같은 단어로 쓰인다. 「食 밥 식」의 음독은 「しょく·じき」이며 훈독은 「食べる(たべる) 먹다」이다.

---

3 あしたは 都合(つごう)が 悪(わる)いですが、あさってでも いいですか。

1 つごう　2 とごう
3 ずごう　4 どごう

정답 **1** 내일은 사정이 좋지 않습니다만, 모레라도 괜찮습니까?

단어 都合(つごう) 사정, 형편 | 悪い(わるい) 나쁘다 | あさって 내일모레

해설 「都合(つごう) 사정, 형편」은 한자만으로는 발음을 유추하기 어려우며 출제 빈도가 높은 단어이므로 잘 기억해 두어야 한다. 정답은 1번이다. 「都 도읍 도」의 음독은 「つ·と」로 「と」로 발음하는 「京都(きょうと) 교토」 등의 지명도 눈여겨 봐 두자. 「合 합할 합」의 음독은 「かっ·がっ·ごう」이며 훈독은 「合う(あう) 맞다, 어울리다」이다.

4 彼女は 細い ゆびで うつくしく ピアノを ひいた。

1 しろい　　2 ほそい
3 こまかい　　4 みじかい

정답 **2** 그녀는 가는 손가락으로 아름답게 피아노를 쳤다.

단어 彼女 그녀 | 細い 가늘다, 얇다 | 指 손가락 | 美しい 아름답다 | ピアノを弾く 피아노를 치다 | 白い 하얗다 | 細かい 상세하다, 자세하다 | 短い 짧다

해설 「細 가늘 세」의 음독은 「さい」, 훈독은 2번 「細い 가늘다, 얇다」와 3번 「細かい 자세하다, 상세하다」이다. 둘 다 い형용사이지만 3번 「細かい」는 히라가나 부분이 「かい」이므로 형태가 다르고 의미도 달라 답이 될 수 없다. 따라서 정답은 2번이다.

---

5 こんな ちいさい 虫は 見た ことが ありません。

1 くさ　　2 いし
3 むし　　4 すな

정답 **3** 이런 작은 벌레는 본 적이 없습니다.

단어 小さい 작다 | 虫 벌레, 곤충 | 草 풀 | 石 돌 | 砂 모래

해설 「虫 벌레 충」의 음독은 「ちゅう」, 훈독은 「虫 벌레」이다. 따라서 정답은 3번이다. 음독으로 읽는 「昆虫 곤충」도 함께 기억해 두면 좋다. 한 글자 한자 문제는 출제 빈도가 높은데 이 문제처럼 주로 자연, 신체 등 비슷한 주제로 선택지가 출제되니 주제별로 단어를 정리하여 기억해 두면 도움이 된다.

---

6 週末は 家の 仕事を 手伝って います。

1 おこなって　　2 てつだって
3 まちがって　　4 さそって

정답 **2** 주말에는 집안일을 돕고 있습니다.

단어 週末 주말 | 仕事 일, 업무 | 手伝う 돕다 | 行う 행하다, 실시하다 | 間違う 잘못되다 | 誘う 유혹하다, 권하다

해설 「手伝う」는 특수 발음(숙자훈)으로 읽는 동사이다. '전하다, 전달하다'라는 뜻의 「伝う」의 원래 발음은 「つたう」이지만 「手 손 수」의 훈독 「手 손」과 함께 쓰여 「手伝う 돕다」가 되면 「た」에 탁음이 붙어 「てつだう」로 발음한다는 사실을 꼭 기억해 두자.

---

7 一週間に みっか アルバイトを します。

1 いつしゅうかん　　2 いちしゅうかん
3 いしゅうかん　　4 いっしゅうかん

정답 **4** 일주일에 사흘 아르바이트를 합니다.

단어 一週間 일주일(간) | アルバイト 아르바이트

해설 「一 한 일」의 음독은 「いち·いつ」이지만 어떤 단어가 되느냐에 따라 음독이 다양하게 변화하는 한자이다. 이 문제에서처럼 「一週間 일주일간」이라고 할 때에는 「いっ」이라고 촉음으로 읽어야 한다. 따라서 정답은 4번이다. 이 외에도 「一人 한 명」나 「一つ 하나」로 쓸 때는 훈독 「ひと」라고 읽으며 날짜 '1일'이라고 할 때는 「一日」, 동일한 한자를 쓰지만 '하루'라고 할 때는 「一日」라고 읽는다는 점도 주의하도록 하자.

---

8 有名な レストランは よやくが ひつようです。

1 たいへんな　　2 しずかな
3 じょうずな　　4 ゆうめいな

정답 **4** 유명한 레스토랑은 예약이 필요합니다.

단어 有名だ 유명하다 | レストラン 레스토랑 | 予約 예약 | 必要だ 필요하다 | 大変だ 큰일이다, 힘들다 | 静かだ 조용하다 | 上手だ 잘하다, 능숙하다

해설 「有名だ 유명하다」는 음독으로 읽는 な형용사이므로 정답은 4번이다. 「有 있을 유」의 음독은 「ゆう·ゆ」, 훈독은 「有る 있다」이며 「名 이름 명」의 음독은 「みょう·めい」, 훈독은 「名 이름」이다. 「名」의 훈독 명사인 「名前 이름」도 함께 기억해 두자.

---

9 しあいの まえには よく 練習します。

1 れんしゅう　　2 よしゅう
3 ふくしゅう　　4 こうしゅう

정답 **1** 시합 전에는 자주 연습합니다.

단어 試合 시합 | よく 잘, 자주 | 練習 연습 | 予習 예습 | 復習 복습 | 講習 강습

해설 음독 명사인 「練習 연습」을 바르게 읽은 것은 1번이다. 이러한 단어는 한국어와 발음이 비슷하므로 장음 유무를 잘 기억해 두면 쉽게 풀 수 있다. 「習 익힐 습」의 훈독인 「習う 익히다, 연습하다, 배우다」도 자주 출제되는 어휘이므로 함께 기억해 두자.

10 まいにち かぞくの 食事を 作って います。

1 たべじ　　2 たべこと
3 しょくじ　　4 しょくこと

정답 **3** 매일 가족의 식사를 만들고 있습니다.

단어 毎日 매일 | 家族 가족 | 食事 식사 | 作る 만들다

해설 '식사'라는 의미의 「食事」를 바르게 읽은 것은 3번이다. 선택지를 보면 「食 밥 식」의 음독인 「しょく」와 훈독인 「食べる 먹다」, 「事 일 사」의 음독인 「じ」와 훈독인 「事 일, 것」가 무작위로 섞여 있는 것을 알 수 있다. 때문에 두 글자 이상의 한자어는 어떠한 조합으로 읽는지 정확히 기억해 두는 것이 중요하다.

실전문제 ②

もんだい 1 ＿＿＿의 단어는 히라가나로 어떻게 씁니까? 1·2·3·4에서 가장 적당한 것을 하나 고르세요.

문제편 109p

1 じゅぎょうを はじめますから、はやく 教室に 入って ください。

1 きょしつ　　2 きゅしつ
3 きょうしつ　　4 きゅうしつ

정답 **3** 수업을 시작할 테니 빨리 교실로 들어 오세요.

단어 授業 수업 | 始める 시작하다 | 速く 빨리 | 教室 교실 | 入る 들어가(오)다

해설 음독 명사인 「教室 교실」을 바르게 읽은 것은 3번이다. 「教 가르칠 교」의 음독은 「きょう」, 훈독은 「教える 가르치다」, 「教わる 배우다」이며 「室 집 실」의 음독은 「しつ」이다. 「教科書 교과서」, 「教育 교육」, 「教会 교회」, 「室内 실내」 등의 예시를 통해 기억해 두자.

---

2 デパートの 屋上は 子どもたちが 遊ぶ ばしょです。

1 やじょう　　2 おくじょう
3 やうえ　　4 おくうえ

정답 **2** 백화점 옥상은 아이들이 노는 곳입니다.

단어 デパート 백화점 | 屋上 옥상 | 遊ぶ 놀다 | 場所 장소, 곳

해설 「屋 집 옥」의 음독은 「おく」, 훈독은 「屋 집, ~집, ~장이」이다. 「ラーメン屋 라면집」, 「床屋 이발소, 이발사」 등의 훈독 명사도 기억해 두자. 「上 윗 상」의 음독은 「じょう·しょう」이며 훈독으로는 「上がる 오르다, 올라가다」, 「上げる 올리다」, 「上 위」 등이 있다. '옥상'은 음독 명사이므로 정답은 2번이다. 또한 제시문 마지막에 나오는 「場所 장소」는 훈독＋음독으로 읽는 명사이다. 이렇게 음훈을 섞어서 읽는 어휘는 출제 빈도가 높으므로 잘 기억해 두자.

---

3 かれは 今 嘘を ついて います。

1 うそ　　2 うで
3 うら　　4 うわさ

정답 **1** 그는 지금 거짓말을 하고 있습니다.

단어 彼 그, 그이 | 嘘をつく 거짓말을 하다 | 腕 팔, 솜씨 | 裏 뒤, 뒷면 | 噂 소문

해설 선택지 단어 모두 첫 음이 「う」로 시작하는 한 글자 한 자 명사이므로 혼동하지 않도록 주의해야 한다. 「嘘をつく」는 '거짓말을 하다'라는 의미이므로 묶어서 기억해 두자.

---

4 急がなくても まだ まにあいますよ。

1 およがなくても　　2 さわがなくても
3 いそがなくても　　4 ぬがなくても

정답 **3** 서두르지 않아도 아직 늦지 않을 거예요.

단어 急ぐ 서두르다 | まだ 아직 | 間に合う 제시간에 맞추다 | 泳ぐ 수영하다, 헤엄치다 | 騒ぐ 소란을 피우다 | 脱ぐ 벗다

해설 「急 급할 급」의 음독은 「きゅう」, 훈독은 「急ぐ 서두르다」로 정답은 3번이다. 문제에 나온 「間に合う」는 '제시간에 대다'라는 의미로 약속 시간이나 기한 등에 늦지 않게 맞출 때 사용하는 표현이다. 모든 영역에서 골고루 나오는 필수 어휘이므로 반드시 기억해 두자.

---

5 涼しい かぜが とても きもち いいです。

1 あたたかい　　2 さむい
3 すずしい　　4 つめたい

정답 **3** 선선한 바람이 매우 기분 좋습니다.

단어 涼しい 시원하다, 선선하다 | 風 바람 | とても 매우, 상당히 | 気持ちいい 기분 좋다 | 暖かい 따뜻하다 | 寒い 춥다 | 冷たい 차갑다, 냉정하다

해설 「涼 서늘할 량」의 음독은 「りょう」, 훈독은 「涼しい 시원하다」이므로 정답은 3번이다. 날씨·기온을 나타내는 い형용사 「暖かい 따뜻하다」, 「暑い 덥다」, 「涼しい 시원하다, 선선하다」, 「寒い 춥다」는 한자 읽기, 표기, 유의 표현 등의 파트에서 출제 빈도가 높은 어휘이므로 묶어서 기억해 두도록 하자.

---

6 けっこんの おいわいは 品物より お金が いいですよ。

1 しなもの　　2 しなぶつ
3 ひんぶつ　　4 ひんもの

정답 **1** 결혼 축하 선물은 물건보다 돈이 좋습니다.

단어 結婚 결혼 | お祝い 축하, 축하 선물 | 品物 물품, 상품 | ～より ～보다 | お金 돈

해설 「品物 물품, 상품」은 「品 물건 품」의 훈독인 「品 물품, 품질」과 「物 물건 물」의 훈독인 「物 것, 물건」을 조합하여 읽으므로 정답은 1번 「しなもの」이다. 이처럼 훈독＋훈독 명사는 한자만으로는 발음이나 뜻을 알기 어려우므로 예문과 함께 발음과 뉘앙스를 기억해 두는 것이 좋다. 음독으로 읽는 「作品 작품」, 「動物 동물」, 「荷物 짐」등의 예시도 함께 기억해 두자.

---

7 やくそくした じかんより 30分も おくれた ことを 謝った。

1 わかった　　2 あやまった
3 おこった　　4 てつだった

정답 **2** 약속한 시간보다 30분이나 늦은 것을 사과했다.

단어 約束 약속 | 時間 시간 | 遅れる 늦다, 늦어지다 | 謝る 사과하다 | 分かる 알다 | 怒る 화내다 | 手伝う 돕다

해설 「謝 사례할 사」의 음독은 「しゃ」, 훈독은 「謝る 사과하다, 사죄하다」이므로 정답은 2번이다. 음독으로 읽는 예시로는 「感謝 감사」가 있다. 다른 선택지의 동사도 함께 기억해 두자.

8 こどもは 砂で いえを 作って あそんで います。

1 いし　　2 しま
3 すな　　4 そら

정답 **3** 아이는 모래로 집을 만들며 놀고 있습니다.

단어 砂 모래 | 作る 만들다 | 遊ぶ 놀다 | 石 돌 | 島 섬 | 空 하늘

해설 「砂 모래 사」의 음독은 「さ·しゃ」, 훈독은 「砂 모래」이므로 정답은 3번이다. 「砂時計 모래시계」와 같은 훈독 명사도 함께 알아 두면 좋다. 다른 선택지 모두 자연을 표현하는 한 글자 한자이므로 묶어서 기억해 두도록 하자.

---

9 もし 寒かったら、まどを しめて ください。

1 あつかった　　2 さむかった
3 あたたかかった　　4 すずしかった

정답 **2** 혹시 추우면 창문을 닫으세요.

단어 もし 혹시 | 寒い 춥다 | 窓 창문 | 閉める 닫다 | 暑い 덥다 | 暖かい 따뜻하다 | 涼しい 시원하다, 선선하다

해설 「寒 찰 한」의 음독은 「かん」, 훈독은 「寒い 춥다」이므로 정답은 2번이다. 「寒い 춥다」는 이 문제에서처럼 날씨나 기온을 나타낼 때 쓰는 い형용사인데, 이 외에도 한국어처럼 '분위기가 썰렁하다, 개그가 재미없다'라고 할 때에도 사용한다.

---

10 たいへん 残念ですが きょうは これで 終わります。

1 しんねん　　2 じんねん
3 さんねん　　4 ざんねん

정답 **4** 매우 아쉽지만 오늘은 이걸로 종료하겠습니다.

단어 大変 매우, 몹시 | 残念だ 안타깝다, 아쉽다, 유감이다 | これで 이것으로 | 終わる 끝나다 | 新年 신년, 새해

해설 「残 해칠 잔/잔인할 잔」의 음독은 「ざん」, 훈독은 「残す 남기다」, 「残る 남다」이며 「念 생각 념」은 음독 「ねん」으로만 읽는다. な형용사 「残念だ」를 바르게 읽은 것은 4번이다. 문장 맨 앞의 「大変 매우, 몹시, 대단히」는 な형용사가 아닌 부사로 쓰였다는 점도 눈여겨 봐 두자.

もんだい 2 표기

실전문제 정답 및 해설

정답

실전문제 ①	1 3	2 1	3 1	4 4	5 3	6 4	7 2	8 3	9 1	10 4
실전문제 ②	1 2	2 1	3 3	4 4	5 1	6 2	7 3	8 3	9 4	10 2

실전문제 ①

もんだい 2 ＿＿＿의 단어는 어떻게 씁니까? 1・2・3・4에서 가장 적당한 것을 하나 고르세요. 문제편 110p

1 あの あかい セータの ひとは だれですか。

1 暗い　　2 高い
3 赤い　　4 白い

정답 **3** 저 빨간 스웨터를 입은 사람은 누구입니까?

단어 赤い 빨갛다 | セータ 스웨터 | 誰 누구 | 暗い 어둡다 | 高い 높다, 비싸다 | 白い 하얗다

해설 '빨갛다'라는 뜻의 「あかい」는 「赤 붉을 적」의 훈독이므로 정답은 3번이다. 「白い 하얗다」, 「黒い 검다」, 「青い 파랗다」, 「黄色い 노랗다」, 「茶色 갈색」, 「緑色 초록색」 등 색깔을 나타내는 어휘는 시험에 자주 출제되니 잘 기억해 두어야 한다.

---

2 あなたの くにでは おしょうがつに なにを 食べますか。

1 正月　　2 新月
3 新年　　4 小年

정답 **1** 당신 나라에서는 설날에 무엇을 먹나요?

단어 国 나라, 국가, 본국, 고국 | お正月 정월, 1월 1일(일본의 설날) | 新年 신년, 새해

해설 「お正月 정월」은 양력 1월 1일로 일본의 설을 나타내는 말이다. 정답은 1번이다. 「年末 연말」, 「おおみそか 12월 31일」, 「新年 신년, 새해」 등의 연말연시와 관련된 단어 및 「明けましておめでとうございます 새해 복 많이 받으세요」와 같은 새해 인사도 참고로 알아두자.

---

3 すみません。もういちど、せつめいして ください。

1 説明　　2 話明
3 説朝　　4 話朝

정답 **1** 죄송합니다. 다시 한번 설명해 주세요.

단어 もう一度 다시 한번 | 説明 설명

해설 「せつめい」는 '설명'이라는 뜻으로 「説 말씀 설」과 「明 밝을 명」으로 조합된 음독 명사이다. 정답은 1번이다. 2번은 「話 말씀 화」로 형태가 비슷하여 혼동하기 쉬우니 주의해야 한다. 「話」의 훈독 「話す 말하다, 이야기하다」, 「話 이야기」도 기초 필수 어휘이므로 기억해 두자.

---

4 きょうは くもが おおいですが あめは ふらないでしょう。

1 雪　　2 電
3 曇　　4 雲

정답 **4** 오늘은 구름이 많지만 비는 오지 않을 것입니다.

단어 雲 구름 | 多い 많다 | 雨 비 | 降る (눈·비가) 내리다

해설 '구름'이라는 뜻의 「くも」를 바르게 표기한 것은 4번이다. 선택지 모두 「雨 비 우」가 들어간 한자이다. 「雪 눈」, 「電気 전기」, 「電車 전철」, 「曇る 날씨가 흐리다」 등의 예시를 통해 기억해 두자.

---

5 がっこうの じむしつで コピーを する ことが できる。

1 教務室　　2 勤務室
3 事務室　　4 医務室

정답 **3** 학교 사무실에서 복사를 할 수 있습니다.

단어 事務室 사무실 | コピー 카피, 복사 | 教務室 교무실 | 勤務 근무 | 医務室 의무실, 양호실

해설 「じむしつ」를 바르게 표기한 것은 3번이다. 「事務」는 '사무'라는 뜻의 음독 명사로 관련 어휘인 「事務員 사무원」, 「事務所 사무소」 등도 참고로 알아두면 좋다. 1번과 4번 모두 학교와 관련된 단어이므로 함께 기억해 두자.

---

6 じゅぎょうを やすんだので ともだちに ノートを かりた。

1 貸りた　　2 貨りた
3 措りた　　4 借りた

정답 **4** 수업을 쉬어서 친구에게 공책을 빌렸다.

단어 授業 수업 | 休む 쉬다, 휴식을 취하다 | ノート 노트, 공책 | 借りる 빌리다

해설 「借 빌 차/빌릴 차」의 훈독인 「借りる」는 '내가 남에게 무언가를 빌릴 때' 사용하는 동사이다. 「貸 빌릴 대」의 훈독인 「貸す 빌려주다」는 '내가 남에게 무언가를 빌려줄 때' 사용하는 동사이므로 쓰임새를 구분하여 기억해 두자.

---

7 とうきょうに 来たら わたしが あんないしましょう。

1 案外　　2 案内
3 安外　　4 安内

정답 **2** 도쿄에 오면 제가 안내하지요.

단어 案内 안내 | 案外 의외로

해설 「あんない」를 바르게 표기한 것은 2번이다. 「案 책상 안」은 음독 「あん」으로만 읽는다. 선택지 1번 「案外」는 '의외로, 뜻밖에'라는 의미의 부사이다. 「内 안 내」의 음독은 「ない·だい」이며 훈독은 「内 안, 속, 내부」이다. 「国内 국내」, 「内容 내용」과 같은 단어를 통해 기억해 두자.

---

8 どんなに はやく でても 3時までに つくのは むりです。

1 務理　　2 務里
3 無理　　4 無里

정답 **3** 아무리 빨리 나가도 3시까지 도착하는 것은 무리입니다.

단어 どんなに 아무리 | 早く 빨리 | 出る 나가(오)다 | ～までに ～까지(기한) | 着く 도착하다 | 無理だ 무리이다

해설 「無理」는 이 문제에서처럼 '무리이다, 불가능하다'라는 의미 외에도 「無理を言う 억지를 쓰다」처럼 '억지, 강제', 「無理しないでください 무리하지 마세요」처럼 '무리를 하다'와 같은 다양한 의미로 사용하는 어휘이다. 예문을 통해 뉘앙스를 알아두도록 하자. 정답은 3번이다.

---

9 にほんごを 書くのは にがてです。

1 苦手　　2 古手
3 上手　　4 下手

정답 **1** 일본어를 적는 것은 서투릅니다.

단어 苦手だ 서투르다, 거북하다 | 上手だ 잘하다, 능숙하다 | 下手だ 잘 못하다, 서투르다

해설 「にがて」를 바르게 표기한 것은 1번이다. 「苦 쓸 고」의 음독은 「く」이며 훈독으로는 「苦しい 괴롭다」, 「苦しむ 괴로워하다」, 「苦い 쓰다」 등이 있고 「手 손 수」의 음독은 「しゅ」, 훈독은 「手 손」이다. 「苦手だ」는 '서투르다, 잘 못하다, 거북하다'라는 의미의 な형용사로 시험에 자주 출제되는 어휘이므로 잘 기억해 두어야 한다. 1번 「苦手だ」와 4번 「下手だ」는 비슷한 의미로 보이지만 뉘앙스에 차이가 있다. 「日本語が苦手です 일본어를 잘 못합니다」라고 하면 '스스로 생각하기에 일본어를 잘하지 못한다, 싫어한다'라는 주관적인 의미의 문장이 되며, 「日本語が下手です 일본어를 잘 못합니다」라고 하면 '나의 일본어 실력은 나쁘다'라는 기술이나 실력의 객관적인 평가를 뜻하는 문장이 된다.

10 そつぎょうした あとは イギリスに りゅうがく します。

1 率業　　2 草業
3 卓業　　4 卒業

정답 **4** 졸업한 후에는 영국으로 유학갑니다.

단어 卒業 졸업 | イギリス 영국 | 留学 유학

해설 「そつぎょう」를 바르게 표기한 것은 4번이다. 「卒 마칠 졸」은 음독 「そつ」로만 읽는 한자이며, 「業 업 업」의 음독은 「ぎょう·ごう」, 훈독은 「業 일, 행위」이다. 「卒」와 형태가 비슷한 1번의 「率 거느릴 솔/비율 율」의 음독은 「りつ·そつ」이다. 혼동하지 않도록 주의하자.

실전문제 ②

もんだい 2 ＿＿＿의 단어는 어떻게 씁니까? 1・2・3・4에서 가장 적당한 것을 하나 고르세요. 문제편 111p

1 かたが いたくて かばんが もてません。

1 方　　2 肩
3 片　　4 型

정답 **2** 어깨가 아파서 가방을 들 수 없습니다.

단어 肩 어깨 | 痛い 아프다 | かばん 가방 | 持つ 들다 | 方 분(사람의 높임말) | 片 한 쪽, 조각 | 型 본, 틀, 거푸집

해설 선택지 모두 훈독이 「かた」인 한자이다. 이러한 경우에는 문맥 속에서 밑줄 친 어휘가 어떤 뜻인지를 유추하여 정답을 골라야 한다. 바로 뒤에 「痛い 아프다」가 있으므로 「肩 어깨 견」의 훈독인 2번 「肩 어깨」가 정답이다.

2 この かんじは どの じしょにも 出て いません。

1 辞書　　2 事書
3 字書　　4 自書

정답 **1** 이 한자는 어느 사전에도 나와 있지 않습니다.

단어 漢字 한자 | 辞書 사전 | 出る 나가(오)다

해설 각 선택지의 첫 번째 한자는 모두 음독이 「じ」이다. 이 중 '사전'이라는 뜻의 「じしょ」를 바르게 표기한 것은 1번이다. 관련 숙어 표현인 「辞書を引く 사전을 찾다」, 「辞書で調べる 사전에서 조사하다」도 함께 기억해 두자.

3 りょうりを つくる ときは やさいを たくさん 使います。

1 八菜　　2 屋菜
3 野菜　　4 家菜

정답 **3** 요리를 할 때는 채소를 많이 사용합니다.

단어 料理 요리 | 作る 만들다 | 野菜 채소, 야채 | たくさん 많이 | 使う 사용하다

해설 「やさい」를 바르게 표기한 것은 3번이다. 「野 들 야」의 음독은 「や」, 훈독은 「野 들」이며 「菜 나물 채」의 음독은 「さい」, 훈독은 「菜 푸성귀」이다.

4 こどもたちが さわいで いて べんきょうが できません。

1 駅いで　　2 駒いで
3 験いで　　4 騒いで

정답 **4** 아이들이 떠들고 있어서 공부를 할 수 없습니다.

단어 騒ぐ 떠들다, 소란 피우다 | 勉強 공부

해설 '떠들다'라는 뜻의 동사 「騒ぐ」는 「騒 떠들 소」의 훈독이다. 따라서 정답은 4번이다. 다른 선택지 모두 부수가 같은 한자로, 2번은 훈독으로만 읽는 「駒 (게임 등의) 말」이며 1번과 3번은 음독으로만 읽는 한자이다. 「駅 역」, 「試験 시험」과 같은 어휘를 통해 기억해 두자.

5 あには くるまの うんてんが じょうずです。

1 運転　　2 運動
3 連転　　4 庫転

정답 **1** 오빠는(형은) 자동차 운전을 잘합니다.

단어 兄 오빠, 형 | 車 차, 자동차 | 運転 운전 | 上手だ 잘하다, 능숙하다 | 運動 운동

해설 「うんてん」을 바르게 표기한 것은 1번이다. 2번 「運動 운동」과 혼동하지 않도록 각별히 주의해야 한다. 「運 옮길 운」의 훈독인 「運ぶ 옮기다, 나르다」와 「転 구를 전」의 훈독인 「転ぶ 넘어지다, 구르다」도 함께 기억해 두자.

6 この びじゅつかんには いろいろな じだいの 絵が あります。

1 芸術館　　2 美術館
3 映画館　　4 博物館

정답 **2** 이 미술관에는 다양한 시대의 그림이 있습니다.

단어 美術館 미술관 | いろいろな 다양한 | 時代 시대 | 絵 그림 | 芸術館 예술관 | 映画館 영화관 | 博物館 박물관

해설 장소를 나타내는 명사는 모든 영역에서 골고루 출제되므로 한번에 정리해 두면 도움이 된다. 「美術館 미술관」을 바르게 표기한 것은 2번이다. 마찬가지로 장소 관련 어휘인 「図書館 도서관」, 「旅館 여관(일본 전통 숙박 시설)」, 「大使館 대사관」 등도 함께 기억해 두자.

---

7 この かいしゃに 入って ほんとうに うれしいです。

1 優しい　　2 易しい
3 嬉しい　　4 難しい

정답 **3** 이 회사에 들어와서 정말로 기쁩니다.

단어 会社 회사 | 入る 들어가(오)다 | 本当に 정말로 | 嬉しい 기쁘다 | 優しい 다정하다, 상냥하다 | 易しい 쉽다 | 難しい 어렵다

해설 1번과 2번은 「優しい 다정하다, 상냥하다」, 「易しい 쉽다」로 발음이 같은 동음이의어이며 4번은 「難しい 어렵다」이다. 정답은 3번이다. 이처럼 い형용사 문제는 어휘 구조가 비슷한 선택지가 제시되는 경우가 많으므로 발음과 뜻을 정확히 암기하는 것이 중요하다.

---

8 きょうは せんせいに だいじな ことを そうだんしました。

1 大次な　　2 第次な
3 大事な　　4 第事な

정답 **3** 오늘은 선생님께 중요한 일을 상담했습니다.

단어 大事だ 중요하다, 소중하다 | 相談 상담, 상의, 의논

해설 「だいじな」를 바르게 표기한 것은 3번이다. 「大事だ 중요하다, 소중하다」의 유의 표현인 「大切だ 소중하다」도 함께 기억해 두자. 참고로 「大事」를 훈독으로 읽으면 「大事にならなくてよかった 큰 일로 번지지 않아 다행이다」처럼 '큰일, 중대사'라는 의미가 된다.

---

9 だれかに 言われなくても きそくを まもりましょう。

1 基促　　2 基則
3 規促　　4 規則

정답 **4** 누군가가 말하지 않아도 규칙을 지킵시다.

단어 誰かに 누군가에게 | 規則 규칙 | 守る 지키다, 보호하다, 유지하다

해설 '규칙'이라는 뜻의 「きそく」를 바르게 표기한 것은 4번으로, 「規 법 규」와 「則 법칙 칙/곧 즉」은 모두 음독으로만 읽는 한자이다. 문장 맨 앞의 「誰かに言われなくても」는 직역하면 '누군가에게 어떠한 말을 듣지 않아도'가 되므로 '누군가가 말하지 않아도'처럼 자연스럽게 해석할 수 있다.

---

10 ちちは おなじ かいしゃで 30ねんかん はたらいて います。

1 勤いて　　2 働いて
3 動いて　　4 僅いて

정답 **2** 아버지는 같은 회사에서 30년간 일하고 있습니다.

단어 同じ 같은 | 会社 회사 | 働く 일하다, 근무하다 | 動く 움직이다, 작동하다

해설 「はたらく」를 바르게 표기한 것은 2번으로 「働」는 일본에서만 사용하는 한자이다. 3번 「動く 움직이다」와 혼동하지 않도록 주의해야 한다. 1번 「勤 부지런할 근」의 훈독은 「勤める 근무하다, 종사하다」로 「働く 일하다」와 의미가 같다는 것도 참고로 알아두자.

もんだい 3 문맥 규정

실전문제 정답 및 해설

정답

실전문제 ①	1 3	2 1	3 2	4 2	5 4	6 4	7 4	8 1	9 3	10 1
실전문제 ②	1 4	2 2	3 2	4 1	5 3	6 4	7 3	8 1	9 4	10 1

실전문제 ①

もんだい 3 (　　)에 무엇을 넣습니까? 1・2・3・4에서 가장 적당한 것을 하나 고르세요. 문제편 112p

1 この（　　）を おせば いえの 中(なか)の 電気(でんき)が ぜんぶ つきます。

1 パソコン　　2 カード
3 スイッチ　　4 サービス

정답 **3** 이 스위치를 누르면 집 안 불이 전부 켜집니다.

단어 押(お)す 누르다, 밀다 | 中(なか) 안, 속 | 電気(でんき)がつく 전깃불이 켜지다 | 全部(ぜんぶ) 전부 | パソコン 컴퓨터 | カード 카드 | スイッチ 스위치 | サービス 서비스

해설 '집 안의 불을 켤 수 있는 것'을 나타내는 단어를 찾아야 한다. 바로 뒤의 동사가 '누르다'라는 뜻의 「押(お)す」이므로 괄호 안에는 버튼이나 스위치 같은 눌러서 조작할 수 있는 도구가 들어가야 문맥이 자연스러워진다. 따라서 정답은 3번 「スイッチ 스위치」이다.

---

2 じかんが ある とき（　　）あそびに きて ください。

1 いつでも　　2 どこでも
3 なんでも　　4 いくらでも

정답 **1** 시간이 있을 때 언제든지 놀러 오세요.

단어 遊(あそ)ぶ 놀다 | いつでも 언제든지 | どこでも 어디서나 | なんでも 뭐든지, 모두 | いくらでも 얼마든지

해설 '시간이 있을 때 놀러 오세요'라는 의미의 문장이다. 선택지 모두 「의문사＋でも ~라도」의 구조이므로 시간을 나타내는 의문사인 1번 「いつでも 언제든지, 아무때나」가 들어가는 것이 가장 자연스럽다.

---

3 この スープは ちょっと 変(へん)な 味(あじ)が（　　）。

1 います　　2 します
3 でます　　4 なります

정답 **2** 이 수프는 조금 이상한 맛이 납니다.

단어 スープ 수프 | ちょっと 좀, 조금 | 変(へん)だ 이상하다, 수상하다 | 味(あじ)がする 맛이 나다

해설 「味(あじ)がする」는 '맛이 나다'라는 의미의 관용 표현이므로 정답은 2번이다. 「する」는 '하다'라는 뜻이지만 「音(おと)がする 소리가 나다」, 「匂(にお)いがする 냄새가 나다」, 「気(き)がする 기분이 들다」 등 다양한 관용구에서 '~이 느껴지다'라는 의미로 쓰이기도 한다. 이러한 표현은 시험에 자주 출제되므로 반드시 기억해 두어야 한다.

---

4 えきに 行(い)く（　　）コンビニで コーヒーを 買(か)った。

1 むこう　　2 とちゅう
3 まわり　　4 はじめ

정답 **2** 역에 가는 도중에 편의점에서 커피를 샀다.

단어 コンビニ 편의점 | コーヒー 커피 | 買う 사다 | 向こう 저편, 건너편 | 途中 도중 | 回り 주위, 주변 | 始め 시작

해설 이 문제처럼 관용 표현이나 숙어 표현, 술어 등에서 힌트를 얻기 어려운 경우에는 선택지 단어를 괄호에 하나씩 대입해 보는 것이 좋다. 선택지 중 가장 자연스러운 흐름의 문장이 되는 것은 '역으로 가는 도중에 커피를 샀다'이므로 답으로 가장 적절한 것은 2번이다.

---

5 しばらく その いすに（　　）待って ください。

1 おいて　　2 のって
3 さげて　　4 かけて

정답 **4** 잠시 그 의자에 앉아서 기다려 주십시오.

단어 しばらく 잠깐, 당분간 | 椅子 의자 | 待つ 기다리다 | 置く 두다, 놓다 | 乗る (탈 것에) 타다 | 下げる 내리다 | かける 걸다, (의자에) 앉다

해설 '의자에 앉다'라고 할 때는 '앉다'라는 동사「座る」를 써서「いすに座る」라고도 하지만 이 문제에서처럼「いすにかける」라는 관용 표현을 사용하기도 한다. 일상생활에서 많이 사용하는「どうぞおかけください 어서 앉으십시오」라는 경어 표현도 함께 기억해 두자.

---

6 まいばん となりの 人たちが、（　　）ねむれません。

1 きびしくて　　2 おおきくて
3 まずくて　　4 うるさくて

정답 **4** 매일 밤 옆집 사람들이 시끄러워서 잠을 잘 수 없습니다.

단어 毎晩 매일 밤 | 隣 옆, 이웃 | 眠る 잠들다 | 厳しい 엄하다, 심하다 | 大きい 크다 | まずい 맛없다 | うるさい 시끄럽다

해설 '옆집 사람으로 인해 잠을 잘 수가 없다'라는 문장이므로 괄호 안에는 원인이 되는 어휘가 들어가야 한다. 선택지 1, 2, 3번은 '수면'과는 관계가 없는 형용사이므로 정답은 4번「うるさい 시끄럽다」이다.

7 4月に なって（　　）さくらの 花が さきました。

1 もうすぐ　　2 まだ
3 そのまま　　4 やっと

정답 **4** 4월이 되어 드디어 벚꽃이 피었습니다.

단어 桜 벚꽃, 벚나무 | 花が咲く 꽃이 피다 | もうすぐ 이제 곧 | まだ 아직 | そのまま 그대로 | やっと 겨우, 드디어

해설 '봄이 되어 벚꽃이 피었다'라는 의미의 문장으로 괄호 안에는 오랜 시간 끝에 가까스로 이루어짐을 뜻하는 부사「やっと 겨우, 드디어」가 들어가는 것이 문맥에 가장 자연스럽다. 문장 끝이 '피었다'라는 완료 시제의 문장이므로 1번과 2번은 시제에 맞지 않는 부사이고, 3번은 문맥상 어울리지 않는다.

---

8 あたたかくなったので、たんすの 中の ふゆの ふくと なつの ふくを（　　）ました。

1 入れかえ　　2 はきかえ
3 着がえ　　4 ふりかえ

정답 **1** 따뜻해져서 옷장 안의 겨울 옷과 여름 옷을 서로 바꿔 넣었습니다.

단어 暖かい 따뜻하다 | たんす 옷장 | 中 안, 속 | 冬 겨울 | 服 옷 | 夏 여름 | 入れ替える 갈아 넣다, 바꿔 넣다 | はき替える 바꿔 신다 | 着替える 갈아입다 | 振り返る 뒤돌아보다

해설「替える 바꾸다, 교체하다」가 들어가는 복합 동사를 묻는 문제이다. '옷장 속 계절별 옷의 위치를 서로 바꾼다'는 의미의 문장이 되어야 하므로 괄호 안에는 '바꿔 넣다'라는 의미인 1번이 들어가야 한다. 다른 선택지의 복합 동사도 함께 기억해 두자.

---

9 ことしの うんどうかいには（　　）人が 来ました。

1 みんなの　　2 じゅうぶんの
3 おおぜいの　　4 たいていの

정답 **3** 올해 운동회에는 많은 사람이 왔습니다.

단어 今年 올해 | 運動会 운동회 | みんな 모두, 여러분 | 十分 충분 | おおぜい 여럿, 많은 사람 | たいてい 대개, 대강

해설 「おおぜい」는 수량 표현 중에서도 '사람'의 수가 많음을 표현할 때 사용하는 단어이다. '운동회에 많은 사람이 모였다'라는 문맥이므로 괄호 안에는 3번이 들어가는 것이 가장 자연스럽다.

---

10 えきへ 友だちを（　　）に 行きます。

1 むかえ　　2 かえり
3 あるき　　4 はしり

정답 **1** 역에 친구를 마중하러 갑니다.

단어 迎える 맞이하다, 마중하다 | 変える 바꾸다 | 歩く 걷다 | 走る 달리다, 뛰다

해설 「～に行く ~하러 가다」라는 문형을 사용한 문장으로 각 선택지의 동사를 문형에 대입해 보면 '마중하러 가다'가 정답임을 쉽게 알 수 있다. 정답은 1번이다.

실전문제 ②

もんだい 3 (　　)에 무엇을 넣습니까? 1・2・3・4에서 가장 적당한 것을 하나 고르세요. 문제편 113p

1 （　　）7時の 映画を よやくしたから いっしょに 見ませんか。

1 きのう　　2 ゆうべ
3 いつも　　4 こんや

정답 **4** 오늘 밤 7시 영화를 예약했으니 함께 보지 않으실래요?

단어 映画 영화 | 予約 예약 | 一緒に 함께, 같이 | 夕べ 어젯밤, 어제 저녁 | いつも 항상, 늘 | 今夜 오늘 밤

해설 문장 마지막이 '함께 보지 않겠습니까?'라는 권유 표현으로 끝나고 있다. 따라서 현재 시점에 영화는 보지 않은 것이므로 아직 오지 않은 시간대인 4번 「今夜 오늘 밤」이 답으로 가장 적당하다.

---

2 この ドアは かぎが（　　）いて あきません。

1 おちて　　2 かかって
3 はたらいて　　4 うごいて

정답 **2** 이 문은 자물쇠가 걸려 있어서 열리지 않습니다.

단어 ドア 문 | かぎ 열쇠 | 開く 열리다 | 落ちる 떨어지다 | 掛かる 걸리다 | 働く 일하다, 근무하다 | 動く 움직이다, 작동하다

해설 「かぎがかかる」는 '자물쇠가 걸리다, 문이 잠기다'라는 뜻의 숙어 표현이므로 괄호 안에는 2번이 들어가야 한다. 「かぎをかける 자물쇠를 잠그다, 문을 잠그다」도 함께 기억해 두자.

---

3 びょうきの ときは（　　）を しないで ください。

1 くすり　　2 むり
3 かえり　　4 ねむり

정답 **2** 병에 걸렸을 때는 무리하지 마세요.

단어 病気 병, 질병 | 薬 약 | 無理 무리 | 帰り 귀가 | 眠り 잠, 수면

해설 '아플 때에는 쉬세요'라는 흐름의 문장이므로 괄호 안에는 2번 「無理 무리」가 들어가서 '무리하지 마세요'가 되어야 한다. 1번은 「薬を飲む 약을 먹다」, 3번은 「帰りを待つ 돌아오기를 기다리다」, 4번은 「眠りにつく 잠들다」와 같은 예시를 통해 기억해 두자.

---

4 さっきから（　　）待って いますが れんらくも ありません。

1 ずっと　　2 きっと
3 もっと　　4 やっと

정답 **1** 아까부터 계속 기다리고 있습니다만 연락도 없습니다.

단어 さっき 아까, 조금 전 | 待つ 기다리다 | 連絡 연락 | ずっと 쭉, 줄곧 | きっと 꼭, 반드시 | もっと 더, 더욱 | やっと 겨우, 드디어

해설 '아까부터 지금까지 기다리고 있었다'는 의미의 문장이다. 따라서 괄호 안에는 시간의 지속을 나타내는 부사 「ずっと」가 들어가야 한다. 정답은 1번이다. 「ずっと」는 '쭉, 줄곧, 계속'이라는 뜻 외에도 '훨씬, 매우'라는 의미로도 사용한다. 「こっちの方がずっと大きい 이 쪽이 훨씬 크다」와 같은 예문을 통해 뉘앙스를 익혀 두자.

5 雨が ふって きましたね。かさを（　　）ほうが いいですよ。

1 とった　　2 かした
3 さした　　4 はった

정답 **3** 비가 오기 시작했네요. 우산을 쓰는 편이 좋겠어요.

단어 雨が降る 비가 내리다 | かさ 우산 | ～たほうがいい ~하는 편이 좋다 | 取る 쥐다, 잡다, 취하다 | 貸す 빌려주다 | 差す (우산을) 쓰다 | はる 붙이다

해설 '우산을 쓰다'라는 의미의「かさを差す」는 시험에 자주 출제되는 숙어 표현이므로 잘 기억해 두자. 정답은 3번이다.

---

6 林さんが きのう、たいいんしたと 聞いて、（　　）。

1 しんぱいしました　　2 えんりょしました
3 せわしました　　4 あんしんしました

정답 **4** 하야시 씨가 어제 퇴원했다고 들어서 안심했습니다.

단어 退院 퇴원 | 心配 걱정 | 遠慮 사양, 겸손 | 世話 시중, 돌봄, 신세 | 安心 안심

해설 괄호 안에는 문장 전체의 술어가 와야 하며, 앞부분만으로는 특정 어휘를 유추해 내기 어려운 문장이므로 각 선택지를 넣어 자연스러운 것을 찾아야 한다. '하야시 씨의 퇴원이라는 좋은 소식을 듣고 안심했다'라는 문맥이 가장 자연스러우므로 4번이 정답이다. 1번은「入院したと聞いて心配しました 입원했다고 들어서 걱정했습니다」, 2번은「今回の仕事は遠慮しました 이번 업무는 사양했습니다」, 3번은「犬の世話をしました 개를 돌봤습니다」처럼 써야 자연스럽다.

---

7 しゃしんを（　　）ますから、あつまって ください。

1 し　　2 ひき
3 うつし　　4 かけ

정답 **3** 사진을 찍을테니 모이세요.

단어 写真 사진 | 集まる 모이다 | 引く 끌다, 당기다, 빼다 | 写す 베끼다, (사진을) 찍다 | かける 걸다

해설 일본어로 '사진을 찍다'는「写真を撮る」나「写真を写す」라고 한다. 따라서 정답은 3번이다.「写す」는 이 외에도「レポートを写す 보고서를 베끼다」처럼 '베끼다, 묘사하다'라는 의미로도 사용한다.

---

8 こんしゅうは（　　）が わるいから 来週に しましょう。

1 つごう　　2 じかん
3 ようい　　4 せいり

정답 **1** 이번 주는 사정이 안 좋으니 다음 주로 하시죠.

단어 今週 이번 주 | 悪い 나쁘다 | 来週 다음 주 | 都合 형편, 사정 | 時間 시간 | 用意 준비, 대비 | 整理 정리

해설「都合」는 '사정, 형편'이라는 뜻으로 시험에 자주 출제되는 필수 어휘이다.「都合がいい 형편이 좋다」,「都合があって行けなかった 사정이 있어서 가지 못했다」,「都合のいい時に連絡してください 편하신 때에 연락해 주세요」와 같은 예문을 통해 뉘앙스를 익혀 두자.

---

9 わたしは でんわして から 行きますから（　　）行って ください。

1 あとで　　2 まえに
3 そこで　　4 さきに

정답 **4** 저는 전화하고 나서 갈 테니까 먼저 가세요.

단어 電話 전화 | 後で 후에, 나중에 | 前に 전에 | そこで 그런데, 그래서 | 先に 먼저, 앞서

해설 전화 후에 갈 테니 상대방에게 먼저 가라고 권유하는 문장이다. 따라서 괄호 안에는 '먼저, 앞서'라는 의미의 부사「先に」가 들어가야 한다. 정답은 4번이다. 2번도 시간적으로 '전에'라는 뜻이지만 '~하기 이전에'나 '일전에, 요전에'라는 의미이므로 뉘앙스에 차이가 있다.

---

10 かいしゃを（　　）まえに でんわを して ください。

1 たずねる　　2 みつける
3 つづける　　4 おぼえる

정답 **1** 회사를 방문하기 전에 전화를 해 주세요.

단어 会社 회사 | 訪ねる 방문하다 | 見つける 찾다, 발견하다 | 続ける 계속하다 | 覚える 기억하다, 암기하다

해설 '회사에 방문하기 전에 전화하라'는 의미의 문장이 되어야 하므로 1번 「訪ねる 찾다, 방문하다」가 들어가는 것이 가장 자연스럽다. 「訪ねる」의 겸양어인 「伺う 찾아뵙다」도 함께 기억해 두자.

もんだい 4 유의 표현

실전문제 정답 및 해설

정답

실전문제 ① 1 4　2 1　3 3　4 4

실전문제 ② 1 2　2 3　3 1　4 3

실전문제 ①

もんだい 4 ＿＿＿의 문장과 거의 같은 의미의 문장이 있습니다. 1·2·3·4에서 가장 적당한 것을 하나 고르세요.

문제편 114p

1 ここは ちゅうしゃじょうです。

1 ここは 病院です。

2 ここは 電車が とまる ところです。

3 ここは きかいを おく ところです。

4 ここは 自動車を とめる ところです。

정답 **4** 여기는 자동차를 세우는 곳입니다.

단어 駐車場 주차장 | 病院 병원 | 止まる 멈추다, 정지하다 | 機械 기계 | 置く 두다, 놓다 | 自動車 자동차 | 止める 멈추다, 세우다

해설 「駐車場 주차장」은 '자동차를 세워 두도록 마련된 공간'을 뜻하므로 '자동차를 세우는 곳'이라고 바꿔 표현한 4번이 정답이다. 2번의 「電車が止まるところ 전철이 멈추는 곳」의 유의 표현은 「駅 역」이다.

---

2 どうぞ えんりょなく めしあがって ください。

1 たくさん 食べて ください。

2 じゆうに 使って ください。

3 まちがえない ように して ください。

4 しんぱい しないで 家に あがって ください。

정답 **1** 많이 드세요.

단어 遠慮 사양, 겸손 | 召し上がる 드시다(「食べる 먹다」, 「飲む 마시다」의 존경어) | 自由に 자유롭게 | 使う 쓰다, 사용하다 | 間違える 틀리다, 실수하다, 착각하다 | 心配 걱정 | 家に上がる 집에 들어오다

해설 「召し上がる」는 「食べる 먹다」와 「飲む 마시다」의 존경어라는 것을 알아야 풀 수 있는 문제이다. '사양 말고 (遠慮なく) 드세요'를 '많이 드세요'라고 바꿔 표현한 1번이 정답이다.

---

3 びょういんの 中は きんえんです。

1 びょういんの 中では おかしを 食べないで ください。

2 びょういんの 中では 走らないで ください。

3 びょういんの 中では たばこを すわないで ください。

4 びょういんの 中では 花を 買わないで ください。

정답 **3** 병원 안에서는 담배를 피우지 마세요.

단어 病院 병원 | 中 안, 속 | 禁煙 금연 | お菓子 과자 | 走る 달리다, 뛰다 | たばこを吸う 담배를 피우다 | 花 꽃 | 買う 사다

해설 「禁煙 금연(=담배를 금지함)」을 '담배를 피우지 마세요'라고 요청·명령하고 있는 3번이 정답이다. 「たばこを吸う 담배를 피우다」도 묶어서 기억해 두자. 「禁煙 금연」의 반의어인 「喫煙 흡연」도 참고로 알아 두자.

---

4 そつぎょうする 時、先生に おれいを 言いました。

1 そつぎょうする 時、先生に「さようなら」と 言いました。

2 そつぎょうする 時、先生に「お元気で」と 言いました。

3 そつぎょうする 時、先生に「しつれいします」と 言いました。

4 そつぎょうする 時、先生に「ありがとうございました」と 言いました。

정답 **4** 졸업할 때 선생님께 '고맙습니다'라고 말했습니다.

단어 卒業 졸업 | お礼 감사 인사, 사례 | お元気で 건강하세요(인사말) | 失礼する 실례하다

해설 「お礼」는 '감사 인사, 감사 표시, 사례'라는 의미이다. 일상생활에서 자주 사용하는 단어이므로 잘 기억해 두자. 정답은 '감사 인사'를 「ありがとうございます 고맙습니다」라는 대화형으로 바꿔 표현한 4번이다. 1번은 방과 후 귀가할 때나 이별할 때, 2번은 먼 길을 떠나며 작별 인사를 할 때, 3번은 교무실이나 연구실을 방문하거나 나올 때 등에 하는 말이다.

실전문제 ②

もんだい 4 ＿＿＿의 문장과 거의 같은 의미의 문장이 있습니다. 1・2・3・4에서 가장 적당한 것을 하나 고르세요.

문제편 115p

1 しゅくだいは だいたい おわりました。

1 しゅくだいは たくさん あります。

2 しゅくだいは もう少し あります。

3 しゅくだいは もっと あります。

4 しゅくだいは ぜんぶ おわりました。

정답 **2** 숙제는 아직 조금 있습니다.

단어 宿題 숙제 | だいたい 대개, 대체로, 대부분 | 終わる 끝나다 | もっと 더욱, 훨씬 | 全部 전부

해설 제시문은 '숙제가 대부분 끝났다'라고 해석하므로 숙제는 '아직 조금 남아 있다'라는 의미가 된다. 따라서 '아직 조금 있다'라고 바꿔 표현한 2번이 정답이다. 각 부사의 의미에 따라 문장이 뜻하는 바가 달라지므로 다른 선택지의 부사도 확실히 기억해 두자.

---

2 あの 人は ちこくが とても 多いです。

1 あの 人は 時どき 時間に おくれます。

2 あの 人は あまり 時間に おくれません。

3 あの 人は いつも 時間に おくれます。

4 あの 人は 時間に おくれる ことは ぜったい ありません。

정답 **3** 저 사람은 항상 시간에 늦습니다.

단어 遅刻 지각 | とても 매우, 상당히 | 多い 많다 | 時どき 가끔, 때때로 | 遅れる 늦다, 늦어지다 | あまり 별로, 그다지 | いつも 항상 | ぜったい 절대, 절대로

해설 횟수가 「とても多い 매우 많다」는 「よく 자주」나 「いつも 늘, 항상」으로 바꿔 표현할 수 있다. 따라서 정답은 3번이다. 1번은 '가끔', 2번은 '별로'라는 뜻의 부사이므로 오답이며 4번은 '절대 지각하지 않는다'라는 의미의 문장이므로 답이 될 수 없다.

3 わたしは けいさんが にがてです。

1 わたしは 数(かず)を たしたり ひいたり する ことが 下手(へた)です。

2 わたしは じょうずに 絵(え)を かく ことが できません。

3 わたしは いい しゃしんを とる ことが できません。

4 わたしは おいしい りょうりを 作(つく)れません。

정답 **1** 나는 수를 더하거나 빼거나 하는 것이 서툽니다.

단어 計算(けいさん) 계산, 셈 | 苦手(にがて)だ 잘 못하다, 서투르다, 거북하다 | 数(かず) 수, 숫자 | 足(た)す 더하다, 보태다 | 引(ひ)く 끌다, 빼다, 당기다 | 下手(へた)だ 잘 못하다, 서투르다 | 絵(え)を描(か)く 그림을 그리다 | 写真(しゃしん)をとる 사진을 찍다 | おいしい 맛있다 | 料理(りょうり) 요리 | 作(つく)る 만들다

해설 「計算(けいさん) 계산」은 '수를 헤아림, 셈'이라는 의미이므로 이를 '더하기, 빼기'로 바꿔 표현한 1번이 정답이다. 또 다른 유의 표현인 「算数(さんすう) 산수」도 참고로 기억해 두자.

---

4 これは ひみつです。

1 これは おぼえて ください。

2 これは おぼえなくても いいです。

3 これは だれにも 言(い)わないで ください。

4 これは だれかに 言(い)って ください。

정답 **3** 이건 아무에게도 말하지 말아 주세요.

단어 秘密(ひみつ) 비밀 | 覚(おぼ)える 기억하다, 암기하다 | 誰(だれ)にも 아무에게도, 누구에게도 | 誰(だれ)かに 누군가에게

해설 「秘密(ひみつ) 비밀」을 '아무에게도 말하지 말아 주세요'라고 바꿔 표현한 3번이 정답이다. 4번은 '누군가에게 말해 주세요'로 반대 의미의 문장이다. 1번은 '기억해 주세요', 2번은 '기억하지 않아도 됩니다'로 '비밀'이라는 단어와는 의미가 통하지 않는다. 2번의 문형「～てなくても いい ～하지 않아도 된다」도 잘 기억해 두자.

もんだい 5 용법

실전문제 정답 및 해설

정답

실전문제 ① 1 1　2 2　3 3　4 4
실전문제 ② 1 3　2 4　3 4　4 2

실전문제 ①

もんだい 5 다음 단어의 사용법으로 가장 적당한 것을 1・2・3・4 중에서 하나 고르세요. 문제편 116

1 やくそく

1 たばこを やめると つまと やくそくを しました。
2 りょこうへ 行く まえに ホテルの やくそくを しました。
3 学校を やすむ 時は あさ やくそくを してください。
4 やくそくを まもって、しんごうが 青の 時に 道を わたります。

정답 **1** 담배를 끊겠다고 아내와 약속을 했습니다.

단어 約束 약속 | たばこ 담배 | 止める 그만두다, 멈추다, 끊다 | 妻 아내 | 旅行 여행 | ホテル 호텔 | 休む 쉬다 | 守る 지키다, 보호하다, 유지하다 | 信号 신호, 신호등 | 青 파란색 | 道 길 | 渡る 건너가(오)다

해설 「約束 약속」을 바르게 사용한 것은 1번이다. 2번의 여행 전 호텔 준비는 「予約 예약」을, 3번의 결석할 때 학교에는 「連絡 연락」을 해야 하며, 4번의 교통 신호를 지키는 것은 「規則 규칙」이다.

2 だいたい

1 ジョンさんは 日本語が だいたい じょうずに なりましたね。
2 スマホの 使いかたは だいたい 知って います。
3 昨日は さむかったですが、今日は だいたい さむく ないですね。
4 じゅぎょうちゅう だいたい 寝て しまう ことが あります。

정답 **2** 스마트폰의 사용법은 대체로 알고 있습니다.

단어 だいたい 대개, 대체로 | 上手だ 잘하다, 능숙하다 | スマホ '스마트폰'의 준말 | 使い方 쓰는 법, 사용법 | 知る 알다 | 終わる 끝나다 | 寒い 춥다 | 授業中 수업 중 | 寝る 자다

해설 '대체로, 대개'라는 뜻의 부사 「だいたい」를 바르게 사용한 것은 2번이다. 1번은 '실력이 많이 늘었다'가 되어야 하므로 「ずいぶん 몹시, 퍽」, 3번은 '오늘은 그다지 춥지 않다'가 되어야 하므로 「あまり 그다지, 별로」, 4번은 '가끔 졸 때가 있다'가 되어야 하므로 「時どき 때때로」로 바꿔 쓰면 자연스러운 문장이 된다.

3 なくなる

1 しゅくだいを 3時間で なくなりました。

2 どうぶつが びょうきで なくなりました。

3 友だちが じこで なくなりました。

4 つきが くもで なくなりました。

정답 3 친구가 사고로 죽었습니다.

단어 なくなる 없어지다, 죽다, 돌아가시다 | 宿題 숙제 | 動物 동물 | 病気 병, 질병 | 事故 사고 | 月 달 | 雲 구름

해설 「なくなる 없어지다, 돌아가시다」를 바르게 사용한 것은 3번이다. 「なくなる」가 '죽다, 돌아가시다'라는 뜻으로 쓰일 때는 주로 「亡くなる」라고 표기하며, 「死ぬ 죽다」를 완곡하게 표현할 때 주로 사용한다. '동물이 죽다'라고 할 때에는 사용하지 않으므로 2번은 「死にました」가 되어야 한다. 1번은 「終えました 마쳤습니다」, 4번은 「隠れました 숨었습니다, 가려졌습니다」가 되어야 자연스럽다.

---

4 せわ

1 夜 おそくまで れんらくが ないので せわに なりました。

2 つかれたので すぐ ベッドに せわに なりました。

3 家で ゆっくり やすんで せわに なりました。

4 この かいしゃで 今まで 3年間 せわに なりました。

정답 4 이 회사에서 지금까지 3년간 신세를 졌습니다.

단어 世話 시중, 돌봄, 신세 | 遅く 늦게, 늦은 시간 | 連絡 연락 | 疲れる 지치다, 피로해지다 | すぐ 곧, 바로 | ベッド 침대 | ゆっくり 천천히 | 休む 쉬다 | 会社 회사 | 今まで 지금까지

해설 「世話」는 '시중, 돌봄, 신세'라는 의미로 「親の世話をする 부모님 시중을 들다」, 「犬の世話をする 강아지를 돌보다」, 「お世話になりました 신세를 졌습니다」와 같은 예문을 통해 의미를 익혀 두자. 정답은 4번이다. 1번은 「心配になりました 걱정이 되었습니다」, 2번은 「よこになりました 누웠습니다」, 3번은 「元気になりました 건강해졌습니다」가 되어야 자연스럽다.

실전문제 ②

もんだい 5 다음 단어의 사용법으로 가장 적당한 것을 1・2・3・4 중에서 하나 고르세요. 문제편 117p

1 リサイクル

1 今の かいしゃを やめて あたらしい ことに リサイクルします。

2 先生の 話は ノートに ぜんぶ リサイクルしました。

3 コピーに 使った かみは 使った あとで リサイクルできます。

4 友だちの たんじょうびに コーヒーカップを リサイクルしました。

정답 3 복사에 사용했던 종이는 사용한 후에 재활용할 수 있습니다.

단어 リサイクル 리사이클, 재활용 | 会社 회사 | 止める 그만두다, 멈추다 | 新しい 새롭다 | ノート 공책 | 全部 전부 | 使う 쓰다, 사용하다 | 紙 종이 | 後で 나중에, 후에 | 誕生日 생일 | コーヒーカップ 커피 잔

해설 가타카나어의 바른 의미를 묻는 문제이다. 「リサイクル 리사이클, 재활용」을 바르게 사용한 문장은 3번이다. 가타카나어는 외래어인 만큼 간단하다고 방심하기 쉬운데, 원어의 많은 의미 중에 우리나라에서 일반적으로 사용하지 않는 의미로 일본에서 사용하는 경우도 있으니 주의하도록 하자. 1번은 「チャレンジ 챌린지, 도전」, 2번은 「メモ 메모」, 4번은 「プレゼント 선물」이 되어야 자연스럽다.

---

2 さむい

1 スープが さむく なりましたので、もういちど あたためて ください。

2 今日は かぜが さむいので、うわぎを 着た ほうが いいです。

3 大きい 犬を 見ると、さむく なります。

4 今年の 冬は あまり さむく ないですね。

정답 4 올 겨울은 별로 춥지 않네요.

단어 寒い 춥다 | スープ 수프 | もう一度 다시 한번 | 温める 데우다, 따뜻하게 하다 | 風 바람 | 上着 윗옷, 상의, 겉옷 | 着る 입다 | 犬 개 | 今年 금년, 올해 | 冬 겨울 | あまり 별로, 그다지

해설 날씨를 나타내는 형용사 「寒い 춥다」를 바르게 사용한 것은 4번이다. 1번과 2번은 '차갑다'라는 의미의 「冷たい」를 사용하여 「冷たくなりました 식었습니다」와 「風が冷たい 바람이 차갑다」가 되어야 한다. 날씨나 기온, 온도를 나타낼 때 사용하는 형용사는 조금씩 차이가 있으므로 잘 구분해야 한다. 3번은 「怖くなります 무서워집니다」가 되어야 자연스럽다.

---

3 なおす

1 まちがえて パソコンの データを ぜんぶ なおして しまいました。

2 食事の 後は、すぐに おさらを なおして ください。

3 ここに 車を なおさないで ください。

4 あにが こわれた いすを なおして くれました。

정답 **4** 형이(오빠가) 망가진 의자를 고쳐 주었습니다.

단어 直す 고치다, 정정하다, 치료하다 | 間違える 잘못하다, 실수하다, 착각하다 | パソコン PC, 컴퓨터 | データ 데이터 | 全部 전부 | 食事 식사 | すぐに 금방, 곧, 바로 | お皿 접시, 그릇 | 壊れる 부서지다, 망가지다, 고장 나다 | 椅子 의자

해설 「直す」는 '고치다, 정정하다, 치료하다'라는 의미이므로 '망가진 의자를 수리했다'라고 사용한 4번이 정답이다. 1번은 「消して 지워」, 2번은 「片付けて 치워, 정리해」, 3번은 「止めて 세워」가 되어야 자연스럽다.

---

4 おみまい

1 たんじょうびの おみまいに 花を おくりました。

2 びょうきの おみまいに カードを おくりました。

3 はたちの おみまいに プレゼントを もらいました。

4 がんばった おみまいに 父から 時計を もらいました。

정답 **2** 병문안으로 카드를 보냈습니다.

단어 お見舞い 문명, 병문안 | 誕生日 생일 | 花 꽃 | 送る 보내다, 발송하다, 배웅하다 | 病気 병, 질병 | カード 카드 | 二十歳 스무살 | プレゼント 선물 | もらう 받다 | 頑張る 노력하다, 열심히 하다 | 時計 시계

해설 「お見舞い」는 '문병, 병문안'이라는 뜻이다. 「お見舞いに行く 병문안을 가다」와 같은 표현도 함께 기억해 두자. 1번과 3번은 '선물'이므로 '축하, 축하 선물'이라는 의미인 「お祝い」가 되어야 한다. 발음이 비슷해 혼동하기 쉬우므로 잘 기억해 두자. 4번은 '보상, 보답'이라는 의미의 「ほうび」가 되어야 자연스럽다.

Part 2

JLPT N4

Part 2

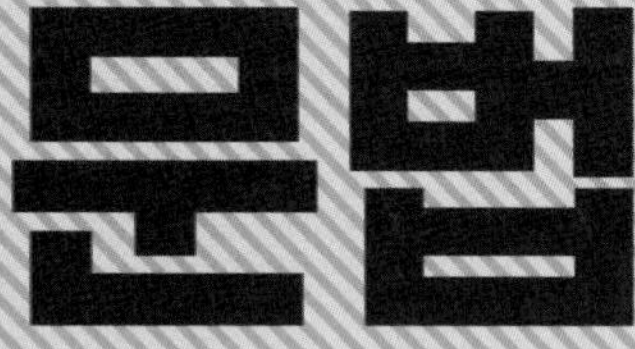

もんだい 1 문법형식 판단

연습문제 정답 및 해설

정답

연습문제 ① 1 2 2 3 3 3 4 3 5 2 6 2 7 1 8 4 9 3

연습문제 ② 1 2 2 3 3 4 4 3 5 2 6 3 7 4 8 4 9 1

연습문제 ①

もんだい 1 (　　)에 무엇을 넣습니까? 1・2・3・4에서 가장 적당한 것을 하나 고르세요.

문제편 162p

1 さっき、田中(たなか)という 人(ひと)(　　) 電話(でんわ)を かけて きましたよ。

1 は　　2 が　　3 に　　4 の

정답 **2** 조금 전에 다나카라는 사람이 전화를 걸어 왔습니다.

단어 さっき 아까, 조금 전 | 人(ひと) 사람 | 電話(でんわ) 전화 | かける 걸다, 걸치다, (전화를) 걸다, (안경을) 쓰다, (의자에) 앉다

해설 「かける」는 '걸다, 걸치다, (전화를) 걸다'라는 의미의 타동사로 문맥상 주격 조사는 「~が ~이/가」가 되어야 한다. 정답은 2번이다. 동사를 자동사인 「かかる 걸리다」로 바꾸면 「田中(たなか)という人(ひと)から(に)電話(でんわ)がかかってきました 다나카 씨라는 사람으로부터(사람에게) 전화가 걸려 왔습니다」가 된다. 자동사와 타동사의 차이와 그에 따른 조사의 변화를 잘 익혀 두도록 하자.

---

2 毎日(まいにち) 10分(ぷん)(　　) れんしゅうして いないから ぜんぜん 上手(じょうず)に なりません。

1 ばかり　　2 まで　　3 しか　　4 だけ

정답 **3** 매일 10분밖에 연습을 하지 않아서 전혀 능숙해지지 않습니다.

단어 毎日(まいにち) 매일 | 練習(れんしゅう) 연습 | 全然(ぜんぜん) 전혀 | 上手(じょうず)だ 능숙하다, 잘하다 | ~になる ~해지다 | ~ばかり ~만, ~뿐 | ~まで ~까지 | ~しか ~밖에 | ~だけ ~뿐, ~만

해설 10분밖에 연습하지 않았다는 문맥이므로 부정형과 함께 쓰여 '~밖에'라는 의미가 되는 3번 「しか」가 정답이다. 「~しか~ない ~밖에 ~않다」로 기억해 두도록 하자. 1번 「ばかり ~만, ~뿐」과 4번 「だけ ~뿐」도 비슷한 의미이지만 부정형과 함께 쓰이는 조사가 아니므로 답으로는 적당하지 않다.

3 もし家に いない 時に 地震が あったら（　　）家族と 決めて おきます。

1 どうなるか　　2 なんか　　3 どうするか　　4 なにか

정답 3 만약 집에 없을 때에 지진이 나면 어떻게 할지 가족과 정해 둡니다.

단어 家 집 | 地震 지진 | 家族 가족 | 決める 결정하다

해설 '지진이 일어날 경우 어떤 행동을 할지'라는 문맥이다. 따라서 '어떻게 할지'라는 의미의 3번이 정답이다.

---

4 A「雨が 降っても サッカーの 試合に 行かなければ いけませんか。」

B「いいえ、雨なら（　　）よ。」

1 行かなければ いけません　　2 行っても いいです
3 行かなくても いいです　　4 行っては いけません

정답 3 A 비가 와도 축구 시합에 가야 하나요?
B 아니요, 비가 오면 가지 않아도 됩니다.

단어 雨 비 | 降る (눈·비가) 내리다 | サッカー 축구 | 試合 시합, 경기 | ～なければいけない ~하지 않으면 안 된다, ~해야 한다 | ～てもいい ~해도 된다 | ～なくてもいい ~하지 않아도 된다 | ～てはいけない ~해서는 안 된다

해설 '비가 오면 가지 않아도 된다'라는 문맥이므로 '~하지 않아도 된다'라는 의미의 문형「～なくてもいい」를 사용한 3번이 정답이다. 비슷한 의미인「～なくてもかまわない ~하지 않아도 괜찮다, ~하지 않아도 상관없다」도 함께 기억해 두자.

---

5 あれ、部屋に だれも いない はずですが、電気が（　　）いますよ。

1 つけて　　2 ついて　　3 消えて　　4 消して

정답 2 앗, 방에 아무도 없을 텐데 불이 켜져 있어요.

단어 部屋 방 | ～はずだ ~일 것이다, ~일 터이다 | 電気 전기, 전깃불 | つける (불을) 붙이다, (전깃불을) 켜다 | つく (불이) 붙다, (전깃불이) 켜지다 | 消える 사라지다, 꺼지다 | 消す 지우다, 끄다

해설 '아무도 없는 방에 불이 켜져 있다'라는 문맥이다. '~해 있다(~되어 있다)'라고 할 때는 문형「자동사 + ている」를 사용해야 하며, 이때 주격 조사는「が」를 쓴다는 것도 꼭 기억해 두자. 정답은 '불이 붙다, 켜지다'라는 의미의 자동사를 て형으로 활용한 2번이다. 타동사인 1번「つける 불을 붙이다, 불을 켜다」와「타동사 + てある」문형을 조합하여「電気がつけてある 불이 켜져 있다」라고 하면 '(어떠한 의도로 누군가가) 불을 켜 놓았다'라는 뉘앙스의 문장이 된다.

---

6 部屋の 時計が こわれていて、授業に 遅れて（　　）。

1 もらいました　　2 しまいました　　3 おきました　　4 あげました

정답 2 방 시계가 고장 나 있어서 수업에 늦어 버렸습니다.

단어 部屋 방 | 時計 시계 | 壊れる 부서지다, 망가지다, 고장 나다 | 授業 수업 | 遅れる 늦다, 늦어지다 | ～てもらう ~해 받다 | ～てしまう ~해 버리다 | ～ておく ~해 두다 | ～てあげる ~해 주다

해설 선택지 모두 て형에 접속할 수 있는 문형이다. 이 중 '시계가 고장 나 있어서 지각했다'는 문맥에 어울리는 문형은 후회나 유감을 나타내는「～てしまう ~해 버리다」이므로 정답은 2번이다.

7 進路に ついての アンケートは（　　）早く 出して ください。

1 なるべく　　2 しばらく　　3 なるほど　　4 ほとんど

정답 **1** 진로에 대한 설문 조사는 되도록 빨리 제출해 주세요.

단어 進路 진로 | ～についての ～에 대한 | アンケート 앙케트, 설문 조사 | 早く 빨리 | 出す 내다, 제출하다 | なるべく 가능한 한, 되도록 | しばらく 한동안, 오랫동안 | なるほど 과연 | ほとんど 거의, 대부분

해설 선택지 부사 중 '제출하다'라는 동사를 강조할 수 있는 표현은 '가능한 한, 되도록'이라는 뜻의「なるべく」밖에 없으므로 정답은 1번이다. 2번은「しばらく会っていない 한동안 만나지 않았다」, 4번은「ほとんどなくなった 거의 없어졌다」처럼 사용하는 것이 자연스러우며 3번의「なるほど 과연」은 어떠한 사실이나 정보를 들은 후에 '과연 그렇구나'라는 의미로 맞장구 칠 때 감탄사로 많이 사용한다.

---

8 ラヒムさんは 毎朝 公園を 散歩（　　）。

1 した ことが あります　　2 した ことに して います

3 する ことに なります　　4 する ことに して います

정답 **4** 라히무 씨는 매일 아침 공원을 산책하고 있습니다.

단어 毎朝 매일 아침 | 公園 공원 | 散歩 산책

해설 '매일' 산책을 하고 있다고 했으므로 습관을 나타내는 표현이 들어가야 한다. 따라서「동사 기본형/부정형 + ことにしている ～하기로 하고 있다(규칙적으로 ～하고 있다)」를 활용한 4번「することにしています」가 정답이다.

---

9 A「水泳は うまく なりましたか。」

B「はい。毎日 泳いでいるので、1000m（　　）ように なりました。」

1 泳ぐ　　2 泳いだ　　3 泳げる　　4 泳げた

정답 **3** A 수영은 능숙해졌나요?

B 네. 매일 수영하고 있어서 1000m 헤엄칠 수 있게 되었어요.

단어 水泳 수영 | うまい 잘하다, 맛있다 | 泳ぐ 수영하다, 헤엄치다

해설 '매일 수영 연습을 해서 1000m의 거리를 헤엄칠 수 있게 되었다'라는 문장이 되어야 한다. 따라서 괄호 안에는 가능형인「泳げる 수영할 수 있다, 헤엄칠 수 있다」가 들어가야 한다.「～ようになる」는 '～게 되다'라는 의미로 동사 기본형과 가능형에 접속하는 문형이다. 반대로 '～하지 않게 되다'라고 할 때에는「부정형(ない형) + なくなる」가 된다는 점에 주의하자.

연습문제 ②

もんだい 1 （　　）에 무엇을 넣습니까? 1・2・3・4에서 가장 적당한 것을 하나 고르세요. 문제편 163p

1 今日の 昼ごはんは チキンカレー（　　）します。

1 が　　2 に　　3 は　　4 を

정답 **2** 오늘 점심밥은 치킨 카레로 하겠습니다.

단어 昼ごはん 점심밥, 점심 식사 | チキンカレー 치킨 카레

해설 여러 선택지 중 한 가지를 골라 '~으로 하다, ~으로 정하다'라고 할 때는 문형「명사 + にする」를 사용할 수 있다. '점심밥은 카레로 정했다'라는 의미이므로 괄호 안에 들어가야 할 것은 2번「に」이다.

---

2 木村「今日は（　　）学生の きゃくが 多いですね。」
山田「ええ、夏休みが 始まったんでしょうね。」

1 いつもなら　　2 いつもほど　　3 いつもより　　4 いつもの

정답 **3** 기무라　오늘은 평소보다 학생 손님이 많네요.
야마다　네, 여름 방학이 시작된 거겠죠.

단어 客 손님 | 多い 많다 | 夏休み 여름 방학, 여름 휴가 | 始まる 시작되다 | いつもなら 평소라면 | いつもほど 평소만큼 | いつもより 평소보다 | いつもの 평소와 같은

해설 대화 흐름을 보면 '여름 방학이 시작되어 학생 손님이 늘었다'라는 내용이다. 따라서 괄호 안에는 '평상시보다'라는 뜻을 가진 표현이 들어가야 한다. 따라서「~より ~보다」를 사용한 3번「いつもより 평소보다」가 정답이다.

---

3 けいたい電話を（　　）道を 歩くのは あぶないです。

1 見たまま　　2 見ずに　　3 見る あいだ　　4 見ながら

정답 **4** 휴대 전화를 보면서 길을 걷는 것은 위험합니다.

단어 携帯電話 휴대 전화 | 道 길 | 歩く 걷다 | 危ない 위험하다 | ~まま ~인채 | ~ずに~하지 않고 | ~あいだ ~동안 | ~ながら ~하면서

해설 '걸으면서 휴대 전화를 보면 안 된다'라는 문맥이므로 '~하면서'라는 의미의 문형「~ながら」를 사용한 4번「見ながら 보면서」가 정답이다.

---

4 さいごの 問題まで（　　）人は こちらに 出して ください。

1 書き やすい　　2 書き はじめた　　3 書き おわった　　4 書き すぎた

정답 **3** 마지막 문제까지 다 쓴 사람은 여기에 제출해 주세요.

단어 最後 최후, 마지막 | 問題 문제 | 人 사람 | 出す 내다, 제출하다 | ~やすい ~하기 쉽다 | ~はじめる ~하기 시작하다 | ~終わる 다 ~하다 | ~すぎる 너무 ~하다

해설 '문제를 다 푼 사람은 제출하세요'라는 문맥이므로 '마치다, 끝내다'라는 완료를 나타내는 표현이 들어가야 한다. 따라서「ます형 + 終わる 전부 다 ~하다」의 활용형인 3번이 정답이다. 1번「ます형 + やすい ~하기 쉽다」, 2번「ます형 + はじめる ~하기 시작하다」, 4번「ます형 + すぎる 너무 ~하다」도 자주 출제되는 문형이므로 함께 기억해 두자.

---

5 今年の 入学式は オンライン（　　）行われます。

1 と　　2 で　　3 に　　4 が

정답 **2** 올해 입학식은 온라인으로 열립니다.

단어 入学式 입학식 | オンライン 온라인 | 行う 행하다, 시행하다

해설 '입학식은 온라인으로 열립니다'라는 문맥이므로, 수단과 방법을 나타내는 2번「で」가 정답이다. 조사「～で」는 그 밖에도「家(いえ)で勉強(べんきょう)する 집에서 공부하다」처럼 '～에서(장소)'의 용법,「風邪(かぜ)で休(やす)みました 감기로 쉬었습니다」처럼 '～로, ～해서(이유·원인)'의 용법으로도 사용한다.

---

6 来月(らいげつ)から 学校(がっこう)まで 自転車(じてんしゃ)で 行(い)く（　　）。

1 ことでした　　2 ことも しました　　3 ことに しました　　4 ことが ありました

정답 **3** 다음 달부터 학교까지 자전거로 가기로 했습니다.

단어 来月(らいげつ) 다음 달 | 自転車(じてんしゃ) 자전거

해설 '다음 달부터 자전거로 등교하려고 한다'라는 문맥이므로 결심을 나타내는 표현이 들어가야 한다.「～ことにする」는 '～하기로 하다'라는 결심, 결정을 표현할 때 사용하며 동사의 기본형과 부정형에 접속하는 문형이다. 따라서 정답은 3번이다. '～하고 있다'라는 의미의「～ことにしている」는 '습관, 규칙적으로 반복하는 있는 것'에 대해 표현할 때 사용하는 문형이다.

---

7 午後(ごご)から 妹(いもうと)と いっしょに 買(か)い物(もの)に（　　）つもりです。

1 いった　　2 いこう　　3 いけ　　4 いく

정답 **4** 오후부터 여동생과 함께 쇼핑 갈 예정입니다.

단어 午後(ごご) 오후 | 妹(いもうと) 여동생 | 一緒(いっしょ)に 함께, 같이 | 買(か)い物(もの) 쇼핑, 장보기 | ～つもりだ ~할 작정이다, ~할 생각이다

해설「～つもりだ」는 '~할 작정이다, ~할 생각이다'라는 의미로 의지나 예정을 표현할 때 사용하는 문형이다. 동사의 기본형이나 부정형과 접속하므로 기본형인 4번「行(い)く」가 정답이다.

---

8 しゅくだいを した（　　）、持(も)って 来(く)るのを わすれて しまいました。

1 のも　　2 ので　　3 でも　　4 のに

정답 **4** 숙제를 했는데 가져 오는 것을 잊어버렸습니다.

단어 宿題(しゅくだい) 숙제 | 持(も)つ 들다, 가지다 | 忘(わす)れる 잊다

해설 '숙제를 했지만 가지고 오지 않았다'라는 문맥이므로 역접을 나타내는 표현이 들어가야 한다. 따라서 '~했는데'라는 의미의 4번「～のに」가 정답이다. 3번 역시 역접 표현이지만「でも」는 문장과 문장 사이를 잇는 접속사이므로 문법에 맞지 않는다.

---

9 友(とも)だちが 弟(おとうと)の 結婚式(けっこんしき)に 遠(とお)くから（　　）。

1 来(き)て くれました　　2 来(き)て もらいました　　3 来(き)て あげました　　4 来(き)て やりました

정답 **1** 친구가 남동생 결혼식에 멀리서 와 주었습니다.

단어 弟(おとうと) 남동생 | 結婚式(けっこんしき) 결혼식 | 遠(とお)くから 멀리서, 먼 곳에서 | ～てくれる ~해 주다 | ～てもらう ~해 받다 | ～てあげる ~해 주다 | ～てやる ~해 주다

해설 친구가 '나의' 남동생 결혼식에 온 것이므로 타인이 나(내 측근)에게 무언가를 해 줄 때의 수수 표현인「～てくれる ~해 주다」를 사용해야 한다. 따라서 정답은 1번이다. 2번은 내가 남에게 받을 때, 3번은 내가 남에게 해 줄 때, 4번은 내가 손아랫사람이나 동·식물에게 해 줄 때 사용하는 표현이므로 차이를 잘 구분해 두자.

もんだい 2 문장 만들기

연습문제 정답 및 해설

정답

연습문제 ①	1 4 (2→4→1→3)	2 2 (4→1→2→3)	3 4 (3→1→4→2)	4 2 (4→3→2→1)
	5 3 (4→2→3→1)	6 4 (3→1→4→2)	7 1 (3→2→1→4)	8 4 (1→3→4→2)
연습문제 ②	1 2 (3→1→2→4)	2 1 (2→4→1→3)	3 1 (2→1→4→3)	4 4 (1→2→4→3)
	5 3 (2→1→3→4)	6 2 (3→1→2→4)	7 4 (2→3→4→1)	8 3 (4→1→3→2)

연습문제 ①

もんだい 2 ＿★＿ 에 들어갈 단어는 어느 것입니까? 1・2・3・4에서 가장 적당한 것을 하나 고르세요. 문제편 165p

1 寝(ね)て＿＿ ＿★＿ ＿＿ ＿＿しなさい。

1 勉強(べんきょう)　2 ばかり　3 も　4 いないで

정답 **4** (2→4→1→3) 잠만 자지 말고 공부도 하렴.

단어 寝(ね)る 자다 | 勉強(べんきょう) 공부 | ～ばかり ~만, ~뿐

해설 「～てばかりいる」는 '~하기만 하다'라는 의미의 문형으로 동사 て형에 접속하므로 밑줄 앞의 「寝(ね)て」와 2→4의 순서로 연결하여 '잠만 자지 말고'로 만들 수 있고, 밑줄 뒷부분이 '~해라, ~하렴'이라는 명령의 문말 표현이므로 문맥상 '공부도(1→3) 하렴'의 순서로 이어지는 것이 자연스럽다.

---

2 ガソリンスタンドで＿＿ ＿＿ ＿★＿ ＿＿友(とも)だちに 話(はなし)を 聞(き)いて みた。

1 みたくて　2 アルバイトを　3 して いる　4 働(はたら)いて

정답 **2** (4→1→2→3) 주유소에서 일해 보고 싶어서 아르바이트를 하고 있는 친구에게 이야기를 들어 보았다.

단어 ガソリンスタンド 주유소 | アルバイト 아르바이트 | 働(はたら)く 일하다, 근무하다

해설 선택지와 밑줄 앞뒤에 눈에 띄는 문형은 없다. 밑줄 뒤로 명사인 「友(とも)だち 친구」가 있으므로 마지막 밑줄에는 명사를 수식할 수 있는 활용 형태가 들어가야 한다. 따라서 3번 「している 하고 있는」이 가장 마지막에 위치하며, 그 바로 앞으로는 목적어가 되는 2번 「アルバイトを 아르바이트를」이 들어가 '아르바이트를 하고 있는(2→3)'의 순서가 되어야 한다. 나머지 선택지와 함께 의미가 통하도록 나열하면 4→1→2→3의 순서가 된다.

3 この かばんは、旅行で 荷物が＿＿＿ ＿＿＿ ★＿＿＿ ＿＿＿と 思って います。

1 時の　　2 持って いこう　　3 多く なった　　4 ために

정답 **4** (3→1→4→2) 이 가방은 여행에서 짐이 많아졌을 때를 위해 가져가려고 생각하고 있습니다.

단어 かばん 가방 | 旅行 여행 | 荷物 짐, 하물 | 思う 생각하다 | 持っていく 가지고 가다 | 多い 많다 | ～ために ~를 위해

해설 밑줄 바로 뒤에 있는 「～と思う」와 연결되는 문형은 「의지형(よう·おう) + と思う ~하려고 생각하다」이므로 「持っていく 가지고 가다」의 의지형인 2번이 맨 마지막 밑줄에 들어간다. 또한 「～のために ~를 위해서」라는 문형이 있는 1→4의 순서로 연결하고 3번은 명사를 수식하는 형태가 가장 자연스러우므로 맨 앞에 위치하여 '많아졌을 때를 위해 가져가려고(3→1→4→2)'의 순서가 된다.

---

4 A「今、電話 だいじょうぶですか。」

B「今は 家族＿＿＿ ＿＿＿ ★＿＿＿ ＿＿＿ところだから あとで 電話します。」

1 いる　　2 して　　3 食事を　　4 と

정답 **2** (4→3→2→1) A　지금 전화 괜찮으신가요?

B　지금은 가족과 식사를 하고 있는 중이니까 나중에 전화하겠습니다.

단어 大丈夫だ 괜찮다 | 家族 가족 | 電話 전화 | 食事 식사

해설 2→1의 순서로 동사 진행형을 만들어 밑줄 뒷부분에 넣으면 「～しているところだ ~하고 있는 중이다, 한창 ~하고 있다」라는 문형이 된다. 또한 괄호 앞의 '가족'과 자연스럽게 연결되려면 조사인 4번이 먼저 오고 그 뒤로 3번이 이어져야 한다. 전체를 의미가 통하도록 나열하면 '가족과 식사를 하고 있는(4→3→2→1) 중이니까'가 된다.

---

5 スマホは＿＿＿ ＿＿＿ ★＿＿＿ ＿＿＿ことに して います。

1 使う　　2 1時間　　3 だけ　　4 毎日

정답 **3** (4→2→3→1) 스마트폰은 매일 한 시간만 사용하기로 하고 있습니다.

단어 スマホ 스마트폰 | 使う 쓰다, 사용하다

해설 「～ことにする」는 '~하기로 하다'라는 의미로 정해진 규칙에 대해 이야기할 때 사용하는 문형이다. 동사 기본형과 동사 부정형에 접속하므로 선택지 중 마지막 밑줄에 들어갈 수 있는 것은 1번이다. '스마트폰 사용에 대한 규칙'에 대한 문장으로 남은 선택지에 있는 어휘를 의미가 통하도록 나열하면 '매일 한 시간만(4→2→3) 사용(1)'의 순서가 되어야 한다.

---

6 5さいの 子どもは いつも 父と＿＿＿ ＿＿＿ ★＿＿＿ ＿＿＿いる。

1 に　　2 たがって　　3 遊び　　4 行き

정답 **4** (3→1→4→2) 다섯 살인 아이는 항상 아빠와 놀러 가고 싶어 하고 있다(싶어 한다).

단어 いつも 늘, 항상 | ～歳 ~세, ~살 | 遊ぶ 놀다 | 父 아빠, 아버지 | ～たがる ~하고 싶어 하다

해설 「동사 ます형 + に行く」는 '~하러 가다'라는 의미의 문형이므로 3→1→4의 순서로 한 묶음이 된다. 「～たがる ~하고 싶어 하다」는 동사 ます형에 접속하는 문형이므로 2번이 3→1→4의 뒤에 위치해야 한다. 전체 선택지를 의미가 통하도록 나열하면 '놀러 가고 싶어 하고(3→1→4→2)'이다.

7 くつを はいた＿＿＿ ＿＿＿ ＿★＿ ＿＿＿おこられた。

1 入ろう　　2 部屋に　　3 まま　　4 として

정답 **1** (3→2→1→4) 신발을 신은 채로 방에 들어가려고 해서 혼났다.

단어 くつ 신발, 구두 | はく 신다 | 怒る 화내다 | 入る 들어가(오)다 | ～まま ～채

해설 「동사 과거형 + まま」는 '～한 채'라는 문형이므로 첫 번째 밑줄에는 3번이 들어간다. 또한 「의지형(よう·おう) + とする」는 '～하려고 하다'라는 의미로, 「する」의 활용형인 4번이 1번 뒤에 위치한다. '들어가는 곳'은 '방'이 되어야 하므로 2번이 두 번째 밑줄에 들어가서 3→2→1→4의 순서가 되는 것이 가장 자연스럽다.

---

8 電話で 話し＿＿＿ ＿＿＿ ＿★＿ ＿＿＿失礼には ならない。

1 にくい　　2 送っても　　3 ことは　　4 メールで

정답 **4** (1→3→4→2) 전화로 이야기하기 어려운 것은 메일로 보내도 실례가 되지 않는다.

단어 失礼 실례 | 送る 보내다, 발송하다 | メール 메일

해설 「～にくい ～하기 어렵다」는 동사 ます형에 접속하는 문형이므로 밑줄 바로 앞의 「話し」와 연결하여 '이야기하기 어려운'이 되어야 한다. 전체 문맥상 '전화로 이야기하기 어려우면 ～해도(ても) 실례가 되지 않는다'가 되어야 자연스러우므로 2번이 맨 마지막에 위치하며, 나머지 선택지와 함께 뜻이 통하도록 나열하면 '어려운 것은 메일로 보내도(1→3→4→2)'의 순서가 된다.

연습문제 ②

もんだい 2 ＿★＿ 에 들어갈 단어는 어느 것입니까? 1・2・3・4에서 가장 적당한 것을 하나 고르세요.

문제편 166p

1 子どもは 学校から＿＿＿ ＿＿＿ ＿★＿ ＿＿＿している。

1 くると　　2 ゲーム　　3 帰って　　4 ばかり

정답 **2** (3→1→2→4) 아이는 학교에서 돌아오면 게임만 하고 있다.

단어 ゲーム 게임 | ～ばかり ～만, ～뿐

해설 밑줄 바로 앞에 '～에서'라는 의미의 장소·기점을 나타내는 조사 「～から」가 있으므로 '돌아오면'이라는 의미의 「帰ってくると」가 앞부분 밑줄에 들어가 '학교에서 돌아오면(3→1)'으로 연결된다. '아이가 게임만 하고 있다'라는 문맥이므로 2→4의 순서로 뒷부분 밑줄에 들어가는 것이 가장 자연스럽다. 올바른 순서는 3→1→2→4이다.

---

2 雨が ふった＿＿＿ ＿＿＿ ＿★＿ ＿＿＿ました。

1 さき　　2 後　　3 始め　　4 春の 花が

정답 **1** (2→4→1→3) 비가 온 후 봄꽃이 피기 시작했습니다.

단어 雨 비 | 降る (눈·비가) 내리다 | 咲く 꽃이 피다 | 始める 시작하다 | 春 봄 | 花 꽃

해설 선택지 1번은 「咲く 꽃이 피다」의 ます형으로 4번 뒤로 위치해 '꽃이 피다'라는 의미가 되어야 한다. 또한 3번은 동사 ます형 뒤에 붙으면 '~하기 시작하다'라는 의미의 복합 동사가 되므로, 이들을 서로 나열하여 '봄꽃이 피기 시작한다(4→1→3)'의 순서로 연결할 수 있다. 또한 「동사 과거형 + 後」는 '~한 후'라는 문형으로 밑줄 앞의 「ふった」와 연결하여 '비가 온 후'로 연결할 수 있다. 올바른 순서는 2→4→1→3이다.

---

3 その____ __★__ ____ ____ねだんは 500円です。

1 味が　　2 レモンの　　3 ケーキの　　4 する

정답 **1** (2→1→4→3) 그 레몬 맛이 나는 케이크의 가격은 500엔입니다.

단어 値段 가격, 값 | ~円 ~엔(화폐 단위) | 味がする 맛이 나다 | レモン 레몬 | ケーキ 케이크

해설 「味がする」는 '맛이 나다'라는 의미의 숙어 표현이며, '어떠한 맛'이 나는지를 설명하는 2번 「レモンの」가 그 앞으로 위치해 '레몬 맛이 나는(2→1→4)'가 한 묶음이 된다. 맨 마지막 밑줄에는 밑줄 뒤에 나오는 가격의 대상인 3번 '케이크의'가 들어가면 자연스러운 문장이 된다. 올바른 순서는 2→1→4→3이다.

---

4 母は 料理を する____ ____ __★__ ____つくります。

1 時　　2 歌を　　3 ながら　　4 歌い

정답 **4** (1→2→4→3) 어머니는 요리를 할 때 노래를 부르면서 만듭니다.

단어 母 엄마, 어머니 | 料理 요리 | 作る 만들다 | 歌 노래 | 歌う 노래부르다

해설 「ます형 + ながら」는 '~하면서'라는 문형이므로 4→3이 한 묶음이며, '노래를 부르다'는 「歌を歌う」라는 숙어 표현이므로 2→4→3의 순서가 된다. 나머지 선택지인 1번은 문맥상 '요리를 할 때'로 맨 앞에 오는 것이 가장 자연스럽다. 올바른 순서는 1→2→4→3이다.

---

5 今____ ____ __★__ ____いる ところです。

1 パソコン　　2 こわれた　　3 を　　4 なおして

정답 **3** (2→1→3→4) 지금 고장 난 컴퓨터를 고치고 있는 중입니다.

단어 パソコン 컴퓨터 | 壊れる 고장 나다, 망가지다, 부서지다 | 直す 고치다, 수리하다

해설 선택지 3번은 목적격 조사이므로 명사인 1번 뒤에 붙어 1→3의 순서가 되어야 하며 「동사 진행형(ている) + ところだ」는 '~하고 있는 중이다'라는 의미의 문형이므로 동사 て형인 4번이 맨 마지막 밑줄 뒤의 「いる」와 연결되어야 한다. 4번의 「直す」는 '고치다'라는 의미이므로 전체 문맥을 볼 때 '고장 난 컴퓨터를(2→1→3)'의 순서로 2번이 가장 앞에 오는 것이 올바른 순서이다.

---

6 料理の____ ____ __★__ ____ありますが うまく できません。

1 方は　　2 ここに　　3 作り　　4 書いて

정답 **2** (3→1→2→4) 요리 만드는 법은 여기에 쓰여 있지만 잘 되지 않습니다.

단어 料理 요리 | うまい 맛있다, 잘하다 | 作り方 만드는 방법

해설 「동사 ます형 + 方(かた)」는 '~하는 방법'이란 의미의 문형이므로 3→1의 순서로 한 묶음이 되며, 「타동사 て형 + ある」는 '~되어 있다'라는 의미의 문형이므로 4번이 밑줄 뒤의 「あります」와 연결되어 '쓰여 있다'라는 문맥이 된다. 마지막으로 쓰여있는 곳을 나타내는 2번이 세 번째 밑줄에 들어간 3→1→2→4가 올바른 순서이다.

---

7 こたえが ＿＿ ＿＿ ★ ＿＿ いいです。

1 書(か)かなくても　2 わからない　3 時(とき)は　4 何(なに)も

정답 **4** (2→3→4→1) 답을 모를 때는 아무것도 적지 않아도 됩니다.

단어 答(こた)え 답, 정답 | 書(か)く 쓰다, 적다 | わかる 알다

해설 「~なくてもいい」는 '~하지 않아도 된다'라는 의미로 동사나 형용사의 부정형에 접속하는 문형이다. 따라서 1번이 가장 마지막 밑줄에 들어간다. 나머지 선택지에는 특별한 문형이 보이지 않으므로 선택지만으로 의미가 통하도록 배열하면 '모를 때에는 아무것도 적지 않아도(2→3→4→1)'의 순서가 되는 것이 가장 자연스럽다.

---

8 A「この ごろ 日本語(にほんご)で ＿＿ ＿＿ ★ ＿＿ なりました。」

B「ほんとうに 上手(じょうず)に なりましたね。」

1 あいさつ　2 ように　3 できる　4 ちゃんと

정답 **3** (4→1→3→2) A 최근 일본어로 제대로 인사를 할 수 있게 되었습니다.

B 정말 능숙해졌네요.

단어 このごろ 요즘, 최근 | 本当(ほんとう)に 정말로 | 上手(じょうず)だ 능숙하다, 잘하다 | あいさつ 인사 | ちゃんと 제대로, 확실히

해설 「~ようになる ~하게(끔) 되다」는 동사 기본형에 접속하므로 3→2의 순서로 뒷부분 밑줄에 들어간다. 또한 선택지 중에 술어가 될 수 있는 것은 3번 「できる 할 수 있다」뿐이며 목적어가 될 수 있는 것은 명사인 1번이므로 '인사를 할 수 있게(1→3→2) 되었습니다'의 순서가 되어야 한다. 의미상 4번의 「ちゃんと 제대로」가 제일 앞에 위치하면 자연스러운 문장이 된다.

もんだい 3 글의 문법

연습문제 정답 및 해설

정답

연습문제 ① [1] 3 [2] 2 [3] 3 [4] 4
연습문제 ② [1] 3 [2] 3 [3] 4 [4] 2

연습문제 ①

もんだい 3 [1] 부터 [4] 에 무엇을 넣습니까? 글의 의미를 생각해서 1・2・3・4에서 가장 적당한 것을 하나 고르세요.

문제편168p

다음은 일본의 (주)축일(공휴일)에 대한 글입니다.

일본에는 토요일이나 일요일 이외에도 다양한 휴일이 있습니다. 이것을 축일이라고 합니다.

[1] 거의 매달 축일이 있습니다만 6월과 12월은 없습니다. 다른 나라에서는 크리스마스에 쉬는 곳도 많지만 일본 [2] 에서는 쉬지 않습니다. 크리스마스에 친구와 함께 놀고 싶기 때문에 조금 아쉽습니다.

하지만 11월에는 두 번 휴일이 있습니다. 3일은 문화의 날, 23일은 일하는 사람에게 감사하는 날입니다. 우리 집에서는 아버지도 어머니도 밖에서 일을 하고 있습니다. 그래서 올해 11월 23일에는 맛있는 요리를 만들고 예쁜 꽃을 선물하기 [3] 로 했습니다. 그리고 카드에는 '항상 고마워요' [4] 라고 쓸 생각입니다.

(주) 축일: 나라가 정한 휴일을 말함

단어 次(つぎ) 다음 | ～について ～에 대해 | いろいろな 여러 가지의, 다양한 | 休(やす)みの日(ひ) 휴일, 쉬는 날 | しゅくじつ 축일, 공휴일 | 毎月(まいつき) 매달 | 国(くに) 나라 | クリスマス 크리스마스 | 休(やす)む 쉬다, 휴식하다 | ところ 곳, 장소 | 多(おお)い 많다 | いっしょに 함께, 같이 | 遊(あそ)ぶ 놀다 | ちょっと 좀, 조금 | 残念(ざんねん)だ 아쉽다, 유감이다, 안타깝다 | ～回(かい) ～회(횟수) | 文化(ぶんか) 문화 | 働(はたら)く 일하다, 근무하다 | 感謝(かんしゃ) 감사 | 外(そと) 밖 | 仕事(しごと) 일, 업무 | 今年(ことし) 올해 | おいしい 맛있다 | 料理(りょうり) 요리 | 作(つく)る 만들다 | きれいだ 예쁘다, 깨끗하다 | 花(はな) 꽃 | プレゼント 선물 | カード 카드 | 書(か)く 쓰다, 적다 | ～つもり ～할 예정, ～할 작정 | 決(き)める 정하다, 결정하다

[1] 1 かなり 2 たまに 3 ほとんど 4 かならず

정답 **3**

해설 일본의 축일(공휴일)에 대해 이야기하고 있는 글로, [1] 뒤로 매달 축일이 있지만 '6월과 12월에는' 없다고 하고 있다. 이는 다른 달에는 모두 축일이 있다는 뜻이므로 괄호 안에는 '거의, 대부분'이라는 의미의 3번「ほとんど」가 들어가는 것이 가장 적당하다. 1번은「かなり 상당히, 꽤」, 2번은「たまに 가끔」, 4번은「必(かなら)ず 반드시」로 문맥과 맞지 않는다.

---

[2] 1 でも　　2 では　　3 にも　　4 には

정답 2

해설 [2] 뒷 문장에서 필자는 '크리스마스에 친구들과 함께 놀고 싶기 때문에 조금 아쉽다'라고 하고 있다. 즉, 크리스마스에 쉬지 않기 때문에 놀 수 없다는 의미이므로 앞 문장은 '다른 나라에서는 크리스마스가 휴일이지만 일본은 그렇지 않다'라는 내용이 되어야 한다. 따라서 2번에는 조사「～では ～에서는」이 들어가야 한다.

---

[3] 1 ことが あります　　2 ことも あります
3 ことに しました　　4 ことが できます

정답 3

해설 11월 23일은 '일하는 사람에게 감사하는 날'로, 부모님 두 분이 모두 밖에서 일을 하는 필자는 올해 11월 23일에 부모님께 요리와 꽃을 선물하겠다고 했다. [3]에는 '~하기로 하다'라는 의미의 문형인「동사 기본형 + ことにする」가 들어가야 한다. 따라서 3번「ことにしました」가 정답이다.

---

[4] 1 を　　2 も　　3 で　　4 と

정답 4

해설 카드에 쓸 문구를 소개하며 '~라고' 쓰겠다고 이야기하고 있다. 따라서 정답은 인용할 때 사용하는 조사인 4번「～と ～라고」이다.

연습문제 ②

もんだい3 [1] 부터 [4] 에 무엇을 넣습니까? 글의 의미를 생각해서 1・2・3・4에서 가장 적당한 것을 하나 고르세요.

문제편170p

아래 글은 유학생의 일기입니다.

나는 지금 아르바이트를 찾고 있습니다. 오늘 친구가 인터넷으로 찾으면 자신에게 맞는 일을 간단하게 [1] 찾게 될 것이라고 말했습니다. [2] 그래서 나는 집에 돌아가서 인터넷으로 아르바이트를 찾아보았습니다. 그랬더니 두 가지 발견했습니다. 하나는 호텔 접수 아르바이트입니다. 나는 장차 일본 호텔에서 근무하고 싶다고 생각하기 때문에 이 일은 좋은 경험이 될 거라고 생각합니다. 또 하나는 레스토랑 일입니다. 전에 레스토랑에서 일한 적이 있기 때문에 나도 할 수 있을 거라고 생각합니다. 어느 쪽이 좋을지 결정할 수 없어서 둘 다 가 보기로 했습니다. 아직 일본어가 능숙하지 않은 나를 [3] 일하게 해 주는 곳이라면 어디라도 좋습니다. 빨리 아르바이트를 하고 많이 일본어를 써서 일본어를 능숙하게 [4] 말할 수 있게 되고 싶습니다.

단어 留学生 유학생 | 日記 일기 | アルバイト 아르바이트 | 探す 찾다 | インターネット 인터넷 | 自分 자기, 자신 | 合う 맞다 | 仕事 일, 업무 | 簡単だ 간단하다, 쉽다 | 見つかる 찾다, 발견하다 | ホテル 호텔 | 受付 접수, 접수처 | 将来 장래, 미래 | 勤める 근무하다, 종사하다 | 思う 생각하다 | 経験 경험 | レストラン 레스토랑 | 働く 일하다, 근무하다 | 決める 결정하다, 정하다 | 上手だ 잘하다, 능숙하다 | 早く 빨리 | 使う 쓰다, 사용하다

1 | 1 見つかる　よていだ | 2 見つかっても いい
　3 見つかる　はずだ | 4 見つからなければ ならない

정답 3

해설 아르바이트를 찾고 있는 필자에게 선배가 인터넷을 이용한 아르바이트를 찾는 법을 알려 주었다는 내용이다. 선택지는 모두 「見つかる 찾다, 발견하다」를 활용한 문형으로 1 에는 3번 「見つかるはずだ 찾게 될 것이다」가 들어가 선배의 조언을 나타내는 문장이 되어야 한다.

---

2 | 1 たとえば　2 けれども　3 それで　4 すると

정답 3

해설 접속사를 찾는 문제로 앞부분에는 '인터넷을 이용한 아르바이트 찾는 방법을 선배가 알려 주었다'라는 내용이 있으며, 뒤로는 '집에 돌아가 인터넷으로 아르바이트를 찾아보았다'라는 내용이 나온다. 따라서 2 에는 근거를 나타내는 접속사인 3번 「それで 그래서」가 들어가는 것이 가장 적절하다.

---

3 | 1 働かれて くれる | 2 働いて あげられる
　3 働かせて いる | 4 働かせて くれる

정답 4

해설 선택지 모두 「働く 일하다, 근무하다」의 활용형이다. '일본어를 못하는 나도 일할 수 있는 곳이라면'이라는 내용의 문장인데, 「私を 나를」로 목적격 조사인 「～を ～을/를」을 쓰고 있으므로 사역 수수 표현인 「働かせてくれる 일하게 해 주다」가 들어가 '나를 일하게 해 주는 곳이라면'이 되어야 자연스러운 문맥이 된다. 따라서 정답은 4번이다.

---

4 | 1 話せるのに | 2 話せる ように
　3 話せる ことに | 4 話せる 時に

정답 2

해설 '일본어를 잘하게 되고 싶다'라는 문맥이므로 선택지의 「話せる 말을 잘 할 수 있다」와 문형 「～ように ～하도록, ～하게끔」이 합쳐진 2번이 들어가 「上手に話せるようになりたい 능숙하게 말할 수 있게 되고 싶다」가 되어야 한다.

もんだい 1 문법형식 판단

실전문제 정답 및 해설

정답

	1	2	3	4	5	6	7	8	9
실전문제 ①	4	2	2	2	1	4	1	3	3
실전문제 ②	1	4	4	2	2	3	1	3	4

실전문제 ①

もんだい 1 (　　)에 무엇을 넣습니까? 1・2・3・4에서 가장 적당한 것을 하나 고르세요. 문제편 174p

1 夏休みに 沖縄へ 行って、沖縄（　　）食べられない おいしい 料理を 食べました。

1 にだけ　　2 ほどは　　3 へまで　　4 でしか

정답 **4** 여름 방학에 오키나와에 가서 오키나와에서 밖에 먹지 못하는 맛있는 요리를 먹었습니다.

단어 夏休み 여름 방학, 여름휴가 | おいしい 맛있다 | 料理 요리 | ～だけ ～만, ～뿐 | ～ほど ～정도, ～만큼 | ～まで ～까지 | ～しか ～밖에

해설 '오키나와에서만 먹을 수 있는 요리를 먹었다'라는 문맥이므로, 장소를 나타내는 「～で ～에서」와 「～しか ～밖에, ～만」의 복합 조사인 4번이 정답이다. 3번의 「～だけ」도 '～뿐'이라는 뜻이지만 3번이 정답이 되려면 「沖縄でだけ食べられる 오키나와에서만 먹을 수 있다」가 되어야 한다.

---

2 うちの 猫は ほかの 猫（　　）毛が 長いです。

1 から　　2 より　　3 まで　　4 だけ

정답 **2** 우리 고양이는 다른 고양이보다 털이 깁니다.

단어 うち 우리, (우리)집 | 猫 고양이 | 他 다른 | 体 몸 | 毛 털 | 長い 길다 | ～から ～부터 | ～より ～보다 | ～まで ～까지 | ～だけ ～만, ～뿐

해설 「AはBより」는 'A는 B보다'라는 뜻으로 두 가지를 비교할 때 사용하는 문형이다. '다른 고양이에 비해 우리 고양이가 털이 길다'라는 문장이므로 정답은 2번이다. 「より」를 활용한 문형인 「～より～の方が ～보다 ～쪽이」도 함께 기억해 두자.

3 この 仕事は 4時（　　）ぜんぶ 終わらせて ください。

1 からでも　　2 までには　　3 からには　　4 まででも

정답 **2** 이 일은 4시까지는 전부 끝내 주세요.

단어 仕事 일, 업무 | 全部 전부 | 終わる 끝나다 | ～からでも ~부터라도 | ～までには ~까지는 | ～からには ~한 이상 | ～まででも ~까지라도

해설 '4시까지 일을 모두 끝내 달라'라는 문맥이므로 괄호 안에는 '~까지는'이라는 뜻의 2번이 들어가야 한다. '~까지'라는 의미의 문형은「朝までゲームした 아침까지 게임을 했다」처럼 '상태의 지속 기간'을 나타내는「まで」와 이 문제의「4時までに終わらせる 4시까지 끝내다」처럼 '기한'을 나타내는「までに」두 가지가 있다. 혼동하기 쉬우므로 구분하여 기억해 두자.

---

4 田中「山田さんは 10年前から スキーを して いるから、とても 上手ですよ。」
佐藤「へえ。知りませんでした。（　　）上手なら、今度 教えて もらいたいですね。」

1 あんなに　　2 そんなに　　3 こんなに　　4 どんなに

정답 **2** 다나카　야마다 씨는 10년 전부터 스키를 탔기 때문에 매우 능숙합니다.
사토　와, 몰랐어요. 그렇게 능숙하면 다음에 배우고 싶네요.

단어 スキー 스키 | とても 매우, 상당히 | 上手だ 능숙하다, 잘하다 | 知る 알다 | 今度 이번에, 다음번에 | 教える 가르치다 | ～てもらう ~해 받다, (남이 나에게) ~해 주다

해설 1번은 '저렇게, 그렇게', 2번은 '그렇게', 3번은 '이렇게', 4번은 '아무리'이다. 앞에 나온 말을 받아 '그렇게 ~라면'이라는 의미가 될 수 있는 것은 2번「そんなに」이다. 의미만을 생각하면 1번도 답이 될 수 있을 것 같지만「そんなに」는 눈 앞에 없는 대상에 대해 상대의 이야기를 듣고 판단할 경우에 사용하며,「あんなに」는 이야기하는 사람이 직접 대상을 보고 판단할 경우에 사용한다. 뉘앙스를 잘 구분하여 기억해 두자.

---

5 タクシーの 運転手の 話（　　）、この 店の ステーキが おいしいそうです。

1 に よると　　2 に すると　　3 に なると　　4 に よって

정답 **1** 택시 운전기사의 이야기에 의하면 이 가게의 스테이크가 맛있다고 합니다.

단어 タクシー 택시 | 運転手 운전사, 운전기사 | 話 이야기 | 店 가게 | ステーキ 스테이크 | おいしい 맛있다 | ～そうだ ~라고 하다(전문) | ～によると ~에 의하면 | ～にすると ~로 하면 | ～になると ~가 되면 | ～によって ~에 의해, ~에 따라

해설 '택시 운전기사가 한 말로는 이 가게가 맛있다고 한다'라는 문맥이므로 정답은 1번이다.「～によると」는 '~에 의하면, ~에 따르면'이라는 뜻으로 정보의 출처나 인용을 나타내는 문형으로 전문을 나타내는「～そうだ」와 함께 자주 사용되므로,「～によると ～そうだ ~에 의하면 ~라고 한다」로 기억해 두자.

---

6 電車に（　　）間、ずっと 日本語の 本を 読んで いました。

1 乗った　　2 乗ろう　　3 乗る　　4 乗って いる

정답 **4** 전철을 타고 있는 동안 계속 일본어 책을 읽고 있었습니다.

단어 間 사이, ~동안 | ずっと 쭉, 계속, 훨씬 | 本 책 | 乗る (탈 것에) 타다

해설 괄호 뒤의「間」는 동사의 진행형에 접속하여 '~하고 있는 동안'이라는 의미를 나타내는 문형이므로 동사「乗る 타다」의 진행형인 4번이 정답이다.

---

7 帰ってから ゆっくり 読みたいので、先生に 学校の 本を コピー（　　）。

1 して いただきました　　2 して さしあげました
3 されて もらいました　　4 されて あげました

정답 **1** 돌아와서 천천히 읽고 싶어서 선생님께서 학교 책을 복사해 주셨습니다.

단어 ゆっくり 천천히 | 本 책 | コピー 카피, 복사 | ～ていただく ~해 받다(「～てもらう (남이 나에게) ~해 주다」의 겸양어)

해설 '보고 싶은 책을 선생님께서 복사해 주셨다'라는 문맥이므로 '선생님께 복사해 받았다'는 형태의 수수 표현이 들어가야 한다. 따라서「～てもらう (내가 남에게) ~해 받다, (남이 나에게) ~해 주다」의 겸양 표현인「～ていただく」를 사용한 1번이 정답이다.

---

8 旅行の 時、景色の（　　）に おどろいて、たくさん 写真を とりました。

1 うつくしい　　2 うつくしの　　3 うつくしさ　　4 うつくしく

정답 **3** 여행 갔을 때 경치의 아름다움에 놀라 많은 사진을 찍었습니다.

단어 旅行 여행 | 景色 경치 | 驚く 놀라다 | たくさん 많은, 많이 | 写真を撮る 사진을 찍다

해설 선택지 모두 い형용사인「美しい 아름답다」가 기본이 된 형태로 정답은 명사형인 3번이다. 형용사의 명사화는「い·な형용사의 어간 + さ」와「い·な형용사의 어간 + み」의 크게 두 가지로 나눌 수 있으며 뉘앙스에 차이가 있다.「重い 무겁다」로 예를 들면「重さ 무게」는 수치로 나타낼 수 있을 정도로 누구나 느낄 수 있는 무게를 나타내며「重み 묵직함」는 감각적이고 주관적으로 느끼는 무거움을 나타낸다.

---

9 よく（　　）、まだ 眠いです。

1 寝ると　　2 寝たので　　3 寝たのに　　4 寝たから

정답 **3** 잘 잤는데 아직도 졸립니다.

단어 よく 잘, 자주 | まだ 아직 | 眠い 졸리다 | 寝る 자다

해설 괄호 앞에「よく 잘, 많이, 자주」라는 부사가 있는데, 뒤로는 이와 반대되는 '아직도 졸리다'라는 내용이 오고 있으므로 괄호 안에는 역접을 나타내는 문형이나 문법 사항이 들어가야 한다. 따라서 정답은「～のに ~인데」를 사용한 3번「寝たのに 잤는데」이다.

실전문제 ②

もんだい 1 （　　）에 무엇을 넣습니까? 1・2・3・4에서 가장 적당한 것을 하나 고르세요. 문제편 175p

1 薬は 苦かったです（　　）病気は すぐ なおりました。

1 が　　2 し　　3 と　　4 から

정답 **1** 약은 썼지만 병은 바로 나았습니다.

단어 薬(くすり) 약 | 苦(にが)い 쓰다 | 病気(びょうき) 병, 질병 | すぐ 곧, 바로, 금방 | 治(なお)る 낫다, 치유되다

해설 '약이 쓰다'와 '병이 낫다'라는 상반되는 내용이 괄호 앞뒤로 나오고 있다. 따라서 괄호 안에는 역접 조사인「~が ~이지만」이 들어가야 한다. 정답은 1번이다.

---

2 日本(にほん)の マンガは 世界中(せかいじゅう)の 人(ひと)（　　）読(よ)まれて います。

1 が　　2 を　　3 で　　4 に

정답 **4** 일본 만화는 전 세계 사람들에게 읽혀지고 있습니다.

단어 マンガ 만화 | 世界中(せかいじゅう) 전 세계

해설 '일본 만화는 전 세계 사람들에게 읽혀지고 있다', 즉 '전 세계 사람들이 일본 만화를 읽고 있다'라는 의미로 주어가 일본 만화이며 서술어로는 동사 수동형이 쓰였다. 동사의 수동형을 쓸 경우 조사는「~に ~에게」를 사용한다는 것을 잘 기억해두자. 정답은 4번이다.

---

3 まだ（　　）で サッカーの 試合(しあい)を するか 決(き)まって いません。

1 どれ　　2 どう　　3 どの　　4 どこ

정답 **4** 아직 어디에서 축구 시합을 할지 정해지지 않았습니다.

단어 まだ 아직 | サッカー 축구 | 試合(しあい) 시합, 경기 | 決(き)まる 정해지다, 결정되다

해설 지시어를 묻는 문제로 괄호 뒤에는 장소를 나타내는 조사「~で ~에서」가 나오고 있으므로 정답은 4번「どこ 어디」이다. 1번과 3번은「どれ 어느 것」,「どの 어떤」으로 여러 대상 중 하나를, 2번은「どう 어떻게」로 방법을 나타내는 표현이다.

---

4 5月(がつ)なので もう 暑(あつ)く なって いるが、サムさんは（　　）コートを 着(き)て いる。

1 なかなか　　2 まだ　　3 そろそろ　　4 もうすぐ

정답 **2** 5월이라서 이제 더워졌는데, 샘 씨는 아직도 코트를 입고 있다.

단어 もう 이제, 이미, 벌써 | 暑(あつ)い 덥다 | コート 코트 | 着(き)る 입다 | なかなか 좀처럼, 꽤 | まだ 아직, 아직도 | そろそろ 슬슬 | もうすぐ 곧, 바로

해설 괄호 앞뒤로「暑(あつ)い 덥다」와「コートを着(き)ている 코트를 입고 있다」라는 계절적으로 상반된 내용이 나오므로 괄호 안에는 어떠한 상태가 계속 지속됨을 나타내는 표현이 들어가야 한다. 따라서 정답은 '아직도, 여전히'라는 의미의 2번이다. 비슷한 의미의 부사「いまだに 여전히, 아직까지도」도 참고로 알아 두자.

---

5 A「子(こ)どもの ころ、野菜(やさい)が 嫌(きら)いだったのですか。」
B「ええ、でも、母(はは)に（　　）、今(いま)は どんな野菜(やさい)でも 食(た)べられます。」

1 食(た)べてしまって　　2 食(た)べさせられて　　3 食(た)べさせて　　4 食(た)べられて

정답 **2** A 어릴 때 채소를 싫어했었나요?
B 네, 하지만 어머니가 먹게 해서 지금은 어떤 채소라도 먹을 수 있어요.

단어 子(こ)ども 아이, 어린이 | ころ 때, 무렵 | 野菜(やさい) 채소, 야채 | 嫌(きら)いだ 싫어하다 | 母(はは) 엄마, 어머니 | 今(いま) 지금

해설 '싫어하는 채소를 엄마가 강제로 먹게 한 덕에 지금은 잘 먹는다'라는 내용의 대화이다. 이처럼 타인에 의해 본의 아니게 혹은 강제적으로 어떠한 행동을 하게 됨을 나타낼 때는 동사의 사역 수동형(せられる·させられる)을 사용한다. 따라서 정답은 2번이다.

---

6 社長「明日の パーティーは 何時から？」
社員「7時からです。6時に 社長の お宅へ 車で おむかえに（　　）。」

1 いらっしゃいます　　2 いたします　　3 うかがいます　　4 おこしに なります

정답 **3** **사장** 내일 파티는 몇 시부터지?
사원 7시부터입니다. 6시에 사장님 댁으로 차로 모시러 가겠습니다.

단어 社長 사장(님) | パーティー 파티 | 社員 사원 | お宅 댁(타인의 집을 높여 부르는 말) | 車 차, 자동차 | お迎え 마중 | いらっしゃる 가시다, 오시다, 계시다(「行く 가다」, 「来る 오다」, 「いる 있다」의 존경어) | いたす「する 하다」의 겸양어 | 伺う「たずねる 방문하다」, 「聞く 듣다, 묻다」의 겸양어 | お越しになる 오시다(「来る 오다」의 존경어)

해설 존경 표현과 겸양 표현이 각각 가지고 있는 뜻을 정확히 파악해야 풀 수 있는 문제이다. 사원(말하는 사람)이 사장님을 모시러 가는 것이므로 말하는 사람이 자신을 낮추는 겸양 표현을 사용해야 한다. 정답은 「たずねる 방문하다」, 「聞く 듣다, 묻다」의 겸양어 「伺う」의 정중형인 3번이다. 2번 역시 겸양 표현이지만 괄호 앞의 조사 「～に」와 호응하지 않는다.

---

7 テストの 時、もし わからない ことばが あれば、じしょを（　　）かまいません。

1 使っても　　2 使っては　　3 使えば　　4 使わなければ

정답 **1** 시험 때 만약 모르는 말이 있으면 사전을 사용해도 괜찮습니다.

단어 テスト 테스트, 시험 | わかる 알다 | 言葉 말, 언어 | 辞書 사전 | かまわない 상관없다, 괜찮다 | 使う 쓰다, 사용하다

해설 「～てもかまわない ～해도 좋다, ～해도 상관없다」라는 문형을 알면 쉽게 풀 수 있는 문제이다. 2번, 4번과 연결되는 문형인 「～てはいけない ～해서는 안 된다」, 「～なければならない ～하지 않으면 안 된다, ～해야만 한다」도 시험에 자주 출제되므로 함께 기억해 두자.

---

8 鈴木「中村さん、来週の 田中さんの 結婚パーティーに 何を 着て 行きますか。」
中村「私は 黒い スーツを（　　）。」

1 着て おきました　　2 着たがって います
3 着る つもりです　　4 着る ところです

정답 **3** **스즈키** 나카무라 씨, 다음 주 다나카 씨 결혼 파티에 뭐 입고 갈 거예요?
나카무라 저는 검은 정장을 입을 생각이에요.

단어 来週 다음 주 | 結婚 결혼 | パーティー 파티 | 着る 입다 | 黒い 검다 | スーツ 슈트, 정장, 양복 | ～ておく ～해 두다 | ～たがる ～하고 싶어 하다 | ～つもりだ ～할 생각이다, ～할 작정이다 | ～ところだ ～하려고 하는 참이다

해설 다음 주 일에 대한 계획을 이야기하고 있으므로 일정이나 계획, 예정을 나타내는 문형인 「～つもりだ ～할 작정이다, ～할 생각이다」를 사용한 3번이 정답이다. 선택지 2번 「동사 ます형 + たがる ～하고 싶어 하다」와 4번 「동사 기본형 + ところだ 막 ～하려는 참이다」도 함께 기억해 두자. 특히 「～ところだ」는 앞에 오는 동사의 활용형에 따라 의미가 달라진다. 동사 진행형과 함께 쓰이면 '～하고 있는 중이다', 동사 과거형과 함께 쓰이면 '막 ～했다'라는 의미가 되니 접속 형태를 잘 정리해 두자.

9 父が 外国の おみやげに 買ってきた ペンは（　　）手が つかれる。

1 書けなくて　　2 書きすぎて　　3 書きやすくて　　4 書きにくくて

정답 **4** 아버지가 외국에서 선물로 사 오신 펜은 쓰기 어려워서 손이 피곤해진다.

단어 父 아빠, 아버지 | 外国 외국 | お土産 선물, 기념품 | 買う 사다 | ペン 펜 | 手 손 | 疲れる 지치다, 피로해지다 | 書く 쓰다, 적다 | ～すぎる 너무 ～하다 | ～やすい ～하기 쉽다 | ～にくい ～하기 어렵다

해설 괄호 뒤의 내용이 '손이 피곤해진다'라는 부정적인 내용으로 이어지고 있으므로, '～하기 어렵다'라는 의미의 문형「ます형＋にくい」를 사용한 4번이 정답이다. 이와 반대되는 의미인 3번의「ます형＋やすい ～하기 쉽다」도 함께 기억해 두자.

もんだい 2 문장 만들기

실전문제 정답 및 해설

정답

실전문제 ① 1 3 (2→4→3→1) 2 3 (4→2→3→1) 3 2 (3→4→2→1) 4 4 (3→2→4→1)
5 2 (4→2→1→3) 6 3 (2→4→3→1) 7 1 (4→2→1→3) 8 3 (1→4→3→2)

실전문제 ② 1 2 (4→2→3→1) 2 4 (1→2→4→3) 3 4 (3→1→4→2) 4 3 (2→4→3→1)
5 4 (3→2→4→1) 6 1 (2→4→1→3) 7 3 (4→2→3→1) 8 4 (1→3→4→2)

실전문제 ①

もんだい 2 ___★___ 에 들어갈 단어는 어느 것입니까? 1・2・3・4에서 가장 적당한 것을 하나 고르세요. 문제편 176p

1 肉(にく)を ___ ___ ★ ___ ほうが からだに いいですよ。

1 食(た)べた　2 食(た)べる　3 野菜(やさい)を　4 より

정답 **3** (2→4→3→1) 고기를 먹는 것보다 채소를 먹는 편이 몸에 좋아요.

단어 肉(にく) 고기 | 体(からだ) 몸, 신체 | 野菜(やさい) 채소, 야채

해설 밑줄 바로 뒤의「～ほうがいい」는 '～하는 편이 더 좋다'라는 의미로 동사 た형과 접속하는 문형이다. 따라서 가장 마지막 밑줄에는 1번이 와야 한다. 첫 번째 밑줄 앞이나 선택지 3번은 조사「～を」로 끝나는데,「を」와「より」는 함께 쓰지 않으므로 '먹기보다(2→4)'의 순서가 되어야 한다. 나머지 선택지인 3번을 넣고 문맥에 맞게 나열하면 '고기를 먹는 것보다 채소를 먹는(2→4→3→1) 편이'가 된다. 정답은 3번이다.

---

2 弟(おとうと)は 冷蔵庫(れいぞうこ)に ___ ___ ★ ___ しまいました。

1 食(た)べて　2 アイスクリームを　3 ほとんど　4 あった

정답 **3** (4→2→3→1) 남동생은 냉장고에 있던 아이스크림을 거의 다 먹어 버렸습니다.

단어 弟(おとうと) 남동생 | 冷蔵庫(れいぞうこ) 냉장고 | アイスクリーム 아이스크림 | ほとんど 거의, 대부분

해설 마지막 밑줄 바로 뒤의「～しまう」는 동사 て형과 접속하여 '～해 버리다'로 쓰이는 문형이므로 1번이 마지막 밑줄에 위치한다. 의미상 첫 번째 밑줄에는 4번이 들어가서「あったアイスクリームを (냉장고에) 있던 아이스크림을(4→2)」가 되어야 하며, 부사인 3번「ほとんど」는 술어인「食(た)べて(1)」를 강조하여 4→2→3→1의 순서가 되는 것이 자연스럽다.

3 ゆうびんきょくは 学校を 出て ＿＿ ＿＿ ＿★＿ ＿＿ に 見えます。

1 右側　　2 行くと　　3 左の　　4 道を

정답 **2** (3→4→2→1) 우체국은 학교를 나와 왼쪽 길로 가면 오른쪽에 보일 겁니다.

단어 郵便局 우체국 | 出る 나가(오)다 | 見える 보이다 | 右側 오른쪽, 오른편 | 左 왼쪽 | 道 길

해설 밑줄 뒤로 장소나 방향을 나타내는 조사 「～に ～에, ～으로」가 있으므로 마지막 밑줄에는 1번이 들어가야 한다. 길을 안내하는 말을 할 때는 일반적으로 「～に行く ～로 가다」나 「～を行く ～를 가다」라는 표현을 많이 사용한다. 따라서 「道を行くと 길을 가면(4→2)」의 순서로 한 묶음이 되어야 하며, 3번의 「の」는 명사 수식형이므로 3번이 4번 앞으로 와야 한다. 올바른 순서는 3→4→2→1이다.

---

4 3時には 帰る ＿＿ ＿＿ ＿★＿ ＿＿ 時は 電話します。

1 なる　　2 ですが　　3 つもり　　4 おそく

정답 **4** (3→2→4→1) 3시에는 돌아올 생각입니다만 늦어질 경우에는 전화하겠습니다.

단어 ～つもり ～할 생각, ～할 작정 | 遅い 늦다

해설 '～할 생각이다, ～할 작정이다'라는 뜻의 문형 「～つもりだ」는 동사 기본형과 접속하며 문맥상 맨 앞 밑줄에 들어가 '돌아올 생각이다(3→2)'가 되는 것이 자연스럽다. 또한 「い형용사의 어간 + くなる」는 '～해지다'라는 뜻의 문형이므로 4→1의 순서로 한 묶음이 된다. 전체 선택지를 의미에 맞게 나열하면 '돌아갈 생각입니다만 늦어질(3→2→4→1) 경우'가 된다.

---

5 田中さんが にゅういんした 私の かわり ＿＿ ＿★＿ ＿＿ ＿＿ ので おれいを 言った。

1 して　　2 仕事を　　3 くれた　　4 に

정답 **2** (4→2→1→3) 다나카 씨가 입원한 내 대신 일을 해 주었기 때문에 감사 인사를 했다.

단어 入院 입원 | お礼を言う 감사 인사를 하다 | 仕事 일, 업무 | 代わり 대신

해설 「명사 + の代わりに」는 '～대신에'라는 의미의 문형이므로 4번이 맨 처음 밑줄에 들어가야 한다. 타인이 나에게 '～해 주다'라고 할 때에는 문형 「동사 て형 + くれる」를 사용하므로 1→3의 순서로 한 묶음이 되며 목적격 조사가 있는 2번 「仕事を 일을」이 1의 앞에 들어가는 것이 문맥상 자연스럽다. 전체를 의미가 맞게 나열하면 '내 대신 일을 해 주었기(4→2→1→3) 때문에'가 된다.

---

6 まだ 5時 前でしたが ＿＿ ＿＿ ＿★＿ ＿＿ つけました。

1 電気を　　2 部屋が　　3 から　　4 暗い

정답 **3** (2→4→3→1) 아직 5시 전이지만 방이 어두워서 불을 켰습니다.

단어 まだ 아직 | 前 전, 이전 | 電気をつける (전깃)불을 켜다 | 暗い 어둡다

해설 우선 '전깃불을 켜다'는 「電気をつける」라는 숙어 표현이므로 1번이 맨 마지막 밑줄에 들어간다. 밑줄 앞부분을 해석해 보면 '아직 5시가 되기 전'이라는 내용이며 선택지 4번에 「暗い 어둡다」가 있으므로 '5시가 되기 전인데도 방이 어둡다(2→4)'라는 문맥임을 알 수 있다. 3번 「から」는 이유나 원인을 나타내는 조사이므로 '어둡기 때문에(4→3)'라는 흐름이 가장 자연스럽다. 전체를 순서대로 나열하면 2→4→3→1이 된다.

7 来週 山田さんに ＿＿＿ ＿＿＿ ＿★＿ ＿＿＿ ことは ありますか。

1 何か　　2 予定ですが　　3 伝える　　4 会う

정답 **1** (4→2→1→3) 다음 주에 야마다 씨를 만날 예정입니다만 뭔가 전하실 것이 있습니까?

단어 来週 다음 주 | 予定 예정 | 伝える 전하다, 전달하다 | 会う 만나다

해설 문형으로 연결되는 곳이 눈에 띄지 않으며, 선택지에 동사가 두 개 있으므로 선택지만으로 말이 되는 문장을 만들어 보자. 밑줄 앞에 만나야 하는 대상이 나오고 있으므로 '만날 예정(4→2)'의 순서로 연결하고, 만날 사람에게 '무언가 전달할(1→3) 것'으로 연결해야 자연스럽다. 올바른 순서는 4→2→1→3이다.

---

8 A「さっき ＿＿＿ ＿＿＿ ＿★＿ ＿＿＿ 知りませんか。」

B「机には 何も ありませんでしたが…。」

1 あの　　2 車の 本を　　3 おいて あった　　4 机の 上に

정답 **3** (1→4→3→2) A 아까 저 책상 위에 놓여 있던 자동차 책 못 봤어요?

B 책상에는 아무것도 없었는데요….

단어 さっき 아까, 조금 전 | 知る 알다 | 机 책상 | 車 차, 자동차 | 本 책 | 置く 두다, 놓다 | 上 위

해설 「置いてある」는 '놓여 있다'라는 뜻이므로 앞에는 장소를 나타내는 조사 「～に」가 와야 한다. 따라서 4→3은 한 묶음이다. 「～を知りませんか/～を知らない? ～를 몰라요?(못 봤어요?)/～를 몰라?(못 봐어?)」는 찾고 있는 대상의 행방을 물을 때 사용하는 표현이다. 따라서 2번이 맨 마지막 밑줄에 위치한다. 나머지 선택지인 1번을 넣어 의미가 맞게 나열하면 '저 책상 위에 올려 둔 자동차 책을(1→4→3→2)'이 된다.

실전문제 ②

もんだい2 ＿★＿ 에 들어갈 단어는 어느 것입니까? 1・2・3・4에서 가장 적당한 것을 하나 고르세요. 문제편 177p

1 さいふを ＿＿＿ ＿★＿ ＿＿＿ ＿＿＿ して ください。

1 わすれない ように　　2 入れる　　3 のを　　4 かばんに

정답 **2** (4→2→3→1) 지갑을 가방에 넣는 것을 잊지 말도록 하세요.

단어 財布 지갑 | 忘れる 잊다, 잃어버리다 | 入れる 넣다 | かばん 가방

해설 선택지 3번 「～のを ～것을」의 「の」는 동사 뒤에 붙어 '～하는 것'이라는 의미를 나타내므로 '넣는 것을(2→3)'의 순서로 한 묶음이 된다. 또한 '넣는 곳'인 가방이 앞에 와야 하므로 4→2→3의 순서가 된다. 「～ようにする」는 '～하도록 하다'라는 문형으로 '넣는 것을 잊지 말도록 주의하라'라는 문맥이 되어야 하므로 1번이 맨 마지막 밑줄에 위치한다. 올바른 순서는 4→2→3→1이다.

---

2 先生は 忙し ＿＿＿ ＿＿＿ ＿★＿ ＿＿＿ 出て 行きました。

1 そうに　　2 教室の　　3 開けた まま　　4 ドアを

정답 **4** (1→2→4→3) 선생님은 바쁜 듯이 교실 문을 열어둔 채로 나가셨습니다.

단어 忙(いそが)しい 바쁘다 | 出(で)る 나가(오)다 | 教室(きょうしつ) 교실 | 開(あ)ける 열다 | ドア 도어, 문

해설 추측 표현인「～そうだ ～인 것 같다」는 동사 ます형이나 い/な형용사 어간에 접속한다. 따라서 1번이 맨 처음 밑줄에 들어간다. 2번의「の」는 명사의 연결형이므로 '교실 문을(2→4)'으로 한 묶음이 되며 문맥상 '선생님이 문을 열고 나가다'라는 내용의 문장이므로 3번이 맨 마지막에 위치하는 것이 자연스럽다. 전체 선택지를 의미에 맞게 나열하면 '바쁜 듯이 교실 문을 열어둔 채로(1→2→4→3)'가 된다.

---

3 A「食事(しょくじ)を してから 行(い)きますか。」

B「しゅっぱつまで ＿＿ ＿＿ ★ ＿＿ 食事(しょくじ)するのは 無理(むり)です。」

1 しか　2 これから　3 30分(ぷん)　4 ないから

정답 4 (3→1→4→2) A 식사를 하고 나서 갈까요?

B 출발까지 30분밖에 없어서 지금부터 식사를 하는 것은 무리예요.

단어 食事(しょくじ) 식사 | 出発(しゅっぱつ) 출발 | 無理(むり)だ 무리이다

해설 우선「～しか」는 부정형과 함께 쓰여 '～밖에'라는 의미를 나타내는 조사이므로 '～밖에 없기 때문에(1→4)'로 연결할 수 있다. 또한 대화 내용을 볼 때 '출발까지 시간이 별로 없다'라는 문맥이 되어야 하므로 3→1→4의 순서로 연결되는 것이 가장 자연스럽다. 나머지 선택지를 넣고 문맥에 맞게 연결하면 3→1→4→2의 순서가 된다.

---

4 太郎(たろう)さんは 夏休(なつやす)みに ＿＿ ＿＿ ★ ＿＿ 遊(あそ)びに 行(い)くらしいです。

1 家(いえ)に　2 ハワイに　3 お兄(にい)さんの　4 いる

정답 3 (2→4→3→1) 다로 씨는 여름 방학 때 하와이에 있는 형님의 집에 놀러 간다고 합니다.

단어 夏休(なつやす)み 여름 방학, 여름휴가 | 遊(あそ)ぶ 놀다 | ハワイ 하와이 | お兄(にい)さん 형, 오빠

해설 눈에 띄는 문형이 없으며 선택지에 조사가 많으므로 조사의 뜻과 의미 관계를 생각하며 나열하는 것이 중요하다. 선택지만으로 문장을 만들었을 때 가장 자연스러운 것은 '하와이에 있는 형님의 집에(2→4→3→1)'의 순서이다.

---

5 私(わたし)が ＿＿ ＿＿ ★ ＿＿ パスワードは、正(ただ)しく ありませんでした。

1 いた　2 と　3 合(あ)って いる　4 思(おも)って

정답 4 (3→2→4→1) 내가 맞다고 생각하고 있던 비밀번호는 맞지 않았습니다.

단어 パスワード 패스워드, 비밀번호 | 正(ただ)しい 맞다, 올바르다 | 合(あ)う 맞다, 일치하다 | 思(おも)う 생각하다

해설 '내가 맞다고 생각한 비밀번호가 잘못 되어 있었다'라는 문맥이다. 2번의「～と」는 '～라는, ～라고'라는 의미의 조사로 의미상「合(あ)っていると 맞다고(3→1)」의 순서로 한 묶음이 되어야 하며, 나머지 선택지는 과거 진행형「思(おも)っていた 생각하고 있었던(4→1)」으로 밑줄 뒤의 명사와 연결되어야 매끄러운 문장이 된다.전체 선택지를 나열하면 '맞다고 생각하고 있던(3→2→4→1)'의 순서가 된다.

---

6 授業(じゅぎょう)の ＿＿ ＿＿ ★ ＿＿ しました。

1 する　2 後(あと)　3 ことに　4 アルバイトを

정답 1 (2→4→1→3) 수업 후에 아르바이트를 하기로 했습니다.

단어 授業(じゅぎょう) 수업 | アルバイト 아르바이트

해설 「~ことにする」는 '~하기로 하다'라는 문형으로 동사 기본형에 접속하는 문형이다. 따라서 1→3의 순서로 밑줄 뒷부분에 위치해야 한다. 문장 앞이 명사 연결 용법의 「の」로 끝나고 있으며 의미상 '수업 후'가 되는 것이 자연스러우므로 2번이 맨 처음 밑줄에 들어간다. 전체 선택지를 의미가 맞게 나열하면 2→4→1→3의 순서가 된다.

---

7 食事(しょくじ)を ＿＿＿ ＿＿＿ ＿★＿ ＿＿＿ しゅうかんです。

1 のは　　2 から　　3 歯(は)を みがく　　4 して

정답 **3** (4→2→3→1) 식사를 하고 나서 양치를 하는 것은 습관입니다.

단어 食事(しょくじ) 식사 | 習慣(しゅうかん) 습관 | 歯(は)を磨(みが)く 이를 닦다, 양치하다

해설 「동사 て형 + から」는 '~하고 나서'라는 의미이므로 4→2의 순서로 「食事(しょくじ)をしてから 식사를 하고 나서」가 되는 것이 흐름상 자연스럽다. 1번의 「の」는 동사 뒤에 붙어 '~하는 것'이라는 의미를 나타내므로 3번 뒤에 위치해 '양치하는 것은(3→1)'의 순서가 된다. 올바른 순서는 4→2→3→1이다.

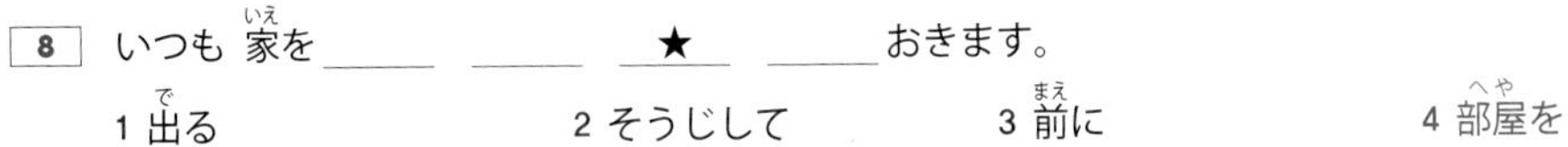

8 いつも 家(いえ)を ＿＿＿ ＿＿＿ ＿★＿ ＿＿＿ おきます。

1 出(で)る　　2 そうじして　　3 前(まえ)に　　4 部屋(へや)を

정답 **4** (1→3→4→2) 항상 집을 나오기 전에 방 청소를 해 둡니다.

단어 いつも 늘, 항상 | 出(で)る 나가(오)다 | 掃除(そうじ) 청소

해설 '~(하기) 전에'라는 의미의 「~前(まえ)に」는 동사 기본형과 '명사 の'에 접속하는 문형이므로 1→3의 순서로 한 묶음이다. 선택지 2번의 '청소를 하는' 대상은 4번이므로 4→2의 순서로 한 묶음이 된다. 두 부분을 전체 의미에 맞게 나열하면 '나오기 전에 방을 청소해(1→3→4→2) 둔다'가 되는 것이 자연스럽다.

もんだい 3 글의 문법

실전문제 정답 및 해설

정답

실전문제 ① [1] 1 [2] 4 [3] 2 [4] 3
실전문제 ② [1] 2 [2] 4 [3] 2 [4] 3

실전문제 ①

もんだい 3 [1] 부터 [4] 에 무엇을 넣습니까? 글의 의미를 생각해서 1・2・3・4에서 가장 적당한 것을 하나 고르세요.

문제편178p

아래 글은 '공원'에 대한 작문입니다.

집에서 걸어서 10분 정도의 장소에 큰 공원이 있습니다. 공원에는 연못이 있어서, 작은 물고기가 가득 헤엄치고 있습니다. 날씨가 좋은 휴일에는 그 연못 옆에 앉아서 그림을 그리는 사람도 있습니다. 그 가까이에서는 아이가 개와 놀고 있는 경우도 있습니다.

[1] 하지만 비오는 날은 별로 사람이 없습니다. 나는 비를 좋아해서 비오는 날에도 자주 공원에 갑니다. 조용한 공원에서 우산을 [2] 쓰고 천천히 걷고 있으면 풀이나 나무 사이를 바람이 통과해 가는 것을 잘 알 수 있습니다. 바람 소리는 들리지 않아도 풀 사이에 길이 생기기 때문입니다. 늘 건물 안에서 앉아 있기 [3] 만 하니까 이런 작은 일이 매우 진귀하게 느껴집니다. 그래서 나는 이 공원을 매우 좋아합니다. 이번 일요일에도 도시락을 가지고 [4] 놀러 갈 생각입니다.

단어 公園 공원 | ～について ～에 대해서 | 作文 작문 | 歩く 걷다 | ～ぐらい ～정도, 쯤 | ところ 곳, 장소 | 大きな 큰 | 池 연못 | 小さい 작다 | 魚 물고기, 생선 | たくさん 많이, 가득, 잔뜩 | 泳ぐ 수영하다, 헤엄치다 | 天気 날씨 | 休みの日 휴일, 쉬는 날 | そば 옆, 곁 | 座る 앉다 | 絵をかく 그림을 그리다 | 近く 주변, 근처, 가까이 | 犬 개 | 遊ぶ 놀다 | 雨の日 비 오는 날 | あまり 별로, 그다지 | 好きだ 좋아하다 | 静かだ 조용하다 | かさを差す 우산을 쓰다 | ゆっくり 천천히 | 草 풀 | 木 나무 | 間 사이 | 風 바람 | 通る 통과하다, 지나가다 | わかる 알다 | 音 소리 | 聞こえる 들리다 | 道 길 | できる 할 수 있다, 생기다 | いつも 늘, 항상 | 建物 건물 | めずらしい 드물다, 진귀하다, 희귀하다 | 感じる 느끼다 | 大好きだ 매우 좋아하다 | 今度 이번, 다음번 | お弁当 도시락 | 持つ 들다, 잡다 | ～つもり ～할 작정, ～할 생각

[1] 1 でも　2 では　3 それで　4 それから

정답 1

해설 첫 번째 단락에서 날씨가 좋은 휴일의 공원에는 그림을 그리는 사람이나 강아지와 노는 아이 등 사람이 많다는 이야기를 한 후, 두 번째 단락에서는 비가 오면 공원에 사람이 별로 없다고 하고 있다. 따라서 [1]에는 역접 접속사인 1번「でも 하지만」가 들어가야 한다.

---

[2] 1 差したながら　2 差さながら　3 差すながら　4 差しながら

정답 4

해설 비 오는 날 '우산을 쓰고 천천히 걸으면 바람을 느낄 수 있다'라는 문맥이다. '우산을 쓰다'는「かさを差す」이며 선택지 모두 '~하면서, ~하고'라는 의미의 문형「~ながら」가 들어가 있다.「~ながら」는 동사의 ます형과 접속하므로 정답은 4번이다.

---

[3] 1 だけ　2 ばかり　3 まま　4 ぐらい

정답 2

해설 '평상시에는 늘 건물 안에 앉아 있기만 한다'라는 문맥이므로 문형「동사 て형 + ばかりいる ~하기만 하다」를 사용하여「座ってばかりいる 앉아 있기만 하다」가 되어야 한다. 다른 선택지의 조사는 동사 て형에 접속하지 않는다는 것도 기억해 두자.

---

[4] 1 遊びます　2 遊びました　3 遊びに 行く　4 遊びに 来る

정답 3

해설 선택지 모두「遊ぶ 놀다」를 활용한 것으로 [4]에는 3번「遊びに行く 놀러 가다」가 들어가 '도시락을 가지고 놀러 갈 생각이다'가 되어야 자연스러운 흐름이 된다. 목적을 나타내는 문형「ます형 + に行く/来る ~하러 가다/오다」는 필수 문형이므로 잘 기억해 두자.

실전문제 ②

もんだい 3 [1] 부터 [4] 에 무엇을 넣습니까? 글의 의미를 생각해서 1・2・3・4에서 가장 적당한 것을 하나 고르세요.

문제편 180p

아래 글은 유학생의 작문입니다.

나는 지난주 일요일에 친구인 크리스텔 씨와 쇼핑하러 갔습니다. 신발을 사고 싶었기 때문에 신발 매장에 갔습니다만, 좋아하는 색의 신발은 사이즈가 없었습니다. 신발을 [1] 사지는 못했지만 옷 매장에서 티셔츠를 샀습니다. 크리스텔 씨는 책 매장에서 만화책을 샀습니다.

피곤해졌기 [2] 때문에 가게에서 버블 밀크티를 마셨습니다. 밀크티를 마시면서 일본어 학교를 졸업하면 어떻게 할지 이야기했습니다. 크리스텔 씨는 일본 회사에서 일하고 싶다고 말했습니다. 나는 일본 대학에서 공부해서 본국으로 돌아가 일본어 선생님이 될 생각입니다.

그러고나서 여름 방학에 갈 여행에 대해 이야기했습니다. 크리스텔 씨와 둘이서 오키나와에 [3] 가려고 생각하고 있습니다. 나는 지금까지 오키나와에 간 적이 없기 때문에 매우 [4] 기대됩니다. 쇼핑을 하거나 많이 이야기하거나 해서 즐거운 일요일이었습니다.

단어 留学生 유학생 | 作文 작문 | 先週 지난주 | 買い物 쇼핑, 장보기 | くつ 신발, 구두 | 買う 사다 | 売り場 파는 곳, 매장 | 好きだ 좋아하다 | 色 색, 색깔 | サイズ 사이즈, 크기 | 洋服 양복, 옷 | Tシャツ 티셔츠 | 本 책 | マンガ 만화 | 疲れる 피로해지다, 지치다 | 店 가게 | タピオカミルクティー 버블 밀크티 | 卒業 졸업 | 会社 회사 | 働く 일하다, 근무하다 | 大学 대학, 대학교 | 勉強 공부 | 国 나라, 국가, 본국 | ～つもり ～할 작정, ～할 생각 | 夏休み 여름 방학, 여름휴가 | 旅行 여행 | ～について ～에 대해서 | 楽しい 즐겁다

1 1 買えました　　2 買う ことは できませんでした
3 買った ことが ありました　　4 買って おきました

정답 2

해설 1 앞부분을 보면 '좋아하는 색의 구두는 사이즈가 없었습니다'라는 내용이 있다. 즉, 필자는 신발은 사지 못했음을 알 수 있으므로 1 에는 2번 「買うことができませんでした 사지 못했습니다, 살 수 없었습니다」가 들어가야 한다.

---

2 1 とき　　2 まで　　3 のに　　4 ので

정답 4

해설 첫 번째 단락에서 말한 쇼핑이 '원인'이 되어 '피곤해졌기 때문에 버블 밀크티를 마시러 갔다'라는 문맥이다. 따라서 2 에는 원인·이유를 나타내는 조사 「～ので ～때문에」가 들어가는 것이 적절하다. 정답은 4번이다.

---

3 1 行かなくても かまいません　　2 行こうと 思って います
3 行く ように 言って います　　4 行って いる ところです

정답 2

해설 3 앞 문장을 보면 '여름 방학 때에 갈 여행'이라고 했으므로 여행 계획에 대해 이야기하고 있음을 알 수 있다. 따라서 미래의 의지를 나타내는 문형인 「동사 의지형(よ·お)+うと思う ～하려고 생각하다」를 활용한 2번 '가려고 생각하고 있습니다'가 정답이다.

---

4 1 楽しい　　2 楽しく　　3 楽しみ　　4 楽しかった

정답 3

해설 「楽しみ」는 '즐거움, 취미, 낙'라는 의미로 미래의 일에 대해 '기대된다'라고 할 때 사용하는 명사이다. 일상 회화에서도 많이 사용하는 단어이므로 잘 기억해 두자. 정답은 3번이다.

MEMO

Part 3

JLPT N4

Part 3

독해

もんだい 4 내용 이해(단문)

연습문제 정답 및 해설

정답

연습문제 1 3 2 4 3 1

연습문제

もんだい4 다음 (1)부터 (3)의 글을 읽고 질문에 답하세요. 답은 1・2・3・4에서 가장 적당한 것을 하나 고르세요.

(1) 다음은 다나카 씨가 존 씨에게 보낸 메일입니다. 문제편 185p

존 씨에게

이번 토요일에 렌 씨의 생일 파티를 합니다만 렌 씨가 아르바이트가 있기 때문에 5시가 아닌 7시부터로 하고 싶다고 합니다. 다음 날은 일요일이니 늦어져도 되겠지요? 다른 사람에게는 제가 이야기했습니다.

그럼 토요일에 만나요.

다나카

단어 次(つぎ) 다음 | 送(おく)る 보내다, 발송하다 | メール 메일 | 今度(こんど) 이번, 다음번 | 誕生日(たんじょうび) 생일 | パーティー 파티 | アルバイト 아르바이트 | 次(つぎ)の日(ひ) 다음 날 | 遅(おそ)い 늦다, 느리다 | 他(ほか)の人(ひと) 다른 사람, 타인 | 話(はな)す 말하다, 이야기하다 | 会(あ)う 만나다

1 다나카 씨가 존 씨에게 가장 말하고 싶은 것은 무엇입니까?

1 토요일에 렌 씨의 생일 파티를 하는 것
2 렌 씨가 아르바이트를 하는 것
3 파티 시간이 바뀐 것
4 다른 사람에게도 이야기했다는 것

정답 **3**

해설 선택지의 내용 모두 본문과 일치하는 내용이므로 글을 쓴 이유를 찾아야 한다. 다나카 씨는 생일 파티의 주인공인 렌 씨가 당일에 아르바이트가 있어서 시간을 늦추고 싶다고 한다며 양해를 구하고 있다. 따라서 정답은 3번이다.

(2) 다음은 시의 공지입니다.

문제편 186p

운동회 공지

4월 3일(일요일) 10시부터 운동회를 실시합니다. 장소는 시의 운동장입니다.

9시에 비가 오고 있으면 장소는 운동장 옆의 체육관이 되며, 시간은 30분 늦게 10시 반부터 시작됩니다. 나가고 싶은 사람은 일주일 전까지 연락해 주십시오.

단어 市(し) 시(행정 구역) | お知(し)らせ 공지, 안내 | 運動会(うんどうかい) 운동회 | 行(おこな)う 행하다, 시행하다, 실시하다 | 場所(ばしょ) 장소 | グラウンド 그라운드, 운동장 | 横(よこ) 옆 | 体育館(たいいくかん) 체육관 | 遅(おく)れる 늦다, 늦어지다 | 始(はじ)まる 시작되다 | ～までに ～까지(기한) | 連絡(れんらく) 연락 | 天気(てんき) 날씨 | 関係(かんけい) 관계 | 変(か)わる 바뀌다, 변하다

2 바른 것은 어느 것입니까?

1 비가 올 때는 운동회는 없습니다.

2 운동회는 날씨와 관계없이 체육관에서 실시됩니다.

3 운동회는 날씨와 관계없이 10시부터 시작됩니다.

4 비가 올 때는 운동회의 장소와 시작하는 시간이 바뀝니다.

정답 **4**

해설 전체 내용과 일치하는 것을 골라야 한다. 운동회 당일 9시에 비가 오고 있으면 원래 장소가 아닌 운동장 옆의 체육관에서 30분 늦게 시작한다고 하고 있으므로 정답은 이를 간략하게 표현한 4번이다.

---

(3) 스미카 씨 집의 문에 이 메모와 책이 들어 있는 종이 봉투가 걸려 있습니다.

문제편 187p

스미카 씨

집에 없는 것 같아 책을 놔 둡니다. 이건 지난주 학급에서 선생님이 소개해 주신 책입니다. 오늘 레니 씨와 사러 갔었습니다. 하지만 저는 지금 다음 주 주말의 이사 준비로 바쁘고, 레니 씨도 이번 주에는 읽지 못한다고 합니다. 스미카 씨가 먼저 읽고 레니 씨에게 건네주세요.

타우이

단어 ドア 문 | メモ 메모 | 入(はい)る 들어가(오)다, 포함되다, 넣어지다 | 紙(かみ)ぶくろ 종이 봉투 | かける 걸다, 걸치다 | 置(お)く 놓다, 두다 | 先週(せんしゅう) 지난주 | クラス 클래스, 반 | 紹介(しょうかい) 소개 | 来週末(らいしゅうまつ) 다음 주 주말 | 引(ひ)っ越(こ)し 이사 | 準備(じゅんび) 준비 | 忙(いそが)しい 바쁘다 | 先(さき)に 먼저, 우선 | 渡(わた)す 건네다 | 返(かえ)す 돌려주다, 되돌리다 | 貸(か)す 빌려주다 |

3 스미카 씨는 어떻게 합니까?

1 책을 읽고 레니 씨에게 돌려줍니다.

2 책을 읽고 타우이 씨에게 돌려줍니다.

3 책을 읽고 레니 씨에게 빌려줍니다.

4 책을 읽고 타우이 씨에게 빌려줍니다.

정답 **1**

해설 종이 봉투에 들어 있는 것은 타우이 씨와 레니 씨가 함께 산 책으로, 메모를 쓴 타우이 씨는 스미카 씨에게 '먼저 책을 읽고 레니 씨에게 건네주세요'라고 하고 있다. 즉, 스미카 씨는 두 사람이 빌려준 책을 읽은 후 레니 씨에게 돌려주어야 한다. 따라서 정답은 1번이다.

もんだい 5 내용 이해(중문)

연습문제 정답 및 해설

정답

연습문제　**1** 2　**2** 3　**3** 1

연습문제

もんだい5　다음 글을 읽고 질문에 답하세요. 답은 1・2・3・4에서 가장 적당한 것을 하나 고르세요.　문제편 189p

우리 학교에는 외국인 선생님이 있습니다. 1학년과 2학년에게 영어를 가르치고 있습니다. 수업에서는 회화나 문법 외에 때때로 노래도 가르쳐 줍니다. 그다지 새로운 노래는 아닙니다만, 선생님이 학생이었을 무렵에 인기가 있던 노래를 기타를 치면서 부르기 때문에 굉장히 즐겁습니다.

선생님은 수업 외에 영어 클럽도 만들어서 수업 중에는 할 수 없는 것을 우리들과 함께 합니다. 예를 들면 영어로 뉴스를 방송하는 것입니다. 처음에 일본어로 만든 뉴스 글을 영어로 하고, 그것을 목소리를 내서 읽습니다. 능숙하게 읽을 수 있게 되고 나서 이번에는 진짜 학교 방송실에 가서 점심시간에 '영어 뉴스'를 방송합니다. 클럽 학생이 한 명씩, 일주일에 한 번은 반드시 방송할 수 있어서 굉장히 공부가 됩니다. 나도 언젠가 진짜 텔레비전이나 라디오에서 영어 뉴스를 방송하고 싶다고 생각합니다.

단어　外国人(がいこくじん) 외국인 | 英語(えいご) 영어 | 教(おし)える 가르치다 | 授業(じゅぎょう) 수업 | 会話(かいわ) 회화 | 文法(ぶんぽう) 문법 | 時々(ときどき) 가끔, 때때로 | 歌(うた) 노래 | あまり 그다지, 별로 | 新(あたら)しい 새롭다 | ころ 때, 쯤, 무렵 | 人気(にんき) 인기 | ギターを弾(ひ)く 기타를 치다, 기타를 연주하다 | とても 굉장히, 매우 | 楽(たの)しい 즐겁다, 신나다 | クラブ 클럽, 동아리, 동호회 | 作(つく)る 만들다 | 一緒(いっしょ)に 함께, 같이 | たとえば 예를 들면, 예컨대 | ニュース 뉴스 | 放送(ほうそう) 방송 | はじめに 처음에 | 文(ぶん) 글 | 声(こえ)に出(だ)す 목소리를 내다 | 上手(じょうず)だ 능숙하다, 잘하다 | 今度(こんど) 이번, 다음번 | 本当(ほんとう)に 정말, 진짜로 | 放送室(ほうそうしつ) 방송실 | 昼休(ひるやす)み 점심시간, 점심 휴식 | ～ずつ ～씩 | 必(かなら)ず 반드시, 꼭 | 勉強(べんきょう) 공부 | いつか 언젠가 | 本当(ほんとう)の 진짜인, 진품인 | テレビ 텔레비전 | ラジオ 라디오 | 思(おも)う 생각하다 | 作(つく)りかた 만드는 방법 | しかた 하는 방법 | どうやって 어떻게 해서 | 練習(れんしゅう) 연습 | 覚(おぼ)える 기억하다, 암기하다

1　외국인 선생님은 수업에서 무엇을 가르치고 있습니까?

1 영어와 기타
2 영어와 영어 노래
3 영어와 뉴스를 만드는 방법
4 텔레비전과 라디오의 방송 방법

정답 **2**

해설 첫 번째 단락에서 필자는 외국인 선생님이 학교에서 영어를 가르치고 있으며, 수업에서는 회화나 문법 이외에도 영어 노래를 가르쳐 준다고 하고 있다. 따라서 정답은 2번이다. 기타는 선생님이 치는 것이므로 1번은 오답이며 3번은 수업 외 클럽 활동에서 배우는 것이고, 4번은 가르치는 것으로 언급된 내용이 아니므로 오답이다.

2 어째서 <u>굉장히 즐겁</u>습니까?

1 회화나 문법 공부가 되기 때문에

2 새롭고 인기가 있는 노래이기 때문에

3 기타를 치면서 노래하기 때문에

4 텔레비전이나 라디오에서도 들을 수 있기 때문에

정답 **3**

해설 필자는 수업에서 영어 노래를 배우는 것에 대해 '새로운 노래는 아니지만 선생님이 기타를 치며 노래하기 때문에 굉장히 즐겁습니다'라고 하고 있다. 따라서 정답은 3번이다. 밑줄 문제는 밑줄 앞뒤의 내용을 보며 정답을 찾는 것이 좋다.

3 영어로 뉴스를 방송하는 것은 어떻게 합니까?

1 일본어 뉴스를 영어로 고치고 읽는 연습을 한 후에 방송한다.

2 방송실에서 영어 발음을 연습한 후 방송한다.

3 영어 뉴스를 암기한 후 방송실에서 방송한다.

4 수업에서 능숙하게 읽을 수 있을 때까지 연습한 후 방송실에서 방송한다.

정답 **1**

해설 두 번째 단락에서 '처음에 일본어로 만든 뉴스 글을 영어로 하고, 그것을 목소리를 내서 읽습니다. 능숙하게 읽을 수 있게 되고 나서 이번에는 진짜 학교 방송실에 가서 점심시간에 영어 뉴스를 방송합니다'라고 언급하고 있다. '뉴스 글을 영어로 하다'를 '뉴스를 영어로 고치다(直(なお)す)'로 바꿔 표현한 1번이 정답이다. 중문에서는 이처럼 같은 말을 지문에서와 다르게 표현한 선택지를 제시하는 경우가 많으므로 평소 학습할 때 유의 표현도 주의 깊게 봐야 한다.

もんだい 6 정보 검색

연습문제 정답 및 해설

정답

연습문제 [1] 1 [2] 3

연습문제

もんだい6 오른쪽 페이지의 공지를 보고 아래의 질문에 답하세요. 답은 1・2・3・4에서 가장 적당한 것을 하나 고르세요.

문제편 192p

[1] 다나카 씨는 6살과 8살인 아이를 데리고 버스를 탔습니다. 지하철에서 내리고 바로 버스가 왔습니다. 버스에서는 얼마 지불합니까?

1 200엔
2 300엔
3 400엔
4 500엔

정답 **1**

해설 바뀐 요금 설명에 의하면 초등학생까지는 무료이므로 아이들의 버스 요금은 무료이다. 따라서 지불해야 하는 것은 다나카 씨의 몫뿐인데, 중학생 이상의 요금은 400엔이고, 지하철에서 버스로 30분 이내에 환승한 것이므로 50% 할인된 총 200엔을 지불해야 한다.

[2] 올해 3월에 고등학교를 졸업한 마쓰다 씨는 4월부터 20일간만 아르바이트를 합니다. 아르바이트를 하는 가게에는 버스로 다닐 생각이지만, 되도록 저렴하게 하고 싶습니다. 요금은 얼마가 듭니까?

1 8,000엔
2 12,000엔
3 14,000엔
4 16,000엔

정답 **3**

해설 우선 20일동안 왕복 요금을 계산해 보면, 문제에서 환승을 한다는 언급은 없으므로 전체 비용은 400엔×20×2=16,000이다. 하지만 1개월간 자유롭게 이용이 가능한 프리패스의 경우 18세 이상은 14,000원이므로 더 저렴한 것은 프리패스이다. 따라서 정답은 3번이다.

버스 요금이 바뀝니다!!

◉ 올해 4월 1일부터 버스 요금이 새로워집니다.◉

시내는 동일 요금 300엔 (중학생 이상), 초등학생까지 100엔

➡ 동일 요금 400엔 (중학생 이상), 초등학생까지 무료

※ 지하철에서 내려서 30분 이내에 환승했을 때는 버스 요금이 50% 저렴해집니다

1개월간 매일, 몇 번이든 탈 수 있는 **프리패스**도 있습니다.

18세 이상 14,000엔 (중학생 · 고등학생은 8,000엔)

※ 학생은 학생증을 보여 주세요

단어 バス 버스 | 料金(りょうきん) 요금 | 変(か)わる 바뀌다, 변하다 | 今年(ことし) 올해 | 新(あたら)しい 새롭다 | 市内(しない) 시내 | 同一(どういつ) 동일 | 中学生(ちゅうがくせい) 중학생 | 以上(いじょう) 이상 | 小学生(しょうがくせい) 초등학생 | 無料(むりょう) 무료 | 地下鉄(ちかてつ) 지하철 | 降(お)りる 내리다 | 以内(いない) 이내 | 乗(の)り換(か)える 환승하다, 갈아타다 | 安(やす)い 싸다, 저렴하다 | 何回(なんかい) 몇 번, 몇 회 | フリーパス 프리패스(일정 금액 내에서 자유롭게 사용할 수 있는 표) | 学生証(がくせいしょう) 학생증 | 見(み)せる 보이다, 남에게 보도록 하다, 나타내다

もんだい 4 내용 이해(단문)

실전문제 정답 및 해설

정답

실전문제 1 4 2 4 3 3

실전문제

もんだい4 다음 (1)부터 (3)의 글을 읽고 질문에 답하세요. 답은 1・2・3・4에서 가장 적당한 것을 하나 고르세요.

(1) 이것은 아르바이트 가게의 점장인 나카무라 씨로부터 돔 씨에게 도착한 메일입니다. 문제편 196p

돔 씨에게

나카무라입니다. 내일모레 일요일 말인데요, 일하러 올 수 있나요? 야마다 군이 못 오게 되어서 사람이 부족해졌습니다. 9:00～17:00로 부탁합니다. 되도록 빨리 대답을 주세요.

나카무라

단어 アルバイト 아르바이트 | 店(みせ) 가게 | 店長(てんちょう) 점장 | 届(とど)く 도착하다, 도달하다, 닿다 | メール 메일 | あさって 내일모레 | 仕事(しごと) 일, 업무 | 足(た)りない 부족하다, 모자라다 | できるだけ 되도록, 가능한 한 | 早(はや)く 빨리 | 返事(へんじ) 대답, 답변

1 돔 씨는 나카무라 씨에게 무엇을 알려야 합니까?

1 아르바이트를 할 수 있는 시간
2 아르바이트를 할 수 있는 사람 소개
3 야마다 군이 오지 않는 이유
4 돔 씨의 일요일 사정

정답 **4**

해설 원래 일요일에 일하기로 한 야마다 군이 오지 못하게 되어서 대신 일해 주었으면 한다는 취지의 메일이다. 마지막 부분에서 점장은 '되도록 빨리 대답을 주세요'라고 하고 있으며 대답을 해야 하는 내용은 '제시한 시간에 일을 할 수 있는지'이다. 따라서 정답은 4번이다. 「都合(つごう) 사정, 형편」은 자신이 처한 상황을 설명할 때 쓰는 단어이다.

(2) 문제편 197p

최근에는 유모차 같은 차에 실려 산책하고 있는 개나 옷을 입고 산책하고 있는 개를 자주 봅니다. 개와 함께 묵을 수 있는 호텔도 늘고 있다고 합니다. 어제 전철을 타고 있을 때, 유모차를 밀며 타고 온 사람이 있었습니다. 사람 아기라고 생각했는데, 검은 털을 한 개여서 깜짝 놀랐습니다.

단어 最近(さいきん) 최근, 요즘 | ベビーカー 베이비카, 유모차 | 車(くるま) 차, 자동차 | 散歩(さんぽ) 산책 | 犬(いぬ) 개 | 服(ふく) 옷 | 着(き)る 입다 | 一緒(いっしょ)に 함께, 같이 | 泊(と)まる 묵다, 숙박하다 | ホテル 호텔 | 増(ふ)える 늘어나다, 증가하다 | 押(お)す 밀다 | 人間(にんげん) 인간, 사람 | 赤(あか)ちゃん 아기 | 思(おも)う 생각하다 | 黒(くろ)い 검다 | 毛(け) 털 | びっくりする 깜짝 놀라다 | 洋服(ようふく) 옷 | 連(つ)れる 데리고 가(오)다, 동행하다, 동반하다

2 깜짝 놀란 것은 어째서입니까?

1 개가 유모차를 밀어서 산책을 하고 있기 때문에

2 개가 옷을 입고 있기 때문에

3 개를 데리고 호텔에 묵는 사람이 있기 때문에

4 개가 유모차를 타고 있었기 때문에

정답 **4**

해설 필자는 최근에 많이 보게 되는 반려동물(개)에 대해 먼저 이야기한 후, 「びっくりしました 깜짝 놀랐습니다」의 바로 앞 문장에서 '사람 아기라고 생각했는데, 검은 털을 한 개여서'라고 놀란 이유를 설명하고 있다. 정답은 4번이다.

---

(3) 문제편 198p

'헬로 워크'를 알고 있습니까?

국가가 일할 수 있는 회사 등을 소개해 주는 곳입니다. 일을 찾을 때 인터넷으로 취업 사이트를 보는 사람도 많습니다만, 회사가 정보를 보내고 사람을 찾는 것도 무료이기 때문에 작은 회사여도 여기에서는 많이 소개하고 있습니다. 상담할 수 있는 사람이 만나서 이야기를 들어 주는 것도 안심이 됩니다. 회사도 일하고 싶은 사람도 'Hello'라고 웃으면서 만날 수 있는 곳입니다.

단어 知(し)る 알다 | 国(くに) 나라, 국가, 본국 | 働(はたら)く 일하다 | 会社(かいしゃ) 회사 | 紹介(しょうかい) 소개 | 仕事(しごと) 일, 업무 | 探(さが)す 찾다, 탐색하다 | インターネット 인터넷 | サイト 사이트 | 多(おお)い 많다 | 情報(じょうほう) 정보 | 送(おく)る 보내다, 발송하다 | 無料(むりょう) 무료 | 相談(そうだん) 상담, 상의 | 合(あ)う 맞다, 부합하다 | 安心(あんしん)だ 안심이다 | 笑(わら)う 웃다

3 헬로 워크에 가는 것은 어떤 사람입니까?

1 인터넷 일을 하고 있는 사람

2 만나고 싶은 사람을 찾고 있는 사람

3 회사 등에서 일하고 싶은 사람

4 이야기를 잘 들어 주는 사람

정답 **3**

해설 헬로 워크에 대해 필자는 '국가가 일할 수 있는 회사 등을 소개해 주는 곳'라며 글 서두에서 밝힌 후 헬로 워크에서 하는 일이나 장점 등에 대해 부연 설명하고 있다. 따라서 정답은 3번이다.

もんだい 5 내용 이해(중문)

실전문제 정답 및 해설

정답

실전문제 1 3 2 4 3 2

실전문제

もんだい 5 다음 글을 읽고 질문에 답하세요. 답은 1・2・3・4에서 가장 적당한 것을 하나 고르세요. 문제편 200p

나는 작년에 일본에서 한국으로 돌아왔습니다. 일본에는 1년 살았습니다만, 내년에 다시 일본에 가려고 생각하고 있습니다. 그건 부모님이나 친구에게 일본에 대해 질문받았을 때, 대답할 수 없어서 난처했던 일이 자주 있기 때문입니다. 그리고 일본에 있었는데도 모르는 것이 많이 있다는 것을 ①깨달았습니다.

일본에 유학 갔을 때는 공부가 바빠서 자유로운 시간이 별로 없었습니다. 그래서 친구와 놀러 가는 것도, 아르바이트도 하지 못했습니다. 또 나는 학교가 마련해 준 아파트에 살고 있었습니다. 거기에 살고 있던 것은 한국에서 온 유학생뿐이었기 때문에 자신의 나라에 있는 것과 같아서 일본어로 말하는 것이나 일본 습관을 신경쓸 일도 별로 없었습니다.

이번에는 일본인의 생활 습관을 알기 위해서 일본인의 집에 묵을 생각입니다. 그리고 교토나 나라에 가서 일본 역사나 문화를 배우고 싶다고 생각하고 있습니다. 일본에 대해 잘 알기 위해서는 많은 일본인과 다양한 이야기를 하는 것이 가장 중요합니다. 그래서 나는 일본에 가기 전에 좀 더 ②회화 연습을 할 생각입니다.

단어 去年(きょねん) 작년 | 韓国(かんこく) 한국 | 戻る(もどる) 돌아가(오)다 | 住む(すむ) 살다, 거주하다 | 来年(らいねん) 내년 | また 또, 다시 | 思う(おもう) 생각하다 | 両親(りょうしん) 양친, 부모님 | 答える(こたえる) 대답하다, 답변하다 | 困る(こまる) 곤란하다, 난처하다 | 気がつく(きがつく) 깨닫다, 알아차리다 | 留学(りゅうがく) 유학 | 勉強(べんきょう) 공부 | 忙しい(いそがしい) 바쁘다 | 自由だ(じゆうだ) 자유롭다 | あまり 별로, 그다지 | 遊ぶ(あそぶ) 놀다 | アルバイト 아르바이트 | 用意(ようい) 준비, 대비 | アパート 아파트 | ～ばかり ～뿐 | 自分(じぶん) 자기, 자신 | 国(くに) 나라, 국가, 본국 | 同じだ(おなじだ) 같다, 동일하다 | 話す(はなす) 말하다, 이야기하다 | 習慣(しゅうかん) 습관 | 気にする(きにする) 신경 쓰다 | 今度(こんど) 이번, 다음번 | 生活習慣(せいかつしゅうかん) 생활 습관 | 泊める(とめる) 묵게 하다, 숙박시키다 | ～つもり ～할 생각, ～할 작정 | 歴史(れきし) 역사 | 文化(ぶんか) 문화 | 学ぶ(まなぶ) 배우다 | たくさんの 많은 | いろいろな 여러 가지의, 다양한 | 話(はなし) 이야기 | 一番(いちばん) 가장, 제일 | 大事だ(だいじだ) 중요하다, 소중하다 | もっと 더, 더욱 | 練習(れんしゅう) 연습 | 質問(しつもん) 질문 | 上手だ(じょうずだ) 잘하다, 능숙하다 | 旅行(りょこう) 여행 | 一緒に(いっしょに) 함께

1 무엇을 ①깨달았습니까?

1 부모님이나 친구가 일본에 대해 자주 질문하는 것
2 부모님이나 친구가 일본에 대해 잘 알고 있는 것
3 자신이 일본에 대해 그다지 알지 못하는 것
4 자신이 다시 일본에 가고 싶다고 생각하고 있는 것

정답 **3**

해설 첫 번째 단락에서 필자는 일본에서 돌아왔지만 내년에 다시 일본에 가려고 한다고 한 후, 밑줄 바로 앞에서 '일본에 있었는데도 모르는 것이 많이 있다'는 사실을 깨달았다고 하고 있다. 따라서 정답은 3번이다.

2 어째서 다시 일본에 가려고 생각했습니까?

1 좀 더 회화 공부를 하고 싶다고 생각했기 때문에
2 친구와 놀거나 아르바이트를 하거나 하고 싶기 때문에
3 일본인의 집에 묵고 싶기 때문에
4 생활 습관이나 역사나 문화를 배우고 싶기 때문에

정답 **4**

해설 두 번째 단락을 보면 필자는 유학 갔을 때 시간이 없어서 놀러 가거나 아르바이트도 하지 못했으며, 한국 유학생만 있는 아파트에서 생활해서 일본인의 생활 습관을 신경 쓴 적이 없었다고 하고 있다. 이러한 이유로 일본에 다시 가면 일본인의 생활 습관을 알기 위해 일본인의 집에서 묵고, 역사와 문화를 배우고 싶다고 했다. 따라서 정답은 4번이다.

3 ②회화 연습을 하는 것은 어째서입니까?

1 유학 가기 위해 일본어가 능숙해지고 싶기 때문에
2 일본에 대해 알기 위해 일본인과 이야기하고 싶기 때문에
3 일본의 다양한 곳으로 여행하러 가고 싶기 때문에
4 일본인과 함께 살지 않으면 안 되기 때문에

정답 **2**

해설 밑줄 바로 앞부분을 보면 '일본에 대해 잘 알기 위해서는 많은 일본인과 다양한 이야기를 하는 것이 가장 중요하다'라고 하고 있다. 따라서 정답은 2번이다. 밑줄이 있는 문장이 인과 관계를 나타내는 「だから 그래서」로 시작하고 있으므로 밑줄 바로 앞 내용을 살펴보면 답을 쉽게 찾을 수 있다.

もんだい 6 정보 검색

실전문제 정답 및 해설

정답

실전문제 1 4 2 3

실전문제

もんだい 6 오른쪽 페이지의 '봄 소풍 안내'를 보고 아래의 질문에 답하세요. 답은 1・2・3・4에서 가장 적당한 것을 하나 고르세요.

문제편 202p

1 어른 한 명, 초등학교 3학년 아이 한 명인 가족이 갑니다. 자유 시간에 말을 타고 싶다고 아이가 말하고 있습니다. 얼마가 듭니까?

1 3,500엔
2 4,000엔
3 4,500엔
4 5,000엔

정답 **4**

해설 봄 소풍에는 버스비, 동물원 입장료, 점심 식사비를 기본으로 지불해야 하며, 자유 시간에 하는 것은 별도 요금이 붙는다. 버스비는 어른이 1,000엔, 아이가 500엔이며 입장료는 어른은 500엔 아이는 무료이다. 식대는 어른과 아이가 동일하게 1,000엔이므로 기본 비용의 총합은 4,000엔이다. 또한 자유 시간에 아이가 말을 타고 싶다고 했으므로 추가로 별도 요금이 1,000엔 필요하다. 따라서 필요한 총 금액은 4,000엔 + 1,000엔 = 5,000엔이다.

2 갈 수 없게 되었을 때는 언제까지 연락하면 돈이 들지 않습니까?

1 3월 30일
2 3월 31일
3 4월 13일
4 4월 14일

정답 **3**

해설 안내문 맨 마지막의 ＊항목을 보면 '갈 수 없게 되었을 때는 바로 연락해 주세요. 이틀 전까지라면 돈은 들지 않습니다'라고 되어 있다. 출발일은 4월 15일이므로 비용이 들지 않도록 연락해야 하는 기한은 3번 4월 13일이다.

봄 소풍 안내

◆ **일시: 4월 15일**
- 시청 앞에 9시에 모여 주세요.
- 버스를 타고 갑니다.
- 비가 와도 갑니다.

◆ **행선지: 동물원**
- 진귀한 동물이 많이 있는 유명한 동물원입니다.

◆ **비용**

버스비 (왕복 요금)	어른	1명 1,000엔
	아이(12세 이하)	1명 500엔
동물원 입장료 (안에 들어가기 위해 필요한 돈)	어른	1명 500엔
	아이(12세 이하)	무료

◆ **점심 식사** 1명 1,000엔(어른도 아이도 동일합니다)
- 점심을 먹은 후 3시까지 자유 시간입니다.

◎ 자유 시간에 할 수 있는 것 ◎

1 새에게 먹이를 준다. 1회 300엔
2 동물에게 먹이를 준다. 1회 500엔
3 작은 동물과 논다. 1회 500엔
4 말을 탄다. 1회 1,000엔 (어른은 탈 수 없습니다)
5 동물원 안을 산책한다. (돈이 들지 않습니다)

* 가고 싶은 사람은 3월 31일 저녁 5시까지 연락해 주세요.
* 갈 수 없게 되었을 때는 바로 연락해 주세요. 이틀 전까지라면 돈은 들지 않습니다.

◆ **연락처**
- TEL 0120-00-1111
- 담당 야마모토
- 접수 시간 10시~17시

단어 大人(おとな) 어른 | 小学校(しょうがっこう) 초등학교 | ~年生(ねんせい) ~학년 | 家族(かぞく) 가족 | 自由時間(じゆうじかん) 자유 시간 | 馬(うま) 말 | いくら 얼마 | かかる (비용이) 들다, (시간이) 걸리다 | いつまでに 언제까지(기한) | 連絡(れんらく) 연락 | お金(かね) 돈 | 春(はる) 봄 | 遠足(えんそく) 소풍 | お知(し)らせ 공지, 안내 | 日時(にちじ) 일시 | 市役所(しやくしょ) 시청 | 集(あつ)まる 모이다 | 行(ゆ)き先(さき) 행선지, 목적지 | 動物園(どうぶつえん) 동물원 | 珍(めずら)しい 드물다, 희귀하다, 진귀하다 | 動物(どうぶつ) 동물 | 有名(ゆうめい)だ 유명하다 | 費用(ひよう) 비용 | バス代(だい) 버스비, 버스값 | 往復(おうふく) 왕복 | 料金(りょうきん) 요금 | 以下(いか) 이하 | 入園料(にゅうえんりょう) 입장료 | 入(はい)る 들어가(오)다 | 無料(むりょう) 무료 | お昼(ひる)ごはん 점심밥 | 同(おな)じだ 같다, 동일하다 | 鳥(とり) 새 | エサ 먹이, 모이 | やる 주다(손아랫사람·동물·식물) | 小(ちい)さい 작다 | 遊(あそ)ぶ 놀다 | 散歩(さんぽ) 산책 | 夕方(ゆうがた) 저녁때, 해질녘 | 連絡(れんらく) 연락 | 連絡先(れんらくさき) 연락처 | 担当(たんとう) 담당 | 受付(うけつけ) 접수, 접수처

Part 4

JLPT N4

Part 4

청해

もんだい 1 과제 이해

연습문제 정답 및 해설

정답

연습문제	1	2	3	4	5	6	7	8
	3	4	1	2	3	1	3	2

연습문제

もんだい 1　문제 1에서는 먼저 질문을 들으세요. 그리고 이야기를 듣고 문제지의 1에서 4 중에서 가장 적당한 것을 하나 고르세요.

1　15　문제편 218p

女の人と男の人が話しています。男の人が書いたメモはどれですか。

女　あ、木村さん、メモありがとう。K社の中井さんから電話があったの？
男　はい、明日のミーティングの件でした。
女　ええっと…、ミーティングの時間を3時に変えたいということね。でも3時にはお客さんが来ることになってるし。
男　最初の予定は11時でしたよね。
女　うん。1時までなら何とかなるんだけど。もう一度電話して聞いてみよう。電話があったのは何時ごろ？
男　えっと、確か…。あ、メモに書いてありませんか。
女　あ、これね。10時って書いてある。ありがとう。

男の人が書いたメモはどれですか。

여자와 남자가 이야기하고 있습니다. 남자가 쓴 메모는 어느 것입니까?

여　아, 기무라 씨, 메모 고마워. K사의 나카이 씨로부터 전화가 있었어?
남　네, 내일 미팅 건이었습니다.
여　어디 보자…, 미팅 시간을 3시로 바꾸고 싶다는 거네. 하지만 3시에는 손님이 오기로 되어 있고.
남　처음 예정은 11시였었죠?
여　응. 1시까지라면 어떻게든 되겠지만. 다시 한번 전화해서 물어보자. 전화가 온 건 몇 시쯤이야?
남　그게, 분명히…. 아, 메모에 써 있지 않나요?
여　아, 이거구나. 10시라고 써 있어. 고마워.

남자가 쓴 메모는 어느 것입니까?

1	2	3	4
10시 K사 나카이 씨로부터 미팅 시간을 10시로 해 주세요.	11시 K사 나카이 씨로부터 미팅 시간을 11시로 해 주세요.	10시 K사 나카이 씨로부터 미팅 시간을 3시로 해 주세요.	11시 K사 나카이 씨로부터 미팅 시간을 3시로 해 주세요.

정답 **3**

단어 メモ 메모 | ミーテイング 미팅, 회의 | 件 건 | 時間 시간 | 変える 바꾸다, 변경하다 | お客さん 손님 | 最初 최초, 처음 | 予定 예정 | 何とか 어떻게, 어떻게든 | もう一度 다시 한번 | 何時ごろ 몇 시쯤 | 確か 확실히

해설 전체 대화를 정리한 메모를 찾아야 한다. 전화를 한 사람은 K사의 나카이 씨이며 용건은 미팅 시간을 3시로 바꾸고 싶다는 내용이다. 또한 대화 마지막 부분에서 여자가 전화가 온 시간을 묻자 남자가 메모에 써 있다고 대답했고, 그 시간은 10시라고 하고 있다. 따라서 정답은 3번이다.

---

2 16

문제편 219p

女の人と男の人が話しています。男の人はどれを買いますか。

女 いらっしゃいませ。

男 あの、パーティー用のネクタイがほしいんですが。

女 こちらの青いラインのはいかがですか。今人気ですよ。

男 青、いいですね。でもこの花の方がいいです。

女 ああ、お客様によくお似合いです。それでしたら、こちらのシャツとよく合いますよ。

男 いいですね。白いシャツはどのネクタイにも合いますから。じゃ、これもください。

女 ありがとうございます。

男の人はどれを買いますか。

여자와 남자가 이야기하고 있습니다. 남자는 어느 것을 삽니까?

여 어서오세요.

남 저, 파티용 넥타이가 필요합니다만.

여 이쪽의 파란 줄이 있는 건 어떠세요? 지금 인기가 있어요.

남 파란색, 좋네요. 하지만 이 꽃(무늬) 쪽이 좋아요.

여 아, 손님께 잘 어울립니다. 그거라면 이쪽의 셔츠와 잘 맞습니다.

남 좋네요. 하얀 셔츠는 어떤 넥타이에도 맞으니까요. 그럼 이것도 주세요.

여 고맙습니다.

남자는 어느 것을 삽니까?

1

2

3
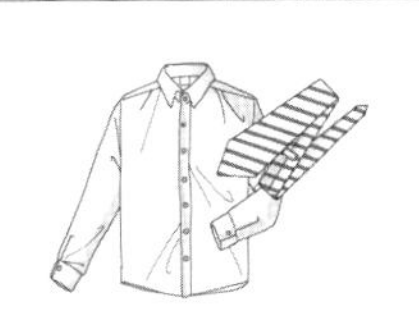
4
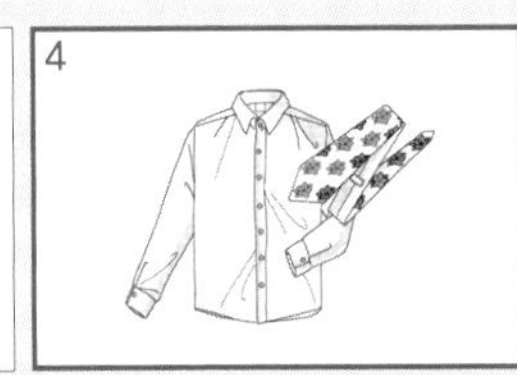

정답 **4**

단어 買う 사다 | いらっしゃいませ 어서오세요 | パーティー 파티 | ～用 ～용 | ネクタイ 넥타이 | ほしい 갖고 싶다, 원하다, 필요하다 | 青い 파랗다 | ライン 라인, 줄무늬 | いかがですか 어떠십니까(「どうですか」의 정중한 표현) | 人気 인기 | 花 꽃 | お客様 손님 | お似合いだ 잘 어울리다 | シャツ 셔츠 | 合う 맞다 | 白い 하얗다

해설 넥타이를 사고 싶다는 남자의 말에 여자는 두 번째 대사에서 파란 줄무늬 넥타이를 권하지만 남자가 꽃무늬 쪽이 좋다고 한다. 그 후 여자가 셔츠를 권했고, 남자는 '하얀 셔츠는 어떤 넥타이에도 맞으니까요(白いシャツはどのネクタイにも合いますから)'라고 하며 셔츠도 구입하겠다고 한다. 따라서 정답은 4번이다.

---

3 17 문제편 219p

お母さんと子どもが話しています。子どもは何時の電車に乗るつもりですか。

女 そんなに急いで、どうしたの？

男 友だちと映画を見に行くんだけど、10時の電車に乗らなきゃ。

女 今日は日曜日よ。10時ちょうどの電車はないでしょ。

男 あ、そうだった。えっと、10時は…。

女 20分までないわよ。その前は10時5分前。

男 20分のだと映画に間に合わないよ。お母さん、お願い。

女 も一、仕方がないわね。駅まで送ってあげるから、早く車に乗りなさい。

子どもは何時の電車に乗るつもりですか。

1 9時 55分
2 10時
3 10時 5分
4 10時 20分

어머니와 아이가 이야기하고 있습니다. 아이는 몇 시 전철을 탈 생각입니까?

여 그렇게 서두르다니, 무슨 일이야?

남 친구하고 영화 보러 갈 건데, 10시 전철을 타야 해.

여 오늘은 일요일이야. 10시 정각 전철은 없잖아.

남 아, 그랬지. 음, 10시는….

여 20분까지 없어. 그 전은 10시 5분 전.

남 20분 거면 영화 시간에 늦을 거야. 엄마 부탁해요.

여 하여튼, 어쩔수 없네. 역까지 데려다 줄 테니까 빨리 차에 타렴.

아이는 몇 시 전철을 탈 생각입니까?

1 9시 55분
2 10시
3 10시 5분
4 10시 20분

정답 1

단어 何時 몇 시 | 電車 전철 | ～つもり ～할 생각, 할 작정 | 急ぐ 서두르다 | 友だち 친구 | 映画 영화 | ちょうど 정확히, 마침, 딱 | 間に合う 제시간에 맞추다 | 仕方がない 어쩔 수 없다 | 駅 역 | 送る 배웅하다, 데려다주다, 보내다 | 早く 빨리 | 車 차, 자동차

해설 아이가 탈 전철 시간을 골라야 한다. 아이는 처음에 10시 전철을 타려 했지만 엄마가 오늘은 일요일이어서 10시 전철이 없으며, 일요일 전철 시간은 10시 20분과 10시 5분 전(9시 55분)임을 알려 준다. 10시 20분 전철을 타면 영화 시간에 늦는다고 했으므로 아이가 타려고 하는 것은 9시 55분 전철이다. 따라서 정답은 1번이다.

4 18

男の人と女の人が話しています。小さいかばんに入れるものはどれですか。

男 旅行の準備、もうできた？

女 うん。あとはこの小さいかばんに入れるものだけ。財布、ケータイと…。

男 このガイドブックとハンカチは持って行かないの？

女 あ、ガイドブックも入れなきゃ。ハンカチは服のポケットに入れるから。

男 パスポートは？

女 あ、それ忘れてた！ 大変。飛行機に乗れなくなるわ！

小さいかばんに入れるものはどれですか。

1 アイ
2 アエ
3 イエ
4 ウエ

남자와 여자가 이야기하고 있습니다. 작은 가방에 넣을 것은 어느 것입니까?

남 여행 준비 다 됐어?

여 응. 나머지는 이 작은 가방에 넣을 것뿐이야. 지갑, 휴대폰하고….

남 이 가이드북과 손수건은 안 가지고 가는 거야?

여 아, 가이드북도 넣어야지. 손수건은 옷 주머니에 넣을 거라서.

남 여권은?

여 아, 그거 잊고 있었네! 큰일이야. 비행기 못 타게 되겠어!

작은 가방에 넣을 것은 어느 것입니까?

1 아 이
2 아 에
3 이 에
4 우 에

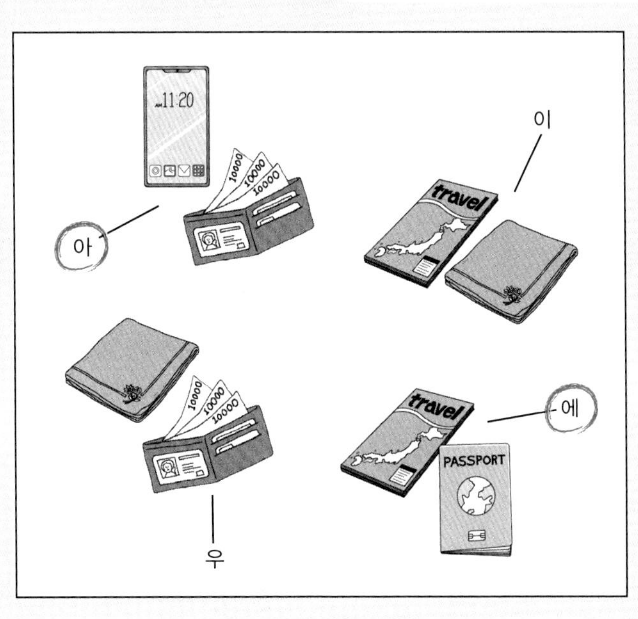

정답 2

단어 小さい 작다 | かばん 가방 | 入れる 넣다 | 旅行 여행 | 準備 준비 | できる 할 수 있다, 다 되다, 생기다 | 財布 지갑 | ケータイ 휴대폰 | ガイドブック 가이드북 | ハンカチ 손수건 | 持って行く 가지고 가다 | 服 옷 | ポケット 포켓, 주머니 | パスポート 패스포트, 여권 | 忘れる 잊다 | 大変だ 큰일이다 | 飛行機 비행기

해설 전체 그림에서 작은 가방에 넣을 물건만을 골라야 한다. 남자가 가이드북과 손수건은 가지고 가지 않는지 묻자 여자는 손수건은 옷 주머니에 넣을 거라고 대답하므로 イ와 ウ는 답에서 제외된다. 따라서 정답은 2번이다. 여러 종류가 모여 있는 그림 문제의 경우 이 문제처럼 구획지어 제시되는 경우가 많으니 대화를 들으면서 그림에 하나씩 체크하는 것이 좋다.

---

5 19 문제편 221p

女の人と男の人が話しています。男の人は最初に何をしますか。

女 あ、佐藤くん。今からコーヒー飲みに行くんだけど、一緒に行かない？

男 ごめん、今は時間ないよ。

女 え、なんか急いでる？ どうしたの？

男 午後から授業なんだけど、授業に使う資料を忘れちゃって…。資料室に行ってコピーしなきゃ。

女 午後の授業って社会学でしょ。社会学は今日休みになったって、西川さんが言ってたよ。

男 え、本当？ じゃあ、僕も一緒に行こうかな。

女 あ、でも聞いた話だから、確認した方がいいよ。

男 わかった。じゃあ、学校のホームページで確認してみる。

男の人は最初に何をしますか。

여자와 남자가 이야기하고 있습니다. 남자는 맨 처음에 무엇을 합니까?

여 아, 사토 군. 지금부터 커피 마시러 갈 건데, 같이 안 갈래?

남 미안, 지금은 시간이 없어.

여 아, 뭔가 급한 일이 있어? 무슨 일이야?

남 오후부터 수업인데 수업에 쓸 자료를 잊어버려서…. 자료실에 가서 복사해야 돼.

여 오후 수업이라면 사회학이지? 사회학은 오늘 휴강이 되었다고 니시카와 씨가 말하던데.

남 앗, 정말? 그럼 나도 같이 갈까?

여 아, 하지만 (나도) 들은 이야기니까 확인하는 편이 좋을 거야.

남 알았어. 그럼 학교 홈페이지에서 확인해 볼게.

남자는 맨 처음에 무엇을 합니까?

정답 3

단어 最初 최초, 맨 처음 | コーヒー 커피 | 一緒に 함께, 같이 | ごめん 미안(해) | 時間 시간 | 急ぐ 서두르다 | 授業 수업 | 使う 쓰다, 사용하다 | 資料 자료 | 忘れる 잊다 | コピー 복사 | 社会学 사회학 | 休み 휴일, 휴식, 휴가 | 本当 정말, 진짜 | 確認 확인 | ホームページ 홈페이지

해설 남자가 가장 먼저 해야 할 일을 고르는 문제이다. 남자는 지금부터 수업에 쓸 자료를 복사하러 가야 한다고 한다. 이에 여자가 그 수업은 휴강이 되었다는 이야기를 들었다고 하자 남자는 여자와 함께 커피를 마시러 가려 한다. 하지만 여자가 휴강에 대해 확인해 보라고 하고 남자도 이에 동의하며 홈페이지를 보겠다고 대답한다. 따라서 정답은 홈페이지에서 휴강 여부를 조사하는 3번이다.

6 🎧20 문제편 221p

女の学生と男の学生が話しています。女の学生は結婚式にどんな服を着て行きますか。

女 ねえ、結婚式があるんだけど、この前パーティーで着たスーツでいいかな？

男 女の人の服はよくわからないけど…。誰の結婚式？

女 大学の先生の娘さん。

男 だったら、着物やドレスはどう？

女 それはちょっと…。あ、白いワンピースとかはどうかな？

男 でも、結婚式で白い服は着ない方がいいって聞いたことがあるよ。

女 そうなの？ じゃ、やっぱり前に着たものにしよう。

女の学生は結婚式にどんな服を着て行きますか。

여학생과 남학생이 이야기하고 있습니다. 여학생은 결혼식에 어떤 옷을 입고 갑니까?

여 있잖아, 결혼식이 있는데, 요전 파티에서 입었던 정장이면 될까?

남 여자 옷은 잘 모르는데…. 누구 결혼식?

여 대학 교수님의 따님이야.

남 그럼 기모노나 드레스는 어때?

여 그건 좀…. 아, 하얀 원피스 같은 건 어떨까?

남 하지만 결혼식에서 하얀 옷은 입지 않는 편이 좋다는 이야기를 들은 적이 있어.

여 그래? 그럼 역시 전에 입었던 걸로 해야겠네.

여학생은 결혼식에 어떤 옷을 입고 갑니까?

1 

2 

3 

4 

정답 1

단어 結婚式 결혼식 | 服 옷 | 着る 입다 | パーティー 파티 | スーツ 슈트, 정장 | 誰 누구 | 大学 대학 | 娘さん 따님 | だったら 그렇다면 | 着物 기모노(일본 전통 복장) | ドレス 드레스 | 白い 하얗다 | ワンピース 원피스 | やっぱり 역시

해설 여자는 마지막 대사에서 '전에 입었던 것으로 해야겠네(前に着たものにしよう)'라고 했다. 이때 '전에 입었던 것'은 여자의 첫 번째 대사에서 알 수 있다. 맨 처음 대화에서 여자가 '요전 파티에서 입었던 정장(この前パーティーで着たスーツ)'이라고 했으므로 전에 입었던 것은 1번 정장이다. 2번과 4번은 여자가 원치 않는 복장이며 3번 흰색 원피스는 결혼식에 적당하지 않아 입지 않기로 한 복장이다.

7 21

문제편 222p

女の人と男の人が話しています。二人はこれからどこに行きますか。

女 このあとどうする？

男 新しいケータイを見に行きたいな。

女 ええ？ この前新しいの買ったって言わなかった？

男 ああ、あれはパソコン。

女 でもおなかすいたから、先にレストランに行こうよ。

男 そうしようか。駅の前に新しくできたところはどう？

女 うん、そこにしよう。

二人はこれからどこに行きますか。

여자와 남자가 이야기하고 있습니다. 두 사람은 이제부터 어디에 갑니까?

여 이다음에 어떻게 할래?

남 새 휴대폰을 보러 가고 싶어.

여 응? 요전에 새 걸 샀다고 하지 않았어?

남 아, 그건 컴퓨터.

여 하지만 배가 고프니까 먼저 레스토랑에 가자.

남 그럴까? 역 앞에 새로 생긴 곳은 어때?

여 응, 거기로 하자.

두 사람은 이제부터 어디에 갑니까?

정답 3

단어 新しい 새롭다 | ケータイ 휴대폰 | 買う 사다 | パソコン PC, 컴퓨터 | おなか(が)すく 배(가) 고프다 | 先に 먼저, 앞서 | レストラン 레스토랑 | できる 생기다, 할 수 있다, 다 되다

해설 두 사람이 갈 곳을 고르는 문제로, 대화 후반부에서 여자가 '배가 고프니 먼저 레스토랑에 가자'고 하고 이에 남자도 동의하므로 정답은 3번이다. 컴퓨터는 요전에 남자가 산 물건이므로 2번은 답이 될 수 없고 1번 휴대폰 매장은 식사를 한 후에 갈 곳이다. 4번 전철역은 레스토랑의 위치를 설명하기 위해 언급한 장소이다.

---

8 22

문제편 222p

クリーニング店で男の人と店の人が話しています。男の人はいつ服をもらいに来ますか。

男 スーツのクリーニングお願いします。いつ頃できますか。

女 そうですね。今ちょっとこんでいますから、来週の月曜になると思います。

男 ええ！ 日曜日に友だちの結婚式があるから土曜日までにできないと困るんですけど。今日は水曜日だから何とか早くできませんか。

세탁소에서 남자와 가게 사람이 이야기하고 있습니다. 남자는 언제 옷을 받으러 옵니까?

남 정장 세탁 부탁합니다. 언제쯤 될까요?

여 글쎄요. 지금 좀 밀려 있어서 다음 주 월요일이 될 거예요.

남 네? 일요일에 친구 결혼식이 있어서 토요일까지 되지 않으면 곤란한데요. 오늘은 수요일이니까 어떻게 빨리 안 될까요?

女 じゃあ、「特急クリーニング」にしましょうか。少し高くなりますが。

男 それなら結婚式の前の日にはできますか。

女 はい。

男 じゃ、それで。

女 午後はお休みですから午前中に来てくださいね。

男の人はいつ服をもらいに来ますか。

1 水よう日
2 土よう日
3 日よう日
4 月よう日

여 그럼 '특급 클리닝'으로 할까요? 조금 비싸집니다만.

남 그거라면 결혼식 전날에는 될까요?

여 네.

남 그럼 그걸로 (부탁해요).

여 오후는 휴무이니까 오전 중에 와 주세요.

남자는 언제 옷을 받으러 옵니까?

1 수요일
2 토요일
3 일요일
4 월요일

정답 2

단어 クリーニング店 클리닝점, 세탁소 | 店 가게 | 服 옷 | もらう 받다 | スーツ 슈트, 정장 | クリーニング 클리닝, 세탁, 세척 | いつ頃 언제쯤 | できる 다 되다, 할 수 있다, 생기다 | ちょっと 좀, 조금 | 混む 밀리다, 붐비다, (길이) 막히다 | 来週 다음 주 | 思う 생각하다 | 友だち 친구 | 結婚式 결혼식 | 困る 곤란하다, 난처하다 | 何とか 어떻게, 어떻게든 | 早く 빨리 | 特急 특급 | 少し 조금 | 高い 비싸다, 높다 | お休み 휴무, 휴일, 휴식 | 午前中 오전 중

해설 남자는 친구 결혼식이 있는 일요일의 전날, 즉 토요일까지 세탁한 옷을 찾고 싶다고 한다. 이에 여자가 가격이 조금 비싸지지만 특급 클리닝이면 전날까지 가능하다고 대답하고, 남자는 그걸로(특급으로) 맡기겠다고 한다. 따라서 정답은 2번이다.

もんだい 2 포인트 이해

연습문제 정답 및 해설

정답

연습문제 1 4　2 3　3 2　4 4　5 2　6 4　7 1

연습문제

もんだい 2　문제 2에서는 먼저 질문을 들으세요. 그 후 문제지를 보세요. 읽을 시간이 있습니다. 그리고 이야기를 듣고 문제지의 1에서 4 중에서 가장 적당한 것을 하나 고르세요.

1　23　문제편 224p

女の人と男の人が話しています。男の人は昨日、どうしてパーティーに行きませんでしたか。

女　ああ、タクミくん。昨日パーティーに来なかったよね？どうしたの？

男　ああ。準備してくれたのにごめんね。ちょっと…ね。

女　あ、風邪ひいてたもんね。具合悪かったの？

男　ううん、風邪はもう治ったよ。そうじゃなくて…。

女　時間が合わなかった？それとも、もしかして中華料理嫌いだったとか？

男　いや、違うんだ。実は、どうしても見たいテレビがあって…。

女　えっ、なんだ、そうなの？

男の人は昨日、どうしてパーティーに行きませんでしたか。

1 かぜを ひいたから
2 パーティーの 時間が 合わなかったから
3 ちゅうかりょうりが きらいだから
4 見たい テレビが あったから

여자와 남자가 이야기하고 있습니다. 남자는 어제 어째서 파티에 가지 않았습니까?

여　아, 다쿠미 군. 어제 파티에 안 왔지? 무슨 일 있었어?

남　아. 준비해 줬는데 미안해. 좀….

여　아, 감기 걸렸었지. 몸 상태가 안 좋았어?

남　아니, 감기는 이미 나았어. 그게 아니라….

여　시간이 안 맞았어? 아니면 혹시 중화요리를 싫어한다든가?

남　아니, 그게 아니야. 사실은 꼭 보고 싶은 텔레비전 (프로그램)이 있어서….

여　앗, 뭐야, 그런거야?

남자는 어제 어째서 파티에 가지 않았습니까?

1 감기에 걸렸기 때문에
2 파티 시간이 맞지 않았기 때문에
3 중화요리를 싫어하기 때문에
4 보고 싶은 텔레비전이 있었기 때문에

정답 4

단어 パーティー 파티 | 準備 준비 | ごめん 미안(해) | 風邪(を)ひく 감기(에) 걸리다 | 具合 몸 상태, 컨디션 | 悪い 나쁘다 | 治る 낫다 | 時間 시간 | 合う 맞다 | それとも 그렇지 않으면, 혹은 | もしかして 혹시 | 中華料理 중화요리 | 嫌いだ 싫어하다 | 違う 다르다, 틀리다 | 実は 사실은 | どうしても 어떻게든, 무슨 일이 있어도, 꼭 | テレビ 텔레비전

해설 남자가 파티에 가지 않은 이유를 묻고 있다. 대화 마지막의 남자의 대사 '사실은 꼭 보고 싶은 텔레비전이 있어서…(実は、どうしても見たいテレビがあって…)'에서 정답이 4번임을 알 수 있다. 정말로 말하고자 하는 것은 「実は」나 「本当は」처럼 '사실은'이라는 말 뒤에 오는 경우가 많다는 것을 기억해 두자.

---

2 🎧24 문제편 224p

女の人と男の人が話しています。男の人は何が残念だったと言っていますか。

女 この間の旅行、どうだった？

男 楽しかったけど、ちょっと残念だったな。

女 ああ、あの日はお天気が悪かったもんね。

男 いや、景色はよく見えたからそれは問題なかったんだ。

女 じゃあ、旅館の部屋がよくなかったの？

男 いや、きれいなところだったよ。でも、その旅館へ行くまでの道で迷っちゃって。旅館に着いたらもう夜の10時になっちゃって、食事もできなかったよ。

女 え～っ！ じゃあ、あの旅館のごはんが食べられなかったの？ あそこの料理、有名なのに…。

男 そう。まあ、温泉はゆっくり入れたから、それだけは良かったけどね。

男の人は何が残念だったと言っていますか。

1 てんきが わるかった こと
2 りょかんの へやが よく なかった こと
3 りょかんの りょうりが 食べられなかった こと
4 おんせんに 入れなかった こと

여자와 남자가 이야기하고 있습니다. 남자는 무엇이 아쉬웠다고 말하고 있습니까?

여 요전 여행 어땠어?

남 즐거웠지만 조금 아쉬웠어.

여 아, 그 날은 날씨가 나빴지.

남 아니, 경치는 잘 보였으니까 그건 문제 없었어.

여 그럼, 여관방이 좋지 않았어?

남 아니, 깨끗한 곳이었어. 하지만 그 여관에 갈 때까지 길을 헤매 버려서. 여관에 도착했더니 이미 밤 10시가 되어 버려서, 식사도 하지 못했어.

여 뭐? 그럼 그 여관 식사를 먹지 못했단 말이야? 거기 요리 유명한데….

남 그래. 뭐, 온천에는 느긋하게 들어갈 수 있었으니까 그것만은 좋았지만 말야.

남자는 무엇이 아쉬웠다고 말하고 있습니까?

1 날씨가 나빴던 것
2 여관방이 좋지 않았던 것
3 여관 요리를 먹지 못했던 것
4 온천에 들어가지 못했던 것

정답 3

단어 残念だ 아쉽다, 유감이다 | この間 요전, 얼마 전 | 旅行 여행 | 楽しい 즐겁다 | ちょっと 좀, 조금 | 天気 날씨 | 悪い 나쁘다 | 景色 경치 | 見える 보이다 | 問題 문제 | 旅館 여관 | 部屋 방 | きれいだ 깨끗하다, 예쁘다 | 道 길 | 迷う 헤매다, 망설이다 | 着く 도착하다 | もう 이미, 벌써 | 夜 밤 | 食事 식사 | 料理 요리 | 有名だ 유명하다 | 温泉 온천 | ゆっくり 느긋하게, 천천히 | 入る 들어가(오)다

해설 남자는 날씨가 나빴지만 경치는 잘 보였고, 여관방도 깨끗했다 한다. 따라서 1, 2번은 답이 될 수 없다. 또한 대화 마지막에서 온천에 들어갈 수 있어서 좋았다고 하므로 4번 역시 오답이다. 남자가 여행에서 아쉬웠던 점은 여관까지 가는 길을 헤매서 식사를 하지 못한 것이므로 정답은 3번이다.

3 25

문제편 225p

電車で男の人と女の人が話しています。女の人はこの頃本をどのぐらい読んでいますか。女の人です。

男 あれ、こんなところで会うなんて。いつもこの電車？

女 あー、久しぶりね。今日はいつもよりちょっと早い方だよ。

男 そうか。電車の中でも本を読んでるの？すごいね。

女 本当は毎日１さつ読みたいけど、仕事で忙しいからね。３日に１さつがやっとだよ。

男 それでもすごいな。僕なんか１か月に１さつ読むかどうか。この前読んだのが先月のはじめだったから２か月前だよ。

女 みんな忙しいからしょうがないよ。

女の人はこのごろ本をどのぐらい読んでいますか。

1 毎日 １さつ
2 ３日に １さつ
3 １か月に １さつ
4 ２か月に １さつ

전철에서 남자와 여자가 이야기하고 있습니다. 여자는 요즘 책을 어느 정도 읽고 있습니까? 여자입니다.

남 어라, 이런 곳에서 만나다니. 항상 이 전철이야?

여 아, 오랜만이네. 오늘은 평소보다 조금 빠른 편이야.

남 그래? 전철 안에서도 책을 읽고 있는 거야? 굉장하네.

여 사실 매일 한 권 읽고 싶지만, 일이 바빠서 말야. 3일에 한 권이 겨우야.

남 그것도 굉장한 걸. 난 한 달에 한 권 읽을까 말까야. 요전에 읽은 게 지난달 초였으니까 두 달 전이야.

여 다들 바쁘니까 어쩔수 없지.

여자는 요즘 책을 어느 정도 읽고 있습니까?

1 매일 한 권
2 3일에 한 권
3 한 달에 한 권
4 두 달에 한 권

정답 **2**

단어 電車 전철 | この頃 요즘 | 本 책 | 会う 만나다 | 久しぶり 오랜만 | ちょっと 좀, 조금 | 早い 빠르다, 이르다 | すごい 굉장하다 | 本当 정말, 사실, 진짜 | 毎日 매일 | ～さつ ～권 | 仕事 일, 업무 | 忙しい 바쁘다 | やっと 겨우, 간신히 | 先月 지난달 | 始め 시작, 첫무렵 | しょうがない 어쩔 수 없다

해설 대화 내용에는 남자와 여자가 어떤 빈도로 책을 읽는지가 모두 나온다. 질문에서 요구하는 것은 '여자가 어느 정도 책을 읽는지'이므로 정답은 2번, 3일에 한 권이다. 1번은 여자의 희망이며 3, 4번은 남자에 해당하는 내용이다.

---

4 26

문제편 225p

女の人と男の人が話しています。男の人がこの町に初めて来たのはいつですか。

女 山田さんはこの町にいつから住んでいるんですか。

男 ずいぶん長くなりますね。高校までは東京で、大学に入った時にここに来ましたから。

여자와 남자가 이야기하고 있습니다. 남자가 이 마을에 처음 온 것은 언제입니까?

여 야마다 씨는 이 마을에 언제부터 살고 계신가요?

남 꽤 오래 되었어요. 고등학교 때까지는 도쿄로, 대학에 들어갔을 때에 여기로 왔으니까요.

女 卒業した後もずっとここですか。

男 卒業して1年間アメリカに留学したけど、帰ってきてそのままここの銀行で仕事することになってから…もう3年ですね。

女 私より長いですね。

男 いつまでいるかわかりませんけど。

男の人がこの町に初めて来たのはいつですか。

1 3年前
2 4年前
3 6年前
4 8年前

여 졸업한 후에도 계속 여기인가요?

남 졸업하고 1년간 미국으로 유학갔는데, 돌아와서 그대로 여기의 은행에서 일을 하게 되었으니까… 벌써 3년이네요.

여 저보다 오래 되었네요.

남 언제까지 있을지 모르겠지만요.

남자가 이 마을에 처음 온 것은 언제입니까?

1 3년 전
2 4년 전
3 6년 전
4 8년 전

정답 4

단어 町 마을, 거리 | 初めて 맨 처음, 최초 | 住む 살다 | ずいぶん 대단히, 몹시 | 長い 길다, 오래되다 | 高校 고등학교 | 大学 대학 | 入る 들어가(오)다 | 卒業 졸업 | ずっと 계속, 쭉 | アメリカ 미국 | 留学 유학 | そのまま 그대로 | 銀行 은행 | 仕事 일, 업무 | 分かる 알다

해설 남자는 고등학교 때까지는 도쿄에 있었으며 대학 입학과 함께 이 마을에 왔다고 말하고 있다. 또한 졸업 후 1년 동안 유학을 갔으며, 그 이후 다시 이 마을에 돌아와 3년이 지났다고 했으므로 남자가 이 마을에 처음 온 후 지난 시간은 '대학 4년+유학 1년+돌아온 후 3년'으로 총 8년이다. 따라서 정답은 4번이다.

---

5 27

문제편 225p

先生が音楽会について話しています。どうして顔を上げて歌うことが大切ですか。

男 明日は音楽会ですね。白いシャツを着てきてください。みんなの服が同じ色だときれいに見えますから。それから、会場に入る前に、声を出す練習をしておいてください。いつも練習の前にしていますね。長い時間声を出さないときれいな声が出ませんから。そして、顔を上げて、前を見て歌いましょう。これが一番大切です。顔が下を向いていると声がよく聞こえません。お客さんによく聞こえるように、顔を上げて歌いましょう。緊張すると思いますが、がんばりましょう。

선생님이 음악회에 대해 이야기하고 있습니다. 어째서 얼굴을 들고 노래하는 것이 중요합니까?

남 내일은 음악회이지요. 흰색 셔츠를 입고 와 주세요. 모두의 옷이 같은 색이면 예뻐 보이니까요. 그리고 회장에 들어가기 전에 목소리를 내는 연습을 해 놔 주세요. 항상 연습 전에 하고 있지요? 오랜 시간 목소리를 내지 않으면 깨끗한 소리가 나오지 않으니까요. 그리고 얼굴을 들고 앞을 보고 노래합시다. 이게 가장 중요합니다. 얼굴이 아래를 향하고 있으면 목소리가 잘 들리지 않습니다. 관객에게 잘 들리도록 얼굴을 들고 노래합시다. 긴장되겠지만 힘냅시다.

どうして顔を上げて歌うことが大切ですか。

1 きれいな こえが 出ないから

2 お客さんに よく 聞こえるから

3 きれいに 見えるから

4 きんちょうするから

어째서 얼굴을 들고 노래하는 것이 중요합니까?

1 깨끗한 소리가 나오지 않기 때문에

2 관객에게 잘 들리기 때문에

3 예뻐 보이기 때문에

4 긴장하기 때문에

정답 **2**

단어 音楽会 음악회 | ～について ～에 대해 | 顔 얼굴 | 上げる 들다 | 歌う 노래하다 | 大切だ 중요하다, 소중하다 | 白い 하얗다 | シャツ 셔츠 | 着る 입다 | 服 옷 | 同じだ 같다, 동일하다 | 色 색 | きれいだ 예쁘다, 깨끗하다 | 見える 보이다 | 会場 회장, 행사장 | 入る 들어가(오)다 | 声 목소리 | 出す 내다, 내놓다 | 練習 연습 | 長い 길다, 오래되다 | 時間 시간 | 出る 나가(오)다 | 一番 가장, 제일 | 下 아래, 밑 | 向く 향하다 | 聞こえる 들리다 | お客さん 관객, 손님 | 緊張 긴장 | 思う 생각하다 | がんばる 힘내다, 열심히 하다

해설 얼굴을 들고 노래하는 것이 중요한 이유에 대해 남자는 '얼굴이 아래를 향하고 있으면 목소리가 잘 들리지 않습니다(顔が下を向いていると声がよく聞こえません)'라고 설명하고 있다. 따라서 정답은 2번이다. 이 문제에서처럼 여러 가지 상황에 대해 이야기할 때에 가장 말하고 싶은 것은 「一番 가장, 제일」, 「何より 무엇보다」와 같은 표현과 함께 나오는 경우가 많다.

---

6 🎧 28

문제편 226p

ゴミをすてるところで男の人と女の人が話しています。男の人は持ってきたゴミをいつ出しますか。

男 すみません。燃えないゴミは水曜日って聞いたんですけど。

女 そうですよ。燃えないゴミは別のふくろに入れて出してください。

男 この割れたガラスも今日でいいですか。

女 危ないですから割れたガラスは金曜日に別に出します。

男 そうですか。むずかしいですね。

女 燃えるゴミは火曜と木曜だからいいけど、週一回だけですから、忘れないでください。

男 わかりました。

男の人は持ってきたゴミをいつ出しますか。

1 火よう日

2 水よう日

3 木よう日

4 金よう日

쓰레기를 버리는 곳에서 남자와 여자가 이야기하고 있습니다. 남자는 가져온 쓰레기를 언제 배출합니까?

남 실례합니다. 타지 않는 쓰레기는 수요일이라고 들었는데요.

여 맞아요. 타지 않는 쓰레기는 별도 봉투에 담아서 배출해 주세요.

남 이 깨진 유리도 오늘로 괜찮은가요?

여 위험하니까 깨진 유리는 금요일에 따로 배출합니다.

남 그래요? 어렵군요.

여 타는 쓰레기는 화요일과 목요일이니까 괜찮지만, (타지 않는 쓰레기는) 주 1회이니까 잊지 마세요.

남 알겠습니다.

남자는 가져온 쓰레기를 언제 배출합니까?

1 화요일

2 수요일

3 목요일

4 금요일

정답 4

단어 ゴミ 쓰레기 | すてる 버리다 | 持ってくる 가지고 오다 | 出す 내다, 내놓다 | 燃えないゴミ 타지 않는(불연성) 쓰레기 | 別の 별도의, 다른 | ふくろ 봉투, 봉지 | 入れる 넣다 | 割れる 깨지다, 부서지다 | ガラス 유리 | 危ない 위험하다 | むずかしい 어렵다 | 週一回 주 1회 | 忘れる 잊다

해설 남자의 '이 깨진 유리도 오늘로 괜찮은가요?(この割れたガラスも今日でいいですか)'라는 대사에서 남자가 오늘 가지고 나온 것은 '깨진 유리'임을 알 수 있다. 이에 여자가 깨진 유리는 '금요일'에 따로 배출한다고 대답했으므로 정답은 4번이다.

---

7 29

문제편 226p

男の人と女の人が話しています。女の人はこのグループのどんな点が一番好きですか。

男 あ、このグループ知ってる！ 最近すごく人気があるよね。ドラマにも出てるし。

女 そう～！ 私、この人たちが大好きで…。

男 ダンスがかっこいいよね。この前、有名なダンサーもすごくほめてた。

女 いろいろなダンス大会で優勝したメンバーもいるしね。

男 顔もかっこいいんだね。みんな背も高くてモデルみたい。

女 そうそう！ でも何より歌！ 歌が最高！

女の人はこのグループのどんな点が一番好きですか。

1 うたが いい てん
2 ダンスが うまい てん
3 かおが かっこいい てん
4 ドラマに 出て いる てん

남자와 여자가 이야기하고 있습니다. 여자는 이 그룹의 어떤 점을 가장 좋아합니까?

남 아, 이 그룹 알아! 요즘 굉장히 인기가 있잖아. 드라마에도 나오고 있고.

여 맞아! 나 이 사람들 너무 좋아해.

남 춤이 멋있지. 요전에 유명한 댄서도 굉장히 칭찬했었어.

여 다양한 댄스 대회에서 우승한 멤버도 있고.

남 얼굴도 멋있어. 다들 키도 크고 모델 같아.

여 맞아 맞아! 하지만 무엇보다 노래! 노래가 최고야!

여자는 이 그룹의 어떤 점을 가장 좋아합니까?

1 노래가 좋은 점
2 춤을 잘 추는 점
3 얼굴이 멋있는 점
4 드라마에 나오고 있는 점

정답 1

단어 グループ 그룹 | 点 점, 요소 | 一番 가장, 제일 | 好きだ 좋아하다 | 知る 알다 | 最近 요즘, 최근 | すごく 굉장히 | 人気 인기 | ドラマ 드라마 | 出る 나가(오)다 | 人 사람 | 大好きだ 매우 좋아하다 | ダンス 댄스, 춤 | かっこいい 멋있다 | 有名だ 유명하다 | ダンサー 댄서 | ほめる 칭찬하다 | いろいろな 다양한, 여러 가지의 | 大会 대회 | 優勝 우승 | メンバー 멤버 | 顔 얼굴 | 背 키 | 背が高い 키가 크다 | モデル 모델 | ～みたい (마치) ~같다 | 何より 무엇보다 | 歌 노래 | 最高 최고

해설 남자와 여자는 댄스가 능숙하고 얼굴이 멋있고 모델 같으며 드라마에도 나온다는 등, 이 그룹의 좋은 점에 대해 이야기한다. 이후 여자는 마지막에 '무엇보다(何より)', '노래가 최고(歌が最高)'라며 가장 좋은 점을 강조하고 있다. 따라서 정답은 1번이다.

もんだい 3 발화 표현

연습문제 정답 및 해설

정답

연습문제 1 1 2 3 3 2 4 3 5 2

연습문제

もんだい3 문제 3에서는 그림을 보면서 질문을 들으세요. ➡(화살표)의 사람은 뭐라고 말합니까? 1에서 3 중에서 가장 적당한 것을 하나 고르세요.

1 30 문제편 228p

卒業式(そつぎょうしき)で先生(せんせい)にあいさつをします。何(なん)と言(い)いますか。

女 1 お世話(せわ)になりました。
2 よくがんばりましたね。
3 本当(ほんとう)におめでとうございます。

졸업식에서 선생님에게 인사를 합니다. 뭐라고 말합니까?

여 1 신세졌습니다.
2 참 열심히 했군요.
3 정말 축하합니다.

정답 1

단어 卒業式(そつぎょうしき) 졸업식 | あいさつ 인사 | 世話(せわ)になる 신세지다 | がんばる 열심히 하다, 힘내다 | 本当(ほんとう)に 정말로

해설 선생님께 드리는 감사 인사로는 1번 '신세졌습니다(お世話(せわ)になりました)'가 가장 적당하다. 「お世話(せわ)になる」는 '신세를 지다'라는 의미로 함께 시간을 보낸 상대방에게 감사를 표현할 때 사용한다. 2, 3번은 선생님이 학생에게 하는 말이다.

2 31 문제편 229p

友だちの家に遊びに来ました。家の中に入ります。何と言いますか。

男 1 はじめまして。
2 お大事に。
3 おじゃまします。

친구 집에 놀러 왔습니다. 집 안에 들어갑니다. 뭐라고 말합니까?

남 1 처음뵙겠습니다.
2 몸조심하세요.
3 실례하겠습니다.

정답 3

단어 友だち 친구 | 遊ぶ 놀다 | 入る 들어가(오)다 | お大事に 몸 조심하세요 | じゃま 방해

해설 일본어로 '실례합니다'는 「失礼します」와 「おじゃまします」, 「すみません」의 세 가지가 있는데 이 문제에서처럼 타인의 집에 방문할 때에는 「おじゃまします」라고 하는 것이 일반적이다. 「失礼します」는 타인의 직장이나 사무실 등에 방문할 때 사용하며, 그 외 일상에서 문의 등을 할 경우에는 「すみません」을 주로 사용한다. 1, 2번은 상황과 맞지 않는 인사 표현이다.

---

3 32 문제편 229p

友だちが読んでいる本が見たいです。何と言いますか。

女 1 もっと見たい。
2 私にも見せてくれない？
3 少し読んでもいいよ。

친구가 읽고 있는 책이 보고 싶습니다. 뭐라고 말합니까?

여 1 좀 더 보고 싶어.
2 나에게도 보여 주지 않을래?
3 조금 읽어도 돼.

정답 2

단어 友だち 친구 | 本 책 | もっと 좀 더 | 見せる 보이다, 보여주다 | 少し 조금

해설 친구에게 '보여 달라'고 부탁해야 하므로 '보여 주다'라는 사역의 의미를 가진 동사「見せる」를 활용한 2번이 정답이다.

---

4 33 문제편 230p

先生にレポートを出す日を聞きます。何と言いますか。

男 1 レポートはいつ終わりますか。
2 レポートを出す人はいますか。
3 レポートはいつまでに出しますか。

선생님께 리포트를 제출하는 날을 묻습니다. 뭐라고 말합니까?

남 1 리포트는 언제 끝납니까?
2 리포트를 내는 사람은 있습니까?
3 리포트는 언제까지 냅니까?

정답 3

단어 レポート 리포트, 보고서 | 出す 내다, 제출하다 | いつ 언제 | 終わる 끝나다 | 人 사람 | いつまでに 언제까지

해설 리포트를 '제출하는 날'을 물어야 하므로 '언제' 혹은 '언제까지'라는 내용으로 질문해야 한다. 따라서 정답은 3번이다. 1번도 의문사「いつ 언제」를 사용하고 있지만 '리포트는 언제 끝납니까?'는 학생이 선생님에게 할 질문으로는 적당하지 않다.

---

5 34 문제편 230p

歩いている時、道を聞かれましたがわかりません。何と言いますか。

女 1 はい、わかりました。
2 すみません、よくわかりません。
3 いいえ、どういたしまして。

걷고 있을 때 길을 질문받았지만 모릅니다. 뭐라고 말합니까?

여 1 네, 알겠습니다.
2 죄송합니다, 잘 모르겠습니다.
3 아니요, 천만에요.

정답 2

단어 歩く(あるく) 걷다 | 道(みち) 길 | 分かる(わかる) 알다

해설 길을 모른다고 알맞게 말한 것은 2번이다. 1번은 상대방에게 지시를 받았을 때나 대상에 대해 이해했을 때 하는 대답이며, 3번은 감사 인사에 대해 대답할 때 사용하는 표현이므로 제시된 상황과 맞지 않는다.

もんだい 4 즉시 응답

연습문제 정답 및 해설

정답

연습문제 1 3 2 2 3 1 4 2 5 2 6 2 7 1 8 1

연습문제

もんだい 4 문제 4에서는 그림 등이 없습니다. 먼저 문장을 들으세요. 그리고 그 대답을 듣고 1에서 3 중에서 가장 적당한 것을 하나 고르세요.

문제편 232p

1 35

女 何名(なんめい)さまですか。

男 1 今日(きょう)までです。
2 木村(きむら)と申(もう)します。
3 4人(にん)です。

여 몇 분이신가요?

남 1 오늘까지입니다.
2 기무라라고 합니다.
3 4명입니다.

정답 3

단어 何名(なんめい)さま 몇 분 | ～と申(もう)す ～라고 하다

해설 「何名(なんめい)さまですか」는 '몇 분이십니까?'라는 뜻으로 식당에서 점원이 손님에게 흔히 하는 질문이다. 정답은 3번이다. 1번과 2번은 질문과 호응하지 않는 대답이다.

---

2 36

女 川田(かわた)さん、その荷物(にもつ)、こっちに運(はこ)んでくれませんか。

男 1 はい、ここにありますよ。
2 わかりました。これですね。
3 すみません、忘(わす)れました。

여 가와타 씨, 그 짐 이쪽으로 옮겨 주지 않을래요?

남 1 네, 여기 있습니다.
2 알겠습니다. 이거군요.
3 죄송합니다. 잊어버렸어요.

정답 2

단어 荷物(にもつ) 짐, 화물 | 運(はこ)ぶ 옮기다, 운반하다 | 忘(わす)れる 잊다

해설 짐을 들어 달라는 부탁에 대한 응답으로는 2번이 가장 적당하다. 1번은 짐의 위치를 말하고 있으며, 3번은 어떠한 것을 잊었다는 의미이므로 상황과 맞지 않는 대답이다.

---

3 37

男 明日(あした)は一日中(いちにちじゅう)雨(あめ)なんだって。

女 1 じゃあ、洗濯(せんたく)はできないね。
2 じゃあ、かさがないよね。
3 じゃあ、晴(は)れたらいいね。

남 내일은 하루 종일 비가 온대.

여 1 그럼 빨래는 못 하겠네.
2 그럼 우산이 없겠어.
3 그럼 맑았으면 좋겠다.

정답 1

단어 一日中(いちにちじゅう) 하루 종일 | 雨(あめ) 비 | ～だって ～대, ～래 | 洗濯(せんたく) 빨래, 세탁 | かさ 우산 | 晴(は)れる 날이 개다, 맑아지다

해설 선택지 모두 맨 앞에 「じゃ(＝では) 그럼, 그러면」이 있으므로 남자의 말을 전제로 하는 응답을 골라야 한다. '내일 하루 종일 비가 온대'라는 말에 대한 응답으로는 비 때문에 '그럼 빨래를 할 수 없겠네'라고 말한 1번이 가장 적당하다. 즉시 응답 파트에서는 이 문제처럼 「はい」나 「いいえ」로 대답할 수 없는 문제도 종종 출제된다. 이러한 경우 질문의 뉘앙스에 따라 대답이 달라질 수 있으니 주의해야 한다.

---

4 38

女 夏休(なつやす)みはどこかへ行(い)く予定(よてい)ですか。

男 1 はい、予定(よてい)です。
2 今(いま)お金(かね)がないから、無理(むり)ですね。
3 それはいいですね。行(い)きましょう。

여 여름 방학에는 어딘가 갈 예정입니까?

남 1 네, 예정입니다.
2 지금 돈이 없어서 무리네요.
3 그거 좋군요. 갑시다.

정답 2

단어 夏休(なつやす)み 여름 방학, 여름휴가 | 予定(よてい) 예정 | お金(かね) 돈 | 無理(むり)だ 무리이다

해설 여름 방학의 일정에 대해 묻고 있으므로 일정을 말하거나 2번처럼 일정이 없는 이유를 대답해야 한다. 1번은 「はい、予定(よてい)があります 네, 예정이 있습니다」가 되어야 대화가 성립되며, 3번은 제안에 대해 대답하는 표현이므로 질문과는 상황에 맞지 않는다.

---

5 39

男 コーヒー、お願(ねが)いします。

女 1 いらっしゃいませ。
2 かしこまりました。
3 お待(ま)たせしました。

남 커피 부탁합니다.

여 1 어서오세요.
2 알겠습니다.
3 오래 기다리셨습니다.

정답 2

단어 コーヒー 커피 | 待(ま)つ 기다리다

해설 카페 등에서 커피를 주문할 때 하는 말이다. 따라서 답으로는 가게 측 사람이 할 수 있는 표현인 2번 「かしこまりました 알겠습니다」가 적당하다. 「かしこまりました」는 '잘 알겠습니다, 분부대로 하겠습니다'라는 의미로 「わかりました」보다 정중한 표현이다.

6 40

女 明日、映画見に行きませんか？ チケット、2枚もらったんです。

男 1 チケットは映画館で買いますか。
2 何の映画ですか。
3 このチケット、あげましょうか。

여 내일, 영화 보러 가지 않을래요? 티켓을 두 장 받았어요.

남 1 티켓은 영화관에서 삽니까?
2 무슨 영화예요?
3 이 티켓, 줄까요?

정답 2

단어 映画 영화 | チケット 티켓, 표 | ～枚 ～장, ～매 | もらう 받다 | 映画館 영화관 | 買う 사다 | 何の 무슨 | あげる 주다

해설 질문자가 티켓이 두 장 있다고 하고 있으므로 1번은 답이 될 수 없다. 티켓을 주겠다는 말은 질문자가 할 수 있는 표현이므로 3번 역시 오답이다. 영화를 보러 가자는 제안에 대해 어떤 영화인지 물으며 영화에 대한 궁금함을 표현하고 있는 2번이 답으로 가장 적당하다.

---

7 41

女 お茶でもいれましょうか。

男 1 ええ、いただきます。
2 はい、ここに入れます。
3 いいえ、もう入りません。

여 차라도 드릴까요?

남 1 네, 잘 마실게요.
2 네, 여기에 넣습니다.
3 아니요, 이제 들어가지 않습니다.

정답 1

단어 お茶 차, 녹차 | お茶(を)いれる 차를 우리다, 차를 타다 | いただきます 잘 먹겠습니다 | 入れる 넣다 | 入る 들어가(오)다

해설 '차를 마시겠냐'는 제안에 가장 적절한 응답은 1번이다. 「いれる」만을 듣고 선택지 2번을 답으로 고르지 않도록 주의해야 한다. 「お茶をいれる」는 '차를 우리다(타다)'라는 의미로 일상생활에서도 자주 사용하는 표현이므로 잘 기억해 두도록 하자.

---

8 42

女 アルバイト、いつからですか。

男 1 来週から毎日です。
2 はじめからします。
3 私からです。

여 아르바이트, 언제부터입니까?

남 1 다음 주부터 매일입니다.
2 처음부터 합니다.
3 저부터입니다.

정답 1

단어 アルバイト 아르바이트 | 来週 다음 주 | 毎日 매일 | はじめ 처음

해설 「いつ 언제」라는 시기를 묻고 있으므로 「来週から毎日 다음 주부터 매일」이라고 구체적인 시기와 요일로 대답한 1번이 정답이다. 2번과 3번 모두 의문사 「いつ 언제」와 호응하지 않는 대답이다.

もんだい 1 과제 이해

실전문제 정답 및 해설

정답

실전문제	1	4	2	4	3	1	4	1	5	3	6	3	7	2	8	4

실전문제

もんだい 1　문제 1에서는 먼저 질문을 들으세요. 그리고 이야기를 듣고 문제지의 1에서 4 중에서 가장 적당한 것을 하나 고르세요.

1　43

문제편 234p

電話で男の人と女の人が話しています。男の人はどこに携帯電話を忘れましたか。

男　すみません。さっき教室に携帯電話を忘れてしまったんですが。102 号室です。

女　どこに座っていましたか。

男　前から３番目の、一番右の席です。

女　先生から見て左ですね。

男　はい、そうです。あ、授業が終わってから友だちの隣の席にも座りました。確かそこでメールをチェックして、そのあと教室を出ました。

女　友だちの席はどこですか。

男　一番前の真ん中の席です。

女　わかりました。調べてからまた連絡します。

男　はい、お願いします。

男の人はどこに携帯電話を忘れましたか。

전화로 남자와 여자가 이야기하고 있습니다. 남자는 어디에 휴대 전화를 잃어버렸습니까?

남　실례합니다. 아까 교실에 휴대 전화를 깜박해 버렸는데요. 102호실이에요.

여　어디에 앉아 있었나요?

남　앞에서 세 번째의 제일 오른쪽 자리입니다.

여　선생님 쪽에서 보면 왼쪽이네요.

남　네, 그렇습니다. 아, 수업이 끝나고 친구 옆자리에도 앉았어요. 분명 거기에서 메일을 확인하고 그다음에 교실을 나왔습니다.

여　친구 자리는 어디인가요?

남　제일 앞 한가운데 자리예요.

여　알겠습니다. 알아보고 나서 다시 연락드리겠습니다.

남　네, 부탁드려요.

남자는 어디에 휴대 전화를 잃어버렸습니까?

정답 **4**

단어 携帯電話 휴대 전화 | 忘れる 잊나, 깜박하다 | さっき 아까, 조금 전 | 教室 교실 | ～号室 ～호실 | 座る 앉다 | ～番目 ～번째 | 一番 가장, 제일 | 右 오른쪽 | 席 자리 | 左 왼쪽 | 授業 수업 | 終わる 끝나다 | 友だち 친구 | 隣 옆, 이웃 | 確か 분명히, 확실히 | メール 이메일, 휴대폰 문자 | チェック 체크, 확인 | 出る 나가(오)다 | 真ん中 한가운데, 정가운데 | 調べる 알아보다, 조사하다 | 連絡 연락

해설 남자가 휴대폰을 놓고 온 자리를 찾는 문제로, 대화 첫 부분에서 남자가 앉았던 자리는 앞에서 세 번째 제일 오른쪽 자리, 즉 1번임을 알 수 있다. 하지만 수업이 끝나고 친구 옆자리에서 메일을 체크했다고 했으므로 휴대폰을 마지막에 들고 있었던 것은 친구의 옆자리이다. 친구의 자리는 맨 앞줄 가운데 자리이므로 정답은 그 옆자리인 4번이다.

---

2 🎧 44 문제편 235p

電話で女の人と男の人が話しています。電気屋の店員はいつ来ますか。

女 エアコンが動かないんですが、見に来ていただけますか。

男 はい、いつがよろしいでしょうか。

女 今週の土曜日がいいです。

男 10日ですね。その日は大変こんでいまして、17時ごろになりますが。

女 うーん、午後の5時ですか。じゃ、来週の水曜日は？

전화로 여자와 남자가 이야기하고 있습니다. 전자 제품점 점원은 언제 옵니까?

여 에어컨이 작동하지 않는데요, 보러 와 주실 수 있을까요?

남 네, 언제가 좋으신가요?

여 이번 주 토요일이 좋습니다.

남 10일이군요. 그 날은 상당히 밀려 있어서 17시쯤이 됩니다만.

여 음, 오후 5시인가요. 그럼 다음 주 수요일은요?

男 申し訳ありません。その日は店が休みで…。その週の土曜日はいかがでしょう。

女 午後なら大丈夫です。

男 では、前の日に電話で時間をお知らせします。

女 わかりました。よろしくお願いします。

電気屋の店員はいつ来ますか。

1 ア

2 イ

3 ウ

4 エ

남 죄송합니다. 그 날은 가게가 휴일이어서…. 그 주의 토요일은 어떠십니까?

여 오후라면 괜찮아요.

남 그럼 전날 전화로 시간을 알려 드리겠습니다.

여 알겠습니다. 잘 부탁드려요.

전자 제품점 점원은 언제 옵니까?

1 아

2 이

3 우

4 에

6월

일	월	화	수	목	금	토
				1	2	3
4	5	6	7	8	9	아 10
11	12	13	이 14	15	우 16	에 17
18	19	20	21	22	23	24
25	26	27	28	29	30	

정답 4

단어 電気屋 전자 제품점, 전기 수리점 | 店員 점원 | エアコン 에어컨 | 動く 작동하다, 움직이다 | よろしい 좋다 | 今週 이번 주 | 大変 상당히, 꽤 | 混む 밀리다, 붐비다, (길이) 막히다 | 午後 오후 | 来週 다음 주 | 申し訳ない 죄송하다, 면목 없다 | 店 가게 | 休み 휴일, 휴식, 휴가 | いかがでしょう(か) 어떻습니까?(「どうでしょう(か)」의 정중한 표현) | 大丈夫だ 괜찮다 | 時間 시간 | お知らせ 알림, 공지

해설 여자가 처음에 희망했던 방문일은 10일이지만 그 날은 예약이 밀려 있어서 여자의 시간과 맞지 않으며, 다시 제안한 그다음 수요일(14일)은 가게의 휴무일이다. 이에 점원은 그 주의 토요일이 어떤지 묻고, 이에 여자가 동의하므로 점원의 방문일은 14일이 있는 주의 토요일인 17일이다.

3 45 문제편 236p

女の人と男の人が友だちに子どもが生まれたことを話しています。二人は何をあげることにしましたか。

여자와 남자가 친구에게 아이가 태어난 일에 대해 이야기하고 있습니다. 두 사람은 무엇을 주기로 했습니까?

女 山田さんに赤ちゃんが生まれたって。お祝い、どうしようか。

男 それはよかったね。実際によく使うものがいいんじゃない？ タオルとか…。

女 うーん、もうちょっとかわいいものがいいな。服とか。

男 それはお父さん、お母さんの好ききらいもあるし…。おもちゃはどう？

女 生まれたばかりでおもちゃはまだ使わないでしょ？ 絵本もまだ早いだろうし…。やっぱりはじめのにするかな。

男 赤ちゃんの名前を聞いてそこに入れてもらったら？

女 あ、それ、いいね。じゃ、今聞いてみる。

二人は何をあげることにしましたか。

여 야마다 씨에게 아기가 태어났대. 축하 선물 어떻게 할까?

남 너무 잘됐네. 실제로 자주 쓰는 게 좋지 않을까? 수건이라든가….

여 음, 좀 더 귀여운 게 좋겠어. 옷이라든가.

남 그건 아빠, 엄마의 호불호도 있고…. 장난감은 어때?

여 태어난 지 얼마 안 돼서 장난감은 아직 안 쓰지 않을까? 그림책도 아직 이를 테고…. 역시 맨 처음 걸로 할까.

남 아기 이름을 물어봐서 거기에 넣어 달라고 하면 어때?

여 아, 그거 좋겠다. 그럼 지금 물어볼게.

두 사람은 무엇을 주기로 했습니까?

1
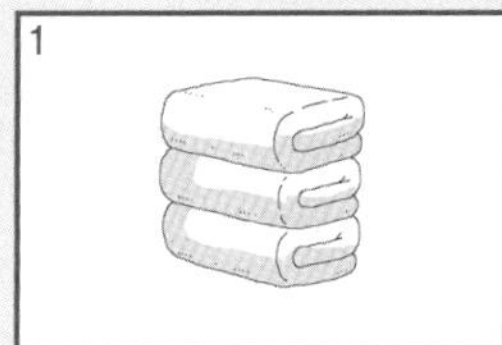

2
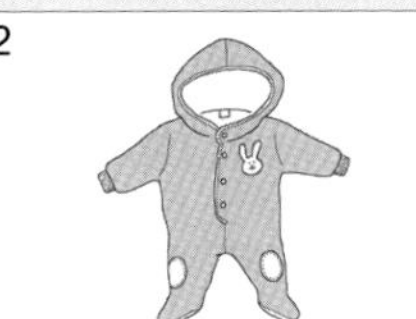

3

4

정답 1

단어 友だち 친구 | 子ども 아이, 어린이 | 生まれる 태어나다 | あげる 주다 | 赤ちゃん 아기 | お祝い 축하 선물, 축하 | 実際に 실제로 | よく 자주, 잘 | 使う 쓰다, 사용하다 | タオル 타올, 수건 | もうちょっと 조금 더 | かわいい 귀엽다 | 服 옷 | 好ききらい 좋고 싫음, 호불호 | おもちゃ 장난감 | ～たばかり 이제 막 ~함 | まだ 아직 | 絵本 그림책 | 早い 이르다, 빠르다 | やっぱり 역시 | はじめ 처음 | 名前 이름 | 入れる 넣다

해설 친구의 아기에게 줄 선물로 남자가 맨 처음에 제안한 것은 수건이며, 대화 마지막 부분에서 '맨 처음 것으로 할까(はじめのにするかな)'라는 여자의 말에 남자도 동의하고 있으므로 정답은 1번이다. 아기 옷은 부모의 기호(취향)에 맞아야 하며, 장난감이나 그림책은 아기에게는 이르다고 했으므로 답이 될 수 없다.

---

4 46 문제편 236p

女の人と男の人が電話で話しています。女の人は今からまずどこに行きますか。

여자와 남자가 전화로 이야기하고 있습니다. 여자는 지금부터 우선 어디에 갑니까?

女 もしもし、私です。ごめんなさい。道がわからなくて…。

男 駅前から大きい道をまっすぐ来ましたか？

女 まっすぐ歩いて病院があったから、そこから映画館の方に曲がりました。

男 そこは映画館じゃなくてコンビニの方に曲がらなくちゃ。

女 反対の方に来ちゃったんですね。かわいいカフェだっていうからすぐわかると思いました。

男 じゃ、また病院に戻ってください。私も行きますから。

女 すみません。お願いします。

여 여보세요. 저예요. 미안해요. 길을 모르겠어서….

남 역 앞에서 큰길로 곧장 왔어요?

여 곧장 걸으니 병원이 있어서 거기에서 영화관 쪽으로 꺾었어요.

남 거기는 영화관이 아니라 편의점 쪽으로 돌아야지요.

여 반대쪽으로 와 버렸군요. 예쁜 카페라고 해서 바로 알 수 있을 거라 생각했어요.

남 그럼 다시 병원으로 돌아와 주세요. 저도 갈 테니까요.

여 죄송해요. 부탁할게요.

女の人は今からまずどこに行きますか。

여자는 지금부터 우선 어디에 갑니까?

1
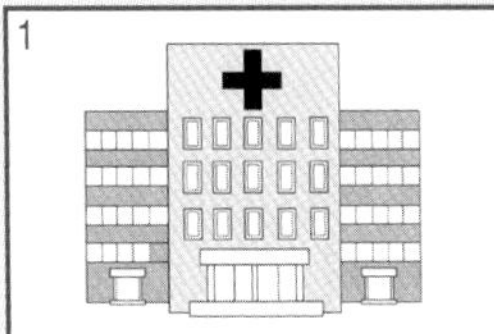

2

3
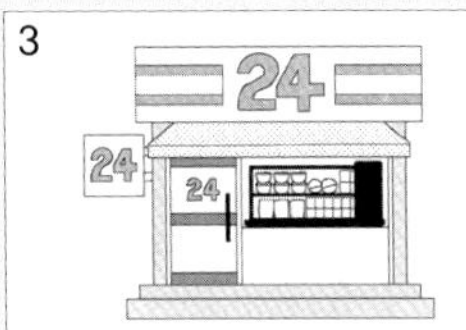

4

정답 1

단어 もしもし 여보세요 | ごめんなさい 미안해요 | 道 길 | 駅前 역 앞 | 大きい 크다 | まっすぐ 곧장, 똑바로, 쭉 | 歩く 걷다 | 病院 병원 | 映画館 영화관 | 曲がる 꺾다, (방향을) 틀다 | コンビニ 편의점 | 反対 반대 | かわいい 예쁘다, 귀엽다 | カフェ 카페 | すぐ 바로 | 思う 생각하다 | また 다시, 또 | 戻る 되돌아가(오)다

해설 여자가 지금부터 갈 곳을 고르는 문제이다. 길을 헤맸다는 여자에게 남자는 마지막 대사에서 '다시 병원으로 돌아와 주세요. 저도 (그곳으로) 갈 테니까요(また病院に戻ってください。私も行きますから)'라고 하고, 여자가 이에 '부탁한다'고 대답한다. 이는 남자의 말에 '그렇게 해 달라'는 의미이므로 남자와 여자 모두 지금부터 갈 곳은 병원이다. 따라서 정답은 1번이다.

---

5 47

문제편 237p

デパートで女の人と男の人が話しています。二人はどの順番で買い物をしますか。

女 何階から行く？

男 まずはレストランに行こうよ。おなかすいちゃった。

女 それは後で。先に服を見に行くの。

男 わかったよ。

백화점에서 여자와 남자가 이야기하고 있습니다. 두 사람은 어느 순서로 쇼핑을 합니까?

여 몇 층부터 갈까?

남 우선 레스토랑에 가자. 배고파.

여 그건 나중에. 먼저 옷을 보러 갈 거야.

남 알았어.

女 えーと、女性の服売り場は…あった。3階ね。来週着ていくパーティーの服を選ばなきゃ。

男 ちょっと待ってよ。僕は週末に面接があるんだから、先にスーツとネクタイを見に行こうよ。

女 はいはい。わかった、わかった。

男 あ、友だちの結婚祝いも買わなきゃ。ペアカップはどう？

女 それは来月だから、ご飯を食べて時間があったら見に行きましょう。

여 음, 여성복 매장은… 있다. 3층이네. 다음 주에 입고 갈 파티 의상을 골라야 해.

남 잠깐 기다려. 난 주말에 면접이 있으니까 먼저 정장과 넥타이를 보러 가자.

여 그래 그래, 알겠어 알겠어.

남 아, 친구 결혼 축하 선물도 사야 해. 커플 컵은 어때?

여 그건 다음 달이니까 밥 먹고 시간이 있으면 보러 가자.

二人はどの順番で買い物をしますか。

1 エ→ウ→イ→ア

2 ウ→エ→イ→ア

3 ウ→エ→ア→イ

4 ア→エ→ウ→イ

두 사람은 어느 순서로 쇼핑을 합니까?

1 에→우→이→아

2 우→에→이→아

3 우→에→아→이

4 아→에→우→이

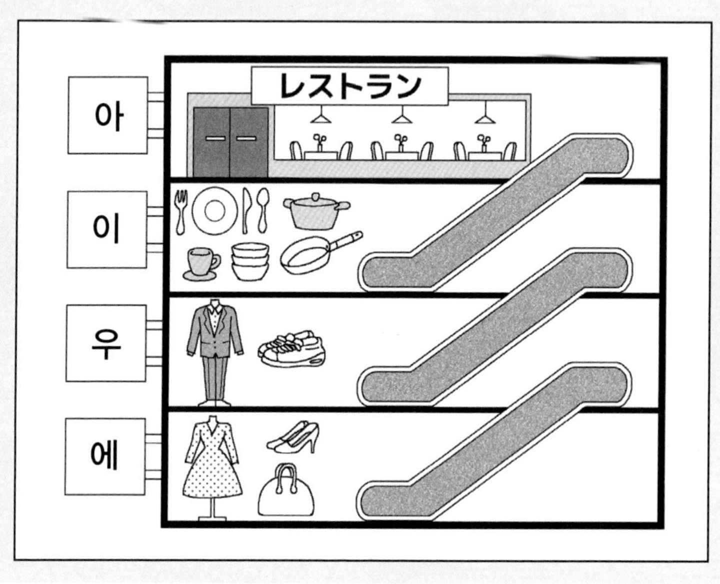

정답 3

단어 デパート 백화점 | 順番 순서 | 買い物 쇼핑, 장보기 | レストラン 레스토랑 | お腹(が)すく 배(가) 고프다 | 後で 나중에 | 先に 먼저, 우선 | 服 옷 | 来週 다음 주 | 着る 입다 | パーティー 파티 | 選ぶ 고르다, 선택하다 | ちょっと 좀, 조금 | 待つ 기다리다 | 僕 나(남자가 '나'를 지칭하는 1인칭) | 週末 주말 | 面接 면접 | スーツ 슈트, 정장 | ネクタイ 넥타이 | 友だち 친구 | 結婚祝い 결혼 축하 선물 | 買う 사다 | ペア 페어, 커플 용품, 세트 | 来月 다음 달 | 時間 시간

해설 먼저 밥을 먹자는 남자의 말에 여자는 그 전에 파티에서 입을 옷을 사러 가자고 한다. 이에 남자가 본인의 면접에 필요한 정장을 먼저 사겠다고 하므로 두 사람은 '남성복(ウ)→여성복(エ)' 매장의 순서로 간 후 '레스토랑(ア)'에 가게 된다. 또한 친구의 선물인 커플 컵은 밥을 먹은 후에 보러 가자고 했으므로 '주방 용품(イ)' 매장을 가장 마지막에 가게 된다. 따라서 정답은 3번이다.

문제편 238p

女の人と男の人が話しています。女の人は地震の時、まず何をしましたか。

女 昨日の地震、怖かったね。

男 僕はちょうどタクシーに乗っていて、全然気づかなかったんだ。

女 え、本当に？けっこう揺れたよ。

男 山田さんはその時何をしてたの？

女 料理を作ってたんだけど、すぐにテーブルの下に入ったよ。もちろん火事になるといけないから、火を消してからね。揺れるのが止まってから急いで母に電話したの。母も驚いてたわ。

男 僕も帰ってからニュースを見てびっくりしたよ。

女の人は地震の時、まず何をしましたか。

여자와 남자가 이야기하고 있습니다. 여자는 지진이 났을 때 먼저 무엇을 했습니까?

여 어제 지진 무서웠지.

남 난 마침 택시를 타고 있어서 전혀 눈치 못 챘어.

여 뭐, 정말? 꽤 흔들렸어.

남 야마다 씨는 그때 뭘 하고 있었어?

여 요리를 하고 있었는데, 바로 테이블 밑으로 들어갔어. 물론 화재가 나면 안 되니까 불을 끄고 나서 말야. 흔들리는 게 멈추고 난 다음에 서둘러 엄마한테 전화했어. 엄마도 놀래더라.

남 나도 귀가해서 뉴스를 보고 깜짝 놀랐어.

여자는 지진이 났을 때 먼저 무엇을 했습니까?

정답 3

단어 地震 지진 | 怖い 무섭다 | 僕 나(남자가 '나'를 지칭하는 1인칭) | ちょうど 마침, 딱 | タクシー 택시 | 全然 전혀 | 気づく 깨닫다, 눈치채다, 알아차리다 | 本当に 정말로 | けっこう 꽤, 상당히 | 揺れる 흔들리다 | 料理 요리 | 作る 만들다 | すぐに 바로, 금방 | テーブル 테이블 | 下 아래, 밑 | 入る 들어가(오)다 | もちろん 물론 | 火事 화재 | ～といけない ~하면 안 되다 | 火を消す 불을 끄다 | 止まる 멈추다 | 急ぐ 서두르다 | 驚く 놀라다 | ニュース 뉴스 | びっくりする 깜짝 놀라다

해설 지진이 났을 때 여자는 화재에 대비하여 가스불을 끈 후(3) 테이블 밑으로 숨었다가(1) 흔들림이 멈춘 후 어머니에게 전화를 했다(2)고 말하고 있다. 따라서 여자가 지진이 났을 때 가장 먼저 한 일은 3번 가스불을 끄는 것이다. 4번은 남자가 한 일이다.

7 49 문제편 238p

男の学生と女の学生が話しています。女の学生はこれからまず何をしますか。

男 中島さん、さっき先生から連絡があって、明日の研究会を来週に変えられないかって。

女 えー、そうなの？ 来週はいつがいいって？

男 水曜日以外は午後はいつでもいいって。他の学生にも聞いてみてくれる？

女 わかった。あと、事務室に会議室が空いてるかどうかも聞いてみるわ。

男 そうだ、そっちが先だね。それで曜日と時間を決めてからみんなに話そう。

女 先生には最後に決まったことを話せばいいね。

남학생과 여학생이 이야기하고 있습니다. 여학생은 이제부터 우선 무엇을 합니까?

남 나카지마 씨, 아까 선생님께 연락이 있었는데, 내일 연구회를 다음 주로 바꿀 수 없겠냐고 하셨어.

여 앗, 그래? 다음 주는 언제가 좋으시대?

남 수요일 이외는 오후는 언제든 좋으시대. 다른 학생에게도 물어봐 줄래?

여 알았어. 그리고 사무실에 회의실이 비어 있는지 어떤지도 물어볼게.

남 그렇네, 그쪽이 먼저구나. 그리고 요일과 시간을 정한 다음에 모두에게 말하자.

여 선생님께는 마지막에 결정된 것을 말하면 될 거야.

女の学生はこれからまず何をしますか。

1 学生たちに 来週の よていを 聞く
2 じむ室に かいぎ室の よていを 聞く
3 けんきゅうかいの よう日と 時間を きめる
4 先生に きまった ことを 話す

여학생은 이제부터 우선 무엇을 합니까?

1 학생들에게 다음 주 일정을 묻는다
2 사무실에 회의실의 일정을 묻는다
3 연구회의 요일과 시간을 정한다
4 선생님께 결정된 것을 이야기한다

정답 2

단어 さっき 아까, 조금 전 | 連絡 연락 | 研究会 연구회 | 来週 다음 주 | 変える 바꾸다, 변경하다 | 以外 이외 | 午後 오후 | 他の 다른 | 事務室 사무실 | 会議室 회의실 | 空く 비다 | 先 먼저, 앞 | 時間 시간 | 決める 결정하다, 정하다 | 最後 최후, 마지막 | 決まる 결정되다

해설 연구회 일정 변경에 대해 참가 학생에게 일정을 물어봐 달라는 남자의 말에 여자가 사무실 일정에 대해서도 알아보겠다고 하자 남자는 '그쪽이 먼저(そっちが先)'라고 한다. 또한 선생님께는 마지막에 결정된 것을 말씀드리자고 하고 있으므로 여자가 가장 먼저 해야 할 일은 '사무실 일정을 알아보는 것', 즉 2번이다.

---

8 50 문제편 239p

女の人と男の人が話しています。女の人は今から何を買いますか。

女 子どもたちが果物がきらいで困ります。

男 私も子どもの時はそうでしたよ。パンやお菓子は何でもよく食べたけど。

여자와 남자가 이야기하고 있습니다. 여자는 지금부터 무엇을 삽니까?

여 아이들이 과일을 싫어해서 난처해요.

남 저도 어릴 때는 그랬어요. 빵이나 과자는 뭐든 잘 먹었지만요.

女 だから果物がたくさん入ったケーキを買うんだけど、そしたら果物だけ残すんですよ。

男 ジュースを作って出したらどうですか。それならパンやケーキと一緒に飲めるし。

女 そうか。それはいいですね。

男 野菜もそうして出せば好きになりますよ。今はみかんが安いですからオレンジジュースとかいいですね。

女 じゃ、すぐ買いに行きます。ありがとうございました。

女の人は今から何を買いますか。

여 그래서 과일이 가득 들어간 케이크를 사는데, 그랬더니 과일만 남기네요.

남 주스를 만들어서 주면 어떨까요? 그거라면 빵이나 케이크와 같이 마실 수 있고.

여 그렇구나. 그거 좋네요.

남 채소도 그렇게 해서 주면 좋아하게 될 거예요. 지금은 귤이 저렴하니까 오렌지 주스 같은 게 좋겠네요.

여 그럼, 바로 사러 갈래요. 고마워요.

여자는 지금부터 무엇을 삽니까?

1
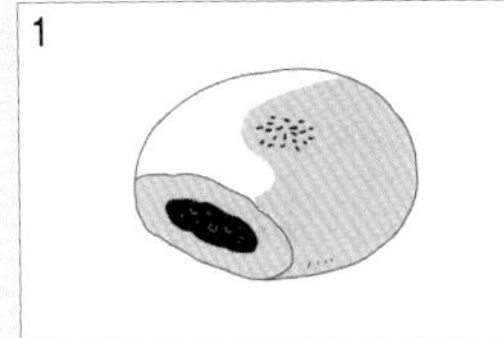

2

3

4
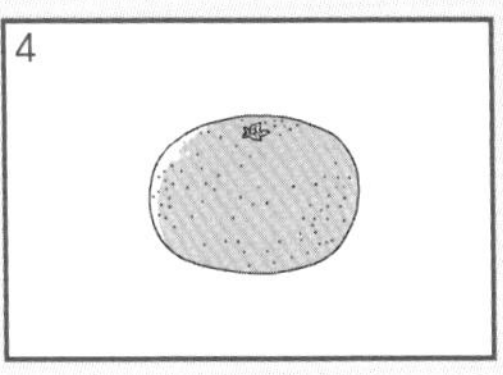

정답 4

단어 子ども 아이, 어린이 | 果物 과일 | きらいだ 싫어하다 | 困る 난처하다, 곤란하다 | パン 빵 | お菓子 과자 | 何でも 뭐든지 | たくさん 잔뜩, 많이 | 入る 들다, 들어가다 | ケーキ 케이크 | 買う 사다 | そしたら 그렇게 하니까, 그러자 | 残す 남기다 | ジュース 주스 | 作る 만들다 | 出す 내놓다, 꺼내다 | 一緒に 같이, 함께 | 野菜 채소, 야채 | 好きだ 좋아하다 | みかん 귤 | 安い 저렴하다, 싸다 | オレンジジュース 오렌지 주스 | ～とか ~라든가 | すぐ 곧, 금방

해설 여자가 살 것은 대화의 마지막 부분에서 알 수 있다. 남자가 '지금은 귤이 저렴하니까 오렌지 주스 같은 게 좋겠네요(今はみかんが安いですからオレンジジュースとかいいですね)'라고 하자 여자가 '바로 사러 갈래요(すぐ買いに行きます)'라고 대답하므로 정답은 4번이다.

もんだい 2 포인트 이해

실전문제 정답 및 해설

정답

실전문제 [1] 2 [2] 1 [3] 1 [4] 2 [5] 1 [6] 1 [7] 3

실전문제

もんだい 2 문제 2에서는 우선 질문을 들으세요. 그 후 문제지를 보세요. 읽을 시간이 있습니다. 그리고 이야기를 듣고 문제지의 1에서 4 중에서 가장 적당한 것을 하나 고르세요.

[1] 51

문제편 240p

男の学生と女の学生が話しています。二人はどこで会いますか。

男 授業は何時頃終わる？

女 今日は3時半には終わると思う。教室の前で会う？

男 こっちも同じ時間に終わるけど、そのあと事務室に行くから、5時に事務室の前で会おうか。

女 じゃあ、私は図書館に行ってから地下のカフェに行っているわ。終わったらそこに来てね。

男 あ、でも、そこのカフェって、4時までじゃない？

女 そうか。じゃ、5時にそっちに行くわ。

二人はどこで会いますか。

1 きょうしつの 前
2 じむ室の 前
3 としょかん
4 ちかの カフェ

남학생과 여학생이 이야기하고 있습니다. 두 사람은 어디에서 만납니까?

남 수업은 몇 시쯤 끝나?

여 오늘은 3시 반에는 끝날 거야. 교실 앞에서 만날래?

남 이쪽도 같은 시간에 끝나지만 그 뒤에 사무실에 가니까, 5시에 사무실 앞에서 만날까?

여 그럼 나는 도서관에 갔다가 지하 카페에 가 있을게. 끝나면 거기로 와.

남 아, 하지만 그 카페라면 4시까지 아니야?

여 그런가. 그럼 5시에 그쪽으로 갈게.

두 사람은 어디에서 만납니까?

1 교실 앞
2 사무실 앞
3 도서관
4 지하 카페

정답 2

단어 会う 만나다 | 授業 수업 | 何時 몇 시 | 頃 ~쯤, ~경 | 終わる 끝나다 | 教室 교실 | 同じだ 같다, 동일하다 | 時間 시간 | 事務室 사무실 | 図書館 도서관 | 地下 지하 | カフェ 카페

해설 남자는 수업이 끝나는 시간은 같지만 이후 사무실에 볼일이 있으므로 5시에 사무실 앞에서 보자고 한다. 이에 여자가 카페에 가 있겠다고 하지만 카페는 4시에 문을 닫는다고 하자 '그럼 5시에 그쪽으로 가겠다'고 한다. 따라서 여자가 남자가 있는 쪽, 즉 사무실로 가겠다고 했으므로 정답은 2번이다.

---

2 52

문제편 240p

女の人と男の人が話しています。女の人は最近の本のどんなところに驚きましたか。

女 「雨がふったあと」という本はありますか。

男 こちらにあります。今とても人気がありますね。

女 あれ、こんなに小さいんですか。これじゃ、服のポケットにも入りますね。

男 今はスマホでも本が読めますから、サイズが大きい本は売れません。

女 字も小さいけど読みにくくはないですね。

男 そうです。それに、デザインもいろいろ考えてありますから、小さくても高いとは思わないでしょう？

女 ええ、本当にそうですね。

女の人は最近の本のどんなところに驚きましたか。

1 本が とても ちいさい こと
2 スマホで 本が 読める こと
3 じが ちいさくて 読みにくい こと
4 デザインが きれいで たかく ない こと

여자와 남자가 이야기하고 있습니다. 여자는 요즘 책의 어떤 점에 놀랐습니까?

여 '비가 온 뒤'라는 책은 있나요?

남 이쪽에 있습니다. 지금 굉장히 인기가 있지요.

여 어라, 이렇게 작은가요? 이거라면 옷 주머니에도 들어가겠네요.

남 지금은 스마트폰으로도 책을 읽을 수 있어서, 사이즈가 큰 책은 안 팔려요.

여 글자도 작지만 읽기 힘들지는 않네요.

남 그렇습니다. 게다가 디자인도 여러 가지 생각해서, 작아도 비싸게는 안 느껴지죠?

여 네, 정말 그렇네요.

여자는 요즘 책의 어떤 점에 놀랐습니까?

1 책이 상당히 작은 것
2 스마트폰으로 책을 읽을 수 있는 것
3 글자가 작아서 읽기 힘든 것
4 디자인이 예쁘고 비싸지 않은 것

정답 1

단어 最近 최근, 요즘 | 本 책 | 驚く 놀라다 | 雨 비 | 降る (눈·비가) 내리다 | 人気 인기 | 小さい 작다 | 服 옷 | ポケット 포켓, 주머니 | 入る 들어가(오)다 | スマホ 스마트폰 | サイズ 사이즈, 크기 | 大きい 크다 | 売れる 팔리다 | 字 글자, 글씨 | ます형+にくい ~하기 힘들다, 어렵다 | デザイン 디자인 | いろいろ 여러 가지 | 考える 생각하다 | 高い 비싸다, 높다 | 思う 생각하다 | 本当に 정말로, 진짜로 | きれいだ 예쁘다, 깨끗하다

해설 요즘 책에 대한 선택지 내용 중 2번과 4번은 남자가 말한 내용이며, 여자는 '글자가 작지만 읽기 힘들지 않다'고 말했으므로 3번은 본문 내용과 맞지 않는다. 여자는 '이렇게 작은가요?(こんなに小さいんですか)'라고 하며 크기를 보고 놀라고 있으므로 정답은 1번이다.

3 53 문제편 241p

女の人が休みの日について話しています。女の人は昨日何をしましたか。

女　私は休みの日はだいたい家にいます。天気がいい日もあまり出かけません。家でゲームをしていることが多いです。昨日もそうでした。私の母は、動くことが好きな人で、よく山に登ったり、公園を走ったりしていました。でも、父は家でテレビを見ていることが多かったです。私はそんな父に似ています。今は買い物もネットでできるし、友だちともビデオチャットで顔を見て話せます。だからこれからも休みの日には家にいることが多いと思います。

女の人は昨日何をしましたか。

1 ゲームを した
2 山に のぼった
3 テレビを 見た
4 かいものに 行った

여자가 휴일에 대해 이야기하고 있습니다. 여자는 어제 무엇을 했습니까?

여　저는 휴일은 대체로 집에 있습니다. 날씨가 좋은 날도 별로 외출하지 않습니다. 집에서 게임을 하고 있는 일이 많아요. 어제도 그랬습니다. 저의 어머니는 움직이는 것을 좋아하는 사람이어서 자주 산에 오르거나 공원을 달리거나 했습니다. 하지만 아버지는 집에서 텔레비전을 보고 있는 일이 많았습니다. 저는 그런 아버지를 닮았습니다. 지금은 쇼핑도 인터넷으로 할 수 있고, 친구와도 화상 채팅으로 얼굴을 보며 이야기할 수 있습니다. 그래서 앞으로도 휴일에는 집에 있는 일이 많을 거라고 생각합니다.

여자는 어제 무엇을 했습니까?

1 게임을 했다
2 산에 올랐다
3 텔레비전을 봤다
4 쇼핑을 갔다

정답 1

단어 休みの日 휴일 | ～について ～에 대해 | だいたい 대체로 | 天気 날씨 | あまり 별로, 그다지 | 出かける 외출하다 | ゲーム 게임 | 多い 많다 | 動く 움직이다, 작동하다 | 人 사람 | よく 자주, 잘 | 山 산 | 登る 오르다, 올라가다 | 公園 공원 | 走る 달리다 | テレビ 텔레비전 | 似てる 닮아 있다(「似ている」의 축약 표현) | 買い物 쇼핑, 장보기 | ネット 인터넷 | 友だち 친구 | ビデオチャット 화상 채팅, 영상 통화 | 顔 얼굴

해설 여자는 세 번째 문장에서 '집에서 게임을 하고 있는 일이 많아요(家でゲームをしていることが多いです)'라고 한 후 '어제도 그랬습니다(昨日もそうでした)'라고 확실히 말하고 있다. 따라서 정답은 1번이다.

---

4 54 문제편 241p

電話で女の人と男の人が話しています。男の人は、どうして今日学校に来なかったのですか。

女　今日、どうしたの？学校に来なかったけど。風邪でもひいたの？

男　昨日遅くまで友だちとオンラインゲームしていて…。

女　何時に寝たの？

전화로 여자와 남자가 이야기하고 있습니다. 남자는 어째서 오늘 학교에 오지 않았습니까?

여　오늘 무슨 일 있었어? 학교에 안 왔던데. 감기라도 걸린 거야?

남　어제 늦게까지 친구와 온라인 게임을 해서….

여　몇 시에 잤어?

男 夜中の２時。起きたらもう授業が終わってる時間だったんだ。

女 アラームはセットしなかったの？

男 したんだけど…。

女 ま、とにかく病気じゃなくてよかった。明日は寝ぼうしないでちゃんと来るのよ。

男の人は、どうして今日学校に来なかったのですか。

1 朝 おきて ゲームを して いたから
2 朝 おきられなかったから
3 アラームを セットしなかったから
4 かぜを ひいたから

남 새벽 두 시. 일어나니까 이미 수업이 끝난 시간이었어.

여 알람은 안 맞춘 거야?

남 맞췄지만….

여 뭐, 어쨌든 아픈 게 아니라 다행이야. 내일은 늦잠 자지 말고 꼭 와.

남자는 어째서 오늘 학교에 오지 않았습니까?

1 아침에 일어나서 게임을 하고 있었기 때문에
2 아침에 일어나지 못했기 때문에
3 알람을 맞추지 않았기 때문에
4 감기에 걸렸기 때문에

정답 2

단어 風邪をひく 감기에 걸리다 | 遅くまで 늦게까지 | 友だち 친구 | オンラインゲーム 온라인 게임 | 寝る 자다 | 夜中 새벽, 한밤중 | 起きる 일어나다, 기상하다 | 授業 수업 | 終わる 끝나다 | 時間 시간 | アラームをセットする 알람을 맞추다 | とにかく 어쨌든 | 病気 병, 질병 | 寝ぼう 늦잠 | ちゃんと 제대로

해설 남자가 학교에 오지 않은 이유는 아침에 일어나지 못했기 때문이다. 게임을 한 것은 어젯밤이며 알람은 맞췄다고 했고, 아픈 게 아니라고 했으므로 1, 3, 4번은 대화 내용과 맞지 않는다. 따라서 정답은 2번이다.

---

5 55

문제편 241p

学校で先生が話しています。テストでしてはいけないことは何ですか。

女 明日は 101 号室で作文のテストをします。みなさんがいつも使っている教室は 106 号室ですから間違えないようにしてください。ケータイは集めます。言葉を調べるのに辞書を使ってもいいですが、ケータイの辞書は使えません。作文はえんぴつで書きます。それ以外は使わないでください。そして、消しゴムを友だちに借りることもできません。

テストでしてはいけないことは何ですか。

1 ボールペンで 書く こと
2 けしゴムを つかう こと
3 じしょを つかう こと
4 101ごう室へ 行く こと

학교에서 선생님이 이야기하고 있습니다. 시험에서 해서는 안 되는 것은 무엇입니까?

여 내일은 101호실에서 작문 시험을 봅니다. 여러분이 항상 사용하는 교실은 106호실이니 혼동하지 않도록 해 주세요. 휴대폰은 걷겠습니다. 단어를 찾는 데 사전을 사용해도 되지만 휴대폰의 사전은 쓸 수 없습니다. 작문은 연필로 적습니다. 그 외의 것은 사용하지 말아 주세요. 그리고 지우개를 친구에게 빌릴 수도 없습니다.

시험에서 해서는 안 되는 것은 무엇입니까?

1 볼펜으로 쓰는 것
2 지우개를 사용하는 것
3 사전을 사용하는 것
4 101호실에 가는 것

정답 1

단어 テスト 테스트, 시험 | ~てはいけない ~해서는 안 된다 | ~号室 ~호실 | 作文 작문 | いつも 항상 | 使う 쓰다, 사용하다 | 教室 교실 | 間違える 혼동하다, 착각하다 | ケータイ 휴대폰 | 集める 걷다, 모으다 | 言葉 말, 단어, 언어 | 調べる (사전을) 찾다, 조사하다 | 辞書 사전 | えんぴつ 연필 | 以外 이외 | 消しゴム 지우개 | 友だち 친구 | 借りる 빌리다

해설 선생님이 시험의 주의 사항에 대해 말하고 있다. 내용을 정리하면 시험 장소는 101호실이며 휴대폰은 사용 금지, 사전을 찾아 볼 수 있고 연필로만 작성할 것, 친구에게 지우개를 빌려서는 안 된다는 것이다. 따라서 정답은 1번이다.

---

6 56 문제편 242p

英語の先生と女の学生が話しています。先生はどこで英語を勉強しましたか。

女 先生、英語は本当にむずかしいですね。先生は外国で勉強されたんですか。

男 ええ。私はカナダに留学したんですが、授業料が安いからオーストラリアに行く人もいます。

女 よくアメリカとイギリスの英語は違うって聞きますけど、どこがいいんでしょうか。

男 英語は英語だから、どこで勉強してもいいと思いますよ。

女 そうですか。私もいつかどこかの国に行って勉強したいです。

男 がんばってください。

先生はどこで英語を勉強しましたか。

1 カナダ
2 オーストラリア
3 アメリカ
4 イギリス

영어 선생님과 여학생이 이야기하고 있습니다. 선생님은 어디에서 영어를 공부했습니까?

여 선생님, 영어는 정말 어렵네요. 선생님은 외국에서 공부하셨나요?

남 네. 저는 캐나다로 유학갔습니다만, 수업료가 저렴해서 오스트레일리아로 가는 사람도 있습니다.

여 미국과 영국의 영어는 다르다는 이야기를 자주 듣는데요, 어디가 좋은가요?

남 영어는 영어니까 어디에서 공부해도 좋다고 생각해요.

여 그런가요. 저도 언젠가 어딘가의 나라에 가서 공부하고 싶습니다.

남 열심히 하세요.

선생님은 어디에서 영어를 공부했습니까?

1 캐나다
2 오스트레일리아
3 미국
4 영국

정답 1

단어 英語 영어 | 勉強 공부 | 本当に 정말로 | むずかしい 어렵다 | 外国 외국 | カナダ 캐나다 | 留学 유학 | 授業料 수업료 | 安い 저렴하다, 싸다 | オーストラリア 오스트레일리아 | 人 사람 | よく 자주, 잘 | アメリカ 미국 | イギリス 영국 | 違う 다르다, 틀리다 | 思う 생각하다 | 国 나라, 국가 | がんばる 열심히 하다, 힘내다

해설 정답은 대화 첫 부분에서 바로 알 수 있다. 외국에서 공부했냐는 여자의 말에 남자는 '저는 캐나다로 유학 갔습니다(私はカナダに留学したんです)'라고 대답하므로 정답은 1번이다. 나머지 선택지는 유학 장소에 대한 이야기에 등장할 뿐 정답과는 관련이 없다.

7 57

女の人と男の人が話しています。女の人は何番で電車に乗りますか。

女 すみません。あの電車は大阪に行きますか。

男 1番の電車はこの駅までです。となりの2番で特急に乗ることができますが、あと40分ぐらい待ちますね。

女 他に大阪に行く電車はありませんか。

男 5番に全部の駅に止まる電車があと5分で来ます。これでも次の特急より早く着きます。

女 5番にはどうやって行けばいいですか。

男 そこからエスカレーターで上に上がってください。となりの6番は反対の方に行くから気をつけてください。

女 どうもありがとうございます。

女の人は何番で電車に乗りますか。

1 1番
2 2番
3 5番
4 6番

여자와 남자가 이야기하고 있습니다. 여자는 몇 번에서 전철을 탑니까?

여 실례합니다. 저 전철은 오사카에 가나요?

남 1번의 전철은 이 역까지입니다. 옆의 2번에서 특급을 탈 수 있지만, 앞으로 40분 정도 기다릴 거예요.

여 오사카로 가는 다른 전철은 없습니까?

남 5번에 모든 역에 서는 전철이 5분 후에 옵니다. 이거라도 다음 특급보다 빨리 도착합니다.

여 5번에는 어떻게 가면 되나요?

남 거기에서 에스컬레이터로 위로 올라가세요. 옆의 6번은 반대쪽으로 가니까 주의해 주세요.

여 고맙습니다.

여자는 몇 번에서 전철을 탑니까?

1 1번
2 2번
3 5번
4 6번

정답 3

단어 電車 전철 | 駅 역 | となり 옆, 이웃 | 特急 특급 전철 | 待つ 기다리다 | 他に 다른, 달리 | 全部 전부 | 止まる 멈추다 | 次 다음 | 早く 빨리 | 着く 도착하다 | どうやって 어떻게 | エスカレーター 에스컬레이터 | 上 위 | 上がる 올라가다 | 反対 반대 | 気をつける 주의하다, 조심하다

해설 여자는 오사카에 가려고 한다. 오사카로 가는 전철은 2번의 특급과 5번의 전철인데 2번은 40분 정도 기다려야 한다는 말에 여자는 5번의 전철을 타기로 하고 5번 홈으로 가는 방법을 묻는다. 따라서 정답은 3번이다. 1번의 전철은 이 역까지만 운행하며 6번의 전철은 반대 방향이라고 했으므로 답이 될 수 없다.

もんだい 3 발화 표현

실전문제 정답 및 해설

정답

실전문제　1 3　2 2　3 3　4 2　5 3

실전문제

もんだい 3　문제 3에서는 그림을 보면서 질문을 들으세요. ➡(화살표)의 사람은 뭐라고 말합니까? 1에서 3 중에서 가장 적당한 것을 하나 고르세요.

1　58　문제편 243p

小さい子どもが泣いています。何と言いますか。

男 1　お菓子、もらう？
　 2　お菓子、くれる？
　 3　お菓子、食べる？

어린 아이가 울고 있습니다. 뭐라고 말합니까?

남 1　과자 받을래?
　 2　과자 줄래?
　 3　과자 먹을래?

정답 3

단어 小さい 작다, 어리다 | 子ども 아이, 어린이 | 泣く 울다 | お菓子 과자 | もらう 받다 | くれる 주다

해설 울고 있는 아이에게 과자를 주며 달랠 때 할 수 있는 말은 '과자 먹을래?'이다. 2번은 아이에게 과자를 달라는 의미이므로 답으로는 적절하지 않으며, 1번은 직역하면 '과자 받을래?'이지만 잘못된 표현으로, 「もらう 받다」를 써서 타인에게 무언가를 주려 할 때는 「もらってくれる？ 받아 줄래?」라고 해야 한다.

2 59

문제편 244p

約束の時間に遅れてしまいました。何と言いますか。

女 1 何してたの？
2 ごめんなさい。
3 ごめんください。

약속 시간에 늦어 버렸습니다. 뭐라고 말합니까?

여 1 뭐 하고 있었어?
2 미안해요.
3 실례합니다, 계십니까?

정답 2

단어 約束 약속 | 時間 시간 | 遅れる 늦다, 늦어지다

해설 약속에 늦은 상황이므로 사과 표현이 들어가야 한다. 정답은 2번이다. 1번은 기다리고 있는 사람이 할 수 있는 말이며, 3번은 타인의 집에 방문하여 사람을 부를 때 사용하는 표현으로 '실례합니다, 계십니까?'라는 의미이다.

---

3 60

문제편 244p

駅で電車の時間が知りたいです。何と言いますか。

男 1 すみません。いま、何時ですか。
2 すみません。駅までどのぐらいですか。
3 すみません。次の電車は何時ですか。

역에서 전철 시간을 알고 싶습니다. 뭐라고 말합니까?

남 1 실례합니다. 지금 몇 시입니까?
2 실례합니다. 역까지 어느 정도 걸립니까?
3 실례합니다. 다음 전철은 몇 시입니까?

정답 3

단어 駅(えき) 역 | 電車(でんしゃ) 전철 | 時間(じかん) 시간 | 知(し)る 알다 | 次(つぎ) 다음

해설 1번은 단순한 시간을 묻는 표현이므로 답이 될 수 없으며, 2번은 소요 시간을 묻고 있으므로 답으로는 적절하지 않다. 정답은 다음 전철 시간을 묻는 3번이다.

---

4 61 문제편 245p

朝(あさ)、子(こ)どもがまだ起(お)きません。何(なん)と言(い)いますか。

女 1 ほら、明日(あした)は休(やす)みでしょ！

2 ほら、学校(がっこう)に遅(おく)れるよ！

3 ほら、もう寝(ね)なさい！

아침에 아이가 아직 일어나지 않습니다. 뭐라고 말합니까?

여 1 얘, 내일은 휴일이잖니!

2 얘, 학교 늦는다!

3 얘, 이제 자렴!

정답 2

단어 まだ 아직 | 起(お)きる 일어나다, 기상하다 | ほら 이것 봐, 얘 | 休(やす)み 휴일, 휴식, 휴가 | 遅(おく)れる 늦다, 늦어지다 | 寝(ね)る 자다

해설 아이가 늦잠을 자서 깨우는 상황이므로 적절한 것은 2번이다. 1번은 상황에 맞지 않으며 3번은 밤에 아이가 자지 않을 때 하는 표현이다. 선택지에 나온 「ほら」는 급히 무언가를 말할 때 쓰는 말로 '이것 봐, 얘, 자' 등 상황에 맞게 해석할 수 있다.

---

5 62 문제편 245p

友(とも)だちに赤(あか)ちゃんが生(う)まれました。何(なん)と言(い)いますか。

女 1 無理(むり)はしないでください。

2 おかげさまです。

3 おめでとうございます。

친구에게 아기가 태어났습니다. 뭐라고 말합니까?

여 1 무리하지 마세요.

2 덕분입니다.

3 축하합니다.

정답 3

단어 友(とも)だち 친구 | 赤(あか)ちゃん 아기 | 生(う)まれる 태어나다 | 無理(むり) 무리 | おかげさま 덕분 | おかげさま 덕분

해설 축하 인사의 가장 일반적인 표현인 3번 「おめでとうございます 축하합니다」가 정답이다. 1번은 상대방을 걱정할 때 사용하며, 2번은 상대방의 도움 혹은 걱정 등에 대한 감사 표현이다.

もんだい 4 즉시 응답

실전문제 정답 및 해설

정답

실전문제 1 2 2 2 3 3 4 2 5 2 6 3 7 2 8 3

실전문제

もんだい 4 문제 4에서는 그림 등이 없습니다. 먼저 문장을 들으세요. 그리고 그 대답을 듣고 1에서 3 중에서 가장 적당한 것을 하나 고르세요.

문제편 246p

1 63

女 誕生日(たんじょうび)おめでとう。プレゼントは何(なに)がいい？

男 1 お花(はな)はどう？
2 え、プレゼントくれるの？
3 え、プレゼントあげるの？

여 생일 축하해. 선물은 뭐가 좋아?

남 1 꽃은 어때?
2 앗, 선물 주는 거야?
3 앗, 선물 줄 거야?

정답 **2**

단어 誕生日(たんじょうび) 생일 | プレゼント 선물 | 花(はな) 꽃

해설 「プレゼントは何(なに)がいい？」는 '선물로 뭐가 받고 싶어?'라는 의미이므로 선물을 준다는 것에 놀라움을 표현하고 있는 2번이 답으로 가장 적절하다. 1번은 상대방에게 무엇을 선물로 줄지 제안할 때 하는 표현이며, 3번은 타인에게 '선물을 줄 것인지' 물을 때 하는 표현이다.

---

2 64

男 あ、髪(かみ)切(き)ったの？

女 1 うん、すごくいいね。
2 20センチぐらい切(き)っちゃった。
3 切(き)ってくれてありがとう。

남 아, 머리 잘랐어?

여 1 응, 굉장히 좋네.
2 20cm정도 잘라 버렸어.
3 잘라 줘서 고마워.

정답 **2**

단어 髪(かみ) 머리카락 | 切(き)る 자르다, 끊다 | すごく 굉장히 | センチ 센티미터(cm) | ～ぐらい ～정도

해설 '머리를 잘랐냐'는 질문에 대한 응답으로는 머리를 자른 정도를 대답하고 있는 2번이 가장 적절하다. 1번은 타인이 머리를 자른 것에 대한 감상이며, 3번은 머리를 잘라 준 사람에 대한 감사를 나타낼 때 하는 표현이다.

---

3 65

女 サッカーの試合(しあい)、もう始(はじ)まった？

男 1 これから始(はじ)まったところ。
2 もう、始(はじ)まったところ。
3 まだ、始(はじ)まってないよ。

여 축구 시합, 벌써 시작했어?

남 1 이제부터 시작한 참이야.
2 이미 시작한 참이야.
3 아직 시작하지 않았어.

정답 3

단어 サッカー 축구 | 試合(しあい) 시합, 경기 | 始(はじ)まる 시작되다 | これから 이제부터, 지금부터 | もう 이미, 벌써 | ～たところ 막 ~한 참

해설 축구 시합의 시작 여부에 대해 묻고 있으므로 '아직 시작하지 않았다'나 '이미 시작했다'라는 응답이 적절하다. 따라서 정답은 3번이다. 1번과 2번의 「동사 た형+ところ」는 '막 ~한 참'을 뜻하는 문형으로 시제를 나타내는 앞부분의 부사와 호응하지 않는 잘못된 표현이다. 1번은 「これから始(はじ)まるところ 지금부터 시작하려는 참이야」가, 2번은 「もう、始(はじ)まったよ 이미 시작했어」가 되어야 한다.

---

4 66

男 先輩(せんぱい)に聞(き)いてみようか。

女 1 先輩(せんぱい)を知(し)らない人(ひと)はいないよ。
2 先輩(せんぱい)なら知(し)っているかもね。
3 先輩(せんぱい)のことはよく知(し)っているよ。

남 선배에게 물어볼까?

여 1 선배를 모르는 사람은 없어.
2 선배라면 알고 있을지도 몰라.
3 선배에 대해서는 잘 알고 있어.

정답 2

단어 先輩(せんぱい) 선배 | 知(し)る 알다 | 人(ひと) 사람 | ～かも ~일지도(「～かもしれない ~일지도 몰라」의 축약 표현) | よく 잘, 자주

해설 질문은 '모르는 것'을 선배에게 물어보겠다는 의미이므로 응답으로 적절한 것은 2번이다. 1번과 3번은 '선배를' 아는지에 대한 응답이므로 답으로는 적절하지 않다.

---

5 67

女 手伝(てつだ)うことがあれば言(い)ってください。

男 1 いつでもいいです。
2 じゃ、コピーをお願(ねが)いします。
3 ちょっと手伝(てつだ)ってくれませんか。

여 도울 일이 있으면 말해 주세요.

남 1 언제든지 좋습니다.
2 그럼 복사를 부탁합니다.
3 좀 도와주시지 않겠어요?

정답 2

단어 手伝(てつだ)う 돕다 | いつでも 언제든지, 언제라도 | コピー 복사

해설 도와주었으면 하는 일을 구체적으로 제시한 2번이 답으로 가장 석당하다. 1번은 질문자의 시점에서 하는 말이며, 3번은 타인에게 먼저 도움을 요청하는 표현이므로 답이 될 수 없다.

6 🎧 68

男 この部屋、ちょっと寒くないですか。	남 이 방, 조금 춥지 않습니까?
女 1 いいえ、寒いです。	여 1 아니요, 춥습니다.
2 寒くても大丈夫ですか。	2 추워도 괜찮습니까?
3 あ、窓を閉めましょうか。	3 아, 창문을 닫을까요?

정답 3

단어 部屋 방 | 寒い 춥다 | 大丈夫だ 괜찮다 | 窓 창, 창문 | 閉める 닫다

해설 방이 춥다고 넌지시 말하고 있으므로 이에 대한 응답으로는 3번이 가장 적당하다. 1번은 「暑くないですか 덥지 않습니까?」라는 질문에 대한 대답이며, 2번은 상대의 의사를 묻는 표현이므로 상황에 맞지 않는다.

---

7 🎧 69

男 この映画、見たことありますか。	남 이 영화, 본 적 있나요?
女 1 どうぞ、見てもいいですよ。	여 1 네, 봐도 좋습니다.
2 いいえ、時間がなくて。	2 아니요, 시간이 없어서요.
3 そんな絵は見たこともありません。	3 그런 그림은 본 적도 없어요.

정답 2

단어 映画 영화 | 絵 그림 | 時間 시간

해설 질문의 「映画 영화」와 「絵は 그림은」의 발음이 비슷하므로 주의 깊게 듣고 정답을 골라야 한다. 영화를 본 적이 있는지에 대한 질문에 '시간이 없어서 보지 못했다'라고 대답한 2번이 답으로 가장 적절하다.

---

8 🎧 70

男 昼なのに部屋が暗いですね。	남 낮인데 방이 어둡군요.
女 1 カーテンを閉めましょう。	여 1 커튼을 닫읍시다.
2 火をつけましょう。	2 불을 붙입시다.
3 電気をつけましょう。	3 (전깃)불을 켭시다.

정답 3

단어 昼 낮 | 部屋 방 | 暗い 어둡다 | カーテン 커튼 | 閉める 닫다 | 火をつける 불을 피우다, 불을 붙이다 | 電気 (전깃)불, 전기

해설 일본어로 '불을 켜다'는 「火をつける」와 「電気をつける」 두 가지가 있는데, 「火をつける」는 '불을 피우다, 불을 붙이다'라는 의미이며, '전깃불을 켜다'라고 할 때에는 「電気をつける」라고 해야 한다. 혼동하지 않도록 주의하자. 정답은 3번이다.

MEMO

JLPT N4

Test

모의고사

모의고사

정답 및 해설

정답

1교시

문자・어휘

もんだい1	1 3	2 4	3 4	4 2		
	5 1	6 1	7 4			
もんだい2	8 4	9 3	10 4	11 2	12 1	
もんだい3	13 1	14 2	15 4	16 2	17 3	18 2
	19 4	20 2				
もんだい4	21 1	22 2	23 2	24 4		
もんだい5	25 1	26 2	27 3	28 2		

2교시

문법

もんだい1	1 3	2 2	3 4	4 4	5 2
	6 3	7 1	8 4	9 3	10 4
	11 3	12 1	13 3		
もんだい2	14 2	15 2	16 1	17 3	
もんだい3	18 3	19 4	20 3	21 3	

독해

もんだい4	22 3	23 2	24 3
もんだい5	25 4	26 4	27 3
もんだい6	28 1	29 4	

3교시

청해

もんだい1	1ばん 3	2ばん 1	3ばん 3	4ばん 4	
	5ばん 4	6ばん 1	7ばん 3	8ばん 1	
もんだい2	1ばん 2	2ばん 2	3ばん 3	4ばん 3	
	5ばん 4	6ばん 3	7ばん 4		
もんだい3	1ばん 3	2ばん 2	3ばん 2	4ばん 1	5ばん 2
もんだい4	1ばん 1	2ばん 2	3ばん 1	4ばん 3	
	5ばん 2	6ばん 1	7ばん 3	8ばん 2	

もんだい 1 ＿＿＿＿ 의 단어는 히라가나로 어떻게 씁니까? 1・2・3・4에서 가장 적당한 것을 하나 고르세요. 문제편 253p

1 ながい あいだ 本を よんでいたので 首が いたいです。

1 め　　2 みみ　　3 くび　　4 あたま

정답 **3** 오랫동안 책을 읽고 있었기 때문에 목이 아픕니다.

단어 長い 길다, 오래다 | 間 동안, 사이, 간격 | 本 책 | 首 목 | 痛い 아프다 | 目 눈 | 耳 귀 | 頭 머리

해설 「首 목 수」의 음독은 「しゅ」이며 훈독은 「首 목」이다. 정답은 3번이다. 훈독 명사인 「手首 손목」과 「足首 발목」도 함께 기억해 두자. 다른 선택지의 「目 눈」, 「耳 귀」, 「頭 머리」뿐만 아니라 「口 입」, 「鼻 코」, 「腕 팔」, 「指 손가락」, 「手 손」, 「足 발」 등 신체에 관한 한 글자 명사는 출제 빈도가 높은 필수 어휘이다.

---

2 だされた りょうりは 全部 たべました。

1 でんぶ　　2 そうぶ　　3 かんぶ　　4 ぜんぶ

정답 **4** 내주신 요리는 전부 먹었습니다.

단어 出す 내다, 내놓다, 제출하다 | 料理 요리 | 全部 전부, 모두

해설 「全 온전할 전」의 음독은 「ぜん」, 훈독은 「全て 모두, 전부」이며 「部 떼 부」의 음독은 「ぶ」이다. 「全部 전부」는 음독 명사이므로 정답은 4번이다. 「全部 전부」와 「全て 모두, 전부」는 유의 표현 파트에서도 자주 출제되므로 함께 기억해 두자.

---

3 コップを 洗って ください。

1 わって　　2 とって　　3 ひろって　　4 あらって

정답 **4** 컵을 씻어 주세요.

단어 コップ 컵 | 洗う 씻다 | 割る 깨다 | 取る 들다, 쥐다 | 拾う 줍다

해설 「洗 씻을 세」의 음독은 「せん」이며 훈독은 「洗う 씻다」이므로 정답은 4번이다. 음독 명사인 「洗濯 세탁, 빨래」도 함께 기억해 두자. 다른 선택지의 동사도 「コップを割りました 접시를 깼습니다」, 「塩を取ってください 소금을 집어 주세요」, 「ゴミを拾います 쓰레기를 줍습니다」와 같은 예시를 통해 기억해 두자.

---

4 もう 空が 暗く なりました。

1 あかるく　　2 くらく　　3 おもく　　4 やすく

정답 **2** 벌써 하늘이 어두워졌습니다.

단어 もう 이미 | 空 하늘 | 暗い 어둡다 | 明るい 밝다 | 重い 무겁다 | 安い 싸다, 저렴하다

해설 「暗 어두울 암」의 훈독은 「暗い 어둡다」이므로 정답은 2번이다. 반의어인 1번과 「明るい 밝다」도 함께 기억해 두자. 색깔을 말하는 「黒い 검다」와 발음이 비슷해서 혼동하기 쉬우므로 주의해야 한다.

5 アルバイトの せんぱいは わたしに 親切(しんせつ)に して くれます。

1 しんせつに　　2 たいせつに　　3 おやせつに　　4 けんせつに

정답 **1** 아르바이트 선배는 저에게 친절하게 대해 줍니다.

단어 アルバイト 아르바이트 | 先輩(せんぱい) 선배 | 親切(しんせつ)だ 친절하다 | 大切(たいせつ)だ 소중하다, 중요하다

해설 「親切(しんせつ) 친절」은 음독 어휘이므로 정답은 1번이다. 「親 친할 친」의 음독은「しん」, 훈독은 「親(おや) 부모」, 「親(した)しい 친하다」이다. 음독 명사인 「両親(りょうしん) 부모님」도 함께 기억해 두자. 「大切(たいせつ)だ 소중하다」는 「切 끊을 절」의 음독 어휘이고, 훈독은 「切(き)る 자르다, 베다, 끊다」이다.

---

6 その にもつは わたしが 運(はこ)びますよ。

1 はこびます　　2 あそびます　　3 えらびます　　4 よびます

정답 **1** 그 짐은 제가 옮길게요.

단어 荷物(にもつ) 짐 | 運(はこ)ぶ 옮기다, 나르다 | 遊(あそ)ぶ 놀다 | 選(えら)ぶ 고르다, 선택하다 | 呼(よ)ぶ 부르다

해설 「運 옮길 운」의 음독은 「うん」이며 훈독은「運(はこ)ぶ 나르다, 옮기다」이므로 정답은 1번이다. 다른 선택지의 동사 및 「運」의 음독 명사인 「運転(うんてん) 운전」,「運動(うんどう) 운동」 등은 시험에 자주 출제되는 필수 어휘이므로 잘 기억해 두어야 한다.

---

7 ともだちと 8時(じ)に 会(あ)う 約束(やくそく)を しました。

1 よくそつ　　2 よくそく　　3 やくそつ　　4 やくそく

정답 **4** 친구와 8시에 만날 약속을 했습니다.

단어 会(あ)う 만나다 | 約束(やくそく) 약속

해설 「約束(やくそく) 약속」은 음독 명사이므로 정답은 4번이다. 「約束(やくそく) 약속」을 사용하는 숙어 표현인 「約束(やくそく)をする 약속을 하다」, 「約束(やくそく)を守(まも)る 약속을 지키다」, 「約束(やくそく)をやぶる 약속을 깨다」 등도 함께 기억해 두자.

もんだい 2 ＿＿＿＿의 단어는 어떻게 씁니까? 1・2・3・4에서 가장 적당한 것을 하나 고르세요.

문제편 255p

8 わたしは くるまの うんてんが できません。

1 雲伝　　2 雲転　　3 運伝　　4 運転(うんてん)

정답 **4** 저는 자동차 운전을 할 수 없습니다.

단어 車(くるま) 차, 자동차 | 運転(うんてん) 운전

해설 「運転(うんてん) 운전」을 올바르게 표기한 것은 4번이다. 「運 옮길 운」의 음독은 「うん」, 훈독은 「運(はこ)ぶ 운반하다, 옮기다」이며, 「転 구를 전」의 음독은 「てん」, 훈독은 「転(ころ)ぶ 넘어지다」이다. 형태가 비슷한 다른 선택지의 「連 잇닿을 연」이나 「伝 전할 전」과 혼동하지 않도록 주의해야 한다. 「転」의 음독 명사인 「自転車(じてんしゃ) 자전거」도 빈번하게 출제되는 단어이므로 기억해 두자.

---

9 あねが さんにん います。

1 弟(おとうと)　　2 兄(あに)　　3 姉(あね)　　4 妹(いもうと)

정답 **3** 언니(누나)가 3명 있습니다.

단어 三人 세 명 | 姉 언니, 누나 | 弟 남동생 | 兄 형, 오빠 | 妹 여동생

해설 「あね」는 '언니, 누나'라는 의미로 「姉 손 윗누이 자」를 쓴다. 정답은 3번이다. 형태는 비슷하지만 반의어에 해당하는 4번 「妹 여동생」와 혼동하지 않도록 주의하자. 다른 선택지의 단어 모두 가족에 대한 기초 필수 단어로, 이 외에 「兄弟 형제」, 「姉妹 자매」도 함께 기억해 두면 도움이 된다.

---

10 かれは ひくい こえで はなしますね。

1 早い　　2 遠い　　3 遅い　　4 低い

정답 **4** 그는 낮은 목소리로 말하네요.

단어 彼 그 | 声 목소리 | 低い 낮다 | 早い 이르다, 빠르다 | 遠い 멀다 | 遅い 늦다, 더디다

해설 '낮다'라는 뜻의 「ひくい」를 바르게 표기한 것은 4번이다. 「低 낮을 저」의 음독은 「てい」로, 「最低 최저」 등의 예시를 통해 기억해 두자. '한자 +い'로 구성된 い형용사는 형태가 비슷해 보여 혼동하기 쉬우므로 각 한자의 뜻을 정확하게 익히는 것이 중요하다.

---

11 きのう おくった メールを 見て ください。

1 送った　　2 送った　　3 迷った　　4 返った

정답 **2** 어제 보낸 메일을 보세요.

단어 メール 메일 | 送る 보내다 | 迷う 헤매다, 망설이다 | 返る 되돌아가(오)다.

해설 '메일을 보내다'라는 할 때에는 「送 보낼 송」을 써서 「送る 보내다」라고 표기한다. 따라서 정답은 2번이다. 3번은 「迷う 헤매다, 망설이다」이고, 4번은 「返る 되돌아가(오)다」이다. 비슷하게 생긴 1번 「迭 번갈아들 질」은 음독 「てつ」로 읽으며 사용하는 단어가 한정되어 있어 자주 쓰이지는 않는다.

---

12 その ひは とくべつな りょうりを つくって、食べます。

1 特別　　2 持別　　3 特列　　4 持列

정답 **1** 그날은 특별한 요리를 만들어 먹습니다.

단어 その日 그날 | 特別だ 특별하다 | 料理 요리 | 作る 만들다

해설 「特別 특별」을 바르게 표기한 것은 1번이다. 「特 특별할 특」과 형태가 비슷하여 혼동하기 쉬운 「持つ 들다」, 「待つ 기다리다」, 「寺 절」 등의 단어와 구분하여 기억해야 한다. 「別 나눌 별」의 음독은 「べつ」, 훈독은 「別れる 헤어지다」이다. 「区別 구별」, 「別に 별도로, 그다지」 등의 예시를 통해 기억해 두자.

もんだい 3 (　　　)에 무엇을 넣습니까? 1・2・3・4에서 가장 적당한 것을 하나 고르세요. 문제편 256p

13 よばれて へんじを しないのは (　　　) です。

1 しつれい　　2 かんたん　　3 ふくざつ　　4 ていねい

정답 **1** 불렸는데 대답을 하지 않는 것은 실례입니다.

단어 呼ぶ 부르다 | 返事 대답, 답장 | 失礼だ 실례이다 | 簡単だ 간단하다 | 複雑だ 복잡하다 | ていねいだ 정중하다, 공손하다

해설 '불렀는데 대답을 하지 않는 것은 예의가 아니다'라는 흐름의 문장이 되어야 하므로 정답은 1번이다. 선택지는 모두 な형용사로, 2번은 「簡単な問題 간단한 문제」, 3번은 「複雑な気分 복잡한 기분」, 4번은 「ていねいなあいさつ 정중한 인사」처럼 쓰는 것이 자연스럽다

---

14 この かんじは 読めますが（　　　）が わかりません。

1 ところ　　2 いみ　　3 しゅみ　　4 ゆめ

정답 **2** 이 한자는 읽을 수는 있지만, 의미를 모르겠습니다.

단어 漢字 한자 | 意味 의미, 뜻 | 分かる 알다, 이해하다 | 所 곳, 장소 | 趣味 취미 | 夢 꿈

해설 '한자를 읽을 수는 있지만 의미는 모른다'라는 문맥이므로 괄호 안에는 '의미, 뜻'이라는 뜻의 명사 「意味」가 들어가야 한다. 따라서 정답은 2번이다. 1, 3, 4번의 명사 모두 필수 단어이므로 함께 기억해 두자.

---

15 ともだちと つい（　　　）えきまえで わかれました。

1 きっと　　2 もっと　　3 やっと　　4 さっき

정답 **4** 친구와 조금 전에 역 앞에서 헤어졌습니다.

단어 ついさっき 조금(방금) 전에 | 駅前 역 앞 | 別れる 헤어지다, 이별하다 | きっと 반드시, 분명히 | もっと 더, 더욱, 좀 더 | やっと 겨우, 가까스로, 간신히

해설 '방금 전에 헤어졌다'라는 문장이 되어야 하므로 정답은 4번 「さっき 조금 전」이다. 선택지 모두 부사로, 1번은 「きっと勝つだろう 분명히 이길 것이다」처럼 주관적인 확신, 의지, 강한 추측, 부탁 등을 표현할 때 사용한다. 2번은 「もっとがんばります 좀 더 열심히 하겠습니다」처럼 '첨가, 부연'의 뜻으로 사용하며, 4번은 「何回も失敗したが、やっと成功した 몇 번이나 실패했지만, 겨우 성공했다」처럼 기대하던 일이 드디어 이루어지거나 「やっと試験が終わった 마침내 시험이 끝났다」와 같이 불안한 상황에서 벗어난 후의 안심이나 안도감을 표현할 때 사용한다.

---

16 となりの おとこの こは（　　　）わらって います。

1 いつか　　2 いつも　　3 いつから　　4 いつまで

정답 **2** 이웃집 남자아이는 항상 웃고 있습니다.

단어 となり 이웃, 옆 | 男の子 남자아이 | 笑う 웃다 | いつか 언젠가 | いつも 늘, 항상 | いつから 언제부터 | いつまで 언제까지

해설 「笑う 웃다」를 수식하는 부사로는 「よく 자주, 잘」이나 「いつも 늘, 항상」이 주로 사용되며, 선택지 중 자연스러운 문맥이 되는 것은 2번이다. 선택지 1번은 「いつか見たことがある 언젠가 본 적이 있다」, 3번은 「いつからそうでしたか 언제부터 그랬어요?」, 4번은 「レポートはいつまでですか 리포트는 언제까지입니까?」와 같은 예문을 통해 뉘앙스를 기억해 두자.

---

17 すきな かしゅの サインを もらって（　　　）です。

1 うすかった　　2 あぶなかった　　3 うれしかった　　4 やさしかった

정답 **3** 좋아하는 가수의 사인을 받아서 기뻤습니다.

단어 好きだ 좋아하다 | 歌手 가수 | サイン 사인 | もらう 받다 | 薄い 얇다 | 危ない 위험하다 | うれしい 기쁘다 | 優しい 상냥하다, 다정하다

해설 좋아하는 가수의 사인을 받은 후의 감정을 표현하는 문장이므로 정답은 3번「うれしかった 기뻤다」이다. 다른 선택지 모두 い형용사이지만 감정을 표현하는 어휘는 아니므로 답으로는 부적절하다.

---

18 まいあさ ジョギングで 3（　　　）くらい 走って います。

1 グラム　　2 キロ　　3 センチ　　4 メートル

정답 **2** 매일 아침 조깅으로 3km 정도 달리고 있습니다.

단어 毎朝 매일 아침 | ジョギング 조깅 | ～くらい ～정도 | 走る 달리다 | グラム 그램(g) | キロ 킬로(km/kg) | センチ 센티(cm) | メートル 미터(m)

해설 선택지는 모두 단위를 나타내는 말이다. 선택지 2번「キロ」는 한국어와 마찬가지로 '킬로그램(kg)'이나 '킬로미터(km)' 두 가지의 준말로 사용한다. '달린 거리'를 나타내는 문장이므로 정답은 2번이다. 선택지 1번「グラム 그램」은 무게를 나타내는 단위이고, 3번「センチ」는「センチメートル 센티미터」의 준말이다. 4번「メートル 미터」 역시 길이를 나타내는 단위이지만 '달린 거리'로는 너무 짧으므로 문맥상 부자연스럽기 때문에 답이 될 수 없다.

---

19 かずを（　　　）とき、ゆびを つかう ことも あります。

1 うたう　　2 はかる　　3 ならべる　　4 かぞえる

정답 **4** 수를 셀 때, 손가락을 사용하는 경우도 있습니다.

단어 数 수, 셈 | 数える 수를 세다, 셈하다 | 時 때 | 指 손가락 | 使う 사용하다 | 歌う 노래하다 | はかる (길이 · 무게를) 재다 | 並べる 늘어놓다, 줄서다

해설「数を数える 수를 세다, 셈하다」는 숙어 표현으로 기억해 두자. 정답은 4번이다. 1번은「歌を歌う 노래를 부르다」, 2번은「長さをはかる 길이를 재다」, 3번은「料理をならべる 음식을 차리다」처럼 쓰는 것이 자연스럽다.「数 셀 수」의 음독 명사인「数学 수학」,「数字 숫자」도 함께 기억해 두자.

---

20 小川さんに テストの 日を メールで（　　　）。

1 わかりました　　2 つたえました　　3 しょうかいしました　　4 しょうたいしました

정답 **2** 오가와 씨에게 시험 날짜를 메일로 전달했습니다.

단어 テスト 테스트, 시험 | メール 메일 | 分かる 알다, 이해하다 | 伝える 전달하다, 알리다 | 紹介する 소개하다 | 招待する 초대하다

해설 '시험 날짜를 메일로 알려 주었다'라는 의미의 문장이 되어야 한다. 선택지 중 '가르쳐 주다'나 '전달하다'라는 뜻을 가진 동사는 2번「伝える 전달하다」이다. 1번은「わかる 알다, 이해하다」이며, 3번과 4번은 각각「紹介 소개」와「招待 초대」라는 명사와「する 하다」가 합쳐진 것으로「田中さんをみんなに紹介しました 다나카 씨를 모두에게 소개했습니다」,「パーティーに招待しました 파티에 초대했습니다」와 같은 예문을 통해 기억해 두자.

もんだい 4 ＿＿＿＿의 문장과 거의 같은 의미의 문장이 있습니다. 1・2・3・4에서 가장 적당한 것을 하나 고르세요.

문제편 258p

21 よるは ゆきに なる かもしれません。

1 よるは ゆきが ふる かもしれません。

2 よるは ゆきが かならず ふります。

3 よるは ゆきが ふりません。

4 よるは ゆきが やむでしょう。

정답 **1** 밤에는 눈이 내릴지도 모릅니다.

단어 夜 밤 | 雪 눈 | 降る 내리다 | 必ず 꼭, 반드시 | 止む (눈·비가) 그치다, 멎다

해설 「ゆきになるかもしれません」은 직역하면 '눈이 될지도 모른다'로, '눈이 올지도 모른다'라고 자연스럽게 해석해야 한다. 따라서 정답은 1번이다. 선택지 2번은 '밤에 눈이 반드시 내립니다', 3번은 '밤에 눈이 내리지 않습니다', 4번은 '밤에 눈이 그칠 것입니다'라는 뜻이므로 제시문과 의미가 다르다.

---

22 パソコンの ちょうしが あまり よく ありません。

1 パソコンは もんだいなく うごきます。

2 パソコンが うまく うごきません。

3 パソコンは あまり つかいません。

4 パソコンを つかうのは よく ありません。

정답 **2** 컴퓨터가 잘 작동하지 않습니다.

단어 パソコン 컴퓨터 | 調子 (몸·기계 등의) 상태 | あまり 그다지, 별로 | 良い·良い 좋다 | 問題ない 문제없다 | うまく 잘, 능숙하게 | 動く 작동하다, 움직이다 | 使う 사용하다

해설 「調子があまりよくありません 상태가 그다지 좋지 않습니다」라는 말을 「うまく動きません 잘 작동하지 않습니다」라고 바꿔 표현한 2번이 정답이다. 「調子がいい/悪い (몸·기계 등의) 상태가 좋다/나쁘다」는 모든 영역에서 자주 등장하는 표현이다. 선택지 1번은 '컴퓨터는 문제없이 작동합니다', 3번은 '컴퓨터는 별로 사용하지 않습니다', 4번은 '컴퓨터를 사용하는 것은 좋지 않습니다'이므로 의미가 다른 문장이다.

---

23 その 映画を 見て なきました。

1 その 映画を 見て びっくりしました。

2 その 映画を 見て なみだが でました。

3 その 映画を 見て うれしく なりました。

4 その 映画を 見て おどろきました。

정답 **2** 그 영화를 보고 눈물이 났습니다.

단어 映画 영화 | 泣く 울다 | びっくりする 깜짝 놀라다 | 涙が出る 눈물이 나다 | うれしい 기쁘다 | 驚く 놀라다

해설 「泣きました 울었습니다」를 「涙が出ました 눈물이 났습니다」라고 바꿔 표현한 2번이 정답이다. 선택지 1번은 '그 영화를 보고 깜짝 놀랐습니다', 3번은 '그 영화를 보고 기뻐졌습니다', 4번은 '그 영화를 보고 놀랐습니다'이므로 답이 될 수 없다.

24 先生は 山田さんに ちゅういしました。

1 山田さんは 先生に「よく できました」と 言われました。

2 山田さんは 先生に「やすんで いいですよ」と 言われました。

3 山田さんは 先生に「もう いちど やりなさい」と 言われました。

4 山田さんは 先生に「きを つけて くださいね」と 言われました。

정답 **4** 야마다 씨는 선생님에게 '조심하세요'라고 들었습니다.

단어 注意する 주의하다, 주의를 주다 | 休む 쉬다 | もう一度 한번 더, 다시 한번 | やる (어떤 행위를) 하다, (무엇을) 주다 | 気をつける 주의하다, 조심하다

해설 「注意する 주의하다, 주의를 주다」의 유의 표현은 「気をつける 주의하다, 조심하다」이므로 정답은 4번이다. 선택지 1번 「よくできました 잘했어요」는 칭찬할 때 쓰는 말이고, 2번 「休んでもいいですよ 쉬어도 돼요」는 쉬어도 좋다는 허가나 허락의 표현, 3번 「もう一度やりなさい 한번 더 하세요, 다시 하세요」는 명령이나 권유의 표현이므로 답으로는 적절하지 않다.

もんだい 5 다음 단어의 사용법으로 가장 적당한 것을 1・2・3・4에서 하나 고르세요.

문제편 260p

25 たいてい

1 ちちは 日よう日 たいてい いえに います。

2 いつもの 電車に 乗れなくて たいていな ことに なって しまいました。

3 友だちと 同じ アパートに すむのは なかなか たいていです。

4 きのう 東京で とても たいていの あめが ふりました。

정답 **1** 아버지는 일요일 대부분 집에 있습니다.

단어 たいてい 대부분, 대개 | いつも 늘, 항상 | 同じだ 같다, 동일하다 | アパート 아파트 | 住む 살다 | なかなか 꽤, 상당히, 어지간히 | とても 매우 | 雨 비 | 降る 내리다

해설 「たいてい」는 '대부분, 대개'라는 뜻이므로, '대부분 집에 있다'라고 맥락에 맞게 사용한 1번이 정답이다. 선택지 2번은 「大変だ 힘들다, 큰일이다」를 활용한 표현이 들어가야 하며, 3번은 「難しい 어렵다」, 4번은 「たくさん 많이」가 들어가야 자연스럽다.

---

26 せんたく

1 友だちが くるので へやを せんたくしました。

2 3日かん きた シャツを せんたくしました。

3 パンも たまごも なくなったので せんたくして きます。

4 やさいは きる 前に せんたくします。

정답 **2** 사흘간 입은 셔츠를 세탁했습니다.

단어 洗濯 세탁, 빨래 | 部屋 방 | 3日間 사흘간, 3일 동안 | 着る 입다 | シャツ 셔츠 | パン 빵 | たまご 달걀 | なくなる 없어지다 | 野菜 채소, 야채 | 切る 자르다 | 前 앞(공간), 전(시간)

해설 「洗濯」는 '세탁, 빨래'라는 의미이므로 문맥에 맞게 사용한 것은 2번 '셔츠를 세탁하다(빨다)'이다. 1번은 「掃除 청소」, 3번은 「買い物 장보기, 쇼핑하다」, 4번은 「水洗い 물 세척, 물로 씻음」이 들어가야 한다.

---

27 つまらない

1 さいきん ごはんを 食べる 時間が ない くらい しごとが つまらないです。

2 アルバイトを はじめてから、べんきょうする 時間が つまらなく なって きました。

3 この 時間の テレビの ばんぐみは どれも とても つまらないです。

4 アパートは あたらしいですが、この へやは つまらないので、あまり にもつが おけません。

정답 **3** 이 시간의 TV 프로그램은 모두 너무 재미없습니다.

단어 つまらない 재미없다, 하찮다, 시시하다 | 最近 최근, 요즘 | ご飯 밥 | 仕事 일 | アルバイト 아르바이트 | 始める 시작하다 | 勉強 공부 | テレビ TV, 텔레비전 | 番組 방송 프로그램 | どれも 모두, 어느 것도 | とても 매우, 대단히 | アパート 아파트 | 新しい 새롭다 | 部屋 방 | あまり 그다지, 별로 | 荷物 짐, 하물 | 置く 두다, 놓다

해설 「つまらない」를 문맥에 맞게 사용한 것은 3번이다. 「つまらない」는 '별 것 아니다, 하찮다, 소용이 없다, 흥미가 없다, 재미가 없다, 시시하다'처럼 문맥에 따라 다양한 의미로 해석할 수 있는 형용사이다. 「つまらない物ですが… 별것 아닙니다만…」, 「最近仕事がつまらない 요즘 일이 재미없다」, 「その映画はつまらなかった 그 영화는 따분했다」와 같은 예문을 통해 뉘앙스를 기억해 두자. 1번은 「忙しい 바쁘다」, 2번은 「少なく 적어」, 4번은 「せまい 좁다」가 들어가야 자연스럽다.

---

28 じこ

1 Aと Bの あいだには いままでも いろいろな じこが ありました。

2 ここに 来る とちゅう、道で じどうしゃの じこを 見ました。

3 きょうしつで 学生と 学生が じこを しました。

4 川島さんは いま 大きな じこに かかって びょういんに います。

정답 **2** 여기에 오는 도중에, 길에서 자동차 사고를 보았습니다.

단어 事故 사고 | 間 사이, 간격 | 今まで 지금까지 | いろいろ 여러 가지 | 途中 도중(에), 중간에 | 道 길 | 自動車 자동차 | 教室 교실 | 大きな 큰 | かかる 걸리다 | 病院 병원

해설 「事故」는 '사고'라는 의미이므로 '자동차 사고를 목격했다'라는 문맥으로 사용한 2번이 정답이다. 1번은 「問題 문제」가, 3번은 「けんか 싸움」이 들어가야 한다. 4번은 '큰 사고가 나서 병원에 있다'라는 문장의 의미만을 보면 정답이라고 생각할 수도 있지만, 밑줄 뒤의 동사가 「かかる」이므로 「病気にかかる 병에 걸리다」가 되어야 바른 표현이다.

もんだい 1 (　　)에 무엇을 넣습니까? 1・2・3・4에서 가장 적당한 것을 하나 고르세요. 문제편 265p

1 あけまして おめでとう ございます。今年(ことし) (　　) よろしく お願(ねが)いします。

1 に　　2 が　　3 も　　4 を

정답 **3** 새해 복 많이 받으세요. 올해도 잘 부탁드립니다.

단어 あけましておめでとうございます 새해 첫인사, 새해 복 많이 받으세요 | 今年(ことし) 올해

해설 '지난해에 이어 올해도 잘 부탁한다'라는 새해 인사 표현이므로 '~도, ~또한'에 해당하는 조사「も」가 답으로 직절하다. 조사「も」는「10分(ぷん)もかかってしまった 10분이나 걸려 버렸다」와 같이 수량을 나타내는 표현 뒤에 올 경우 그 숫자의 정도를 강조하는 의미인 '~나, ~씩이나'라는 용법이 되는 것도 함께 기억해 두자.

---

2 もう 少(すこ)しで この 仕事(しごと)が 終(お)わるので、さいご (　　) やってから 帰(かえ)ります。

1 にも　　2 まで　　3 から　　4 しか

정답 **2** 조금만 있으면 이 일이 끝나니까, 마지막까지 하고 돌아가겠습니다.

단어 もう少(すこ)し 조금 더 | 仕事(しごと) 일 | 終(お)わる 끝나다 | 最後(さいご) 최후, 마지막 | やる 하다, 주다 | 帰(かえ)る 돌아가(오)다 | ~にも ~에게도 | ~まで ~까지 | ~から ~에서부터 | ~しか (~ない) ~밖에 (~않다)

해설 「~まで」는 그 시간까지 어떠한 것을 '지속적으로 계속할 때' 사용하며,「~までに」는 '정해진 기한이나 마감일을 말할 때' 사용하는 표현이다.「まで」와「までに」는 둘 다 '~까지'라는 뜻으로 혼동하기 쉬우므로 차이를 정확하게 구분해서 기억해야 한다. 쉼표 앞 내용에서 일이 얼마 남지 않았음을 알 수 있으므로 '마지막까지 하고 나서 귀가한다'라는 내용의 문장이 되어야 한다. 따라서 괄호 안에는 2번「~まで ~까지」가 들어가야 한다.

---

3 私(わたし)は 元気(げんき)で がんばって いると ご家族(かぞく)の みなさん (　　) お伝(つた)え ください。

1 なら　　2 より　　3 とも　　4 にも

정답 **4** 저는 건강하게 열심히 하고 있다고 가족분들께도 전해 주세요.

단어 元気(げんき)だ 건강하다, 잘 지내다 | がんばる 열심히 하다, 노력하다, 분발하다 | ご家族(かぞく) (타인의) 가족 | みなさん 여러분 | 伝(つた)える 전하다, 알리다 | ~なら ~라면 | ~より ~보다 | ~とも ~과도, ~라고도 | ~にも ~에도, ~에게도

해설 괄호 안에는 안부를 전할 대상을 나타내는 조사「~に ~에게, ~한테」와 조사「~も ~도」를 결합한 4번「~にも ~에게도」가 들어가야 한다. 이처럼 조사「も」는 다른 조사와 함께 쓰이는 경우가 많다. 선택지 3, 4번 외에도「~でも ~에서도」,「~からも ~에게서도」 등도 함께 기억해 두자.

---

4 いつも 何時(なんじ) (　　)、いえに お戻(もど)りに なりますか。

1 ほど　　2 から　　3 より　　4 ごろ

정답 **4** 항상 몇 시쯤 집에 돌아가세요?

단어 いつも 항상, 늘 | 何時 몇 시 | うち 집 | 戻る 되돌아가(오)다 | ～ほど ～정도 | ～から ～부터 | ～より ～보다, ～부터 | ～ごろ ～쯤, ～경

해설 평소의 귀가 시간을 묻는 문장이므로 괄호 안에는 대략적인 시간을 나타내는 표현인 4번이 들어가야 한다. 「頃(ころ·ごろ) ～쯤, ～경」은 시간, 날짜, 계절 등과 함께 쓰여 대략적이고 막연한 때를 나타낼 때 사용하는 표현이다. 단순히 '～정도'라는 뜻만 보고 1번 「～ほど」와 혼동할 수 있는데 「～ほど」는 「10分ほどお待ちください 10분 정도 기다려 주십시오」처럼 기다리는 시간의 길이를 나타내거나 「これを10枚ほどコピーしてください 이걸 10장 정도 복사해 주세요」처럼 수량을 나타내는 표현이라는 점에서 시간에만 쓸 수 있는 「頃」와는 차이가 있다. 일상 회화에서는 비슷한 의미의 「～くらい·ぐらい ～정도」도 많이 사용하므로 함께 기억해 두자.

---

5 大阪の 人は 話す（　　　）はやいです。

1 のに　　2 のが　　3 とは　　4 には

정답 **2** 오사카 사람은 말하는 것이 빠릅니다.

단어 速い 빠르다(속도) | ～のに ～인데, ～하는데 | ～のが ～것이 | ～とは ～와는, ～라고는 | ～には ～에는, ～에게는

해설 '말하는 것이 빠르다'라는 문장이 되어야 하므로 정답은 2번이다. 조사 「の」는 이처럼 동사나 형용사의 보통체 뒤에 붙어서 명사화시키는 용법이 있다. 이 외에도 조사 「の」에는 「日本語の先生 일본어 선생님」과 같이 ①명사와 명사를 연결해 주는 용법, 「私のかばん 나의 가방」과 같이 ②소유격을 나타내는 용법, 「課長の山田です 과장인 야마다입니다(課長 = 山田)」와 같이 ③동격을 나타내는 용법 등 다양한 용법이 있으므로 예문과 함께 기억해 두자.

---

6 田中　「トニーさん、料理は 上手に なった？」
トニー　「おいしい カレーが 作れる（　　　）に なりました。」

1 とか　　2 など　　3 よう　　4 もの

정답 **3** 다나카　토니 씨, 요리는 잘 할 수 있게 됐어(늘었어)?
토니　맛있는 카레를 만들 수 있게 되었습니다.

단어 料理 요리 | 上手だ 잘하다, 능숙하다 | おいしい 맛있다 | カレー 카레 | 作る 만들다 | ～とか ～라든지 | ～など ～등 | ～もの ～한 것, ～인 걸(회화체 문말 표현)

해설 「동사의 기본형/가능형 + ようになる」는 '～게 되다'라는 뜻으로 능력이나 상황, 습관 등의 변화를 표현하는 문형이다. '요리 실력이 늘어서 카레를 만들 수 있게 되었다'라는 문장이므로 정답은 3번이다.

---

7 今は インターネットを（　　　）たくさんの 人に アンケートが できます。

1 使えば　　2 使えないで　　3 使うのも　　4 使うのを

정답 **1** 요즘은 인터넷을 사용하면 많은 사람에게 설문 조사를 할 수 있습니다.

단어 インターネット 인터넷 | たくさんの 많은 | アンケート 앙케트, 설문 조사 | 使う 사용하다

해설 「～ば ～라면, ～하면」은 객관적인 조건이나 가정 표현을 나타내는 문형이다. 「使う 사용하다」는 1그룹 동사이므로 어미 「う단」을 「え단」으로 바꾼 후 「ば」를 붙여 「使えば 사용하면」의 형태가 된다. 따라서 정답은 1번이다.

8 自分の 教科書に 名前を 書くのは、同じ 教科書を 使って いる 友だちの ものと（　　　）ように する ためです。

1 間違えても よい　　2 間違えられても よい
3 間違えさせる　　4 間違えられない

정답 **4** 자신의 교과서에 이름을 쓰는 것은, 같은 교과서를 사용하고 있는 친구의 것과 혼동되지 않게 하기 위해서입니다.

단어 自分 자기, 자신 | 教科書 교과서 | 名前 이름 | 同じだ 같다, 동일하다 | 使う 사용하다 | 間違える 혼동하다, 착각하다, 잘못 알다 | ～ため ~(하기) 위해서, ~때문에

해설 '다른 사람의 교과서와 혼동되지 않게 하기 위해 교과서에 이름을 쓴다'라는 내용의 문장이다. 따라서 괄호 안에는 '혼동하다, 착각하다'라는 의미의 동사「間違える」를 수동 부정형으로 활용한 4번「間違えられない (친구가 내 교과서와) 혼동되지 않게」가 정답이다. 1번은 '혼동해도 좋다', 2번은 '혼동되어도 좋다', 3번은 '혼동하게 하다'이므로 의미가 맞지 않는다.

---

9 試験が 終わった あとで、答えを 書く ところを 間違えた こと（　　　）気が ついた。

1 の　　2 が　　3 に　　4 で

정답 **3** 시험이 끝난 뒤에 답을 쓰는 곳을 착각했다는 것을 깨달았다.

단어 試験 시험 | 終わる 끝나다 | 答え 답 | ところ 곳 | 間違える 착각하다, 혼동하다, 잘못 알다 | 気がつく 깨닫다, 알아차리다

해설 「気がつく」는 '깨닫다, 알아차리다, 눈치를 채다'라는 뜻으로 '~을 깨닫다'라고 할 때에는 조사「に」와 함께 사용한다. 따라서 정답은 3번이다.「～に気づく ~을/를 깨닫다」 및「気」와 관련된 숙어 표현인「～に気をつける ~을/를 조심하다, 주의하다」도 함께 기억해 두자.

---

10 佐藤さんは とても やさしくて 親切なので（　　　）も 愛されています。

1 だれ　　2 だれが　　3 だれとで　　4 だれから

정답 **4** 사토 씨는 매우 상냥하고 친절하기 때문에 누구에게나 사랑받고 있습니다.

단어 とても 매우, 굉장히 | やさしい 상냥하다, 착하다 | 親切だ 친절하다 | 愛される 사랑받다

해설 「だれからも」는 '누구에게나, 만인에게서'라는 뜻으로, 비슷한 표현인「みんなに 모두에게」도 함께 기억해 두자. 1번「だれも 아무도, 누구나, 누구라도」, 2번「だれが 누가」, 3번「だれとでも 누구와도, 누구하고도」는 문맥에 맞지 않는 표현이다.

---

11 前田 「リーさん、いつも（　　　）国の 家族に 連絡しますか。」
リー 「メールを 書く ことが 多いです。」

1 どういう　　2 どちらの　　3 どうやって　　4 どのぐらい

정답 **3** 마에다　리 씨, 항상 어떻게 본국의 가족에게 연락하나요?
리　메일을 쓰는 경우가 많아요.

단어 いつも 평소, 늘, 항상 | 国 나라, 고국, 본국 | 家族 가족 | 連絡 연락 | メール 메일 | 多い 많다

해설 '평소 고국의 가족에게 연락을 취하는 방법'을 묻고 있으므로 수단·방법을 묻는 표현인 3번「どうやって 어떻게, 어떻게 해서」가 정답이다. 1번은「どういう 어떠한」, 2번은「どちらの 어느 쪽의」, 4번은「どのぐらい 어느 정도」라는 의미이다.

12 山本(やまもと)「バス、なかなか 来(き)ませんね。」
村田(むらた)「ええ。(スマートフォンを 見(み)て) あ、道(みち)が 混(こ)んで いて (　　　) よ。」
山本(やまもと)「そうなんですね。」

1 遅(おく)れて いる ようです　　2 遅(おく)れました
3 遅(おく)れないかもしれません　　4 遅(おく)れて いる ところです

정답 1 야마모토　버스, 좀처럼 오지 않네요.
무라타　네. (스마트폰을 보고) 아, 길이 막혀서 늦어지고 있는 것 같아요.
야마모토　그렇군요.

단어 なかなか 좀처럼 | スマートフォン 스마트폰 | 道(みち)が混(こ)む 길이 막히다 | 遅(おく)れる 늦다, 늦어지다

해설 「～ようだ ~인 것 같다」는 말하는 사람의 감각이나 체험 등을 통한 주관적인 판단을 나타내는 추측 표현이다. 스마트폰으로 본 정보를 바탕으로 길이 막혀서 '늦어지고 있는 듯하다'라는 대화 흐름이 되어야 하므로 1번이 정답이다. 2번은 '늦어졌습니다'라는 '결과', 3번은 '늦지 않을지도 몰라요'라는 '가정', 4번은 '늦어지고 있는 참입니다'라는 '진행 상황'을 나타내고 있다.

---

13 大山(おおやま)「すてきな 絵(え)ですね。どなたかの プレゼントですか?」
谷川(たにがわ)「ええ、結婚(けっこん)の お祝(いわ)いに 佐藤(さとう)さんが (　　　)。」

1 いただいたんです　　2 おもらいに なったんです
3 くださったんです　　4 さしあげられたんです

정답 3 오야마　멋진 그림이군요. 누군가의 선물인가요?
다니가와　네, 결혼 축하 선물로 사토 씨가 주셨습니다.

단어 すてきだ 멋지다, 훌륭하다 | 絵(え) 그림 | どなた 누구, 어느 분 (「だれ」의 공손한 말씨) | プレゼント 선물 | 結婚(けっこん) 결혼 | お祝(いわ)い 축하, 축하 선물

해설 수수 표현에 따라 문장의 의미가 달라질 수 있으므로 의미를 정확하게 알아야 한다. 「くれる/くださる」는 '(남이 나에게) 주다/주시다'이고, 「あげる/さしあげる」는 '(내가 남에게) 주다/드리다', 「もらう/いただく」는 '(남에게서) 받다'라는 뜻이다. '사토 씨가 다니가와 씨에게 축하 선물을 주셨다'는 내용의 대화이며, 남인 사토 씨'가' 나(다니가와 씨)'에게' 주신 것이므로 「くれる」의 존경 표현 「くださる」를 활용한 3번이 정답이다.

もんだい 2 ＿★＿ 에 들어갈 것은 어느 것입니까? 1・2・3・4에서 가장 적당한 것을 하나 고르세요. 문제편 268p

14 このごろ ＿＿ ＿＿ ＿★＿ ＿＿ ことが できません。

1 描(か)く　　2 絵(え)を　　3 好(す)きな　　4 時間(じかん)が なくて

정답 2 (4→3→2→1) 요즘 시간이 없어서 좋아하는 그림을 그릴 수가 없어요.

단어 このごろ 요즘, 최근 | 描(か)く 그리다 | 絵(え) 그림 | 好(す)きだ 좋아하다 | 時間(じかん) 시간

해설 밑줄 바로 뒤의 문형 「～ことができる/ことができない ~할 수가 있다/없다」는 동사 기본형에 접속하므로 선택지의 1번이 맨 마지막 밑줄에 들어가야 한다. 목적격 조사인 「を」가 있는 2번이 세 번째 밑줄에 들어가서 '그림을 그릴(2→1) 수가 없습니다'가 되어야 하며 그림을 그릴 수 없는 이유인 4번은 앞부분에 위치해야 한다. 선택지 3번은 な형용사의 명사 수식형으로 문맥상 '좋아하는 그림'이 되어야 자연스러우므로 3→2→1의 순서로 한 묶음이 되고 4번이 첫 번째 밑줄에 들어가야 한다.

15 ホワイトボードに ＿＿＿ ＿＿＿ ＿★＿ ＿＿＿んですが。

1 教えて いただきたい　2 字の 読み方を　3 書いて ある　4 上から 4つ目の

정답 **2** (3→4→2→1) 화이트보드에 쓰여 있는 위에서 네 번째 글자의 읽는 법을 가르쳐 주셨으면 합니다만.

단어 ホワイトボード 화이트보드 | 教える 가르치다 | ～ていただく ～해 주시다 | 字 글자, 글씨 | 読み方 읽는 법 | 上 위 | ～目 ～째

해설 우선 술어가 될 수 있는 1번과 3번 중 하나가 마지막 밑줄에 들어가야 한다. 밑줄 앞의 「ホワイトボードに 화이트보드에」와 의미상 자연스럽게 연결되는 3번 「書いてある」가 맨 앞에 들어가야 하므로, 1번이 맨 마지막에 위치한다. 선택지 4번 맨 뒤의 「の」는 명사의 연결 용법이므로 4→2가 한 묶음이 된다. 따라서 올바른 순서는 3→4→2→1이다.

---

16 明日 必ず ＿＿＿ ＿＿＿ ＿★＿ ＿＿＿ 授業の ノートを 貸して いただけませんか。

1 今日　2 返します　3 やった　4 から

정답 **1** (2→4→1→3) 내일 꼭 돌려드릴 테니까 오늘 한 수업 노트를 빌려주시지 않겠습니까?

단어 必ず 꼭, 반드시 | 授業 수업 | ノート 노트 | 貸す 빌려주다 | 返す 돌려주다, 되돌리다 | やる 하다, 주다

해설 괄호 뒤의 '수업'을 수식할 수 있는 것은 3번뿐이므로 맨 마지막 밑줄에는 3번이 와야 한다. 4번 「から」는 선택지만으로 조합했을 경우 1번과 2번의 뒤에 모두 올 수 있지만 전체적인 문맥상 2번 뒤에 와서 '조건'을 이야기하는 문장이 되어야 한다. 전체 선택지를 의미에 맞게 나열하면 2→4→1→3이 된다.

---

17 アイ 「この本、ありがとう ございました。」
石井 「えっ、もう 全部 読んだんですか。」
アイ 「家で ＿＿＿ ＿＿＿ ＿★＿ ＿＿＿ したんです。」

1 面白そうなので　2 読む ことに　3 自分で 買って　4 読み始めたら

정답 **3** (4→1→3→2) 아이　이 책 감사했어요.
이시이　앗, 벌써 전부 다 읽었어요?
아이　집에서 읽기 시작했더니 재미있을 것 같아서 직접 사서 읽기로 했어요.

단어 本 책 | もう 이미, 벌써 | 全部 전부 | 面白い 재미있다 | 自分で 직접, 스스로 | 読み始める 읽기 시작하다

해설 「동사 사전형 + ことにする」는 '～하기로 하다'라는 뜻의 문형이다. 따라서 2번은 맨 마지막 밑줄에 들어가야 한다. 나머지 선택지에는 연결되는 문형이 없으므로 선택지만으로 문장을 조합해 보면 '읽기 시작했더니 재미있을 것 같아서(4→1)'의 순서가 되어 이유를 서술한 후 '직접 사서 읽기로(3→2) 했다'는 결과를 말하는 문장이 되는 것이 자연스럽다.

정답 **3**

해설 마지막으로 방을 나가는 사람은 에어컨 리모컨의 스위치를 '정지'로 하고, 천장 전등을 끄고, 문을 닫고 귀가하라는 것이 이 공지문의 요지이다. 따라서 정답은 3번이다. 1번과 4번은 본문 내용과 맞지 않으며, 2번의 '추울 때'에 대한 언급은 없으므로 답이 될 수 없다.

(2) 문제편 273p

저는 책 읽는 것을 매우 좋아합니다. 그래서 서점도 좋아하고 책 정보도 좋아합니다. 서점에 가서 '이제 곧 나올 책'이라는 팸플릿이 놓여 있으면, 꼭 받습니다. 인기 있는 책을 읽는 것뿐만 아니라, 앞으로 나올 재미있을 것 같은 책에 대해 아는 것도 저의 즐거움 중 하나입니다.

단어 本屋(ほんや) 서점, 책방 | 好(す)きだ 좋아하다 | 情報(じょうほう) 정보 | もうすぐ 이제 곧 | パンフレット 팸플릿 | 置(お)く 놓다, 두다 | 必(かなら)ず 꼭, 반드시 | 人気(にんき) 인기 | 面白(おもしろ)い 재미있다 | 知(し)る 알다 | 楽(たの)しみ 즐거움, 낙, 기대 | 全部(ぜんぶ) 전부 | 手(て)に入(い)れる 손에 넣다, 입수하다

23 내가 즐거움으로 여기지 않는 것은 무엇입니까?

1 서점에 가는 것
2 서점에서 인기 있는 책을 전부 사는 것
3 서점에서 '이제 곧 나올 책'이라는 팸플릿을 받는 것
4 책에 대한 정보를 손에 넣는 것

정답 **2**

해설 필자는 책을 좋아해서 서점도 자주 가고 팸플릿을 받아서 신간에 대한 정보를 얻는 것도 좋아한다고 말하지만 '인기 있는 책을 모두 사는 것'에 대한 언급은 없다. 따라서 정답은 2번이다.

(3) 이것은 가와이 부장님으로부터 로드리게스 씨에게 온 메일입니다. 문제편 274p

로드리게스 씨

아까는 전화 주셔서 감사했습니다. 전화로 '다음 회의는 9월 12일(월) 오전 10시에'라고 부탁드렸지만, 그 후 출장이 잡혔습니다. 그로 인해 그날에 찾아뵐 수 없게 되어 버렸습니다.

그다음 주의 '월요일, 수요일, 금요일 오후 3시보다 뒤'라면 언제든지 괜찮습니다. 괜찮으신 날짜와 시간을 알려 주십시오.

20○○ 8월 9일
가와이

단어 部長(ぶちょう) 부장(님) | 届(とど)く (보낸 것이) 오다, 도착하다 | メール 메일 | 先(さき)ほど 아까, 조금 전 | 次回(じかい) 다음번 | 会議(かいぎ) 회의 | 出張(しゅっちょう) 출장 | 伺(うかが)う 찾아뵙다, 여쭙다('듣다, 묻다, 방문하다'의 겸양어) | 次(つぎ) 다음 | 大丈夫(だいじょうぶ)だ 괜찮다 | 都合(つごう) 형편, 사정 | 知(し)らせる 알리다, 공지하다, 통지하다 | 予定(よてい) 예정, 일정 | 変(か)わる 바뀌다, 변하다 | 参加(さんか) 참가, 참석

24 로드리게스 씨는 가와이 씨에게 무엇을 알려야 합니까?

1 회의 예정(일정)이 바뀐 것
2 출장 예정(일정)이 바뀐 것
3 자신이 회의에 참석할 수 있는 요일과 시간
4 9월 19일(월)부터의 예정(일정)

정답 **3**

해설 메일 내용을 정리해 보면 이미 잡은 회의 예정(일정)이 출장으로 인해 차질이 생겼으므로 정해진 날짜가 아닌 다른 날로 잡아야 하는 상황이라는 것을 알 수 있다. 마지막 문장의 '괜찮으신 날짜와 시간을 알려 주십시오(ご都合(つごう)の良(よ)い日(ひ)と時間(じかん)をお知(し)らせください)'라는 부분에서 로드리게스 씨가 알려야 할 것은 '자신이 회의에 참석할 수 있는 요일과 시간'임을 알 수 있다. 정답은 3번이다. 메일이나 비즈니스 문서 형식의 지문은 출제 빈도가 높으므로 관련 어휘를 꼼꼼하게 기억해 두자.

もんだい 5 다음 글을 읽고 질문에 답하세요. 답은 1・2・3・4에서 가장 적당한 것을 하나 고르세요. 문제편 276p

이것은 부 남 아인 씨가 쓴 작문입니다.

하이쿠를 읽다

부 남 아인

지난주 하이쿠 수업 중 많은 하이쿠가 소개되었습니다. 그중에서 제가 가장 멋지다고 생각한 것은 '불꽃놀이를 보고 돌아와서 마당 불꽃놀이'라는 하이쿠입니다.

'가족과 불꽃놀이를 보러 갔다. 그리고 집에 돌아와서 마당에서 아이들이 작은 불꽃놀이를 했다'는 것을 쓴 하이쿠라고 생각합니다. '애걔, 겨우 이거?'라고 생각하는 사람이 있을지도 모릅니다. 이 하이쿠 안에 있는 것은 '밖에서 큰 불꽃놀이를 봤다', '집에 돌아와서 마당에서 불꽃놀이를 했다'라는 두 가지뿐이기 때문입니다. 하지만 이 하이쿠를 읽고, 저는 매우 행복한 기분이 들었습니다.

불꽃놀이 축제에서 돌아와 집에 도착해서, 아이들이 부모에게 '마당에서 불꽃놀이를 하고 싶다'고 말했을 것입니다. 그것을 들은 부모는 '아까 밖에서 큰 불꽃놀이를 봤잖니.'라고 말할 수도 있었습니다. 하지만 이 아이의 부모는 그런 말은 하지 않았습니다. 그 점이 매우 저는 기뻐서 이 하이쿠를 좋아하게 된 거라고 생각합니다.

하이쿠는 매우 짧습니다. 그래서 (하이쿠 속에 하고 싶은 말을 모두 쓸 수는 없습니다). 하지만 (읽는) 사람은 거기에 적혀 있지 않은 말을 찾을 수 있지 않을까요? 저는 하이쿠 안에는 쓰여 있지 않은 '부모 자식 간의 대화'를 발견했습니다.

단어 作文(さくぶん) 작문 | 俳句(はいく) 하이쿠(일본의 짧은 전통 시구) | 紹介(しょうかい) 소개 | 素敵(すてき)だ 멋지다, 근사하다 | 打(う)ち上(あ)げ花火(はなび) (하늘 높이 쏘아 올리는) 불꽃놀이 | 庭(にわ) 마당, 정원 | 花火(はなび) 불꽃놀이 | 外(そと) 바깥 | うち 집 | 幸(しあわ)せだ 행복하다 | 気持(きも)ち 기분 | 戻(もど)る 되돌아가(오)다 | 着(つ)く 도착하다 | 親(おや) 부모 | うれしい 기쁘다 | 短(みじか)い 짧다 | ことば 말, 언어 | 見(み)つける 찾다, 발견하다 | 会話(かいわ) 대화, 회화 | 説明(せつめい) 설명 | 理由(りゆう) 이유 | 意味(いみ) 의미 | お風呂(ふろ)に入(はい)る 목욕하다 | 日記(にっき) 일기 | やめる 그만두다 | いくつも 몇 개나 | すべて 모두, 전부 | 自分(じぶん) 자기, 자신 | 理解(りかい) 이해

25 아인 씨는 왜 '겨우 이거?'라고 생각하는 사람이 있을지도 모른다고 생각했습니까?

1 아인 씨가 하이쿠에 대해서는 처음에 설명해 버렸기 때문에
2 아인 씨가 좋아하는 하이쿠를 단 하나밖에 소개하지 않았기 때문에
3 아인 씨가 이 하이쿠를 멋지다고 생각한 이유를 알 수 없기 때문에
4 아인 씨가 멋지다고 생각한 하이쿠는 두 가지의 것만을 말하고 있기 때문에

정답 4

해설 아인 씨가 '애걔, 겨우 이거?'라고 생각하는 사람이 있을지도 모른다고 생각한 이유는 바로 뒤에서 찾아볼 수 있다. 바로 뒷 문장에서 그 하이쿠에는 '밖에서 큰 불꽃놀이를 봤다', '집에 돌아와서 마당에서 불꽃놀이를 했다'라는 단순한 두 가지 사실만 있기 때문이라고 설명하고 있으므로 정답은 4번이다.

26 '밖에서 큰 불꽃놀이를 봤잖니'는 어떤 의미입니까?

1 밖에서 불꽃놀이를 봤으니 목욕을 하렴.
2 밖에서 불꽃놀이를 봤으니 밥을 먹으렴.
3 밖에서 불꽃놀이를 봤으니 그것을 일기에 쓰렴.
4 밖에서 불꽃놀이를 봤으니 마당에서 불꽃놀이를 하는 것은 그만 두렴.

정답 4

해설 밑줄 친 말을 직역하면 '밖에서 큰 불꽃놀이를 봤잖니'이며, 이 말이 내포하고 있는 것은 '밖에서 실컷 큰 불꽃놀이를 봤는데, 마당에서 또 불꽃놀이를 할 필요가 있느냐'고 타박하는 부모의 심정이 일반적일 것이라고 아인 씨가 생각했다는 것이다. 따라서 정답은 4번이다.

27 (　　　)에 넣기에 가장 알맞은 문장은 어느 것입니까?

1 하이쿠는 짧은 시간에 지을 수 있습니다.
2 하이쿠를 몇 개나 지으면 많은 것을 이야기할 수 있습니다.
3 하이쿠 속에서 하고 싶은 말을 모두 쓸 수는 없습니다.
4 하이쿠 속에서 자신이 쓴 것만이 읽는 사람에게 이해됩니다(읽는 사람이 이해할 수 있습니다).

정답 3

해설 순접 접속사「だから 그래서」 뒤에는 논리적 모순 없이 예상되는 결과가 와야 한다. 괄호 앞에 하이쿠는 매우 짧다고 했는데, 짧으면 담을 수 있는 내용이 적어질 수밖에 없으므로 '하이쿠 안에 하고 싶은 말을 모두 담을 수는 없다'라는 내용이 들어가야 한다. 따라서 이를 달리 표현한 3번이 정답이다.

もんだい6 오른쪽 페이지의 공지를 보고, 아래의 질문에 답하세요. 답은 1・2・3・4에서 가장 적당한 것을 하나 고르세요.

문제편 278p

28 사친타 씨는 11월이나 12월 평일에 공을 사용한 스포츠를 보고 싶어 합니다. 선택할 수 있는 것은 몇 가지 있습니까?

1 한 가지
2 두 가지
3 세 가지
4 네 가지

정답 1

해설 사친타 씨가 보고 싶어 하는 것은 구기 종목이므로 축구, 배구, 럭비의 세 가지이다. 이 중 11월과 12월에서 평일 관람 가능한 것은 11월 18일의 배구와 12월 19일의 축구 두 가지인데, 12월 19일은 이미 매진이므로 관람이 불가능하다. 따라서 볼 수 있는 것은 11월 18일의 배구뿐이므로 정답은 1번이다.

29 음악을 듣고 싶은 사람은 얼마 있으면 티켓을 살 수 있습니까?

1 3,000엔

2 3,500엔

3 4,000엔

4 5,000엔

정답 **4**

해설 「クラシック 클래식」이라는 단어만을 보고 11월 29일의 '클래식 발레'와 혼동하지 않도록 주의해야 한다. 음악 공연은 12월 12일(월)의 클래식 콘서트 '사쿠라 교향악단 연주회' 하나뿐이다. 티켓 요금 부분을 보면 '예매 중, S석 5,000엔 한정'이라고 나와 있으므로 필요한 돈은 5000엔, 즉 4번이다.

단어 平日(へいじつ) 평일 | ボール 볼, 공 | 使(つか)う 사용하다 | スポーツ 스포츠 | 選(えら)ぶ 선택하다, 고르다 | いくつ 몇 개, 몇 가지 | 音楽(おんがく) 음악 | いくら 얼마 | チケット 티켓 | スタジアム 스타디움, 대형 경기장 | イベント 이벤트, 행사 | カレンダー 캘린더, 달력 | 日(ひ)にち 날짜 | 種類(しゅるい) 종류 | 内容(ないよう) 내용 | 料金(りょうきん) 요금 | サッカー 축구 | バレーボール 배구 | ラグビー 럭비 | クラシック 클래식 | バレエ 발레 | コンサート 콘서트 | モダンダンス 모던 댄스 | 対(たい) 대(VS) | 研究会(けんきゅうかい) 연구회 | 発表会(はっぴょうかい) 발표회 | 交響楽団(こうきょうがくだん) 교향악단 | 演奏会(えんそうかい) 연주회 | キックオフ 킥오프, 경기 개시 | スタート 스타트, 시작, 출발 | 入場(にゅうじょう) 입장 | 開始(かいし) 개시 | 前売(まえう)り 예매 | 一般(いっぱん) 일반 | 販売(はんばい) 판매 | 席(せき) 자리 | ～のみ ～만, ～뿐 | 売(う)り切(き)れ 다 팔림, 매진 | 未定(みてい) 미정

파이팅 스타디움 이벤트 달력

	날짜		종류	내용	시간	티켓(요금)
11월	12	토요일	축구	FC 후쿠오카 vs FC 교토	15:00 킥오프	예매 없음 3,000円～
	18	금요일	배구	아오모리 애플즈 vs 구마모토 멜론즈	18:00 시작	예매 중 3,500円
	19	토요일	럭비	도돈파 하카타 vs 부처 나라	15:00 킥오프	예매 중 4,000엔
	29	화요일	클래식 발레	도쿄 클래식 발레 연구회 제3회 발표회	17:00 입장 개시	일반 판매 하지 않습니다
12월	12	월요일	클래식 콘서트	사쿠라 교향악단 연주회	19:00 연주 개시	예매 중 S석 5,000엔 한정
	18	일요일	배구	히로시마 와일드캣츠 vs 도쿠시마 이글스	18:00 시작	예매 중
	19	월요일	축구	FC 오사카 vs FC 홋카이도	14:00 킥오프	매진
	22	목요일	모던 댄스	지바 모던 댄스 교실	18:00 시작	미정

3교시 청해

もんだい 1 문제 1에서는 먼저 질문을 들으세요. 그리고 이야기를 듣고 문제지의 1에서 4 중에서 가장 적당한 것을 하나 고르세요. 그럼 연습해 봅시다.

れい 71_01

문제편 282p

部屋の中で女の人と男の人が話しています。男の人はこのあと何をしますか。

女 なんだか暗いですね。まだ4時なのに。

男 部屋の電気をつけましょうか。

女 たぶん、カーテンが閉まっているからでしょう。

男 じゃあ、全部開けましょうか。

女 ええ、お願いします。

男の人はこのあと何をしますか。

방 안에서 여자와 남자가 이야기하고 있습니다. 남자는 이다음에 무엇을 합니까?

여 왠지 어둡네요. 아직 4시인데.

남 방의 불을 켤까요?

여 아마 커튼이 닫혀 있어서일 거예요.

남 그럼 전부 열까요?

여 네, 부탁해요.

남자는 이다음에 무엇을 합니까?

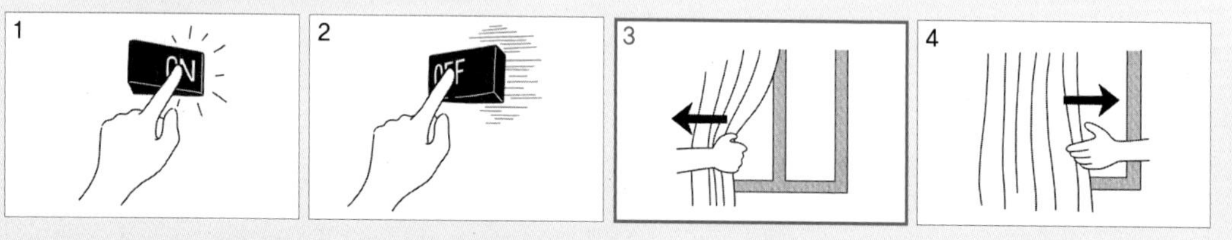

いちばんいいものは3番です。解答用紙の問題1のれいのところを見てください。いちばんいいものは3番ですからこたえはこのように書きます。では、始めます。

가장 적당한 것은 3번입니다. 답안지의 문제 1의 예 부분을 보십시오. 가장 적당한 것은 3번이므로 답은 이렇게 적습니다. 그럼 시작하겠습니다.

정답 3

단어 暗い 어둡다 | まだ 아직 | 電気をつける (전깃)불을 켜다 | たぶん 아마 | カーテン 커튼 | 閉まる 닫히다 | 全部 전부 | 開ける 열다

해설 여자가 방이 어두운 이유가 '커튼이 닫혀 있어서(カーテンが閉まっているから)'일 거라고 말하자 남자가 '(커튼을) 전부 열까요?(全部開けましょうか)'라고 묻는다. 이에 여자가 '부탁해요(お願いします)'라고 요청하므로 남자가 해야 할 일은 3번 '커튼을 여는 것'이다.

1ばん 71_02

문제편 283p

女の人と男の人が話しています。女の人はこのあと、どうしますか。

女 来週、私の父と母の結婚記念日なんだ。

男 えー、えらいなぁ。覚えているんだ。毎年何かあげてるの？

女 ううん。いつもは言葉だけなんだけど、今年は 25 年目の銀婚式だからね。何か思い出になるものをと思って。どんなものがいいと思う？

男 そうだなぁ、ワインとかカップルのマグカップはどう？

女 いいね。でも、うちの両親はお酒を飲まないからね。マグカップにしよう。

男 あと、きれいな花もおくったらどう？

女 そうだね。でもそれは前の日に買えばいいかな。じゃあ、これをまず注文しておこう。

女の人はこのあと、どうしますか。

여자와 남자가 이야기하고 있습니다. 여자는 이다음 어떻게 합니까?

여 다음 주, 우리 아빠와 엄마 결혼기념일이야.

남 와, 대단하네. 기억하고 있구나. 매년 뭔가를 드리고 있어?

여 아니. 언제나 말뿐이지만, 올해는 25년째의 은혼식이라서. 뭔가 추억이 될 만한 것을 드리고 싶어서. 어떤 게 좋을까?

남 글쎄, 와인이나 커플 머그컵은 어때?

여 괜찮네. 하지만 우리 부모님은 술을 마시지 않으셔서. 머그컵으로 해야지.

남 그리고 예쁜 꽃도 보내는 게 어때?

여 그렇네. 하지만 그건 전날에 사면 되려나? 그럼, 이걸 먼저 주문해 둬야지.

여자는 이다음 어떻게 합니까?

정답 **3**

단어 来週 다음 주 | 父 아빠, 아버지 | 母 엄마, 어머니 | 結婚記念日 결혼기념일 | えらい 대단하다, 훌륭하다 | 覚える 기억하다, 외우다 | 毎年 매년 | 言葉 말, 언어 | 今年 올해 | 銀婚式 은혼식 | 思い出 추억 | 思う 생각하다 | ワイン 와인 | カップル 커플 | マグカップ 머그컵 | 両親 양친, 부모님 | お酒 술 | きれいだ 예쁘다, 깨끗하다 | 花 꽃 | おくる 선물하다, 보내다 | まず 먼저, 우선 | 注文 주문

해설 청해 문제는 과제를 수행할 사람이 여자인지 남자인지, 무엇을 해야 하는지 등 질문 내용을 정확하게 파악해야 한다. 대화 후 여자가 해야 할 일을 묻는 문제이다. 부모님 결혼기념일에 선물할 것에 대해 이야기하는데, 남자가 '와인이나 커플 머그컵'을 제안하였고, 여자는 '부모님은 술을 마시지 않으므로 머그컵으로 해야겠다'고 했으므로 정답은 3번이다. 남자가 후반부에 제안한 꽃은 결혼기념일 전날에 준비한다고 했으므로 답이 될 수 없다.

2ばん 71_03

문제편 283p

女の人と男の人が話しています。男の人はこのあと何を買いますか。

女 そうだ。今日のパーティーのデザートのケーキ、買ってきてくれる？

男 いいよ、いくつ買う？

女 私たちと、今日のパーティーに来るのは二人だから…。

男 4つでいいのかな？

女 うん。あ、あと、子どもも連れて来るかもしれないから……。

男 そうか。じゃ、ケーキもう1つと、ジュースもあったほうがいいよね。

女 いや、まだ赤ちゃんだから、ケーキは食べられないし、お母さんがミルクを持ってくると思うよ。

男 わかった。じゃ、買いに行ってくる。

男の人はこのあと何を買いますか。

여자와 남자가 이야기하고 있습니다. 남자는 이다음 무엇을 삽니까?

여 맞다. 오늘 파티 디저트인 케이크 사다 줄래?

남 좋아. 몇 개 살까?

여 우리랑 오늘 파티에 오는 사람이 두 명이니까….

남 4개면 될까?

여 응. 아, 그리고 아이들도 데리고 올지 모르니까…….

남 그렇구나. 그럼 케이크 하나 더 하고 주스도 있는 편이 좋겠네.

여 아니, 아직 아기라서 케이크는 못 먹고, 엄마가 우유를 가지고 올 거라고 생각해.

남 알았어. 그럼 사러 갔다 올게.

남자는 이다음 무엇을 삽니까?

1
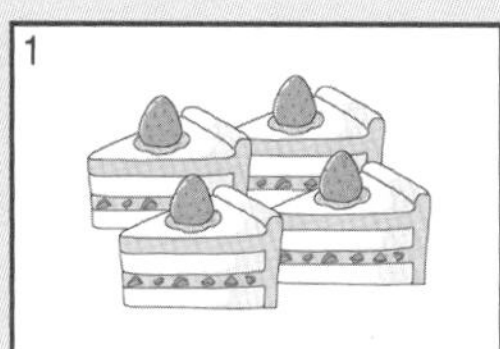

2
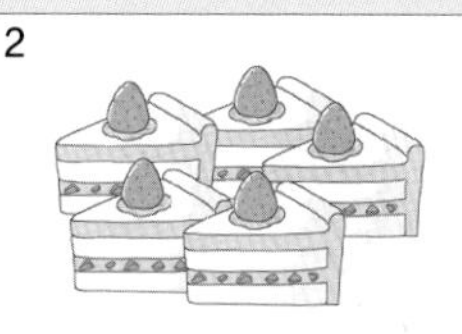

3

4

정답 1

단어 パーティー 파티 | デザート 디저트 | ケーキ 케이크 | いくつ 몇 개 | 買う 사다 | 連れて来る 데리고 오다 | ジュース 주스 | 赤ちゃん 아기 | ミルク 우유 | 持ってくる 가지고 오다

해설 대화 후 남자가 사야할 것을 묻고 있다. 남자는 오늘 파티에 필요한 케이크를 사 오라는 부탁을 받았다. 여자는 오늘 파티에 남자와 여자 외에 두 명이 더 올 예정이며, 손님이 데리고 올지도 모르는 아이들은 아기라서 케이크와 음료는 필요 없다고 한다. 따라서 케이크를 먹을 수 있는 것은 모두 4명이므로 정답은 1번이다.

3ばん 71_04

문제편 284p

日本語学校の事務所の人と女の学生が話しています。女の学生はこのあと、何を準備しますか。

일본어 학원 사무실 직원과 여학생이 이야기하고 있습니다. 여학생은 이다음 무엇을 준비합니까?

男 ティエンさん、今度学校で国際イベントをするから、ちょっと手伝ってもらえない？

女 はい。でも、何をすればいいですか。

男 チラシを作ってほしいんだ。テーマは「国の料理」とか「国の子どもの遊び」を考えているけど、他にもいいアイディアある？

女 そうですね。「国の楽器」か「国のお祭り」のことなら私が紹介できると思いますが……。

男 音楽なら、みんなで聞いて楽しめるからいいかもしれませんね。じゃ、ティエンさんは、そのチラシを作ってくれる？

女 はい、わかりました。

남 티엔 씨, 이번에 학교에서 국제 행사를 하는데 좀 도와줄 수 있을까?

여 네. 그런데 무엇을 하면 되나요?

남 전단지를 만들어줬으면 좋겠어. 주제는 '각국의 요리'나 '각국의 아이들 놀이'를 생각하고 있는데, 그 밖에도 좋은 아이디어 있어?

여 글쎄요. '각국의 악기'나 '각국의 축제'에 관한 것이라면 제가 소개할 수 있다고 생각합니다만…….

남 음악이라면 다 같이 듣고 즐길 수 있어서 좋을지도 모르겠네. 그럼 티엔 씨는 그 전단지를 만들어 줄래?

여 네, 알겠습니다.

女の学生はこのあと、何を準備しますか。

1 くにの 料理に ついて チラシを つくる
2 くにの 子どもの 遊びに ついて チラシを つくる
3 くにの がっきに ついて チラシを つくる
4 くにの おまつりに ついて チラシを つくる

여학생은 이다음 무엇을 준비합니까?

1 각국의 요리에 대해 전단지를 만든다
2 각국의 아이들 놀이에 대해 전단지를 만든다
3 각국의 악기에 대해 전단지를 만든다
4 각국의 축제에 대해 전단지를 만든다

정답 **3**

단어 事務所 사무소, 사무실 | 準備 준비 | 今度 이번 | 国際 국제 | イベント 이벤트, 행사 | 手伝う 돕다, (같이) 거들다 | チラシ 전단지, 광고지 | ～てほしい ~해 주기 바라다 | テーマ 테마, 주제 | 料理 요리 | 遊び 놀이 | アイディア 아이디어 | 楽器 악기 | お祭り 축제 | 紹介 소개 | 音楽 음악 | 楽しむ 즐기다, 좋아하다 | 準備 준비

해설 선택지에 공통적으로 '전단지를 만든다'가 있으므로, '요리, 아이들 놀이, 악기, 축제' 중 어느 전단지인지를 집중해서 들어야 한다. 전단지를 만들어 달라는 남자의 부탁에, 여자가 각국의 악기나 각국의 축제에 대해 소개할 수 있다고 하자, 남자가 '음악이라면 다 같이 듣고 즐길 수 있어서 좋을지도 모르겠다'고 한 뒤 '그 전단지를 만들어 줄래?'라고 요청했으므로 음악과 관련된 악기 전단지가 정답이다.

4ばん 71_05 문제편 284p

電話で女の人と男の人が話しています。男の人はどうやって会社に行きますか。

전화로 남자와 여자가 이야기하고 있습니다. 남자는 어떻게 회사에 갑니까?

女 はい。田中スポーツです。

男 おはようございます。営業部の春山です。

女 ああ、春山さん。おはよう。どうかしましたか。

여 네. 다나카 스포츠입니다.

남 안녕하세요. 영업부의 하루야마입니다.

여 아아, 하루야마 씨. 안녕하세요. 무슨 일이세요?

男 実は電車が花町駅で止まってしまって。

女 それは大変だ。それで？

男 しばらくは動かないというアナウンスがあったので、もう電車は降りて、駅を出ました。

女 そうなの。それじゃあ、バスかタクシーで来るつもり？

男 はい、それも考えたんですが、どちらもすごく混んでいるので、自分の足で行きます。

女 わかった。気をつけて。急がなくていいからね。

男 はい、ありがとうございます。

男の人はどうやって会社に行きますか。

남 실은 전철이 하나마치 역에서 멈춰 버려서요.

여 그거 큰일이네. 그래서?

남 당분간은 움직이지 않는다는 안내 방송이 있어서, 이미 전철에서 내려서 역을 나왔습니다.

여 그렇구나. 그럼 버스나 택시로 올 생각이야?

남 네, 그것도 생각했습니다만, 어느 쪽도 너무 막히고 있어서 걸어서 갈게요.

여 알았어. 조심히 와. 서두르지 않아도 되니까.

남 네, 감사합니다.

남자는 어떻게 회사에 갑니까?

1

2

3

4

정답 4

단어 会社 회사 | スポーツ 스포츠 | 営業部 영업부 | 実は 실은 | 大変だ 큰일이다, 힘들다 | 動く 움직이다 | アナウンス 안내 방송 | 降りる 내리다 | 出る 나가다, 나오다 | 混む (길이) 막히다, 붐비다, 혼잡하다 | 足 발, 걸음 | 気をつける 조심하다 | 急ぐ 서두르다

해설 전철 운행이 멈추었으며 당분간 움직이지 않을 거라는 안내 방송을 듣고 남자는 상당히 막히고 있는 버스나 택시가 아닌 '자신의 다리로 가겠다(自分の足で行きます)'고 말한다. 이 말은 곧 '걸어서 가겠다'라는 의미이므로 정답은 4번이다.

5ばん 71_06 문제편 285p

女の学生が図書館の人と話しています。女の学生は何をもう一度受付に持っていかなければなりませんか。

女 すみません、こちらの図書館のカードを作りたいのですが。

男 はい。では、あちらのテーブルにある申し込み用紙にお名前、ご住所、携帯電話の番号、メールアドレスを書いて、住所を確認できるものと一緒に、もう一度こちらにお持ちください。ペンもあちらにあります。

여학생이 도서관 직원과 이야기하고 있습니다. 여학생은 무엇을 다시 접수처에 가지고 가야 합니까?

여 저기요, 여기 도서관의 카드를 만들고 싶은데요.

남 네. 그럼 저쪽 테이블에 있는 신청 용지에 이름, 주소, 휴대 전화 번호, 메일 주소를 쓰고, 주소를 확인할 수 있는 것과 함께 다시 한번 여기로 가지고 와 주세요. 펜도 저쪽에 있습니다.

女 はい、わかりました。「住所を確認…」というのは？

男 そうですね。パスポートか学生証のどちらかでいいですが。

女 学生証ならあります。

女の学生は何をもう一度受付に持っていかなければなりませんか。

여 네, 알겠습니다. '주소를 확인…'이란 건?

남 네. 여권이나 학생증 중 어느 쪽이든 괜찮습니다만.

여 학생증이라면 있습니다.

여학생은 무엇을 다시 접수처에 가지고 가야 합니까?

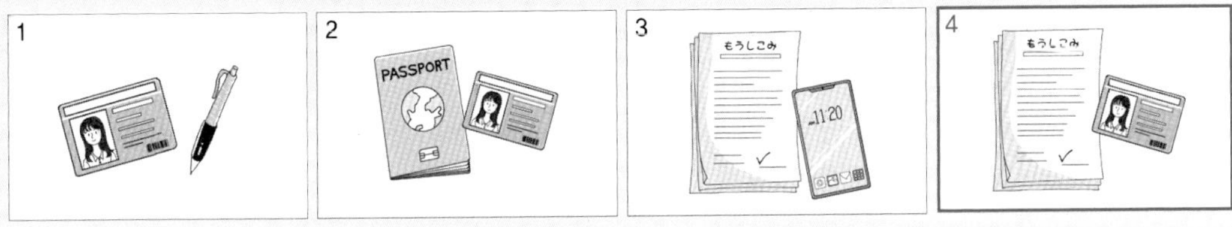

정답 **4**

단어 図書館 도서관 | もう一度 다시 한번 | 受付 접수(처) | カード 카드 | あちら 저쪽 | テーブル 테이블 | 申し込み 신청 | 用紙 용지 | 名前 이름 | 住所 주소 | 携帯電話 휴대 전화 | 番号 번호 | メールアドレス 메일 주소 | 確認 확인 | 一緒に 함께, 같이 | ペン 펜 | パスポート 여권 | 学生証 학생증

해설 도서관 카드를 만드는 데 필요한 것은 '신청서 작성과 주소를 확인할 수 있는 것'이다. 여자가 주소를 확인할 수 있는 것이 무엇인지 묻자 남자는 여권이나 학생증 중 어느 쪽이든 괜찮다고 하였고, 여학생은 학생증이 있다고 대답한다. 따라서 접수처에 가져갈 것은 '작성한 신청서와 주소를 확인할 수 있는 학생증'이므로 정답은 4번이다.

6ばん 71_07

문제편 285p

大学で先生が話しています。先生はロボットにできないことは何だと言っていますか。

男 みなさんは「ロボットが人間の仕事を取ってしまう」という話を聞いたことがあるでしょうか。それについてみなさんはどう思いますか。たしかに、今、人間がしている仕事の多くは将来、ロボットがすることになるでしょう。またロボットのほうが人間よりうまくできる仕事もたくさんあると思います。しかし彼らにできないことがあります。それは自分のしている仕事に夢中になることです。みなさんは、「将来自分の仕事がなくなる」と不安に思うよりも、自分がどんな仕事であれば長く続けられるかを考えてみてください。

대학교에서 선생님이 이야기하고 있습니다. 선생님은 로봇이 할 수 없는 일은 무엇이라고 말하고 있습니까?

남 여러분은 '로봇이 인간의 일을 빼앗아 버린다'라는 이야기를 들어본 적이 있습니까? 이에 대해 여러분은 어떻게 생각하십니까? 분명 지금 인간이 하고 있는 일의 상당수는 장래에 로봇이 하게 될 것입니다. 또한 로봇 쪽이 인간보다 잘할 수 있는 일도 많이 있다고 생각합니다. 그러나 그들이 할 수 없는 일이 있습니다. 그것은 자신이 하고 있는 일에 푹 빠져드는 것입니다. 여러분은 '장래에 나의 일이 없어진다'라고 불안해 하기보다는, 자신이 어떤 일이면 오래 계속할 수 있는지를 생각해 보십시오.

先生はロボットにできないことは何だと言っていますか。

1 じぶんの 仕事を 好きに なる こと

2 じぶんの 仕事を 作る こと

3 じぶんの 仕事を うまく する こと

4 じぶんの 仕事を 長く つづける こと

선생님은 로봇이 할 수 없는 일은 무엇이라고 말하고 있습니까?

1 자신의 일을 좋아하는 것

2 자신의 일을 만드는 것

3 자신의 일을 잘 하는 것

4 자신의 일을 길게 계속하는 것

정답 **1**

단어 ロボット 로봇 | 人間 인간 | 仕事 일 | 取る 빼앗다, 쥐다, 차지하다 | たしかに 분명히, 확실히 | 多く 대개는, 대체로 | 将来 장래, 미래 | うまい 잘하다, 맛있다 | 彼ら 그들 | 夢中になる 열중하다 | 不安だ 불안하다 | 続ける 계속하다 | 考える 생각하다

해설 「夢中になる 열중하다, 몰두하다」라는 숙어 표현을 알아야 풀 수 있는 문제이다. 선생님은 '그들이 할 수 없는 일이 있습니다(彼らにできないことがあります)'라고 운을 뗀 후, 그것은 '자신이 하고 있는 일에 푹 빠져드는 것(自分のしている仕事に夢中になること)'이라고 말한다. 따라서 '일에 푹 빠져드는 것'을 달리 표현한 1번이 정답이다. 「夢中になる」는 일상 회화에서도 많이 사용하는 표현이므로 꼭 기억하도록 하자.

7ばん 71_08 문제편 286p

駅のアナウンスです。今の工事が終わったら駅の何が変わりますか。

男 今日も山中駅をご利用くださり、ありがとうございます。現在のプラットホームでは、ベンチに座っている人の足が歩く人にあたるというトラブルが多くなっております。そのため現在、当駅ではプラットホームを広げる工事を行っています。ご迷惑をおかけしますが、工事終了までご協力をお願いいたします。

今の工事が終わったら駅の何が変わりますか。

역의 안내 방송입니다. 지금 하는 공사가 끝나면 역의 무엇이 변합니까?

남 오늘도 야마나카역을 이용해 주셔서 감사합니다. 현재 플랫폼에서는 벤치에 앉아 있는 사람의 발이 보행자에 닿는다는 문제가 많아지고 있습니다. 그로 인하여 현재, 저희 역에서는 플랫폼을 넓히는 공사를 하고 있습니다. 번거로우시겠지만 공사 종료까지 협력해 주시기 바랍니다.

지금 하는 공사가 끝나면 역의 무엇이 변합니까?

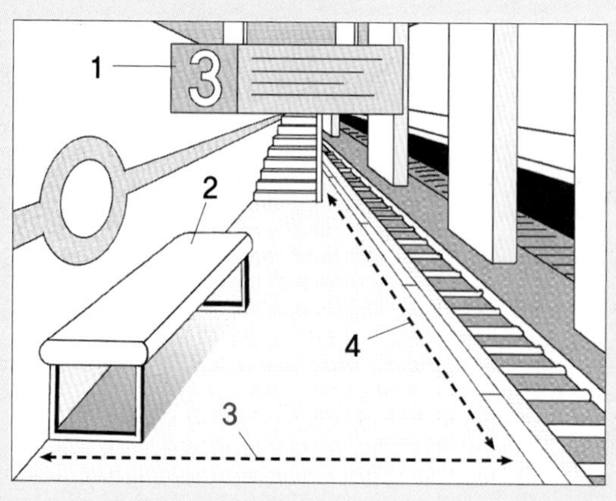

정답 3

단어 アナウンス 안내 방송 | 工事(こうじ) 공사 | 変(か)わる 변하다, 바뀌다 | 利用(りよう) 이용 | 現在(げんざい) 현재 | プラットホーム 플랫폼, 승강장 | ベンチ 벤치 | 座(すわ)る 앉다 | 足(あし) 발 | 歩(ある)く 걷다 | あたる 닿다 | トラブル 트러블, 문제, 분쟁 | 多(おお)い 많다 | ～ております 「～ています ~고 있습니다」의 겸양어 | 当駅(とうえき) 저희 역, 당역 | 広(ひろ)げる 넓히다, 확장하다 | 行(おこな)う 하다, 행하다 | 迷惑(めいわく)をかける 폐를 끼치다 | 終了(しゅうりょう) 종료 | 協力(きょうりょく) 협력

해설 공사가 끝난 후 역의 무엇이 변하는지 묻고 있다. '그로 인하여 현재, 저희 역에서는 플랫폼을 넓히는 공사를 하고 있습니다(そのため現在(げんざい)、当駅(とうえき)ではプラットホームを広(ひろ)げる工事(こうじ)を行(おこな)っています)'라고 하고 있으므로 공사가 끝나면 승강장의 폭이 넓어진다는 것을 알 수 있다. 따라서 정답은 3번이다. 청해 문제에서는 「だから 그래서」, 「それで 그래서」, 「そのため 그 때문에」와 같은 순접 접속사나 「しかし 그러나」, 「ところが 하지만」, 「でも 그러나, 그런데」와 같은 역접 접속사가 나오는 부분을 주의해서 듣는 것이 중요하다.

8ばん 71_09 문제편 286p

男(おとこ)の人(ひと)と女(おんな)の人(ひと)が電話(でんわ)で話(はな)しています。男(おとこ)の人(ひと)が持(も)っていかなければならないものは何(なん)ですか。

남자와 여자가 전화로 이야기하고 있습니다. 남자가 가져가야 하는 것은 무엇입니까?

男 すみません。今日(きょう)の午後(ごご)2時(じ)から4時(じ)まで、そちらの会議室(かいぎしつ)を使(つか)いたいんですが。

女 はい。この電話(でんわ)でご予約(よやく)できます。何名様(なんめいさま)でしょうか。

男 6人(にん)です。それから、そちらで準備(じゅんび)してくださるものはどんなものですか。

女 机(つくえ)、いす、ホワイトボード、テレビなどは部屋(へや)にあります。

男 パソコンもありますか。

女 使(つか)い慣(な)れているものをお持(も)ちになってください。

男 コピー機(き)やプリンターはどうですか。

女 コピー用紙(ようし)は別料金(べつりょうきん)になりますが、ご利用(りよう)になれます。

男 わかりました。では、よろしくお願(ねが)いします。

남 실례합니다. 오늘 오후 2시부터 4시까지 그쪽 회의실을 사용하고 싶은데요.

여 네. 이 전화로 예약할 수 있습니다. 몇 분이신가요?

남 6명입니다. 그리고 그쪽에서 준비해 주시는 것은 어떤 것입니까?

여 책상, 의자, 화이트보드, TV 등은 방에 있습니다.

남 컴퓨터도 있습니까?

여 손에 익은 것(사용하시는 것)을 가져와 주세요.

남 복사기나 프린터는 어떻습니까?

여 복사 용지는 별도 요금입니다만, 이용하실 수 있습니다.

남 알겠습니다. 그럼 잘 부탁드립니다.

男(おとこ)の人(ひと)が持(も)っていかなければならないものは何(なん)ですか。

남자가 가져가야 하는 것은 무엇입니까?

1

2
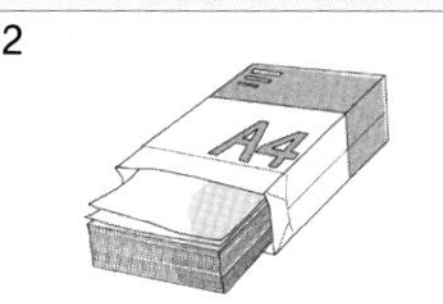

3
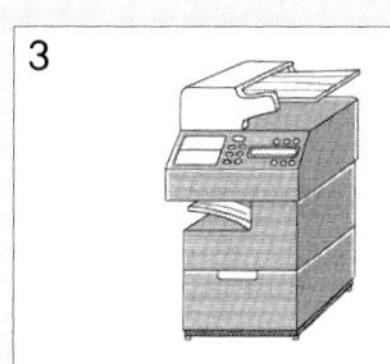

4
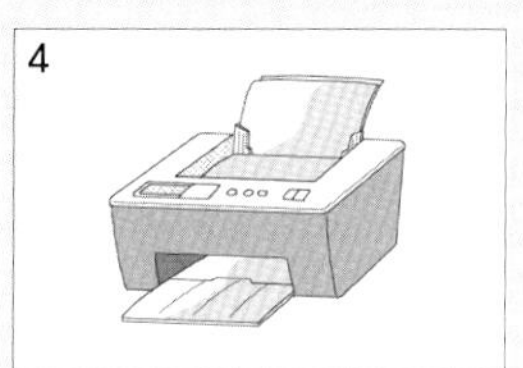

정답 1

단어 持って行く 가지고 가다 | 会議室 회의실 | 予約 예약 | 何名様 몇 분(「何人 몇 명」을 공손하게 한 말) | 準備 준비 | 机 책상 | いす 의자 | ホワイトボード 화이트보드 | 部屋 방 | パソコン 컴퓨터 | 使い慣れる 자주 써서 손에 익다 | コピー機 복사기 | プリンター 프린터 | コピー用紙 복사 용지 | 別料金 별도 요금 | 利用 이용

해설 컴퓨터는 있는지 묻는 남자의 물음에 여자는 '손에 익은 것을 가져와 주세요(使い慣れているものをお持ちになってください)'라고 대답한다. 「使い慣れる」는 '자주 써서 손에 익다'라는 의미이므로 남자는 '손에 익은 자신의 컴퓨터'를 가지고 가야 한다. 따라서 1번 노트북이 정답이다. 복사기나 프린터는 있다고 했으며 복사 용지는 별도 요금을 내면 이용할 수 있으므로 준비할 필요가 없다.

もんだい 2 문제 2에서는 우선 질문을 들으세요. 그 후 문제지를 보세요. 읽을 시간이 있습니다. 그리고 이야기를 듣고 문제지의 1에서 4 중에서 가장 적당한 것을 하나 고르세요. 그럼 연습해 봅시다.

れい 🎧 71_10

문제편 287p

電話で女の人と男の人が話しています。二人はいつ会いますか。

女 今日は試験ですね。明日、授業が終わってから会えますか。

男 明日は、授業のあとお店でアルバイトがあります。あさってはどうですか。

女 あさってから金曜日までは、旅行に行くから…。

男 アルバイトのあと、夜８時ころならだいじょうぶですが。

女 じゃあ、そのころお店の近くに行きますね。

二人はいつ会いますか。

1 きょう

2 あした

3 あさって

4 金よう日

いちばんいいものは２番です。解答用紙の問題２のれいのところを見てください。いちばんいいものは２番ですからこたえはこのように書きます。では、始めます。

전화로 여자와 남자가 이야기하고 있습니다. 두 사람은 언제 만납니까?

여 오늘은 시험이네요. 내일 수업이 끝나고 만날 수 있을까요?

남 내일은 수업 후에 가게에서 아르바이트가 있어요. 내일모레는 어떻습니까?

여 내일모레부터 금요일까지는 여행을 가서….

남 아르바이트 후에, 밤 8시 쯤이면 괜찮습니다만.

여 그럼, 그 쯤에 가게 근처로 가겠습니다.

두 사람은 언제 만납니까?

1 오늘

2 내일

3 내일모레

4 금요일

가장 적당한 것은 2번입니다. 답안지의 문제 2의 예 부분을 보십시오. 가장 적당한 것은 2번이므로 답은 이렇게 적습니다. 그럼 시작하겠습니다.

정답 2

단어 会う 만나다 | 試験 시험 | 授業 수업 | 終わる 끝나다 | お店 가게 | アルバイト 아르바이트 | あさって 내일모레, 모레 | 旅行 여행 | そのころ 그 즈음, 그때쯤 | 近く 근처

해설 여자는 처음에 내일 만나자고 했으나 남자는 아르바이트가 있다며 내일모레 만날 것을 제안한다. 이에 여자가 내일모레부터 여행갈 예정이라며 말을 흐리자 남자가 아르바이트가 끝난 후 저녁은 괜찮다고 하자 여자가 '그 쯤에 가게 근처로 가겠다(そのころお店の近くに行きます)'며 동의하므로 정답은 아르바이트가 있는 내일, 즉 2번이다.

1ばん 71_11 문제편 288p

男の人と女の人が話しています。田中さんは、いつ報告しますか。

남자와 여자가 이야기하고 있습니다. 다나카 씨는 언제 보고합니까?

男 部長、さきほど田中さんから電話がありました。

女 何だって？

男 電車が止まっていて、会社に着くのが30分ほど遅れるそうなんですが……。

女 そうか。今朝の会議で、彼から調査の結果、聞く予定だったよね。

男 ええ、その予定だったんですが、昨日、それは来週の会議で、ということになりました。

女 そうだ、来週になったよね。では、今日の会議の時間は予定通りで。

男 はい、わかりました。

남 부장님, 조금 전에 다나카 씨로부터 전화가 왔습니다.

여 뭐라고 해?

남 전철이 멈춰 있어서, 회사에 도착하는 게 30분 정도 늦어진다고 합니다만…….

여 그렇군. 오늘 아침 회의에서 그에게 조사 결과를 들을 예정이었지?

남 네, 그럴 예정이었습니다만, 어제, 그건 다음 주 회의 때 하기로 결정되었습니다.

여 맞다, 다음 주로 되었지? 그럼, 오늘 회의 시간은 예정대로 하자.

남 네, 알겠습니다.

田中さんは、いつ報告しますか。

1 けさの　かいぎ
2 来週の　かいぎ
3 会社に　着いて　30分後
4 きょうの　午後

다나카 씨는 언제 보고합니까?

1 오늘 아침 회의
2 다음 주 회의
3 회사에 도착하고 30분 후
4 오늘 오후

정답 **2**

단어 報告 보고 | さきほど 조금 전, 아까 | 止まる 멈추다 | 着く 도착하다 | 遅れる 늦어지다, 늦다 | 今朝 오늘 아침 | 会議 회의 | 調査 조사 | 結果 결과 | 予定 예정 | 来週 다음 주 | ~通り ~대로

해설 질문에서 「いつ 언제」인지를 묻고 있으므로 시제 표현에 집중해야 한다. 여자가 '오늘 아침 회의에서 그에게 조사 결과를 들을 예정이었지?(今朝の会議で、彼から調査の結果、聞く予定だったよね)'라고 묻자 남자는 어제 '다음 주 회의에서(来週の会議で)' 하기로 했다고 말한다. 따라서 다나카 씨가 보고하는 것은 다음 주이다.

店長と留学生が話しています。留学生はどうしてアルバイトをやめたいと言っていますか。

男 店長、ちょっとお時間、いいですか。

女 いいですよ。何？

男 実は、今月いっぱいでアルバイトをやめたいです…。

女 え、急にどうして？帰国しないといけなくなったの？

男 いいえ、そうではありません。先輩のカンさんも親切ですし、仕事も大変だけど、おもしろいし。

女 それなら、どうして？

男 大学院に行くための勉強時間をもっと増やさなければと思いまして……。

女 今、週に何回入ってるの？

男 4回です。

女 たしかにそれは大変だね。じゃ、それを半分にして、バイトは続けてくれない？

男 うーん、わかりました。もう一度考えてみます。

留学生はどうしてアルバイトをやめたいと言っていますか。

1 仕事が　たいへんだから
2 べんきょうに　時間を　使いたいから
3 帰国しなければ　ならなく　なったから
4 アルバイトの　かいすうを　少なく　して　くれないから

점장님과 유학생이 이야기하고 있습니다. 유학생은 어째서 아르바이트를 그만두고 싶다고 말하고 있습니까?

남 점장님, 잠깐 시간 괜찮으세요?

여 괜찮아. 무슨 일이야?

남 실은 이번 달 말까지 하고 아르바이트를 그만두고 싶어요….

여 응? 갑자기 왜? 귀국하지 않으면 안 되게 된 거야?

남 아니요, 그건 아니에요. 선배인 강 씨도 친절하고, 일도 힘들지만 재미있고.

여 그렇다면 왜?

남 대학원에 가기 위한 공부 시간을 좀 더 늘려야 할 것 같아서요…….

여 지금, 일주일에 몇 번 일하고 있지?

남 4번이요.

여 확실히 그건 힘들겠네. 그럼, 그걸 반으로 하고, 아르바이트는 계속해 주지 않을래?

남 음, 알겠습니다. 다시 한번 생각해 볼게요.

유학생은 어째서 아르바이트를 그만두고 싶다고 말하고 있습니까?

1 일이 힘들기 때문에
2 공부에 시간을 쓰고 싶기 때문에
3 귀국하지 않으면 안 되게 되었기 때문에
4 아르바이트 횟수를 줄여 주지 않기 때문에

정답 **2**

단어 店長 점장 | 留学生 유학생 | 実は 실은 | 今月 이번 달 | いっぱい 가득, ~말, ~내내(한도·기간을 꽉 채움) | アルバイト 아르바이트 | やめる 그만두다 | 急に 갑자기 | 帰国 귀국 | 先輩 선배 | 親切だ 친절하다 | 仕事 일, 직업, 업무 | 大変だ 힘들다, 큰일이다 | おもしろい 재미있다 | 大学院 대학원 | 増やす 늘리다, 불리다 | ~回 ~회, ~횟수 | 半分 반, 절반 | 続ける 계속하다 | もう一度 다시 한번 | 考える 생각하다, 고안하다 | 回数 횟수 | 少ない 적다

해설 아르바이트를 그만두려는 이유는 남자의 네 번째 대사 중 「実は 실은」 이후에서 찾아볼 수 있다. 남자는 '대학원에 가기 위한 공부 시간을 좀 더 늘려야 할 것 같아서요(大学院に行くための勉強時間をもっと増やさなければと思いまして)'라며 이유를 말하고 있으므로 정답은 2번이다. 귀국하는 것은 아니고, 일도 힘들지만 재미있다고 말하고 있고, 점장이 일하는 횟수도 줄여 준다고 하였기 때문에 다른 선택지는 답이 될 수 없다.

3ばん 71_13

문제편 289p

女の人と男の人が話しています。男の人は、いつ映画館に来ますか。

女 明日、時間ある？ 昨日から始まったあの映画、見に行かない？

男 いいよ。僕も見たいって思っていたところ。どこで何時に会おうか？

女 映画は2時半からだから、映画館の前で2時にどう？

男 あ、ごめん。明日10時から2時までアルバイトだった。

女 じゃ、無理ね。他の日にする？

男 ううん、アルバイトが終わったら、走って行くから映画には間に合うよ。

女 じゃ、先に行って映画のチケット買っておくから、終わったらすぐ来てね。

男の人は、いつ映画館に来ますか。

1 2時に 来る
2 アルバイトが おわるまでに 来る
3 えいがが 始まるまでに 来る
4 チケットを 買ってから 来る

여자와 남자가 이야기하고 있습니다. 남자는 언제 영화관에 옵니까?

여 내일, 시간 있어? 어제부터 시작된 그 영화 보러 가지 않을래?

남 좋아. 나도 보고 싶다고 생각하던 참이야. 어디서 몇 시에 만날까?

여 영화는 2시 반부터니까, 영화관 앞에서 2시에 어때?

남 아, 미안해. 내일 10시부터 2시까지 아르바이트였어.

여 그럼 무리겠네. 다른 날로 할래?

남 아니, 아르바이트가 끝나면 달려갈 테니까 영화 시간에는 맞출 수 있어.

여 그럼 먼저 가서 영화 티켓 사 놓을 테니까, 끝나면 바로 와.

남자는 언제 영화관에 옵니까?

1 2시에 온다
2 아르바이트가 끝날 때까지 온다
3 영화가 시작할 때까지 온다
4 티켓을 사고 나서 온다

정답 3

단어 映画館 영화관 | 始まる 시작되다 | 僕 나(남자 자신을 말하는 1인칭) | 無理だ 무리이다 | 他の日 다른 날 | 走って行く 달려가다 | 間に合う 제시간에 맞추다 | 先に 먼저 | チケット 티켓 | 買っておく 사 두다

해설 남자가 아르바이트가 있다는 말에 여자는 다른 날로 하자는 제안을 한다. 그러나 남자가 바로 '아르바이트가 끝나면 달려갈 테니까 영화 시간에 맞출 수 있어(アルバイトが終わったら、走って行くから映画には間に合うよ)'라고 말한다. 따라서 정답은 3번이다.

4ばん 71_14

문제편 289p

女の人と男の人が話しています。男の人はどうして会社をやめることを家族に伝えていませんか。

女 会社をやめるって聞いたけど、そのことはご家族にも伝えたの？

여자와 남자가 이야기하고 있습니다. 남자는 어째서 회사를 그만두는 것을 가족에게 알리지 않았습니까?

여 회사 그만둔다고 들었는데, 그 일은 가족에게도 알렸어?

男 いや、まだ。

女 やめて、留学すると知ったら驚くでしょうね。

男「苦労して入った会社なのにどうしてやめるの」って言われると思う。

女 それが嫌で言わないの？

男 いや、そうじゃないんだ。実は、やめて留学していいのかって思い始めて。

女 それなら、急いで決めなくてもいいんじゃない？

男 そうだね。もう一度ゆっくり、考えてみる。

男の人はどうして会社をやめることを家族に伝えていませんか。

1 かぞくを おどろかせたく ないから
2 くろうして 入った 会社だから
3 りゅうがくするか どうか なやんで いるから
4 いそいで きめたから

남 아니, 아직.

여 그만두고 유학간다는 걸 알면 놀라겠지.

남 '고생해서 들어간 회사인데 왜 그만두냐'라고 할 것 같아.

여 그게 싫어서 말하지 않는 거야?

남 아니, 그건 아니야. 사실은 회사를 그만두고 유학가도 되는 걸까 하는 생각이 들기 시작했거든.

여 그렇다면 서둘러서 결정하지 않아도 되지 않을까?

남 그렇네. 다시 한번 천천히 생각해 볼래.

남자는 어째서 회사를 그만두는 것을 가족에게 전하지 않았습니까?

1 가족을 놀라게 하고 싶지 않기 때문에
2 고생해서 들어간 회사이기 때문에
3 유학 갈지 말지 고민하고 있기 때문에
4 서둘러 결정했기 때문에

정답 3

단어 やめる 그만두다 | 伝える 알리다, 전하다 | 留学する 유학 가다 | 知る 알다 | 驚く 놀라다, 경악하다 | 苦労する 고생하다, 애쓰다 | 嫌だ 싫다 | 思い始める 생각하기 시작하다 | 急ぐ 서두르다 | 決める 정하다, 결정하다 | 悩む 고민하다

해설 남자는 가족에게 이야기하지 않는 이유가 '사실은 회사를 그만두고 유학 가도 되는 걸까 하는 생각이 들기 시작했거든(実は、やめて留学していいのかって思い始めて)'이라며 현재 고민하고 있기 때문이라고 말하고 있다. 따라서 정답은 3번이다. 청해 문제를 풀 때 이유나 원인에 대한 문제는「ううん 아니」,「いや 아니」,「そうじゃなくて 그게 아니라」등의 부정 표현 이후,「実は 실은」이나「本当は 사실은」이후에 필자가 가장 하고 싶은 말이 나오는 경우가 많다.

5ばん 71_15 문제편 290p

女の学生と男の留学生が話しています。男の留学生は、日本のコンビニについて、どんなことに驚いたと言っていますか。

女 コンビニのアルバイトどう？ もう慣れた？

男 いや、慣れるのにはもう少し時間がかかると思いますが、だんだん仕事の内容がわかってきました。コンビニの店員って本当にいろんなことしますよ。

여학생과 남자 유학생이 이야기하고 있습니다. 남자 유학생은 일본 편의점에 대해, 어떤 점에 놀랐다고 말하고 있습니까?

여 편의점 아르바이트 어때? 이제 익숙해졌어?

남 아니요, 익숙해지는 데는 좀 더 시간이 걸릴 거라고 생각합니다만, 점점 일의 내용을 알게 되었습니다. 편의점 점원은 정말 여러 가지 일을 해요.

女 そうだろうね。商品をきれいに並べるだけでも大変でしょう？

男 商品を並べるのは店に行ったときに見ていたのでわかっていたのですが……。

女 レジのほかにも宅配便の受付、電気やガスの支払いもあるもんね。やること多いよね。

男 はい。でも一番びっくりしたのはイベントがとても多いということです。季節が変わるとイベントも変わるので、その商品を並べたり飾ったりしなければならないし…。

女 大変だね。でも、がんばって！

여 그렇겠지. 상품을 깨끗하게 진열하는 것만으로도 힘들죠?

남 상품을 진열하는 것은 가게에 갔을 때 봤기 때문에 알고 있었습니다만…….

여 계산 외에도 택배 접수, 전기나 가스 요금 지불도 있으니까요. 할 일이 많겠네.

남 네. 그런데 제일 놀란 것은 행사가 매우 많다는 거예요. 계절이 바뀌면 행사도 바뀌니까 그 상품을 진열하거나 장식하거나 해야 하고….

여 힘들겠다. 그래도 힘내!

男の留学生は、日本のコンビニについて、どんなことに驚いたと言っていますか。

1 てんいんが たくさんの 仕事を する こと
2 しょうひんを きれいに ならべる こと
3 でんきや ガスの しはらいが 多い こと
4 きせつの イベントが 多い こと

남자 유학생은 일본 편의점에 대해, 어떤 점에 놀랐다고 말하고 있습니까?

1 점원이 많은 일을 하는 것
2 상품을 깨끗하게 진열하는 것
3 전기나 가스 요금 지불이 많은 것
4 계절 행사가 많은 것

정답 **4**

단어 コンビニ 편의점 | アルバイト 아르바이트 | 驚く 놀라다, 경악하다 | 慣れる 익숙해지다, 익다, 습관이 되다 | だんだん 점점, 점차 | 内容 내용 | わかってくる 점차 알게 되다 | 店員 점원 | 商品 상품 | 並べる 진열하다, 나열하다 | レジ 계산대 | 宅配便 택배 | 受付 접수 | 電気 전기 | ガス 가스 | 支払い 지불 | やる 하다, 주다 | 一番 제일, 가장 | びっくりする 깜짝 놀라다 | イベント 이벤트 | 多い 많다 | 季節 계절 | 変わる 바뀌다, 변하다 | 飾る 장식하다, 꾸미다 | 大変だ 힘들다, 큰일이다 | がんばる 힘내다, 열심히 하다

해설 부사 「一番 가장, 제일」 이후 내용을 주의 깊게 들어야 한다. 남자는 '제일(一番)' 놀란 것은 '행사가 매우 많다는 것'이라고 말한 후 계절에 따라 바뀌는 행사에 대해 이야기하고 있다. 따라서 정답은 4번이다. 이 외에 「それよりも 그것보다도」와 같은 비교 표현도 문제 풀이에 중요한 역할을 하므로 함께 기억해 두자.

6ばん 71_16

문제편 290p

女の学生と男の学生が話しています。女の学生は試験の時の昼ごはんについて、気をつけることは何だと言っていますか。

여학생과 남학생이 이야기하고 있습니다. 여학생은 시험 때의 점심 식사에 대해 주의할 것은 무엇이라고 말하고 있습니까?

女 明日の試験は午後もあるよね。

男 そんな時のお昼ごはんはいつもどうしているの？

여 내일 시험은 오후에도 있지?

남 그럴 때 점심은 항상 어떻게 하고 있어?

女 だいたいおにぎり1つだけ。

男 えっ、それで足りるの？

女 足りないよ。でもそれ以上食べると午後のテストの時に眠くなるでしょう？

男 そっか。テストの時の昼ごはんは楽しむためのものじゃないよね。

女 そうそう、ごちそうは試験が終わってから食べればいいの。

女の学生は試験の時の昼ごはんについて、気をつけることは何だと言っていますか。

1 たのしんで 食べる こと

2 はやく 食べる こと

3 たくさん 食べすぎない こと

4 ごちそうを 食べる こと

여 보통 주먹밥 1개만 먹어.

남 앗, 그걸로 충분해?

여 부족하지. 하지만 그 이상 먹으면 오후 시험 때 졸려지잖아?

남 그렇구나. 시험 때 점심 식사는 즐기기 위한 게 아니지.

여 맞아 맞아. 맛있는 건 시험이 끝나고 나서 먹으면 돼.

여학생은 시험 때의 점심 식사에 대해 주의할 것은 무엇이라고 말하고 있습니까?

1 즐기며 먹는 것

2 빨리 먹는 것

3 너무 많이 먹지 않는 것

4 맛있는 것을 먹는 것

정답 **3**

단어 試験 시험 | 昼ごはん 점심 식사 | 気をつける 주의하다, 조심하다 | だいたい 대체로, 대개, 보통 | おにぎり 주먹밥 | 足りる 충분하다, 족하다 | 以上 이상 | テスト 테스트, 시험 | 眠い 졸리다 | そっか 그렇구나, 그래?(「そうか」의 준말) | 楽しむ 즐기다, 좋아하다 | ごちそう 맛있는 요리, 진수성찬 | 終わる 끝나다, 마치다 | 早く 빨리 | 食べすぎる 과식하다

해설 여학생이 시험 때 점심밥에 대해 주의해야 할 점이 무엇인지 묻는 문제이므로, 여자가 말한 것에 포커스를 맞추어서 잘 들어야 한다. 주먹밥 하나만 먹는다는 여자의 말에 남자가 놀라며 그것으로 충분하냐고 물었는데, 여자는 부족하지만 '그 이상 먹으면 오후 시험 때 졸려지잖아?(それ以上食べると午後のテストの時に眠くなるでしょう)'라고 하며 적게 먹는 이유를 설명하고 있다. 따라서 정답은 3번이다.

7ばん 71_17

문제편 291p

先生が、学生たちに話をしています。先生は論文を書く時に一番大切なことは何だと言っていますか。

女 え～、ひとつの論文を書き終えるまでにはいろいろと大変なことがあると思います。たとえば自分と同じテーマで書かれた論文を読んで、自分の論文がつまらなく見えることがあります。また、書こうと思っていたことを他の人が先に書いていて、自分の論文には書けなくなることもあります。でも一番大切なことは、

선생님이 학생들에게 이야기를 하고 있습니다. 선생님은 논문을 쓸 때 가장 중요한 것은 무엇이라고 말하고 있습니까?

여 음, 하나의 논문을 다 쓰기까지는 여러 가지로 힘든 일이 있을 거라고 생각합니다. 예를 들면 자기와 같은 주제로 쓰인 논문을 읽고, 자기 논문이 시시하게 보이는 경우가 있습니다. 또, 쓰려고 생각하던 것을 다른 사람이 먼저 쓰고 있어서 자기 논문으로는 쓰지 못하게 되는 경우도 있습니다. 하지만 가장 중요한 것은,

どんなことがあっても最後まで書くことです。「書き終わった論文が良い論文」という言葉もありますからね。がんばってください。

어떤 일이 있어도 끝까지 쓰는 것입니다. '다 쓴 논문이 좋은 논문'이라는 말도 있으니까요. 힘내세요.

先生は論文を書く時に一番大切なことは何だと言っていますか。

1 ほかの 人の 書いた ろんぶんを たくさん 読む こと
2 ほかの 人に 書かれる 前に じぶんの 考えを 書く こと
3 じぶんのより おもしろい ろんぶんを 見つける こと
4 じぶんの ろんぶんを おわらせる こと

선생님은 논문을 쓸 때 가장 중요한 것은 무엇이라고 말하고 있습니까?

1 다른 사람이 쓴 논문을 많이 읽는 것
2 다른 사람이 쓰기 전에 자신의 생각을 쓰는 것
3 자신의 것보다 재미있는 논문을 찾는 것
4 자신의 논문을 끝내는 것

정답 4

단어 論文 논문 | 大切だ 중요하다, 소중하다 | 書き終える 다 쓰다, 쓰기를 마치다 | たとえば 예를 들면, 예컨대 | 同じ 같은, 동일한 | テーマ 테마, 주제 | つまらない 하찮다, 시시하다 | 見える 보이다, 눈에 들어오다 | 他の人 다른 사람 | 先に 먼저, 앞서 | 最後 최후, 끝 | 言葉 말, 언어

해설 한 명의 화자가 이야기하는 문제의 경우 화자가 가장 이야기하고 싶은 것은 뒷부분에 나오는 경우가 많다. 여자는 '가장 중요한 것은, 어떤 일이 있어도 끝까지 쓰는 것(一番大切なことは、どんなことがあっても最後まで書くこと)'이라고 말한 후 '다 쓴 논문이 좋은 논문'이라고 부연 설명하고 있다. 따라서 정답은 4번이다.

もんだい 3 문제 3에서는 그림을 보면서 질문을 들으세요. ➡(화살표)의 사람은 뭐라고 말합니까? 1에서 3 중에서 가장 적당한 것을 하나 고르세요. 그럼 연습해 봅시다.

れい 71_18

문제편 293p

授業で先生の話が聞こえません。何と言いますか。

女 1 わかりません。
2 もう一度お願いします。
3 すみません。

수업에서 선생님의 이야기가 들리지 않습니다. 뭐라고 말합니까?

여 1 모르겠습니다.
2 다시 한번 부탁합니다.
3 죄송합니다.

いちばんいいものは2番です。解答用紙の問題3のれいのところを見てください。いちばんいいものは2番ですからこたえはこのように書きます。では、始めます。

가장 적당한 것은 2번입니다. 답안지의 문제 3의 예 부분을 보십시오. 가장 적당한 것은 2번이므로 답은 이렇게 적습니다. 그럼 시작하겠습니다.

정답 2

단어 授業 수업 | 聞こえる 들리다 | もう一度 다시 한번

해설 곤란한 상황이므로 불만을 이야기하거나 요청하는 표현이 응답으로 적절하다. 선생님께 이야기하는 것이므로 '다시 한번 부탁합니다(もう一度お願いします)'라고 요청하는 2번이 정답이다. 1번과 3번은 상황에 맞지 않는다.

1ばん 71_19 문제편 294p

電車を待っていたら、前の人が何か落としました。何と言いますか。

男 1 何か落ちていますよ。
2 何か落ちますよ。
3 何か落ちましたよ。

전철을 기다리고 있는데, 앞사람이 무엇인가 떨어뜨렸습니다. 뭐라고 합니까?

남 1 뭔가 떨어져 있어요.
2 뭔가 떨어져요.
3 뭔가 떨어졌어요.

정답 3

단어 落とす 떨어뜨리다, (실수해서) 놓치다 | 落ちる 떨어지다

해설 1번은 두 가지 의미로 해석할 수 있다. 첫 번째는 지금 무엇인가 위에서 아래로 낙하하고 있는 중이라는 의미로 '뭔가 떨어지고 있어요', 두 번째는 물건이 바닥에 떨어져 있다는 의미로 해석할 수도 있어 정답으로 착각할 수도 있지만 뉘앙스에 차이가 있다. 물건을 떨어뜨린 사람에게 알려 주는 상황에서는 3번의 「何か落ちましたよ 뭔가 떨어졌어요」라고 말해야 한다. 2번은 앞으로 무엇인가 떨어진다는 뜻이므로 상황에 맞지 않는다.

2ばん 71_20 문제편 294p

友だちの家族が作ってくれた料理がおいしかったので自分も作りたいです。何と言いますか。

친구의 가족이 만들어 준 요리가 맛있어서 나도 만들고 싶습니다. 뭐라고 말합니까?

女 1 もう一度、作りませんか。
　 2 どうやって作るんでしょうか。
　 3 作り方を教えましょうか。

여 1 다시 한번 만들지 않을래요?
　 2 어떻게 만들어요?
　 3 만드는 방법을 가르쳐 드릴까요?

정답 **2**

단어 料理 요리 | もう一度 다시 한번 | 作り方 만드는 방법 | 教える 가르치다

해설 방법을 물을 때 쓰는 표현인 「どうやって 어떻게」를 사용한 2번이 정답이다. 동사 「やる」에는 ①하다, ②주다 두 가지 뜻이 있는데, 「どうやって」라고 하면 '어떠한 방법으로 하여'라는 의미로 사용한다. 이유나 원인을 물을 때 사용하는 「どうして 왜, 어째서」도 함께 기억해 두자.

3ばん 71_21 문제편 295p

会社の先輩に相談したいことがあります。何と言いますか。

男 1 先輩、相談してください。
　 2 先輩、今、お時間よろしいですか。
　 3 先輩、これからご相談します。

회사 선배에게 상담하고 싶은 것이 있습니다. 뭐라고 말합니까?

남 1 선배님, 상담해 주세요.
　 2 선배님, 지금 시간 괜찮으세요?
　 3 선배님, 이제부터 상담하겠습니다.

정답 2

단어 先輩(せんぱい) 선배(님) | 相談(そうだん) 상담, 상의 | よろしい 좋다, 괜찮다, 적절하다(「よい 좋다」의 격식 차린 표현)

해설 회사 선배에게 상담을 요청하는 상황이다. 윗사람에게 상담을 요청할 때는 먼저 시간이 있는지를 확인하는 것이 예의이므로 「今(いま)、時間(じかん)いいですか 지금 시간 괜찮아요?」를 보다 정중하게 표현한 2번 「今(いま)、お時間(じかん)よろしいですか 지금 시간 괜찮으세요?」가 정답이다. 1번 '상담해 주세요'는 「～に相談(そうだん)してください ～에게 상담해 주세요」처럼 누군가에게 상담해 보라고 권할 때 사용하는 표현이다.

4ばん 71_22 문제편 295p

友(とも)だちにメールを送(おく)るのにアドレスを聞(き)きたいです。何(なん)と言(い)いますか。

女 1 メールアドレス、教(おし)えてもらえる？
2 私(わたし)のアドレス、知(し)ってる？
3 メールアドレス、教(おし)えてあげるよ。

친구에게 메일을 보내는데 주소를 묻고 싶습니다. 뭐라고 말합니까?

여 1 메일 주소 가르쳐 줄 수 있어?
2 내 주소 알고 있어?
3 메일 주소 가르쳐 줄게.

정답 1

단어 メール 메일 | 送(おく)る 보내다 | アドレス 주소 | 教(おし)える 가르치다, 알리다

해설 친구에게 메일 주소를 물어보는 상황이므로, 「メールアドレス、教(おし)えてもらえる？ 메일 주소 가르쳐 줄 수 있어?」라고 표현한 1번이 정답이다. 「～てもらえる？」는 상대에게 무언가를 해줄 수 있는지 물을 때 사용하는 표현이다. 좀 더 정중한 표현인 「～てもらえますか ～해 주실 수 있습니까?(～해 주세요)」, 「～てもらえませんか ～해 주지 않겠습니까?」도 자주 사용하므로 함께 기억해 두자.

5ばん 71_23 문제편 296p

発表会(はっぴょうかい)で発表(はっぴょう)する人(ひと)を紹介(しょうかい)しています。つぎは山田(やまだ)さんが話(はな)します。何(なん)と言(い)いますか。

男 1 山田(やまだ)さんのつぎの方(かた)、どうぞ。
2 つぎは山田(やまだ)さんの発表(はっぴょう)です。
3 山田(やまだ)さんが話(はな)すらしいです。

발표회에서 발표할 사람을 소개하고 있습니다. 다음은 야마다 씨가 이야기합니다. 뭐라고 말합니까?

남 1 야마다 씨의 다음 분, 들어오세요.
2 다음은 야마다 씨의 발표입니다.
3 야마다 씨가 이야기한다고 합니다.

정답 **2**

단어 発表会 발표회 | 紹介 소개 | つぎ 다음 | ～方 ～분(호칭) | ～らしい ～인 것 같다, ～라는 것 같다

해설 발표회에서 발표할 사람을 소개하고 있는 장면이므로, 순서를 나타내는 표현인 「次 다음」을 사용한 2번이 정답이다. 1번은 병원이나 은행, 관공서 등에서 다음 순번의 사람을 안내할 때 사용하는 표현이며, 3번은 '야마다 씨가 이야기한다는 것 같아요(이야기한다고 해요)'라는 전문(전해 들은 말)으로, 발표회에서 발표자를 소개하는 상황에 맞지 않다.

もんだい 4 문제 4에서는 그림 등이 없습니다. 먼저 문장을 들으세요. 그리고 그 대답을 듣고 1에서 3 중에서 가장 적당한 것을 하나 고르세요. 그럼 연습해 봅시다.

문제편 297p

れい 71_24

女 遊園地までどうやって行きますか。

男 1 電車で行きます。
2 9時に行きます。
3 日曜日に行きます。

いちばんいいものは１番です。解答用紙の 問題４のれいのところを見てください。いちばんいいものは１番ですから こたえはこのように書きます。では、始めます。

여 유원지까지 어떻게 갑니까?

남 1 전철로 갑니다.
2 9시에 갑니다.
3 일요일에 갑니다.

가장 적당한 것은 1번입니다. 답안지의 문제 4의 예 부분을 보십시오. 가장 적당한 것은 1번이므로 답은 이렇게 적습니다. 그럼 시작하겠습니다.

정답 **1**

단어 遊園地 유원지, 놀이공원 | 電車 전철

해설 유원지까지 가는 '수단'을 묻고 있으므로 「電車 전철」이라고 구체적으로 대답한 1번이 정답이다. 2번은 '시간'을, 3번은 '시기'를 묻는 질문에 적절한 응답이다.

1ばん 71_25

女 コーヒーいれたけど、飲む？

男 1 ちょうど飲みたかったよ。
2 コーヒーが飲みたいの？
3 後で出すよ。

여 커피 탔는데, 마실래?

남 1 마침 마시고 싶었어.
2 커피 마시고 싶어?
3 나중에 낼 게.

정답 **1**

단어 コーヒーをいれる 커피를 타다(끓이다, 내리다) | ちょうど 마침, 꼭, 정확히, 알맞게 | 後で 나중에 | 出す 내다, 제출하다

해설 커피를 탔는데 함께 마시자고 권하는 말에 적당한 응답은 1번이다. 「コーヒー/お茶をいれる 커피/차를 타다」는 시험 및 일상 회화에서 자주 사용하는 표현이므로 반드시 기억해 두자. 1번의 「ちょうど」는 '정확히, 마침'이라는 의미의 부사이다. 「ちょうど1,000円です 정확히 1,000엔입니다」, 「ちょうど 1 時です 한 시 정각입니다」, 「ちょうどいいところに来た 마침 딱 좋은 때에 왔다」라는 표현을 통해 뉘앙스를 기억해 두자.

2ばん 71_26

男 つぎの会議はいつですか？

女 1 先週始まりました。
2 来週の金曜日です。
3 5階の会議室です。

남 다음 회의는 언제입니까?

여 1 지난주에 시작되었습니다.
2 다음 주 금요일입니다.
3 5층 회의실입니다.

정답 **2**

단어 つぎ 다음 | 会議 회의 | いつ 언제 | 先週 지난주 | 始まる 시작되다 | ～階(かい·がい) ～층

해설 다음 회의가 언제인지 묻고 있으므로 「来週の金曜日 다음 주 금요일」이라고 구체적인 시기로 대답한 2번이 정답이다. 1번은 회의가 이미 시작되었음을 의미하므로 상황에 맞지 않고, 3번은 장소를 물을 때 대답할 수 있는 표현이다.

3ばん 71_27

女 運転手さん、つぎの角を左にお願いします。

男 1 はい、つぎを左ですね。
2 はい、左側を走ることになっています。
3 はい、右に見えますね。

여 기사님, 다음 모퉁이에서 왼쪽으로 부탁합니다.

남 1 네, 다음에서 왼쪽이죠.
2 네, 왼쪽을 달리게 되어 있습니다.
3 네, 오른쪽에 보이네요.

정답 **1**

단어 運転手 운전사, 운전기사 | 角 구석, 모퉁이 | 左 왼쪽 | ～側 ～쪽, ～측 | 走る 달리다 | 右 오른쪽

해설 손님이 다음 모퉁이에서 왼쪽으로 가 달라고 부탁하는 상황이므로 「はい、つぎを左ですね 네, 다음에서 왼쪽이죠」라며 손님이 말한 방향을 다시 확인하는 1번이 정답이다. 2번과 3번은 제시문과 호응하지 않는 대답이다.

4ばん 71_28

男 30分前に家を出ていればなぁ……。

女 1 はい、15分で着きますよ。

2 ええ、1時間前に出ましたよ。

3 うん、ちょっとおそかったね。

남 30분 전에 집을 나섰더라면….

여 1 네, 15분이면 도착합니다.

2 네, 한 시간 전에 나왔어요.

3 응, 좀 늦었지.

정답 **3**

단어 家 집 | 出る 나가(오)다 | 着く 도착하다 | 遅い 늦다

해설 '좀 더 일찍 집을 나섰으면 좋았을 걸' 하고 후회하는 듯한 뉘앙스의 말이므로, 「うん、ちょっとおそかったね 응, 좀 늦었지」라며 공감하고 있는 3번이 정답이다.

5ばん 71_29

女 同じことを何回も言わせないで。

男 1 ありがとう。

2 ごめんなさい。

3 もう一度言って。

여 같은 것을 몇 번이나 말하게 하지 말아 줘.

남 1 고마워.

2 미안해요.

3 다시 한번 말해 줘.

정답 **2**

단어 同じだ 같다, 동일하다 | ごめんなさい 미안합니다 | もう一度 다시 한번

해설 같은 말을 반복하게 하지 말라는 말에 적절한 응답은 순수하게 사과하고 있는 2번 「ごめんなさい 미안해요」이다.

6ばん 71_30

男 僕のめがね見なかった？

女 1 うーん、見てないよ。

2 よく見えないよ。

3 もう見てしまったよ。

남 내 안경 못 봤어?

여 1 응, 못 봤어.

2 잘 안 보여.

3 벌써 보고 말았어.

정답 **1**

단어 めがね 안경 | 見える 보이다 | もう 벌써, 이미 | ～てしまう ～해 버리다

해설 현 시점에서 '본 적이 없다'라고 할 때에는 1번처럼 「～ている/～ていない」의 회화체 표현인 「～てる/～てない」를 써서 「見てないよ 못 봤어」라고 해야 한다. 2번은 안경을 써도 잘 안 보일 때, 3번은 보면 안 될 것이나 남이 보여주려고 의도하지 않은 것 등을 이미 보았을 때 할 수 있는 표현이다.

7ばん 71_31

女 この部屋寒くないですか。

男 1 いいえ、寒いです。
2 寒くても大丈夫ですか。
3 あ、窓を閉めましょうか。

여 이 방 춥지 않습니까?

남 1 아니요, 춥습니다.
2 추워도 괜찮습니까?
3 아, 창문을 닫을까요?

정답 3

단어 部屋 방 | 寒い 춥다 | 大丈夫だ 괜찮다 | 閉める (문을) 닫다

해설 방이 춥다는 상대방의 말에 「窓を閉めましょうか 창문을 닫을까요?」라고 대답한 3번이 정답이다. 1번은 「いいえ、寒くないです 아니요, 춥지 않습니다」가 되어야 바른 응답이 되며 2번은 상황에 맞지 않는 어색한 표현이다.

8ばん 71_32

男 この店、前に来たことありますか？

女 1 来週、行きます。
2 いいえ、今日が初めてです。
3 あまり来ません。

남 이 가게, 전에 와 본 적 있습니까?

여 1 다음 주에 갑니다.
2 아니요, 오늘이 처음입니다.
3 별로 오지 않습니다.

정답 2

단어 前に 이전에, 앞서 | 来週 다음 주 | 初めて 처음, 처음으로 | あまり～ない 그다지(별로) ~지 않다

해설 과거 경험 유무에 대한 질문이므로 '처음입니다'라고 대답한 2번이 정답이다. 「初めて」는 처음 겪는 사건이나 경험을 이야기할 때 사용하며, 「初め」는 '맨 처음'이라는 의미로 순서를 나타낼 때 주로 사용한다. 유의 표현인 「最初 최초」도 함께 기억해 두자.

문자어휘 기출단어

1 한자 읽기
2 표기
3 문맥 규정
4 유의 표현
5 용법

N4

1 : 한자 읽기

	어휘	발음	의미
□	青い	あおい	파랗다
□	赤い	あかい	빨갛다, 붉다
□	明るい	あかるい	밝다
□	秋	あき	가을
□	開ける	あける	열다
□	味	あじ	맛
□	頭	あたま	머리
□	暑い	あつい	덥다
□	暑さ	あつさ	더위
□	集まる	あつまる	모이다
□	姉	あね	언니, 누나
□	洗う	あらう	씻다, 닦다
□	歩く	あるく	걷다
□	安心	あんしん	안심
□	以外	いがい	이외, 그 밖
□	池	いけ	연못
□	意見	いけん	의견
□	石	いし	돌
□	医者	いしゃ	의사
□	以上	いじょう	이상
□	急ぐ	いそぐ	서두르다
□	一度	いちど	한 번

	어휘	발음	의미
□	糸	いと	실
□	妹	いもうと	여동생
□	色	いろ	색
□	動く	うごく	움직이다, 작동하다
□	歌	うた	노래
□	歌う	うたう	노래하다
□	写す	うつす	베끼다, (사진을) 찍다
□	海	うみ	바다
□	売る	うる	팔다
□	売れる	うれる	팔리다
□	運転	うんてん	운전
□	運動	うんどう	운동
□	営業	えいぎょう	영업
□	英語	えいご	영어
□	駅員	えきいん	역무원
□	起きる	おきる	일어나다, 깨다
□	送る	おくる	보내다, (우편을) 부치다, 배웅하다
□	起こす	おこす	깨우다, 일으켜 세우다
□	お正月	おしょうがつ	정월, 1월 1일 (일본의 설날)
□	押す	おす	밀다

어휘	발음	의미
□ お姉さん	おねえさん	언니, 누나
□ 重い	おもい	무겁다
□ 親指	おやゆび	엄지손가락, 엄지발가락
□ 泳ぐ	およぐ	수영하다, 헤엄치다
□ 終わる	おわる	끝나다
□ 音楽	おんがく	음악
□ 会場	かいじょう	회장, 행사장
□ 帰る	かえる	돌아가(오)다
□ 顔	かお	얼굴
□ 火事	かじ	화재
□ 貸す	かす	빌려주다
□ 風	かぜ	바람
□ 数える	かぞえる	세다
□ 家族	かぞく	가족
□ 方	かた	분 (사람의 높임말)
□ 紙	かみ	종이
□ 通う	かよう	다니다
□ 体	からだ	몸
□ 軽い	かるい	가볍다
□ 代わり	かわり	대신
□ 考える	かんがえる	생각하다, 고안하다
□ 北	きた	북, 북쪽

어휘	발음	의미
□ 切手	きって	우표
□ 気分	きぶん	기분
□ 決まる	きまる	결정되다
□ 着物	きもの	기모노 (일본 전통 복장)
□ 急行	きゅうこう	급행, 급행 열차
□ 急に	きゅうに	갑자기
□ 教室	きょうしつ	교실
□ 去年	きょねん	작년
□ 銀色	ぎんいろ	은색
□ 銀行	ぎんこう	은행
□ 近所	きんじょ	근처, 이웃집
□ 区	く	구(행정 구역)
□ 空港	くうこう	공항
□ 薬	くすり	약
□ 首	くび	목
□ 雲	くも	구름
□ 暗い	くらい	어둡다
□ 黒い	くろい	검다
□ 計画	けいかく	계획
□ 経験	けいけん	경험
□ 県	けん	현(행정 구역)
□ 研究	けんきゅう	연구
□ 公園	こうえん	공원

	어휘	발음	의미
□	工場	こうじょう	공장
□	声	こえ	목소리
□	氷	こおり	얼음
□	心	こころ	마음
□	答える	こたえる	대답하다, 응답하다
□	今度	こんど	이번, 이다음
□	最近	さいきん	최근
□	最後	さいご	최후, 마지막
□	寒い	さむい	춥다
□	皿	さら	그릇, 접시
□	産業	さんぎょう	산업
□	試合	しあい	시합
□	仕事	しごと	일, 업무
□	質問	しつもん	질문
□	自転車	じてんしゃ	자전거
□	品物	しなもの	물품, 상품
□	死ぬ	しぬ	죽다
□	市民	しみん	시민
□	社会	しゃかい	사회
□	住所	じゅうしょ	주소
□	出発	しゅっぱつ	출발
□	小説	しょうせつ	소설
□	食堂	しょくどう	식당

	어휘	발음	의미
□	食料品	しょくりょうひん	식료품
□	女性	じょせい	여성
□	知る	しる	알다
□	白い	しろい	하얗다
□	人口	じんこう	인구
□	親切だ	しんせつだ	친절하다
□	新聞社	しんぶんしゃ	신문사
□	水道	すいどう	수도
□	好きだ	すきだ	좋아하다
□	少し	すこし	조금
□	進む	すすむ	나아가다, 전진하다
□	生産	せいさん	생산
□	西洋	せいよう	서양
□	世界	せかい	세계
□	説明	せつめい	설명
□	世話	せわ	신세, 시중, 돌봄
□	祖母	そぼ	조모, 할머니
□	大使館	たいしかん	대사관
□	台所	だいどころ	부엌
□	建物	たてもの	건물
□	楽しい	たのしい	즐겁다
□	足りる	たりる	충분하다, 충족되다
□	近い	ちかい	가깝다

어휘	발음	의미
□ 力	ちから	힘
□ 茶色	ちゃいろ	갈색
□ 注意	ちゅうい	주의
□ 中止	ちゅうし	중지
□ 地理	ちり	지리
□ 使う	つかう	사용하다
□ 着く	つく	도착하다
□ 机	つくえ	책상
□ 都合	つごう	형편, 사정
□ 強い	つよい	강하다
□ 手紙	てがみ	편지
□ 店員	てんいん	점원
□ 遠い	とおい	멀다
□ 遠く	とおく	먼 곳, 멀리
□ 通る	とおる	지나가다, 통과하다
□ 都会	とかい	도회, 도시
□ 特別だ	とくべつだ	특별하다
□ 図書館	としょかん	도서관
□ 特急	とっきゅう	특급, 특급 열차
□ 止まる	とまる	멈추다, 정지하다
□ 鳥	とり	새
□ 夏	なつ	여름
□ 習う	ならう	익히다, 배우다
□ 何枚	なんまい	몇 장

어휘	발음	의미
□ 二台	にだい	두 대
□ 日記	にっき	일기
□ 眠い	ねむい	졸리다
□ 眠る	ねむる	자다, 잠들다
□ 乗る	のる	(탈 것·교통수단 을) 타다
□ 運ぶ	はこぶ	옮기다, 운반하다
□ 始める	はじめる	시작하다
□ 場所	ばしょ	장소, 곳
□ 走る	はしる	달리다, 뛰다
□ 働く	はたらく	일하다, 근무하다
□ 発音	はつおん	발음
□ 花	はな	꽃
□ 早く	はやく	빨리
□ 春	はる	봄
□ 反対	はんたい	반대
□ 光	ひかり	빛
□ 光る	ひかる	빛나다
□ 引く	ひく	당기다, 빼다
□ 低い	ひくい	낮다
□ 病院	びょういん	병원
□ 昼	ひる	낮
□ 広い	ひろい	넓다
□ 服	ふく	옷

	어휘	발음	의미
□	太い	ふとい	두껍다, 굵다
□	船	ふね	배
□	不便だ	ふべんだ	불편하다
□	冬	ふゆ	겨울
□	古い	ふるい	오래되다, 낡다
□	文	ぶん	글, 문장
□	文学	ぶんがく	문학
□	勉強	べんきょう	공부
□	毎朝	まいあさ	매일 아침
□	町	まち	마을
□	待つ	まつ	기다리다
□	間に合う	まにあう	제시간에 맞추다, 늦지 않다
□	短い	みじかい	짧다
□	港	みなと	항구
□	村	むら	마을
□	目	め	눈
□	持つ	もつ	가지다, 견디다
□	森	もり	숲, 산림
□	門	もん	문
□	野菜	やさい	채소, 야채
□	夕方	ゆうがた	저녁 무렵, 해질녘
□	有名だ	ゆうめいだ	유명하다
□	用事	ようじ	볼일, 용건, 용무

	어휘	발음	의미
□	洋服	ようふく	양복
□	予習	よしゅう	예습
□	予定	よてい	예정
□	夜	よる	밤
□	弱い	よわい	약하다
□	利用	りよう	이용
□	旅行	りょこう	여행
□	別れる	わかれる	헤어지다, 이별하다
□	悪い	わるい	나쁘다

2 : 표기

	어휘	발음	의미
□	会う	あう	만나다
□	青い	あおい	파랗다
□	赤い	あかい	빨갛다
□	明るい	あかるい	밝다
□	秋	あき	가을
□	開ける	あける	열다
□	足	あし	발
□	暑い	あつい	덥다
□	集まる	あつまる	모이다
□	兄	あに	오빠 · 형
□	姉	あね	언니, 누나
□	洗う	あらう	씻다, 닦다
□	歩く	あるく	걷다
□	言う	いう	말하다
□	行き方	いきかた	가는 방법
□	池	いけ	연못
□	医者	いしゃ	의사
□	以上	いじょう	이상
□	犬	いぬ	개
□	意味	いみ	의미
□	妹	いもうと	여동생
□	動く	うごく	움직이다, 작동하다

	어휘	발음	의미
□	歌	うた	노래
□	海	うみ	바다
□	売る	うる	팔다
□	運転	うんてん	운전
□	運動	うんどう	운동
□	映画	えいが	영화
□	映画館	えいがかん	영화관
□	営業	えいぎょう	영업
□	英語	えいご	영어
□	屋上	おくじょう	옥상
□	送る	おくる	보내다, 발송하다, 배웅하다
□	教える	おしえる	가르치다
□	音	おと	소리
□	弟	おとうと	남동생
□	同じだ	おなじだ	같다, 동일하다
□	重い	おもい	무겁다
□	思い出す	おもいだす	생각나다, 떠오르다
□	思う	おもう	생각하다
□	終わる	おわる	끝나다
□	買う	かう	사다
□	帰る	かえる	돌아가(오)다

어휘	발음	의미
□ 顔	かお	얼굴
□ 書き方	かきかた	쓰는 방법
□ 貸す	かす	빌려주다
□ 風	かぜ	바람
□ 家族	かぞく	가족
□ 借りる	かりる	빌리다
□ 軽い	かるい	가볍다
□ 代わり	かわり	대신
□ 考える	かんがえる	생각하다, 고안하다
□ 漢字	かんじ	한자
□ 帰国	きこく	귀국
□ 決まる	きまる	결정되다
□ 牛肉	ぎゅうにく	소고기
□ 教室	きょうしつ	교실
□ 薬	くすり	약
□ 暗い	くらい	어둡다
□ 黒い	くろい	검다
□ 計画	けいかく	계획
□ 経験	けいけん	경험
□ 研究	けんきゅう	연구
□ 工場	こうじょう	공장
□ 交通	こうつう	교통
□ 声	こえ	목소리

어휘	발음	의미
□ 氷	こおり	얼음
□ 答える	こたえる	대답하다, 응답하다
□ 小鳥	ことり	작은 새
□ 寒い	さむい	춥다
□ 試合	しあい	시합, 경기
□ 質問	しつもん	질문
□ 自転車	じてんしゃ	자전거
□ 自動車	じどうしゃ	자동차
□ 死ぬ	しぬ	죽다
□ 市民	しみん	시민
□ 閉める	しめる	닫다
□ 写真	しゃしん	사진
□ 住所	じゅうしょ	주소
□ 授業	じゅぎょう	수업
□ 出発	しゅっぱつ	출발
□ 食堂	しょくどう	식당
□ 食料品	しょくりょうひん	식료품
□ 女性	じょせい	여성
□ 調べる	しらべる	조사하다, 알아보다
□ 知る	しる	알다
□ 白い	しろい	하얗다
□ 親切だ	しんせつだ	친절하다
□ 好きだ	すきだ	좋아하다

어휘	발음	의미
□ 進む	すすむ	나아가다, 전진하다
□ 住む	すむ	살다, 거주하다
□ 説明	せつめい	설명
□ 先週	せんしゅう	지난주
□ 台所	だいどころ	부엌
□ 台風	たいふう	태풍
□ 正しい	ただしい	맞다, 바르다, 정당하다
□ 建てる	たてる	(건물을) 세우다, 건축하다
□ 近く	ちかく	근처, 가까이
□ 地図	ちず	지도
□ 注意	ちゅうい	주의
□ 使う	つかう	쓰다, 사용하다
□ 作る	つくる	만들다
□ 店員	てんいん	점원
□ ～度	～ど	～번
□ 遠い	とおい	멀다
□ 特別だ	とくべつだ	특별하다
□ 時計	とけい	시계
□ 閉じる	とじる	닫다
□ 土曜日	どようび	토요일
□ 鳥	とり	새
□ 夏	なつ	여름
□ 習う	ならう	익히다, 배우다

어휘	발음	의미
□ 日記	にっき	일기
□ 入院	にゅういん	입원
□ 眠い	ねむい	졸리다
□ 乗る	のる	(교통수단을) 타다
□ 運ぶ	はこぶ	운반하다
□ 始める	はじめる	시작하다
□ 場所	ばしょ	장소, 곳
□ 走る	はしる	달리다, 뛰다
□ 働く	はたらく	일하다, 근무하다
□ 発音	はつおん	발음
□ 話	はなし	이야기
□ 早く	はやく	빨리, 일찍
□ 林	はやし	수풀, 삼림
□ 光	ひかり	빛
□ 引く	ひく	당기다, 빼다
□ 病院	びょういん	병원
□ 開く	ひらく	열다, 열리다
□ 昼ご飯	ひるごはん	점심밥, 점심 식사
□ 昼休み	ひるやすみ	점심시간, 점심 후 휴식
□ 広い	ひろい	넓다
□ 服	ふく	옷
□ 船	ふね	배, 선박

어휘	발음	의미
□ 冬	ふゆ	겨울
□ 古い	ふるい	오래되다, 낡다
□ 文	ぶん	글, 문장
□ 便利だ	べんりだ	편리하다
□ 本屋	ほんや	서점
□ 毎朝	まいあさ	매일 아침
□ 町	まち	마을
□ 待つ	まつ	기다리다
□ 森	もり	숲
□ 問題	もんだい	문제
□ 野菜	やさい	채소, 야채
□ 夕方	ゆうがた	저녁 무렵, 해질녘
□ 夕飯	ゆうはん	저녁밥, 저녁 식사
□ 有名だ	ゆうめいだ	유명하다
□ 雪	ゆき	눈
□ 用事	ようじ	볼일, 용건, 용무
□ 予定	よてい	예정
□ 夜	よる	밤
□ 弱い	よわい	약하다
□ 料理	りょうり	요리
□ 旅館	りょかん	여관(일본 전통 숙박 시설)
□ 旅行	りょこう	여행

3 : 문맥 규정

	어휘	발음	의미
□	浅い	あさい	얕다, (정도가) 덜하다
□	アルバイト		아르바이트
□	アンケート		앙케트, 설문 조사
□	安全だ	あんぜんだ	안전하다
□	案内	あんない	안내
□	以下	いか	이하
□	いくら～ても		아무리 ~해도
□	意見	いけん	의견
□	以上	いじょう	이상
□	一軒	いっけん	집 한 채
□	一生懸命	いっしょうけんめい	열심히
□	行って参る	いってまいる	다녀오다(겸양어)
□	植える	うえる	심다
□	受付	うけつけ	접수, 접수처
□	薄い	うすい	(농도가) 옅다, 얇다
□	打つ	うつ	때리다, 치다
□	映る	うつる	비치다
□	腕	うで	팔, 솜씨
□	生む	うむ	낳다
□	うるさい		시끄럽다
□	営業	えいぎょう	영업
□	お祝い	おいわい	축하, 축하 선물

	어휘	발음	의미
□	往復	おうふく	왕복
□	屋上	おくじょう	옥상
□	遅れる	おくれる	늦다, 늦어지다
□	お大事に	おだいじに	몸조리 잘 하세요
□	おつり		잔돈, 거스름돈
□	落とす	おとす	떨어뜨리다
□	覚える	おぼえる	기억하다, 암기하다
□	お土産	おみやげ	선물, 기념품
□	思い出	おもいで	추억
□	おもちゃ		장난감
□	お礼	おれい	감사 인사, 감사 선물
□	折れる	おれる	부러지다, 꺾이다
□	会場	かいじょう	회장, 행사장
□	鏡	かがみ	거울
□	飾る	かざる	장식하다, 꾸미다
□	固い	かたい	단단하다, 딱딱하다
□	形	かたち	형태, 모양
□	片付ける	かたづける	치우다, 정리하다
□	カッター		커터, 칼
□	壁	かべ	벽
□	構わない	かまわない	상관없다
□	かむ		씹다
□	通う	かよう	다니다, 통학하다
□	乾く	かわく	건조해지다, 마르다
□	関係	かんけい	관계

	어휘	발음	의미
□	機会	きかい	기회
□	危険だ	きけんだ	위험하다
□	技術	ぎじゅつ	기술
□	気分	きぶん	기분
□	急行	きゅうこう	급행
□	競争	きょうそう	경쟁
□	興味	きょうみ	흥미, 관심
□	具合	ぐあい	몸 상태, 컨디션
□	比べる	くらべる	비교하다
□	経験	けいけん	경험
□	ゲーム		게임
□	結果	けっか	결과
□	けんか		싸움
□	郊外	こうがい	교외
□	心	こころ	마음
□	故障	こしょう	고장
□	細かい	こまかい	자세하다, 상세하다
□	混む	こむ	붐비다, 혼잡하다
□	怖い	こわい	무섭다
□	坂	さか	언덕
□	探す	さがす	찾다
□	差す	さす	(우산을) 쓰다
□	誘う	さそう	권유하다, 유혹하다
□	さっき		아까, 조금 전
□	寂しい	さびしい	외롭다, 쓸쓸하다

	어휘	발음	의미
□	さわる		만지다, 손대다
□	残念だ	ざんねんだ	안타깝다, 유감스럽다
□	しかられる		혼나다
□	失敗	しっぱい	실패
□	失礼だ	しつれいだ	실례이다
□	習慣	しゅうかん	습관
□	自由に	じゆうに	자유롭게, 마음대로
□	十分だ	じゅうぶんだ	충분하다
□	準備	じゅんび	준비
□	紹介	しょうかい	소개
□	招待	しょうたい	초대
□	将来	しょうらい	장래
□	調べる	しらべる	조사하다, 알아보다
□	心配	しんぱい	걱정
□	スイッチ		스위치
□	過ぎる	すぎる	지나다
□	進む	すすむ	나아가다, 전진하다
□	捨てる	すてる	버리다
□	～製	～せい	～제
□	生産	せいさん	생산
□	説明	せつめい	설명
□	ぜひ		꼭, 아무쪼록
□	世話	せわ	시중, 돌봄
□	センチ		센티미터(cm)
□	相談	そうだん	상담, 상의, 논의

	어휘	발음	의미
□	育てる	そだてる	키우다, 양육하다
□	それに		게다가
□	そろそろ		슬슬
□	大事だ	だいじだ	중요하다, 소중하다
□	高い	たかい	높다, 비싸다
□	だから		그래서, 그러니까
□	確かだ	たしかだ	확실하다, 분명하다
□	足す	たす	더하다, 보태다
□	出す	だす	내놓다, (편지를) 보내다
□	頼む	たのむ	부탁하다, 주문하다
□	足りない	たりない	부족하다
□	暖房	だんぼう	난방
□	チェック		체크, 확인
□	チケット		티켓, 표
□	遅刻	ちこく	지각
□	チャンス		찬스, 기회
□	注意	ちゅうい	주의
□	中止	ちゅうし	중지
□	貯金	ちょきん	저금
□	伝える	つたえる	전하다, 전달하다
□	包む	つつむ	싸다, 감싸다, 포장하다
□	丁寧だ	ていねいだ	정중하다, 친절하다
□	手伝う	てつだう	돕다, 도와주다
□	とうとう		드디어, 겨우
□	届く	とどく	도달하다, 전해지다

	어휘	발음	의미
□	止まる	とまる	멈추다, 정지하다
□	取り替える	とりかえる	바꾸다, 교체하다
□	どんどん		자꾸자꾸, 계속
□	直す	なおす	고치다
□	直る	なおる	낫다, 회복하다
□	なるべく		되도록, 가능한 한
□	慣れる	なれる	익숙해지다
□	匂い	におい	냄새
□	苦い	にがい	쓰다
□	人気	にんき	인기
□	値段	ねだん	가격, 값
□	熱心だ	ねっしんだ	열심이다
□	寝坊	ねぼう	늦잠
□	眠い	ねむい	졸리다
□	残る	のこる	남다
□	喉	のど	목, 목구멍
□	乗り換える	のりかえる	갈아타다, 환승하다
□	パートタイム		파트 타임, 시간제 근무
□	運ぶ	はこぶ	옮기다, 운반하다
□	はさみ		가위
□	恥ずかしい	はずかしい	창피하다
□	パソコン		PC, 컴퓨터
□	はっきり		확실히, 분명히
□	はる		붙이다
□	番組	ばんぐみ	방송 프로그램

	어휘	발음	의미
□	冷える	ひえる	식다, 차가워지다
□	引き出し	ひきだし	서랍, 인출
□	引っ越し	ひっこし	이사
□	必要だ	ひつようだ	필요하다
□	拾う	ひろう	줍다
□	深い	ふかい	깊다
□	踏む	ふむ	밟다
□	貿易	ぼうえき	무역
□	放送	ほうそう	방송
□	ポスター		포스터, 벽 광고지
□	翻訳	ほんやく	번역
□	負ける	まける	지다
□	または		또는
□	まっすぐ		쭉, 곧바로
□	見つかる	みつかる	발견되다, 들키다
□	迎える	むかえる	마중하다, 맞이하다
□	めずらしい		드물다, 희귀하다
□	約束	やくそく	약속
□	役に立つ	やくにたつ	도움이 되다, 쓸모가 있다
□	やちん		집세, 방세
□	やっと		드디어, 겨우
□	やっぱり		역시
□	止める	やめる	멈추다, 그만두다
□	柔らかい	やわらかい	부드럽다
□	夢	ゆめ	꿈

	어휘	발음	의미
□	用意	ようい	준비, 대비
□	予約	よやく	예약
□	寄る	よる	들르다, 다가가다
□	喜ぶ	よろこぶ	기뻐하다
□	来週	らいしゅう	다음 주
□	理由	りゆう	이유
□	利用	りよう	이용
□	ルール		룰, 규칙
□	留守	るす	부재, 부재중
□	冷房	れいぼう	냉방
□	レジ		금전 출납기, 계산 담당(레지스터의 준말)
□	レポート		리포트, 보고서
□	レンジ		'전자레인지'의 준말
□	連絡	れんらく	연락
□	割れる	われる	부서지다, 깨지다, 갈라지다

4 : 유의 표현

	어휘	발음	의미
□	あいさつする		인사하다
	≒「こんにちは」と言う	「こんにちは」という	'안녕하세요'라고 말하다
□	あしたはちょっと		내일은 좀
	≒ あしたはだめだ		내일은 안 된다
□	新しい家に住む	あたらしいいえにすむ	새 집에 살다
	≒ 新しい家に引っ越す	あたらしいいえにひっこす	새 집에 이사하다
□	危ない	あぶない	위험하다
	≒ 危険だ	きけんだ	위험하다
□	雨がざあざあ降る	あめがざあざあふる	비가 주륵주륵 쏟아지다
	≒ 雨が強く降る	あめがつよくふる	비가 세차게 내리다
□	謝る	あやまる	사과하다
	≒「ごめんなさい」と言う	「ごめんなさい」という	'미안해요'라고 말하다
□	アルバイトをする		아르바이트를 하다
	≒ 働く	はたらく	일하다
□	安全だ	あんぜんだ	안전하다
	≒ 危なくない	あぶなくない	위험하지 않다
□	意見がいいと思う	いけんがいいとおもう	의견이 좋다고 생각하다
	≒ 意見に賛成する	いけんにさんせいする	의견에 찬성하다
□	いじめてはいけない		괴롭혀서는 안 된다
	≒ 大切にする	たいせつにする	소중히 여기다

	어휘	발음	의미
□	1番の部屋、 または2番の部屋	1ばんのへや、 または2ばんのへや	1번 방, 또는 2번 방
	≒ 1番の部屋か 2番の部屋	1ばんのへやか 2ばんのへや	1번 방이나 2번 방
□	一生懸命	いっしょうけんめい	열심히
	≒ 熱心に	ねっしんに	열심히
□	要る	いる	필요하다
	≒ 必要だ	ひつようだ	필요하다
□	後ろ	うしろ	뒤
	≒ 裏	うら	뒤, 뒷면
□	嘘	うそ	거짓말
	≒ 本当じゃない	ほんとうじゃない	정말이 아니다
□	美しい	うつくしい	아름답다
	≒ きれいだ		예쁘다, 깨끗하다
□	うまい		능숙하다, 맛있다
	≒ 上手だ	じょうずだ	잘하다, 능숙하다
□	うるさくする		시끄럽게 하다
	≒ 騒ぐ	さわぐ	떠들다, 소란 피우다
□	嬉しい	うれしい	기쁘다
	≒ 喜ぶ	よろこぶ	기뻐하다
□	運動	うんどう	운동
	≒ スポーツ		스포츠, 운동
□	映画に誘う	えいがにさそう	영화를 권유하다
	≒「映画を見に行きま せんか」と言う	えいがをみにいきませんか という	'영화를 보러 가지 않을래요'하고 말하다

	어휘	발음	의미
□	多くなる	おおくなる	많아지다
	≒ 増える	ふえる	늘다, 증가하다
□	お客さんが多い	おきゃくさんがおおい	손님이 많다
	≒ こんでいる		붐비고 있다
□	起きるのが遅くなる	おきるのがおそくなる	일어나는 것이 늦어지다
	≒ 寝坊する	ねぼうする	늦잠 자다
□	遅れる	おくれる	늦다
	≒ 間に合わない	まにあわない	시간을 못 맞추다
□	怒られる	おこられる	혼나다
	≒ しかられる		혼나다
□	教わる	おそわる	배우다
	≒ 習う	ならう	배우다, 익히다
□	お宅に伺う	おたくにうかがう	댁에 찾아뵙다
	≒ お宅に参る	おたくにまいる	댁에 가다
□	落とす	おとす	떨어뜨리다
	≒ なくす		잃어버리다
□	おとなしい		얌전하다
	≒ 静かだ	しずかだ	조용하다
□	踊る	おどる	춤추다
	≒ ダンスをする		댄스를 하다, 춤을 추다
□	驚く	おどろく	놀라다
	≒ びっくりする		깜짝 놀라다
□	お願いする	おねがいする	부탁하다
	≒ 頼む	たのむ	부탁하다, 주문하다

	어휘	발음	의미
□	泳ぐの	およぐの	수영, 헤엄치는 것
	≒ 水泳	すいえい	수영
□	お礼を言う	おれいをいう	감사 인사를 하다
	≒「ありがとう」と言う	「ありがとう」という	'고마워요'라고 말하다
□	家具	かぐ	가구
	≒ テーブルやベッド		테이블이나 침대
□	必ず来ると思う	かならずくるとおもう	꼭 올 거라고 생각한다
	≒ きっと来る	きっとくる	반드시 온다
□	簡単だ	かんたんだ	간단하다
	≒ やさしい		쉽다
□	聞く	きく	묻다
	≒ たずねる		찾다, 묻다, 방문하다
□	帰国する	きこくする	귀국하다
	≒ 国へ帰る	くにへかえる	고국에 돌아가다
□	規則	きそく	규칙
	≒ ルール		룰, 규칙
□	汚い	きたない	더럽다
	≒ 汚れている	よごれている	더러워져 있다
□	厳しい時代はもう過ぎた	きびしいじだいはもうすぎた	혹독한 시대는 이제 지났다
	≒ 大変な時代だった	たいへんなじだいだった	힘든 시대였다
□	客が少ない	きゃくがすくない	손님이 적다
	≒ 空いている	すいている	한산하다
□	教育を受けられる人が多くない	きょういくをうけられるひとがおおくない	교육을 받을 수 있는 사람이 많지 않다
	≒ 多くの人が学校へ行けない	おおくのひとががっこうへいけない	많은 사람이 학교에 가지 못한다

	어휘	발음	의미
□	近所	きんじょ	근처, 이웃
	≒ 近く	ちかく	근처, 가까이
□	具合がよくなる	ぐあいがよくなる	몸 상태가 좋아지다
	≒ 元気になる	げんきになる	건강해지다
□	空港	くうこう	공항
	≒ 飛行機に乗るところ	ひこうきにのるところ	비행기를 타는 곳
□	車の工場	くるまのこうじょう	자동차 공장
	≒ 車を作るところ	くるまをつくるところ	자동차를 만드는 곳
□	経験がある	けいけんがある	경험이 있다
	≒ したことがある		한 적이 있다
□	景色のいいところ	けしきのいいところ	경치가 좋은 곳
	≒ きれいな山や森が見えるところ	きれいなやまやもりがみえるところ	예쁜 산이나 숲이 보이는 곳
□	講義に出席する	こうぎにしゅっせきする	강의에 출석하다
	≒ 大学で先生の話を聞く	だいがくでせんせいのはなしをきく	대학교에서 선생님의 이야기를 듣다
□	交通が便利だ	こうつうがべんりだ	교통이 편리하다
	≒ バスや地下鉄がたくさん走る	ばすやちかてつがたくさんはしる	버스나 지하철이 많이 달리다
□	5時に来るのは無理だ	5じにくるのはむりだ	5시에 오는 것은 무리이다
	≒ 5時に来られない	5じにこられない	5시에 올 수 없다
□	故障する	こしょうする	고장 나다
	≒ 壊れる	こわれる	망가지다, 부서지다, 고장 나다
□	来なかったわけを聞く	こなかったわけをきく	오지 않은 이유를 듣다
	≒ どうして来なかったのかたずねる	どうしてこなかったのかたずねる	어째서 오지 않았는지를 묻다

	어휘	발음	의미
□	ごはんを食べる	ごはんをたべる	밥을 먹다
	≒ 食事をする	しょくじをする	식사를 하다
□	細かく	こまかく	잘게, 미세하게
	≒ 小さく	ちいさく	작게
□	これからのこと		앞으로의 일
	≒ 将来	しょうらい	장래
□	最初	さいしょ	최초, 처음
	≒ 初め	はじめ	처음, 맨 처음
□	サインをする		사인을 하다
	≒ 名前を書く	なまえをかく	이름을 쓰다
□	盛んになる	さかんになる	번성하다, 활발해지다
	≒ する人が増える	するひとがふえる	하는 사람이 늘다
□	社長のかわりに田中さんがパーティーに出た	しゃちょうのかわりにたなかさんがぱーてぃーにでた	사장님 대신 다나카 씨가 파티에 참석했다
	≒ 社長はパーティーに出なかった	しゃちょうはぱーてぃーにでなかった	사장님은 파티에 참석하지 않았다
□	住所	じゅうしょ	주소
	≒ 住んでいる場所	すんでいるばしょ	살고 있는 장소
□	授業に遅れる	じゅぎょうにおくれる	수업에 늦다
	≒ 授業が始まってから来る	じゅぎょうがはじまってからくる	수업이 시작한 후에 오다
□	授業の前に勉強する	じゅぎょうのまえにべんきょうする	수업 전에 공부하다
	≒ 予習する	よしゅうする	예습하다
□	すべりやすい		미끄러지기 쉽다
	≒ 歩きにくい	あるきにくい	걷기 어렵다

	어휘	발음	의미
□	外にいたので体が冷えてしまった	そとにいたのでからだがひえてしまった	밖에 있어서 몸이 차가워져 버렸다
	≒ 外は寒かった	そとはさむかった	밖은 추웠다
□	退院する	たいいんする	퇴원하다
	≒ 病院から帰ってくる	びょういんからかえってくる	병원에서 돌아오다
□	大事だ	だいじだ	중요하다, 소중하다
	≒ 大切だ	たいせつだ	소중하다, 중요하다
□	たずねる		방문하다, 묻다
	≒ 家に行く	いえにいく	집에 가다
□	たばこを吸ってはいけない	たばこをすってはいけない	담배를 피워서는 안 된다
	≒ たばこは禁止されている	たばこはきんしされている	담배는 금지되어 있다
□	チェックする		체크하다
	≒ 調べる	しらべる	알아보다, 검토하다
□	遅刻しないで	ちこくしないで	지각하지 말고
	≒ 始まる時間に遅れないで	はじまるじかんにおくれないで	시작하는 시간에 늦지 말고
□	駐車場	ちゅうしゃじょう	주차장
	≒ 車を止める場所	くるまをとめるばしょ	자동차를 세우는 장소
□	使う	つかう	쓰다, 사용하다
	≒ 利用する	りようする	이용하다
□	丁寧に書く	ていねいにかく	정성껏 쓰다
	≒ きれいに書く	きれいにかく	깨끗하게 쓰다
□	出かけている	でかけている	외출해 있다
	≒ 留守だ	るすだ	부재중이다
□	独身だ	どくしんだ	독신이다
	≒ 結婚していない	けっこんしていない	결혼하지 않았다

	어휘	발음	의미
□	友だちを迎えに空港に行く	ともだちをむかえにくうこうにいく	친구를 마중하러 공항에 가다
	≒ 空港で友だちに会う	くうこうでともだちにあう	공항에서 친구를 만나다
□	なくす		잃다, 분실하다
	≒ 失う	うしなう	잃다, 잃어버리다
□	にこにこする		생긋생긋 웃다
	≒ 笑う	わらう	웃다
□	乗り物	のりもの	탈 것, 교통수단
	≒ 飛行機や船	ひこうきやふね	비행기나 배
□	運ぶ	はこぶ	옮기다, 운반하다
	≒ 持っていく	もっていく	가지고 가다
□	始めた理由	はじめたりゆう	시작한 이유
	≒ なぜ始めたか	なぜはじめたか	어째서 시작했는지
□	始めに	はじめに	처음에, 먼저
	≒ まず		먼저, 우선
□	冷えている	ひえている	차가워져 있다
	≒ 冷たい	つめたい	차갑다
□	日が暮れる	ひがくれる	해가 지다, 날이 저물다
	≒ 空が暗くなる	そらがくらくなる	하늘이 어두워지다
□	久しぶりに会う	ひさしぶりにあう	오랜만에 만나다
	≒ 何年も会っていない	なんねんもあっていない	몇 년이나 만나지 않았다
□	秘密	ひみつ	비밀
	≒ 誰にも言わない	だれにもいわない	아무에게도 말하지 않다
□	美容院に行く	びよういんにいく	미용실에 가다
	≒ 髪の毛を切りに行く	かみのけをきりにいく	머리를 자르러 가다

어휘	발음	의미
□ 他の国から買う	ほかのくにからかう	다른 나라로부터 사다
≒ 輸入する	ゆにゅうする	수입하다
□ 他の人の意見を聞く	ほかのひとのいけんをきく	다른 사람의 의견을 묻다(듣다)
≒ 他の人が何を考えているか聞く	ほかのひとがなにをかんがえているかきく	다른 사람이 무엇을 생각하고 있는지 묻다(듣다)
□ ほとんど忘れる	ほとんどわすれる	거의 잊다
≒ 少ししか覚えていない	すこししかおぼえていない	조금밖에 기억하지 못하다
□ 間違えやすい	まちがえやすい	틀리기 쉽다
≒ 間違える人が多い	まちがえるひとがおおい	틀리는 사람이 많다
□ みんなが帰った後で帰った	みんながかえったあとでかえった	모두가 돌아간 후에 귀가했다
≒ 帰る前にみんなが帰った	かえるまえにみんながかえった	귀가하기 전에 모두가 돌아갔다
□ 娘が大学生になる	むすめがだいがくせいになる	딸이 대학생이 되다
≒ 娘の入学式がある	むすめのにゅうがくしきがある	딸의 입학식이 있다
□ やせる		살이 빠지다
≒ 細くなる	ほそくなる	가늘어지다, 날씬해지다
□ やわらかい		부드럽다
≒ 固くない	かたくない	단단하지 않다
□ 用意	ようい	준비, 대비
≒ 準備	じゅんび	준비

5 : 용법

	어휘	발음	의미
□	浅い	あさい	얕다, (정도가) 덜하다
□	謝る	あやまる	사과하다, 사죄하다
□	安全	あんぜん	안전
□	案内	あんない	안내
□	いくら～ても		아무리 ~해도
□	意見	いけん	의견
□	急ぐ	いそぐ	서두르다
□	いたす		'하다'의 겸양어
□	いただく		'먹다 · 마시다 · 받다'의 겸양어
□	うまい		잘하다, 맛있다
□	多い	おおい	많다
□	おおぜい		많은 사람, 여럿
□	おかげさまで		덕분에
□	音	おと	소리
□	驚く	おどろく	놀라다
□	おみまい		병문안, 문병
□	思い出	おもいで	추억
□	お礼	おれい	감사, 감사 인사
□	かう		(반려동물을) 키우다
□	飾る	かざる	꾸미다, 장식하다
□	かしこまりました		알겠습니다
□	片付ける	かたづける	치우다, 정리하다

	어휘	발음	의미
□	かまいません		상관없습니다,괜찮습니다
□	乾く	かわく	마르다, 건조해지다
□	機会	きかい	기회
□	厳しい	きびしい	심하다, 엄하다, 혹독하다
□	近所	きんじょ	근처, 이웃
□	計画	けいかく	계획
□	けが		상처, 부상
□	景色	けしき	경치
□	結果	けっか	결과
□	原因	げんいん	원인
□	見学	けんがく	견학
□	元気	げんき	건강
□	工事	こうじ	공사
□	故障	こしょう	고장
□	混む	こむ	붐비다, 혼잡하다
□	壊れる	こわれる	망가지다, 부서지다, 고장 나다
□	最近	さいきん	최근, 요즘
□	さしあげる		드리다
□	寂しい	さびしい	외롭다, 쓸쓸하다
□	寒い	さむい	춥다
□	しかる		혼내다
□	支度	したく	준비, 채비
□	しっかり		확실히, 똑똑히, 단단히
□	閉める	しめる	닫다

어휘	발음	의미
□ 準備	じゅんび	준비
□ 紹介	しょうかい	소개
□ 招待	しょうたい	초대
□ 人口	じんこう	인구
□ 親切	しんせつ	친절
□ 心配	しんぱい	걱정
□ 捨てる	すてる	버리다
□ すると		그러자
□ 生産	せいさん	생산
□ ぜひ		꼭, 아무쪼록
□ 狭い	せまい	좁다
□ 世話	せわ	돌봄, 시중, 폐
□ 洗濯	せんたく	세탁, 빨래
□ 相談	そうだん	상담, 상의, 논의
□ 育てる	そだてる	기르다, 양육하다
□ たいてい		대체로, 대개
□ 倒れる	たおれる	쓰러지다
□ 足す	たす	더하다, 보태다
□ だめ		안 됨
□ 遅刻	ちこく	지각
□ 中止	ちゅうし	중지
□ 都合	つごう	형편, 사정
□ 包む	つつむ	싸다, 감싸다, 포장하다
□ 丁寧	ていねい	정중함, 신중함

	어휘	발음	의미
□	適当	てきとう	적당
□	とうとう		드디어, 결국
□	途中	とちゅう	도중
□	どんどん		자꾸자꾸, 계속
□	似合う	にあう	어울리다
□	苦い	にがい	쓰다
□	逃げる	にげる	도망치다
□	似る	にる	닮다
□	人気	にんき	인기
□	熱	ねつ	열
□	熱心	ねっしん	열심
□	寝る	ねる	자다
□	恥ずかしい	はずかしい	창피하다
□	はっきり		분명히, 확실히
□	引っ越す	ひっこす	이사하다
□	太る	ふとる	살찌다
□	不便	ふべん	불편
□	プレゼント		선물
□	返事	へんじ	답변, 응답, 답신
□	真面目	まじめ	진지함, 성실함
□	迎える	むかえる	마중하다, 맞이하다
□	むし暑い	むしあつい	무덥다
□	約束	やくそく	약속
□	止む	やむ	(눈 · 비가) 그치다

	어휘	발음	의미
□	輸出	ゆしゅつ	수출
□	ゆっくり		천천히, 느긋하게
□	予約	よやく	예약
□	喜ぶ	よろこぶ	기뻐하다
□	留守	るす	부재, 부재중
□	連絡	れんらく	연락
□	わかす		물을 끓이다

필수 문법 총정리

001 ～が ～이/가

これが日本語の教科書です。이것이 일본어 교과서입니다.

002 ～から ① [지점] ～에서(부터)　② [원인] ～니까

① 東京から出発します。도쿄에서 출발합니다.

② 寒いからコートを着てください。추우니까 코트를 입으세요.

003 ～だけ ～뿐

合格できるのは一人だけです。합격할 수 있는 것은 한 명뿐입니다.

004 ～で ① [장소] ～에서　② [수단 · 방법] ～으로　③ [원인] ～로

① 晩ごはんは家で食べます。저녁은 집에서 먹겠습니다.

② 答えはえんぴつで書きます。답은 연필로 적습니다.

③ 事故で電車が遅れました。사고로 전철이 늦어졌습니다.

005 ～でも ～이라도

コーヒーでも飲みますか。커피라도 마실래요?

006 ～と ～와/과

土曜日と日曜日は休みです。토요일과 일요일은 휴일입니다.

007 ～とか ～이나, ～든지

京都はお寺とか城が有名です。교토는 절이나 성이 유명합니다.

008 ～に ① [때 · 장소] ~에　② [대상] ~에게

① 8時(じ)に家(いえ)を出(で)ます。 8시에 집을 나섭니다.

② 先生(せんせい)にあいさつします。 선생님께 인사합니다.

009 ～は ~은/는

あそこは公園(こうえん)です。 저기는 공원입니다.

010 ～も ~도, ~이나

海(うみ)も山(やま)も好(す)きです。 바다도 산도 좋아합니다.

家(いえ)まで1時間(じかん)もかかります。 집까지 한 시간이나 걸립니다.

011 ～より ~보다, ~부터

春(はる)より秋(あき)の方(ほう)が好(す)きです。 봄보다 가을 쪽이 좋습니다.

会議(かいぎ)は12時(じ)より始(はじ)まります。 회의는 12시부터 시작됩니다.

012 ～を ~을/를

作文(さくぶん)を書(か)いています。 작문을 쓰고 있습니다.

013 ～た後(あと)で ~한 후에

シャワーした後(あと)で寝(ね)ます。 샤워를 한 후에 잡니다.

014 ～たことがある ~한 적이 있다

新幹線(しんかんせん)に乗(の)ったことがあります。 신칸센을 탄 적이 있습니다.

015 **～た通り** ～한 대로

彼に聞いた通り書きました。그에게 들은 대로 적었습니다.

016 **～たほうがいい** ～하는 편이 좋다

もう遅いから帰ったほうがいいです。이제 늦었으니 돌아가는 편이 좋겠습니다.

017 **～ている** [진행] ～하고 있다

今テレビを見ています。지금 텔레비전을 보고 있습니다.

018 **～ておく** ～해 두다, ～해 놓다

飲み物は買っておきました。음료는 사 두었습니다.

019 **～てから** ～한 후에, ～고 나서

先生に相談してから決めます。선생님에게 상담한 후에 결정하겠습니다.

020 **～てしまう** ～해 버리다

さいふを落としてしまいました。지갑을 잃어버리고 말았습니다.

021 **～てはだめだ** [금지] ～해서는 안 된다

ここに入ってはだめです。여기에 들어와서는 안 됩니다.

022 ～てみる ～해 보다

できるかどうか、一度聞いて**てみます。** 할 수 있을지 어떨지 한번 물어 보겠습니다.

023 ～ても ～해도

何回読ん**でも**よくわかりません。몇 번 읽어도 잘 모르겠습니다.

024 ～ないで／～ずに ～하지 말고, ～하지 않고

名前を書か**ないで**、そのまま待ってください。이름을 쓰지 말고 그대로 기다려 주세요.

雨なのにかさも差さ**ずに**出かけました。비가 오는데 우산도 쓰지 않고 외출했습니다.

025 ～なくて ～하지 않아서

道がわから**なくて**遅刻しました。길을 몰라서 지각했습니다.

026 ～終わる 전부 다 ～하다

この本は全部読み**終わりました。** 이 책은 전부 다 읽었습니다.

027 ～方 ～하는 방법

チヂミの作り**方**を教えてください。부침개 만드는 방법을 알려 주세요.

028 ① **～たい** ~하고 싶다

② **～たがる** (남이) ~하고 싶어 하다

① 卒業(そつぎょう)してから外国(がいこく)に留学(りゅうがく)**したい**です。졸업하고 나서 외국으로 유학가고 싶습니다.

② 息子(むすこ)は外国(がいこく)で勉強(べんきょう)**したがって**います。아들은 외국에서 공부하고 싶어 합니다.

029 **～出(だ)す** ~하기 시작하다

子(こ)どもが急(きゅう)に泣(な)き**出(だ)しました**。아이가 갑자기 울기 시작했습니다.

030 **～続(つづ)ける** 계속 ~하다

1時間(じかん)も歩(ある)き**続(つづ)けて**つかれました。한 시간이나 계속 걸어서 지쳤습니다.

031 **～ながら** ~하면서

スマホを見(み)**ながら**歩(ある)くのは危険(きけん)です。스마트폰을 보면서 걷는 것은 위험합니다.

032 **～なさい** ~하세요, ~하렴

先生(せんせい)が来週(らいしゅう)までにレポートを出(だ)し**なさい**と言(い)いました。
선생님이 다음 주까지 보고서를 제출하라고 했습니다.

033 **～始(はじ)める** ~하기 시작하다

3月(がつ)から花(はな)が咲(さ)き**始(はじ)めます**。3월부터 꽃이 피기 시작합니다.

034

～くする ～にする
～게 하다

テレビの音(おと)を小(ちい)さくしてください。텔레비전 소리를 작게 해 주세요.

子(こ)どもが寝(ね)ているから静(しず)かにしましょう。아이가 자고 있으니 조용히 합시다.

035

～くなる ～になる
～해지다

酢(す)を少(すこ)し入(い)れればおいしくなります。식초를 조금 넣으면 맛있어집니다.

テレビに出(で)てから有名(ゆうめい)になりました。텔레비전에 나오고 나서 유명해졌습니다.

036

① ～ことがある ～할 때(경우)가 있다
② ～たことがある ～한 적이 있다

① 時々(ときどき)家族(かぞく)で旅行(りょこう)に行(い)くことがあります。때때로 가족끼리 여행갈 때가 있습니다.

② インドでゾウに乗(の)ったことがあります。인도에서 코끼리를 탄 적이 있습니다.

037

① ～ことにする [결심] ～하기로 하다
② ～ことにしている [습관] ～하기로 하고 있다, (규칙적으로) ～하고 있다

① 夏休(なつやす)みはアルバイトをすることにしました。여름 방학에는 아르바이트를 하기로 했습니다.

② 毎朝(まいあさ)、早(はや)く起(お)きて散歩(さんぽ)をすることにしています。매일 아침 일찍 일어나서 산책을 하고 있습니다.

038

① ～ことになる [결정] ～하게 되다
② ～ことになっている [규칙] ～하게 되어 있다

① 来週(らいしゅう)、東京(とうきょう)に出張(しゅっちょう)することになりました。다음 주에 도쿄로 출장가게 되었습니다.

② 会員(かいいん)は会費(かいひ)を払(はら)うことになっています。회원은 회비를 지불하게 되어 있습니다.

039

① ～てある ～되어 있다
② ～ている ～해 있다

窓が開け**てあります**。창문이 열려 있습니다(누군가가 창문을 열어 두었습니다).

窓が開い**ています**。창문이 열려 있습니다.

040

① ～てくる ～(하)고 오다, ～해지다
② ～ていく ～(하)고 가다, ～해 가다

① 日本の生活に慣れ**てきました**。일본 생활에 익숙해졌습니다.

② 大学の授業には少しずつ慣れ**ていく**と思います。
대학교 수업에는 조금씩 익숙해져 가리라 생각합니다.

041

① ～てもいい ～해도 된다
② ～なくてもいい ～하지 않아도 된다

① 仕事が終わったら帰っ**てもいい**です。일이 끝나면 돌아가도 좋습니다.

② 無理に食べ**なくてもいい**ですよ。억지로 먹지 않아도 됩니다.

042

① ～てもかまわない ～해도 상관없다
② ～なくてもかまわない ～하지 않아도 상관없다

① ここでは写真を撮っ**てもかまいません**。여기에서는 사진을 찍어도 상관없습니다.

② そこに名前を書か**なくてもかまいません**。거기에 이름을 적지 않아도 괜찮습니다.

043

～という / ～っていう ～라고 하다, ～라고 하는

田中**っていう**人から電話がありました。다나카라는 사람으로부터 전화가 왔었습니다.

044

① **～ばかりだ** ～뿐이다

② **～てばかりいる** ～하기만 하다

① このごろ毎日雨**ばかりです**。요즘 매일 비만 내립니다.

② 弟は勉強しないで遊ん**でばかりいます**。남동생은 공부하지 않고 놀기만 합니다.

045

① **～はずだ** ～할 것이다, ～일 터이다

② **～はずがない** ～할 리가 없다

① エアコンがついているから涼しい**はずです**。에어컨이 켜져 있으니 시원할 겁니다.

② 約束したのに来ない**はずがない**。약속했는데 오지 않을 리가 없다.

046

① **～まで** [지속] ～까지

② **～までに** [기한] ～까지

① 1日から5日**まで**休みます。1일부터 5일까지 쉽니다.

② レポートは金曜日**までに**出してください。보고서는 금요일까지 제출해 주세요.

047

① **～やすい** ～하기 쉽다

② **～にくい** ～하기 어렵다

① 名前が似ていて間違え**やすい**です。이름이 비슷해서 혼동하기 쉽습니다.

② 古いパソコンは使い**にくい**です。낡은 컴퓨터는 사용하기 어렵습니다.

048

① **～ようにする** ～하도록 하다

② **～ようになる** ～하게 되다

① これからは遅刻しない**ようにします**。이제부터는 지각하지 않도록 하겠습니다.

② 一人で自転車に乗れる**ようになりました**。혼자서 자전거를 탈 수 있게 되었습니다.

049 **～間(あいだ)** ～사이, ～동안

冬休(ふゆやす)みの間(あいだ)、スキーを習(なら)いました。겨울 방학 동안 스키를 배웠습니다.

050 **いくら～ても** 아무리 ～해도

いくら謝(あやま)ってもだめです。아무리 사과해도 안 됩니다.

051 **～かどうか** ～인지 어떤지, ～인지 아닌지

料理(りょうり)がおいしいかどうか食(た)べてみましょう。요리가 맛있는지 어떤지 먹어 봅시다.

052 **～がする** ～가 나다, ～(느낌)이 든다

どこかで会(あ)ったような気(き)がします。어디선가 만났던 것 같은 기분이 듭니다.

053 **～がる** ～해 하다

ねこが外(そと)に出(で)るのをいやがっています。고양이가 밖으로 나가는 것을 싫어하고 있습니다.

054 **～かもしれない** ～일지도 모른다

雨(あめ)が降(ふ)るかもしれません。비가 올지도 모릅니다.

先(さき)にやった方(ほう)がいいかもしれない。먼저 하는 쪽이 좋을지도 모른다.

055 **～し** ～고, ～니까

彼(かれ)は頭(あたま)もいいし行動力(こうどうりょく)もある。그는 머리도 좋고 행동력도 있다.

056 ～しか～ない ～밖에 ～않다(없다)

この仕事ができるのは田中さん**しかいません**。이 일을 할 수 있는 것은 다나카 씨밖에 없습니다.

057 ～すぎる 너무 ～하다

ボールが速**すぎて**見えません。공이 너무 빨라서 보이지 않습니다.

058 ～そうだ ① [전문] ～라고 한다 ② [추측] ～인 듯하다, ～것 같다

① 明日も寒い**そうです**。내일도 춥다고 합니다.

② 来週には梅雨が終わり**そうです**。다음 주에는 장마가 끝날 것 같습니다.

059 ～ため(に) ① [목적] ～위해(서) ② [원인] ～때문(에)

① 健康の**ために**運動を始めました。건강을 위해 운동을 시작했습니다.

② 電車が遅れた**ために**授業に遅刻しました。전철이 늦어졌기 때문에 수업에 지각했습니다.

060 ～たり～たりする ～하거나 ～하거나 하다

キャンプでは歌っ**たり**、ゲームをし**たり**して楽しかったです。
캠핑에서는 노래하거나 게임을 하거나 해서 즐거웠습니다.

061 ～だろう [추측] ～일 것이다, 이겠지

今すぐ出れば9時の電車に間に合う**だろう**。지금 바로 나가면 9시 전철을 탈 수 있을 것이다.

062 ～つもりだ ～할 생각이다, ～할 작정이다

レポートはメールで送る**つもりです**。보고서는 메일로 보낼 생각입니다.

063 ～ところだ ① [직전] ～하려고 하는 참이다 ② [도중] ～하고 있는 중이다 ③ [직후] 막 ～했다

① 今(いま)、電話(でんわ)をかけるところです。 지금 전화를 걸려는 참입니다.
② 今(いま)、電話(でんわ)で話(はな)しているところです。 지금 전화로 이야기하는 중입니다.
③ 今(いま)、電話(でんわ)で話(はな)したところです。 지금 막 전화로 말했습니다.

064 ～と～と、どちらが [비교] ～와/과 ～와/과 어느 쪽이

りんごとぶどうとどちらが高(たか)いですか。 사과와 포도와 어느 쪽이 더 비싼가요?

065 ～途中(とちゅう)(で) ～도중(에)

車(くるま)で走(はし)っている途中(とちゅう)、事故(じこ)を見(み)ました。 차로 가는 도중에 사고를 봤습니다.

066 ～と思(おも)う ～라고 생각하다

７月(がつ)は６月(がつ)より暑(あつ)くなると思(おも)います。 7월은 6월보다 더워질 거라고 생각합니다.

067 ～な [명령] ～지 마라

それ以上(いじょう)近(ちか)づくな。 그 이상 다가오지 마.

068 ～なくてはいけない / ～なければいけない ～하지 않으면 안 된다, ～해야만 한다

午後(ごご)３時(じ)までここにいなくてはいけません。 오후 3시까지 여기에 있어야 합니다.
大学図書館(だいがくとしょかん)の利用(りよう)は学生(がくせい)か教員(きょういん)でなければいけません。
대학교 도서관 이용은 학생이나 교직원이 아니면 안 됩니다.

069 **～について** ～에 대해서

子どもの遊び**について**研究しています。어린이의 놀이에 대해 연구하고 있습니다.

070 **～に比べて** ～에 비해서

昼**に比べて**朝の気温は10度低いです。낮에 비해 아침 기온은 10도 낮습니다.

071 **～のだ** ～이다, ～인 것이다

貯金するのは子どものためな**のです**。저금하는 것은 아이를 위한 것입니다.

072 **～ので** ～이기 때문에, ～니까

仕事が終わった**ので**先に帰りました。일이 끝났기 때문에 먼저 돌아갔습니다.

073 **～のに** ① ～인데 ② [용도] ～하는 데

① 忙しい**のに**誰も手伝ってくれません。바쁜데 아무도 도와주지 않습니다.

② 学校に通う**のに**自転車を使っています。학교에 다니는 데 자전거를 사용하고 있습니다.

074 **～ほど～ない** ～만큼 ～하지 않다

今度のテストはこの前**ほど**難しく**なかった**です。이번 테스트는 지난번만큼 어렵지 않았습니다.

075 **～前に** ～전에

家を出る**前に**忘れ物をチェックします。집을 나서기 전에 잊은 물건을 확인합니다.

076 **～まま** ～인 채

めがねをかけた**まま**寝(ね)てしまいました。안경을 쓴 채로 자 버렸습니다.

077 **～みたいだ** ① [주관적 추측] ～인 것 같다(「～ようだ」의 회화체)
② [비유] (마치) ～같다

① ここは有名(ゆうめい)な店(みせ)**みたいです**。여기는 유명한 가게인 듯합니다.

② このごろ暖(あたた)かくて春(はる)**みたいです**。요즘 따뜻해서 (마치) 봄 같습니다.

078 **～ようだ** [추측] ～인 것 같다

その店(みせ)は休(やす)みの**ようです**。그 가게는 쉬는 날인 것 같습니다.

079 **～ようとする** ～하려고 하다

ここで乗(の)り換(か)え**ようとしました**が、次(つぎ)の電車(でんしゃ)がまだ来(き)ません。
여기에서 환승하려고 했는데 다음 전철이 아직 오지 않습니다.

080 **～ように** ～하도록

明日(あした)は遅(おく)れない**ように**気(き)をつけてください。내일은 늦지 않도록 주의해 주세요.

081 **～より～の方(ほう)が** ～보다 ～쪽이

大阪市(おおさかし)**より**横浜市(よこはまし)**の方(ほう)が**人口(じんこう)が多(おお)いです。오사카시보다 요코하마시 쪽이 인구가 많습니다.

082 **～らしい** [객관적 추측] ～인 것 같다, ～라는 것 같다, ～라고 한다

来月(らいげつ)から交通費(こうつうひ)が上(あ)がる**らしい**。다음 달부터 교통비가 오르는 것 같다(오른다는 것 같다).

083 ～予定だ ～(할) 예정이다

会議は木曜日にする予定です。 회의는 목요일에 할 예정입니다.

084 けれども 하지만, 그러나

お客さんは少ないです。けれどもお店は続けるつもりです。
손님은 적습니다. 하지만 가게는 계속할 생각입니다.

085 しかし 하지만, 그러나

試合に負けた。しかし、みんなできるだけのことはした。
시합에 졌다. 하지만 모두 할 수 있는 만큼은 했다.

086 すると 그러자

春になった。すると花が咲きはじめた。 봄이 되었다. 그러자 꽃이 피기 시작했다.

087 そこで 그래서

今までの方法ではだめでした。そこで彼は新しい方法を考えました。
지금까지의 방법으로는 안 됐습니다. 그래서 그는 새로운 방법을 생각했습니다.

088 そして 그리고

彼は今年大学を卒業しました。そしてすぐ結婚しました。
그는 올해 대학을 졸업했습니다. 그리고 바로 결혼했습니다.

089 それから 그 다음에, 그러고 나서, 그리고

年末に大掃除をして、それから新年の準備をします。
연말에 대청소를 하고, 그 다음에 새해 준비를 합니다.

090 **それで** 그래서

今日は一日中家にいると言いました。**それで**友だちの家を訪問しました。
오늘은 하루 종일 집에 있다고 했습니다. 그래서 친구 집을 방문했습니다.

091 **それでは** 그럼, 그러면

それでは今日の授業はここまでにします。 그럼 오늘 수업은 여기까지 하겠습니다.

092 **それとも** 그렇지 않으면, 또는

新幹線で行きますか、**それとも**、飛行機で行きますか。
신칸센으로 갑니까? 아니면 비행기로 갑니까?

093 **それなら** 그렇다면, 그러면

あの人が行くって？ **それなら**私も行きますよ。 저 사람이 간다고요? 그러면 나도 갈래요.

094 **それに** 게다가, 더구나

今日は雨が降っているし、**それに**寒いから出かけません。
오늘은 비가 오고 있고, 게다가 추우니까 외출하지 않을 겁니다.

095 **だが** 하지만

彼は外国人に見える。**だが**、英語で話すのを聞いたことがない。
그는 외국인으로 보인다. 하지만 영어로 말하는 것을 들은 적이 없다.

096 **だから** 그러니까, 그래서, 그러므로

夜(よる)コーヒーを飲(の)むと眠(ねむ)れなくなります。**だから**ジュースにします。
밤에 커피를 마시면 잘 수 없게 됩니다. 그러니까 주스로 하겠습니다.

097 **たとえば** 예를 들면

スポーツは**たとえば**マラソンみたいに一人(ひとり)でするのが好(す)きです。
스포츠는 예를 들면 마라톤처럼 혼자서 하는 것을 좋아합니다.

098 **でも** 하지만, 그러나

あの人(ひと)はとても明(あか)るいです。**でも**時々(ときどき)さびしく見(み)える時(とき)があります。
저 사람은 굉장히 밝습니다. 하지만 가끔씩 외로워 보일 때가 있습니다.

099 **なぜなら** 왜냐하면

今日(きょう)は市内(しない)が静(しず)かです。**なぜなら**連休(れんきゅう)でみな遊(あそ)びに行(い)ったからです。
오늘은 시내가 조용합니다. 왜냐하면 연휴라서 모두 놀러 갔기 때문입니다.

100 **または** 또는

明日(あした)は弁当(べんとう)**または**パンを持(も)ってきてください。내일은 도시락 또는 빵을 가지고 와 주세요.

MEMO

MEMO

MEMO

시험직전 **막판뒤집기**

N4

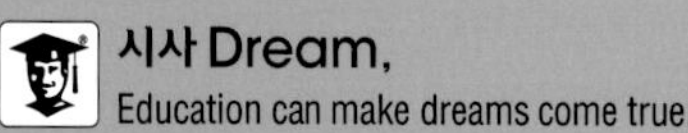

Designed by SISA Books